Antonio Negri
Descartes politico o della ragionevole ideologia
1970

デカルト・ポリティコ
政治的存在論について

2019年4月10日　第1刷印刷
2019年4月20日　第1刷発行

著者——アントニオ・ネグリ
訳者——中村勝己、津崎良典

発行人——清水一人
発行所——青土社
東京都千代田区神田神保町1-29　市瀬ビル　〒101-0051
電話　03-3291-9831（編集）、03-3294-7829（営業）
振替　00190-7-192955

組版——フレックスアート
印刷・製本——ディグ

装幀——戸田事務所＋今垣知沙子

ISBN978-4-7917-7149-3　　Printed in Japan

原注

第1章　隠喩と記憶

(1) 参照や引用は、すべてアダン-タヌリ版の『デカルト著作集』〔パリ、1897年-1913年（つまり旧版)〕に依拠し、以下ではATの記号で示す。巻数はローマ数字で示した。デカルトの書簡の参照と引用は、すべてアダン-ミヨー版の『書簡集』〔パリ、1936年-1963年〕に依拠し、以下ではAMの記号で示し、巻数はローマ数字で示すことにする〔ただし、本書において参照された形跡はなく、すべてAT版からの出典表記である〕。デカルトからの引用のイタリア語訳は、E・ガレン〔Garin〕による2巻本の選集『デカルト著作集〔*Opere di Cartesio*〕』(Laterza刊、バーリ、1967年）に収録されている限り、それを使うことにする。以下では、*Opere*と表記し、巻数をローマ数字で示す。上記2巻選集に含まれていない箇所からの引用のイタリア語訳は、わたしたちの手になるものである。さらに、文献目録であるグレゴール・セッバ〔Gregor Sebba〕の *Bibliographia cartesiana. A Critical Guide to the Descartes Literature, 1800 - 1960*, M. Nijhoff, 1964を縦横に活用した。これにより、皮相な引用を避けることができるだろう。これに加えて、N・エデルマン〔Edelmann〕の *The Seventeenth Century*, in : D. C. Cabeen - J. Brody, *A Critical Bibliography of French Literature*, vol. III, Syracuse, 1961が考慮に入れられるべきである。

(2)「まっすぐな道」という主題については、たとえばAT IV 636〔1647年4月26日付メルセンヌ宛書簡〕、同VI 2、3〔以上、『方法序説』第1部〕、15、16〔以上、同第2部〕、23、24〔以上、同第3部〕、59〔同第5部〕、83-85〔『屈折光学』第1講〕ほか諸所、同VII 7〔『省察』「読者への序言」〕、22〔「第一省察」〕、253〔「第四答弁」〕、同X 360〔『精神指導の規則』第1規則〕、497、512、526〔以上、『真理の探究』〕、同XI 328〔『情念論』第1項〕、439-440〔同第146項〕を参照のこと。「土台のしっかりした家」という主題については、たとえばAT I 138〔1630年4月

15日付メルセンヌ宛書簡〕、同II 83〔1638年3月31日付メルセンヌ宛書簡〕、同IV 352〔1646年1月のエリザベト宛書簡〕、441〔1646年6月15日付シャニュ宛書簡〕、486〔1646年9月のエリザベト宛書簡〕、同VI 11、13、14〔以上、『方法序説』第1部〕、22、29〔以上、同第2部〕ほか諸所、同IX-B 19〔『哲学の原理』「仏訳者への書簡」〕、同X 504、509、513〔以上、『真理の探究』〕を参照のこと。「機械」という主題については、たとえばAT II 268〔1638年7月27日付メルセンヌ宛書簡〕、同VI 50、55、59〔以上、『方法序説』第5部〕、148〔『屈折光学』第7講〕、269〔『気象学』第4講〕、同VII 30-33〔「第二省察」〕、同XI 130-131、132〔以上、『人間論』〕、226以下〔『人体の記述』(邦訳、デカルト(山田弘明ほか訳)『医学論集』法政大学出版局、148頁から149頁)〕、331〔『情念論』第6項と第7項〕、339〔同第13項〕を参照のこと。

(3) たとえば、AT II 274〔1638年7月27日付メルセンヌ宛書簡〕、280〔1638年7月27日付フェルマ宛書簡〕、同III 391-392〔1641年7月にメルセンヌに宛てた書簡〕、523〔1642年1月31日付ホイヘンス宛書簡〕、同IV 548、549、551〔以上、1646年11月12日付のデカルトからロベルヴァルに反論してメルセンヌに宛てた書簡〕、595〔1647年1月25日付メルセンヌ宛書簡〕、同VI 3〔『方法序説』第1部〕、17〔同第2部〕、41-42〔同第5部〕、71〔同第6部〕、同X 511〔『真理の探究』〕、同XI 158、169-170、173〔以上、『人間論』〕、441〔『情念論』第147項〕、458-459〔同第168項と第169項〕などを参照のこと。これらはほとんどすべて、古典的あるいは騎士道的な性質の文学的隠喩か、さもなくば慣用句的な隠喩である。

(4) この点は、T・スポエッリ〔Spoerri〕がその論考 *La puissance métaphorique de Descartes*, in : *Descartes, Cahiers de Royaumont*, *Philosophie II*, Paris, 1957, pp. 273-287において考察している。E・ジルソン〔Gilson〕は、デカルト『方法序説』の『本文と注解〔*Texte et commentaire*(以下、『注解』と略訳)〕』(パリ、第3版、1962年、〔原文〕85頁)において、ストア派のものとされている諸文献とりわけセネカ『幸福な生について〔*De vita beata*〕』のうちにデカルト的隠喩の起源を見出している。そうなると、デカルトにおける隠喩は、一種の「理論的〔思索的〕ストア主義」を示すためのものとなるだろう——これは、わたしたちから見れば、非常に疑わしく、しかも軽率な判断であるように思われる。

(5)〔邦語では『説得の論理学——新しいレトリック』(三輪正訳、理想社)などを読むことができるベルギーの法学者、哲学者〕C・ペレルマン〔Perelman〕は、ロワイヨモンで行なわれたT・スポエッリの研究発表に関する「討論の部」においてそう指摘している〔前注参照〕。

(6) AT X 500-501〔『真理の探究』〕を参照のこと。

(7) AT XI 51〔『世界論』〕より。ここで引用したその他の隠喩については、AT VI 46〔『方法序説』第5部〕、86以下〔『屈折光学』第1講〕、同XI 247、249、254、271、274〔以上、『人体の記述』(邦訳、デカルト前掲書(本章注2)、167頁から169頁、173頁、188頁から189頁、191頁)〕ほか諸所を参照されたい。

(8) AT IX-B 14-15（*Opere* 第2巻〔原文〕19頁〔『哲学の原理』「仏訳者への書簡」〕）より。
(9) したがって、これこそデカルトの隠喩の解釈における第二の流れであり、とりわけM・ゲルー〔Guéroult〕の *Descartes selon l'ordre des raisons*, Paris, 1953 の第2巻〔原文〕226頁から227頁の注26において主張されたものである〔本書の抄訳は、「デカルト形而上学と理由の順序」（小泉義之訳）という邦題のもと『現代デカルト論集Ｉフランス篇』勁草書房に所収〕。ゲルーによれば、デカルトの隠喩的表現法は、具体的な像《イメージ》（イグナティウス・デ・ロヨラの用語では「判明な印象〔impressioni distinte〕」である。デカルトはイグナティウスの『霊操』――特に第3週の第1日目――をラ・フレーシュ学院で知っていたに違いない）と知性〔intendimento〕の諸機能とのあいだに存する並行関係に基づくものだが、この表現法はもっぱら説明的、文学的であり、心理学的な意味で刺戟を与えるための機能しかないとされる。〔したがって〕隠喩的表現法は、原則的には形而上学的推論から排除されることになる。これよりはるかに鋭い指摘をしているのが、P・メナール〔Mesnard〕である（*L'arbre de la sagesse*, in : *Descartes*, *Cahiers de Royaumont*, cit., pp. 336-349）。メナールは、隠喩の活用に関して、デカルトとイグナティウスとのあいだの類縁関係を強調する一方で、すなわちデカルトの隠喩の寓話的解釈をその点では受け入れながらも、他方では、この隠喩の活用、とりわけ学問の樹あるいは智慧の樹の隠喩は、実質的な規定にまで到達していることを認めている。すなわち、隠喩の活用は、わずかに示唆されただけの真理が身を隠すための単なるベールでしかないのではなく、真理を実際に伝達させる企図を有しているのである。メナールによれば、倫理的考察が優位となる後期デカルト思想は、体系のこうした隠喩的表現法の具体化によって見事に体現されているとされる。
(10) AT X 373（*Opere* 第1巻〔原文〕27頁〔『精神指導の原理』第4規則〕）より〔引用文におけるラテン語句の挿入はネグリによるもの〕。
(11) 人文主義の象徴的表現法の諸特徴については、E・カッシーラー〔Cassirer〕の著作 *Individuo e cosmo nella filosofia del Rinascimento*, Firenze, 1963 の〔原文〕119頁と149頁〔邦訳、エルンスト・カッシーラー（薗田坦訳）『個と宇宙――ルネサンス精神史』名古屋大学出版会〕、〔邦語では『イタリア・ルネサンスの哲学者』（根占献一ほか訳、みすず書房）を読むことができるドイツ出身のルネサンス研究者パウル・オスカー・〕クリステラー〔Paul Osker Kristeller〕の著作 *Il pensiero filosofico di Marsilio Ficino*, Firenze, 1953 の〔原文〕86頁以下、そしてE・ガレンの著作 *L'umanesimo italiano*, Bari, 1952 の〔原文〕120頁以下〔邦訳、エウジェニオ・ガレン（清水純一訳）『イタリアのヒューマニズム』創文社〕を参照されたい。しかしながら、忘れてはならないのは、人文主義の象徴的表現法の肯定的側面が新しい学知の登場以前にはむしろ否定的なものと見なされていたことである。E・ガレンによれば「人文主義は、世俗における歴史的経験に関する用語を神的で永遠なものの次元に投影しようとした象徴のすべてを解体する方向で動いている」

(E. Garin, *La dialettica dal secolo XII ai principi dell'età moderna*, in : *Rivista di filosofia*, t. 49, 1958, p. 253)。しかしいまや新しい学知において、この肯定的側面は力強く自らを解き放つのである。

(12) AT X 369-370〔『精神指導の規則』第3規則〕、380〔同第5規則〕、496-497〔『真理の探究』〕、同VI 19〔『方法序説』第2部〕を参照のこと。E・ジルソンが『注解』〔本章注4参照〕の〔原文〕210頁以下および370頁において考えているところによれば、真理の伝播〔拡散〕に関するデカルトのこうした考え方は、その演繹的方法に還元できる。これはわたしたちからすれば、まったく不十分なものに思われる。

(13) P・ロッシ〔Rossi〕の著作 *Clavis Universalis. Arti mnemoniche e logica combinatoria da Lullo a Leibniz*, Milano – Napoli, 1960の〔原文〕154頁以下と諸所〔邦訳、パオロ・ロッシ（清瀬卓訳）『普遍の鍵』国書刊行会〕を参照されたい。

(14) AT III 20〔1640年1月29日付メイソニエ宛書簡〕を参照のこと。しかしながら、AT X 201〔『良識論』に関連するテクスト〕も参照されたい。

(15) AT X 376（*Opere* 第1巻〔原文〕29頁〔『精神指導の規則』第4規則〕）より〔ラテン語の挿入は引用者ネグリによるもの〕。また、AT X 371〔同規則〕も参照のこと。

(16) E・ガレンによるイタリア語訳『デカルト著作集（*Opere*）』第1巻の序文（〔原文〕xv頁）のなかでAT X 376〔『精神指導の規則』第4規則〕の一節に付されている注を参照されたい。

(17) AT XI 120と130-131〔以上、『人間論』〕を参照されたい。AT版における212頁から215頁まで、ならびに669頁に見られる長い注も参照されたい。噴水装置について熱心に書き留めている前時代人や同時代人による一連の文章が挙げられている。AT版によれば「わたしたちが王の庭園において」見ることのできた噴水装置とは、おそらくフォンテーヌブローのそれではなくて、サン・ジェルマン・アン・レーのそれだろう。AT VI 343-344〔『気象学』第8講〕も参照されたい。

(18) この主題については、上記の注2ですでに列挙したテクストを再び参照されたい。さらに、「時計」という主題については、たとえばAT III 504-505〔1641年1月、ただし最新のデカルト研究によれば月末と考えられているレギウス宛書簡〕、同IV 575〔1646年11月23日付ニューキャッスル侯宛書簡〕、同VI 59〔『方法序説』第5部〕、同VII 84-85〔「第六省察」〕、同VIII-A 326〔『哲学の原理』第4部第203項〕、同X 229〔『思索私記』（邦訳、デカルト（山田弘明ほか訳）『数学・自然学論集』法政大学出版局、93頁）〕、同XI 120、201-202〔以上、『人間論』〕、226〔『人体の記述』（邦訳、デカルト前掲書（本章注2)、148頁から149頁）〕、342〔『情念論』第16項〕を参照されたい。「自動機械」という主題については、たとえばAT I 24〔1629年10月8日付メルセンヌ宛書簡〕、同II 39-41〔最新のデカルト研究によれば1638年4月または5月のレネリを介したポロ宛書簡だが、ネグリが参照しているAT旧版では1638年3月の某氏宛とされている書簡〕、同III

504–505〔1641年1月、ただし月末と考えられているレギウス宛書簡〕、同 V 277–278〔1649年2月5日付モア宛書簡〕、同 VI 55–57〔『方法序説』第5部〕（さらにE・ジルソンの『注解』〔本章注4参照〕における浩瀚な注釈、とりわけ〔原文〕420頁から426頁までを参照のこと）、165〔『屈折光学』第7講末尾と第8講冒頭〕、同 VII 26、32〔以上、「第二省察」〕、同 VIII–A 326〔『哲学の原理』第4部第203項〕、同 X 216–219、231–232〔以上、『思索私記』（同上邦訳、82頁から85頁、96頁）〕、同 XI 120〔『人間論』〕、331〔『情念論』第6項〕、339〔同第13項〕、341–342〔同第16項〕、354〔同第34項〕、669〔補遺〕を参照されたい。

(19) この点に関して非常に意義深いのが、AT X 504–505〔『真理の探究』〕の一節である。

(20) AT X 509（*Opere* 第1巻〔原文〕110頁〔『真理の探究』〕）より。

(21) 上記の注2で列挙したテクストを参照されたい。「家」の隠喩にまつわる主題設定に依拠するこうした論証手続きが、どれほど文字通りの意味で人文主義的であるか——そしてわたしたちはそこにデカルトにおける「都市」についての隠喩もあえて付け加えたいのだが——、このことを大きく取りあげているのが、E・ガレンの著作 *Scienza e vita civile nel Rinascimento italiano*, Bari, 1965 の〔原文〕33頁以下〔邦訳、エウジェニオ・ガレン（清水純一・斎藤泰弘訳）『イタリア・ルネサンスにおける市民生活・魔術』岩波書店〕における「理想都市《チッタ・イデアーレ》」についての読解である。この素晴らしい所見をここに引用することを許されたい。「実際、都市計画学とか建築学などの範囲を越えて、アルベルティやレオナルドが抱いていた、自然についての哲学的観念を検討してゆくならば、この二人の芸術家の間には、λόγος（ロゴス）、「種としての理法」、内在的数学的法則という観念の点で、少なからぬ類似があることに気づかれよう。つまり、人間は、存在の内奥にこの鉤《かぎ》を発見することによって、新たな、そして独創的な自己の作品を自然のなかに接木することができる。だが、この新たな作品は、自然の「必然性」につながれて、万物を結ぶ理法の網に従属するものでありながら、同時にまたこの綱目を表現し強化するものでもなければならない。（中略）理想都市とは、自然の都市であると同時に、合理の都市である。それは人間の理性に従って建設された都市であるが、さらにまた人間という自然に完全に適合した都市でもあるのである」（〔原文〕36頁〔邦訳、46頁から47頁〕）。こうした文脈こそ、おそらくデカルトの「家」の隠喩が言及しているものなのではないだろうか。

(22) AT VII 24〔「第二省察」〕と同 X 512〔『真理の探究』〕を参照のこと。これ以外の海にまつわるイメージについては、AT IV 264〔1645年8月4日付エリザベト宛書簡〕と317〔1645年10月6日付エリザベト宛書簡〕、同 VI 59〔『方法序説』第5部〕、237〔『気象学』第1講〕を参照されたい。ただし、これらの表現は、隠喩としてよりも、むしろ観察として興味深い。

(23) AT X 526〔『真理の探究』〕を参照のこと。

(24) AT VI 9〔『方法序説』第1部〕（ジルソン『注解』〔本章注4参照〕の〔原文〕

142頁を参照のこと）。しかしまた、デカルトの著作全体の諸所、とりわけ『真理の探究』を参照されたい。

(25) モンテーニュ『エセー』第1巻26章（プレイヤッド版『全集〔*Œuvres complètes*〕』、パリ、1962年、〔原文〕144頁以下〔邦訳、モンテーニュ（原二郎訳）『エセー』岩波文庫〕）、ベイコン『ノヴム・オルガヌム』〔下記『著作集』〕第1巻〔原文〕89頁、ベイコン『学問の尊厳と進歩について』〔下記『著作集』〕第1巻〔原文〕469頁、ベイコン『学問の進歩』〔下記『著作集』〕第3巻〔原文〕310頁〔「われわれの救主は〔中略〕、あやまちをおかしたくなければ読みなさいと、二つの書または巻をわれわれの前においてくださっている。それはまず、神の意志をあきらかにしている聖書であり、ついで、神の力をあらわす被造物であるが、後者は前者に対するかぎである。そして救主は、理性の一般概念と言語の規則とによって、聖書の真の意味を理解することができるように、われわれの理解力を開くだけでなく、とりわけ、われわれの信仰の目を開いて、神のみわざにとくにはっきりしるされ刻まれている神の全能を十分に省察することにわれわれをさそいこんでくださるのである」（邦訳、フランシス・ベイコン（服部英次郎・多田英次訳）『学問の進歩』岩波文庫）〕（以上、スペディング〔Spedding〕、エリス〔Ellis〕、ヒース〔Heath〕が編纂して、ロンドンで1887年から〔1892年にかけて〕刊行された〔『著作集（*The Works of Francis Bacon*）』新版〕を参照のこと）、フィレンツェで1929年に刊行の始まった〔1939年に完成〕ガリレオ『著作集〔*Opere*〕』新版の第6巻〔原文〕232頁（「哲学は、わたしたちの目の前に永続的に広がっているあの大いなる書物（わたしは宇宙のことを言っているのだが）のうちに書かれている……」）〔『偽金鑑識官（*Il saggiatore*）』（1623年）からの引用（邦訳、ガリレオ（山田慶児ほか訳）『偽金鑑識官』中央公論新社）〕を参照のこと。さらにはガリレオ『著作集』第3巻第1冊〔原文〕138頁以降ならびに諸所（また、前掲〔本章注21参照〕したE・ガレン著作 *Scienza e vita civile* の〔原文〕149頁と153頁。ここには隠喩の重視と多用を示すものとして、他の著作家たちのことは言うまでもなく、ガリレオのさまざまな章句が引かれている）も参照されたい。ルイ・チュルケ・ド・マイエルヌ〔Louis Turquet de Mayerne, 1550 ?–1618〕に関しては、その『貴族民主主義的君主制〔*La monarchie aristodémocratique, ou Le gouvernement composé et meslé des trois formes de légitimes républiques. Aux Estats généraux des provinces confédérées des Pays-Bas*〕』（パリ、1611年、〔原文〕5頁）を参照されたい。それによれば、真理に到達するのは「とりわけ、この執筆も刊行もされていない、しかし偉大な書物——その名を世界の運行〔*Train du monde*〕という——を読み解くことによってである」（R・ムーニエ〔Mousnier〕の論文 *L'opposition politique bourgeoise à la fin du XVI*e *siècle et au début du XVII*e *: l'œuvre de Louis Turquet de Mayerne*, in : *Revue historique*, t. 213, 1955, pp. 1–20 を参照のこと）。アンリ・ド・ラ・ポプリニエール〔Henri de la Popelinière, 1541–1608〕の諸著作とその趣旨については、C・ヴィヴァンティ〔Vivanti〕の論文 *Alle origini dell'idea di civiltà : le scoperte geogra-*

fiche e gli scritti di Henri de la Popelinière, in : *Rivista storica italiana*, t. 74, 1962, pp. 225-249 とM・ヤルドニ〔Yardeni〕の論文 *La conception de l'histoire dans l'œuvre de la Popelinière*, in : *Revue d'histoire moderne et contemporaine*, t. 11, 1964, pp. 109-126 を参照されたい。

(26) こうした人文主義の標語が政治の領域において有する意義は、本書において十分に解明されるはずである。

(27) AT VII 349-350〔デカルトは、「第一省察」に関するガッサンディの「第五反論」に対する答弁の末尾において、「このように、真理を光り輝かすのに、偽なるものを真なるものと見なすのは有効である、ということがしばしばある」と述べている（第3章注81参照)〕。とりわけ隠喩と仮説の使用（について、デカルトはガッサンディと論争している）をめぐるデカルトと機械論者たちの対立（AT VII 258〔「第五反論」〕）が、探究者と世界の関係性という問題をめぐる二つの異なる態度をどのように特徴づけているか、この点を強調すべく、ここでの論点は後に再論されるはずである。また、AT VI 4〔『方法序説』第1部〕も参照されたい（ジルソン『注解』〔本章注4参照〕の〔原文〕98頁から100頁も合わせて)。しかしながら、AT VI 4において、寓話という様式の仮説はいっそう多義的なものとなっている。

(28) AT IV 593-594〔1647年1月25日付メルセンヌ宛書簡〕を参照のこと。

(29) この点で非常に優れている注釈は、〔邦語では『カミュ「異邦人」のムルソー——異教の英雄論』（平田重和訳、関西大学出版部）を読むことができるフランスの批評家ロベール・〕シャンピニィ〔Robert Champigny〕の論文 *The Theatrical Aspect of Cogito*, in : *Review of Metaphysics*, t. 12, 1959, pp. 370-377 である。

(30) AT X 52（*Opere* 第1巻〔原文〕xxv頁〔『イサーク・ベークマンの日記』（邦訳、デカルト前掲書（本章注18)、38頁)〕）より。

(31) AT版第10巻には、デカルトに関わるくだりが『イサーク・ベークマンの日記〔*Journal tenu par Isaac Beeckman de 1604 à 1634*〕』（コルネリス・デ・ワールト〔Cornelis de Waard〕編纂の4巻本、M. Nijhoff刊、1939年-1953年）から引用されている。二人の関係の変遷についてはAT版第10巻17頁以下、AT版第12巻〔AT版の編者の一人で、邦語では『デカルトと女性たち』（石井忠厚訳、未來社）を読むことができるシャルル・アダン（Charles Adam）が1910年にパリで公刊した *Vie & œuvres de Descartes* のこと〕の〔原文〕45頁から46頁まで、さらにG・コーエン〔Cohen〕の著作 *Écrivains français en Hollande dans la première moitié du XVIIe siècle*, Paris, 1920 の〔原文〕374頁から391頁まで、429頁から435頁まで、454頁から457頁まで、H・グイエ〔Gouhier〕の著作 *Les premières pensées de Descartes. Contribution à l'histoire de l'anti-renaissance*, Paris, 1958 の〔原文〕21頁以下、E・ジルソン『注解』〔本章注4参照〕の〔原文〕151頁から152頁まで、E・ガレンの *Opere* 第1巻〔原文〕xxii頁以下を参照されたい。デカルトとベークマンは、1618年11月10日に知り合い、ブレダに1619年1月2日まで一緒に滞在した。

その後は、同年1月24日から同年5月6日まで一連の書簡のやり取りをしている（これもAT版第10巻に収録）。デカルトとベークマンの交流は、1628年から翌年にかけて再開される（この時期に関する記述もAT版第10巻に見られる）。

(32) 本章第3節を参照されたい。

(33) AT X 162-163〔1619年4月23日付ベークマン宛書簡〕を参照のこと。とりわけ、次のくだりを参照されたい。「わたしが以前の書簡で誇ってみせたその他の発見については、わたしはそれらを新しいコンパスの助けを借りて、本当にやってのけたのであって、その際にはけっして誤ることはありませんでした。しかしながら、わたしは、自分の成果を断片的な形であなたに見せるつもりはありません。これに関しては、まとまった著作をいつの日か仕上げるつもりです。それは管見によれば、新しいもので貶《けな》しようがまったくないものとなるでしょう」。

(34) ヨハン・ホイジンガ〔Huizinga〕は、その著作 *La civiltà olandese del Seicento*, Torino, 1967 において、「イタリア的、フランス的、ドイツ的な性格とは異なる固有な北方的形式のヒューマニズムこそ一貫してこの国〔オランダ〕における文化の培養土であった」(〔原文〕53頁〔邦訳、ヨハン・ホイジンガ（栗原福也訳）『レンブラントの世紀――17世紀ネーデルラント文化の概観』創文社、75頁〕）と述べている。また、同書（〔原文〕57頁）に出てくる、オランダ人文主義を生み出した文化的諸要因の複雑さに関する幾つかの注釈も参照されたい。

(35) AT X 164-165〔1619年4月29日付ベークマン宛書簡〕を参照のこと。ベークマンの〔1619年5月6日付の〕返答は、AT X 167-168に見られる。また、返答の準備のために作成された幾つかの覚書については、AT X 63-65〔邦訳、デカルト前掲書（本章注18)、48頁から49頁〕を参照されたい。さらには、1628年から翌年頃のベークマンによる覚書の一節が想起されるべきである。「月に文字を書き込んで別の場所から読むことができるか（*Lunæ an litteræ inscribi possint absentibus legendæ*)」(AT X 347〔同上邦訳、75頁〕)。この一節は、デカルトが〔イタリア・ナポリ出身の自然哲学者で、太陽光線の熱効果を初めて発見した〕ジャンバッティスタ・デッラ・ポルタ〔Giambattista della Porta, 1538-1615〕の〔、自然現象を支配するための技術として魔術を論じた〕『自然魔術〔*Magia naturalis*〕』〔邦訳、ジャンバッティスタ・デッラ・ポルタ（澤井繁男訳）『自然魔術』青土社〕について知っていたことを示す。本章の注51も参照されたい。ガレンの *Opere* 第1巻〔原文〕xxviii頁からxxx頁を参照のこと。

(36) AT X 162〔1619年4月23日付ベークマン宛書簡〕より。しかしながら、すでにベークマンが到達していた非常に高い水準を理解するためには（AT X 58-61〔邦訳、デカルト前掲書（本章注18)、43頁から46頁〕から推論できるように)、以下のことを念頭に置くべきである。すなわち、1613年の時点ですでにかれは〔自身の『日記』に書き付けているように〕、「真空のなかでは、いったん動かされたものは、つねに動いている（*quod semel movetur, semper movetur, in vacuo*)」〔AT X 60（同上邦訳、45頁)〕という原則を定式化していたということである。この原則はまた、「ひとたび動かされたものは、障害にぶつからない限り、とどまることはない（*mota semel nunquam requiescunt, nisi impediantur*）」〔AT X 348（同上邦訳、77 頁)〕と言い換えられている。
(37)『音楽提要』は、AT 版第 10 巻〔原文〕89 頁から 141 頁に収録されている。この著作に関する注釈は、AT X 79–88 にある。『音楽提要』で取りあげられている主題の難解さと曖昧さを明敏かつ正確に把握しているのは、ロラン＝マニュエル〔Roland-Manuel〕の論考 *Descartes et le problème de l'expression musicale*, in : *Descartes, Cahiers de Royaumont*, cit., pp. 438–448 である。この両義的な性格はまた、音楽関係の主題に関する後年のテクストにも認められる。デカルトは、この曖昧さから解放されなかったように思われる。たとえば AT I 132–133〔1630 年 3 月 18 日付メルセンヌ宛書簡〕、ならびに、とりわけ人間の感覚と音の幾何学的構造の関係について考察している『人間論〔*L'homme*〕』のくだりを参照されたい。たとえば、AT XI 149–150、151、とりわけ 158 を参照のこと。「さまざまな色のなかでも極端からもっともかけ離れた作用（これを類推《アナロジー》によって、一対二の比例と名づけることができよう）に由来する緑色は、音楽で言えば一オクターブの和音、食物で言えばパンのようなもので、つまり万人にとってもっとも快いものである。そして最後に、しばしば緑以上に眼を楽しませる流行色は、すぐれたリュート奏者によって演奏される新曲の和音や音節とか、すぐれた調理人の味つけのようなもので、普通で単純な対象に比べて、よりいっそう感覚を刺戟し、初めはより多くの快楽を感じさせるが、すぐに感覚に飽きを感じさせてしまう」。こうした解釈に異を唱えているのが、B・アウグスト〔Augst〕の論文 *Descartes's Compendium on Music*, in : *Journal of the History of Ideas*, t. 26, 1965, pp. 119–132 である。アウグストは、このデカルトの論考〔『音楽提要』のこと〕に、すでに十分完成された方法論的試みを、すなわちすでに多岐に展開された機械論的企てを、いやそれどころか、すでに深く定義された形而上学的アプローチさえも見出したがっているようだ。この論考は、間違いなく、非常に大胆なものである。
(38) AT X 153〔1619 年 1 月 24 日付ベークマン宛書簡〕より。『音楽提要』のうち比例について考察されている AT X 97 以下〔すわなち(5)〕も参照されたい。ベークマンとのやり取りのうち数学–音楽論的な主題に関するものとしては、AT X 52、53、54、56–58、61–62、63〔邦訳、デカルト前掲書（本章注 18)、37 頁、38 頁、39 頁、42 頁から 43 頁、46 頁から 47 頁、48 頁〕、さらに——1629 年におけるやり取りのなかから——AT X 337、348〔同上邦訳、65 頁から 66 頁、76 頁から 77 頁〕を参照されたい。
(39) AT X 90（*Opere* 第 1 巻〔原文〕xxvi 頁から xxvii 頁〔『音楽提要』(1)〕）より。R・ルノーブル〔Lenoble〕の著作 *Mersenne ou la naissance du mécanisme*, Paris, 1943 の〔原文〕480 頁注 3 によれば、この事例は（実に興味深いものだが)、〔フランス王室侍医にして、自然治癒力に気づき、「わたしが処置し、神が癒したもう」という言葉を残したとされる〕アンブロワーズ・パレ〔Ambroise Paré, 1510–

1590〕とメルセンヌ〔Main Mersenne, 1588–1648〕の著作に見出される。〔したがって〕デカルトには、間接的に伝えられたように思われる（*ut aiunt*〔かれらが述べているように〕という表現に注意）。さらに、機械論の発展においてデカルトの音楽研究が有する意義に関して言えば、ルノーブルはそれをまったく評価していないということに留意されたい。

(40) AT X 156–158（*Opere* 第1巻〔原文〕xxvii 頁から xxviii 頁〔1619年3月26日付ベークマン宛書簡〕）より。

(41) 本章の第3節における『パルナッスス〔*Parnassus*〕』に関するわたしたちの注釈を参照されたい。アウグストが前掲論文〔本章注37参照〕において示した判断は、かなり抑制されるのであれば、受け入れることができる。この論文によれば、すでにこの時期の著述には、デカルト思想の機械論上と方法論上の傾向が認められるという。アウグストは、とりわけジャン＝ポール・ヴェーベル〔Jean-Paul Weber〕の著作 *La constitution du texte des Regulæ*, Paris, 1960 の結論に依拠している。

(42) このテクストは、AT版第10巻に収録されている。『思索私記』とは、ライプニッツと、その後このテクストを初めて公刊したフーシェ・ド・カレイユによる命名である。この著作がひきおこした多くの問題については、とりわけJ・シルヴァン〔Sirven〕の著作 *Les années d'apprentissage de Descartes* (*1596–1628*), Paris, 1930 を参照されたい。近年、文献学的に根本的な貢献をしたけれども、その基本的な主張に関して言えば大いに議論の余地がある（たとえば、E・ガレンの *Opere* 第1巻〔原文〕xxxiv 頁以下を参照のこと）のが、H・グイエの *Les premières pensées de Descartes*〔本章注31参照〕である。

(43) AT X 8 を参照せよ。詩篇の特定（ウルガタ聖書によれば第110歌）のためには、すでに〔本章注31で〕参照したH・グイエの *Les premières pensées de Descartes* の〔原文〕66頁から67頁までを参照されたい。

(44) AT X 213–214（*Opere* 第1巻〔原文〕8頁〔『思索私記』（邦訳、デカルト前掲書（本章注18）、79頁から80頁、訳文は改変）〕）より。

(45) AT X 215（*Opere* 第1巻〔原文〕8頁〔『思索私記』（邦訳、デカルト前掲書（本章注18）、81頁、訳文は改変）〕）より。

(46)「おおかたの本は、その数行を一読し、挿絵を一見しただけで、〔その中味の肝心で肝要なところは〕すべてわかるというものだ。それ以外の部分は埋め草に添えられたにすぎない」(AT X 214（*Opere* 第1巻〔原文〕8頁〔『思索私記』（邦訳、デカルト前掲書（本章注18）、80頁、訳文は改変）〕)。

(47)「すべての人の知能《インゲニウム》には自ら超えることのできない一定の限界が課されている。或る人々が知能の不足のせいで、真理を見つけ出すのに原理を使用することができなくても、しかしながらかれらは、諸学の真の価値を認識することはできるだろう。そうすることで、かれらは事物を評価するうえで正しい判断を行なうことができるだろう」(AT X 215（*Opere* 第1巻〔原文〕9頁〔『思索私記』（邦訳、デカルト前掲書（本章注18）、81頁、訳文は改変）〕)。

(48) AT X 215〔『思索私記』(邦訳、デカルト前掲書（本章注 18)、81 頁、訳文は改変)〕より。しかしまた、「すべての人の精神《インゲニウム》には、軽く触れられただけで、強い感情《アフェクトゥス》をひきおこす部分が幾つかある」(AT X 217〔『思索私記』(同上邦訳、83 頁、訳文は改変)〕) という箇所も参照されたい。
(49)「(前略) 反対に、歓喜《ラエチチア》で一杯になっているときは、食事をすることも睡眠をとることもない」(AT X 215〔『思索私記』(邦訳、デカルト前掲書（本章注 18)、81 頁、訳文は改変)〕)。
(50) 前掲〔本章注 13〕したP・ロッシの著作 *Clavis Universalis* の〔原文〕60 頁と 112 頁を参照のこと。したがって、「素晴らしい学知〔*scientia admirabilis*〕」とは、ルルス主義のみならず魔術主義においても採用された表現なのである。
(51) AT X 215-216〔『思索私記』(邦訳、デカルト前掲書（本章注 18)、81 頁から 82 頁)〕を参照のこと。幻影を生み出す技術について述べているくだりは、ラテン語で執筆された『思索私記』のなかにフランス語のまま挿入されている〔「人は庭園のなかに樹木とそれ以外のもののようなさまざまな形を表す影（ombres）を実現することができる」〕。この議論の出典（カルダーノやデッラ・ポルタ）については、G・ロディス＝レヴィス〔Rodis-Lewis〕の論文 *Machineries et perspectives curieuses dans leurs rapports avec le cartésianisme*, in : *XVII*^{e} *siècle*, t. 32, 1954, pp. 461-474 を参照されたい。
(52) AT X 231-232〔『思索私記』(邦訳、デカルト前掲書（本章注 18)、96 頁)〕を参照のこと。ここでデカルトは、綱渡り芸人やアルキュタスの鳩〔古代ギリシア時代にタラントのアルキュタス（紀元前 428 年 -347 年）が作成したと伝えられる一種の自動機械〕といった機械仕掛けの彫像について論じている。
(53) この変化が生じる決定的な場は――後に見るように――、デカルトの『世界論』〔のうち『人間論』〕である。たとえば、AT XI 163-164、201 ほか諸所を参照されたい。一般にこれらの問題の核心については、F・アルキエ〔Alquié〕の *La découverte métaphysique de l'homme chez Descartes*, Paris, 1950 の〔原文〕38 頁から 55 頁における解釈を念頭に置かれたい。
(54) AT X 216（*Opere* 第 1 巻〔原文〕9 頁〔『思索私記』(邦訳、デカルト前掲書（本章注 18)、82 頁、訳文は改変)〕) より。1620 年の「考案《インウェントゥム》」の日付とさまざまな解釈については、すでに〔本章注 31 で〕参照したH・グイエの著作 *Les premières pensées* の〔原文〕74 頁から 78 頁まで、さらにE・ガレンの *Opere* 第 1 巻〔原文〕xlvii 頁から xlix 頁までを参照されたい。この「考案」は幾何学的な代数学に関する最初の定義のことであるというガレンの仮説は、この時期のデカルトのテクストを解読することで明らかにされる哲学的、文化的な実質のすべてがこの洞察に与えられるとするならば、同意できるものである。「考案」に関するこれ以外の解釈（リアール〔Liard〕によれば、放物線と円周を使った第三次と第四次の立方体の問題の解決であり、ミヨー〔Milhaud〕によれば、天体望遠鏡の発明である）は、まさに瑣事に拘泥しているがゆえに破綻しているように思われる。

(55) AT X 218（*Opere* 第1巻〔原文〕10頁〔『思索私記』（邦訳、デカルト前掲書（本章注18）、84頁、訳文は改変）〕）より。

(56)「自然的な事物について人間が認識するのは、感覚に入り来るものとの相似《シミリチュド》〔を求めること〕によってのみである。かてて加えてわたしたちは、〔自然的な事物のみならず〕探究された事物を感覚によって認識されたものとの類同において捉えることをいっそう巧みになしえたとき、そのような人を〔それだけ〕いっそう真実に哲学したと思いなしている」（AT X 218–219（*Opere* 第1巻〔原文〕11頁〔『思索私記』（邦訳、デカルト前掲書（本章注18）、85頁、訳文は改変）〕））。

(57)「想像力《イマギナチオ》が物体を捉え《コンキペレ》るために図形を用いるように、知性《インテレクトゥス》は精神的なもの《スピリチュアリア》を表す《フィギュラレ》ために、風や光といった或る種の感覚的な物体を用いる。こうしてわたしたちは、より高度な仕方で哲学をすることによって精神《メンス》を、認識により、〔哲学の〕極致へと高めることができるのだ」（AT X 217（*Opere* 第1巻〔原文〕10頁〔『思索私記』（邦訳、デカルト前掲書（本章注18）、83頁、訳文は改変）〕））。

(58)「なぜ哲学者たちの書いたものよりも詩人たちの書いたものに重みのある章句が見出されるのか、奇異なことに思われるかもしれない。その理由は、詩人たちが神徠《しんらい》と想像の力とによって書いたからである。わたしたちのなかには、火打石のなか〔に宿っている火〕のように、知識《スキエンチア》の種子が宿っている。その種子は哲学者たちによって理性を通じて引き出されるが、詩人たちによっては想像力を通じて打ち出され、いっそう光り輝くのである」（AT X 217（*Opere* 第1巻〔原文〕10頁〔『思索私記』（邦訳、デカルト前掲書（本章注18）、83頁から84頁、訳文は改変）〕））。

(59) AT X 218（*Opere* 第1巻〔原文〕10頁〔『思索私記』（邦訳、デカルト前掲書（本章注18）、84頁、訳文は改変）〕）より。

(60) AT X 218（*Opere* 第1巻〔原文〕11頁〔『思索私記』（邦訳、デカルト前掲書（本章注18）、85頁、訳文は改変）〕）より。

(61) AT X 179〔『オリュンピカ』〕より。デカルト哲学の展開の初期段階をルネサンス期の思想に結びつけることに対するH・グイエ（すでに〔本章注31で〕参照した *Les premières pensées de Descartes* の諸所において）の批判の激しさはよく知られている。グイエによれば、デカルト哲学の初期段階はむしろ「反ルネサンス」という歴史的範疇に含められるべきである。デカルトの青年時代に関するグイエの研究がひきおこした数多くの批判のうち、以下のものを思い起こせば十分だろう。「グイエ氏は、『オリュンピカ』のもっとも独創的でもっとも刺戟的なテクストを「前デカルト的」なものとして捨象するとき、自らの方法論に不誠実であるようにわたしたちには思われる。フーシェ・ド・カレイユやアダンを魅了した覚書、たとえば「もろもろの事物の内部においては、ただひとつの作用力——つまり、愛《アモル》、慈愛《カリタス》、調和《ハルモニア》——が存する」という覚書は、「成熟期になって放棄された青年期の思想」と見なされ得るものではなくて（中略）、むしろ、デカルト哲学が一貫して関心を示した智慧に関して他の何よりも説明し得る命題と見なすことができる」

（P・メナールの論文 *Les débuts du cartésianisme et la fin de la Renaissance*, in : *Les études philosophiques*, t. 13, 1958, pp. 191–195）、「グイエのその他の点では貴重な研究には、ふたつの限界がある。ひとつはルネサンス期の文献に関する知識が不十分だということ、もうひとつは反ルネサンス〔あるいは対抗ルネサンス〕という考え方だ。これらは、とりわけ『オリュンピカ』の解釈について顕著な限界である」（E・ガレンの *Opere* 第1巻〔原文〕xliv 頁）。一般に「反ルネサンス」という考え方については、H・ハイドン〔Haydn〕の著作（*The Counter-Renaissance*, New York, 1950）があり、そしてとりわけD・カンティモーリ〔Cantimori〕の論文（*L'"Antirinascimento,"* in : *Studi di storia*, Torino, 1959, pp. 455–460）における激しい批判がある。しかし注意すべきは、反ルネサンスをめぐるグイエとハイドンの理解には非常にはっきりした実質的な相違が認められることである。両者の唯一の一致点は、ルネサンスという現象を重視し、かつ、そのうちに近代的な急進主義を認める見解を否定していることのうちに求められるのである。

(62) とりわけ、すでに〔本章注31で〕参照したH・グイエの *Les premières pensées de Descartes* の〔原文〕117頁から141頁まで、ならびに150頁から157頁までを参照されたい。デカルトは薔薇十字会という組織に加盟していたとする主張は、とりわけ以下の諸文献によるものである。すでに〔本章注31で〕参照したG・コーエンの著作 *Écrivains français* の〔原文〕388頁から390頁まで、399頁から400頁まで、ならびに402頁から407頁まで、G・ペルシグ〔Persigout〕の論文 *L'illumination de René Descartes rosi-crucien (contribution à l'étude de l'imagination créatrice)*, in : *Congrès Descartes. Études cartésiennes*, vol. II, Paris, 1937, pp. 123–130、ポール・アルノルト〔Paul Arnold〕の著作 *Histoire des Rose-Croix et les origines de la Franc-maçonnerie*, Paris, 1955, Appendice 1（これは、デカルトは加盟したのではなく、薔薇十字会の文献から深い影響を受けたとするもの）。さらには、フランセス・A・イエイツ〔Frances A. Yates〕の著作 *Giordano Bruno and the Hermetic Tradition*, Chicago, 1964 の〔原文〕452頁から453頁も参照のこと。それによれば、「(1619年11月10日の夜において）われわれは、ヘルメティズム的忘我を眼前にしているのである。つまり感覚が眠りに陥るとき、真理が開示されるという観念である。このヘルメティズム的忘我の雰囲気は、〔バイエの伝記のこの夢に〕続く記述でも持続されている。(後略)」〔邦訳、フランセス・イエイツ（前野佳彦訳）『ジョルダーノ・ブルーノとヘルメス教の伝統』工作舎、657頁〕。一般に薔薇十字会については、幾つかの興味深い記述を含む文献として、〔邦語では『錬金術』（有田忠郎訳、白水社）などを読むことができるフランスの著述家セルジュ・〕ユタン〔Serge Hutin〕の著作 *Histoire des Rose-Croix*, Paris, 1955 が挙げられる。

(63) AT X 179–188〔『オリュンピカ』〕を参照のこと。

(64) AT X 214〔『思索私記』、原文はすべてラテン語（邦訳、デカルト前掲書（本章注18)、80頁、訳文は改変)〕より。

(65) この点に関して優れているのは、〔本章注61で〕前掲したP・メナールの論

文 *Les débuts du cartésianisme* である。グイエの解釈が問題含みであることは、どれだけ強調してもし過ぎることはないだろう。グイエはデカルト思想とルネサンス思想との連関の可能性をいっさい否定しているが、それは、デカルト思想の真に宗教的な性格を確定するという唯一の目的のためなのだ（H・グイエの著作 *La pensée religieuse de Descartes*, Paris, 1924 においてすでに提示された主張によれば）。さらに強調すべきは、デカルトの青年期の経験からあらゆる神秘主義的契機を排除することが、それ自体、宗教的解釈にとっていかに好都合か、言い換えるならば宗教的な「与件」を「哲学的推論」に固有の契機にしたいという要求にとっていかに好都合か、ということである。どれほどグイエが〔デカルト解釈にとどまらず〕自身の方法論的要請を全面的に適用しているか、注意されたい。たとえば、その著作 *Blaise Pascal. Commentaires*, Paris, 1966 におけるパスカルの「覚書〔*Mémorial*〕」の分析において（〔原文〕11 頁から 65 頁まで）。この場合も、宗教的経験の驚くべき性格が除去されている。「覚書」は、「『聖書』のさまざまな場面《シーン》のうちに描き出される、指針《モデル》となるような状況設定に即して」自分の生を「再考する」ためのものである（〔原文〕65 頁）。理性からみた神秘主義のこのような正常性〔理解可能性〕、こうした神秘主義の非特殊性こそ、ようするにグイエにおける基本的な主題なのであり、グイエの歴史主義が固執するところなのだ。こうした主張がデカルトに対してもパスカルに対しても問題を曖昧にさせるものであることは明らかだ。

(66) ルネサンス思想において神話の機能が重視されていることについては、G・ヴァイゼ〔Weise〕の著作 *L'ideale eroico del Rinascimento e le sue premesse umanistiche*, Napoli, 1961、ならびにその *L'ideale eroico del Rinascimento. Diffusione europea e tramonto*, Napoli, 1965 を参照されたい（これらの文献は後で大きく取りあげるつもりである）。さらに、ルネサンスについてのヘーゲルの定義（そこではまさに神話の機能が広範に論じられている）の重要性に関する幾つかの注解については、M・ビッシオーネ〔Biscione〕の著作 *Neo-umanesimo e rinascimento. L'immagine del Rinascimento nella storia della cultura dell'Ottocento*, Roma, 1962 を参照されたい。

(67) AT VI 5（*Opere* 第 1 巻〔原文〕134 頁〔『方法序説』第 1 部〕）より。デカルトの伝記作者バイエは、この主張の起源がすでに『良識論』（AT X 192）にあると見ている。

(68) メルセンヌはリヴェに宛ててそう書いている（1644 年 3 月 12 日付書簡。*Correspondance du P. Marin Mersenne*, a cura di Mme Paul Tannery, Paris, 1932〔-1988〕）。とはいえ、メルセンヌは、それとは別に辛辣な注記を書き付けていることに注意されたい。「この革新についてあなたはどう思われますか。この革新はわたしたちに世界の終わりという予断を与えないでしょうか」。いずれわたしたちは、この対照が当時の文化的主題の設定にとっていかに重要な要素をなしているかを見ることになるだろう。まずは、当時の自己認識における肯定的な契機を確認するために、前掲〔本章注 21〕した E・ガレンの *Scienza e vita civile* における注記（〔原文〕148 頁）を参照されたい。16 世紀から 17 世紀における新しい哲学の特徴は「「時の進歩」という観念である。この進歩の一段一段を印すものが「有能な観察者」たちの成果である。「真理は時の娘なり〔*veritas filia temporis*〕」というモットーは、すでに1536年に、マルコリーノ・ダ・フォッリというヴェネツィアの一出版社の印刷商標として採用されている。だがこのモットーが、1611年にフランクフルトで出版されたケプラーの『叙述〔*Narratio*〕』の冒頭を飾ったときには、それはまったく異なった荘厳な響きを伝えている。この著述のなかでケプラーが述べたものは、木星の衛星に関するかれの観察である」〔邦訳、ガレン前掲書（本章注21参照)、215頁〕。

(69) J・ダジャン〔Dagens〕の論文 *Hermétisme et cabale en France de Lefèvre d'Étalpes à Bossuet*, in : *Revue de littérature comparée*, t. 1, 1961によれば、「16世紀末から17世紀初頭は宗教的ヘルメス主義の黄金時代だった」(〔原文〕6頁)。E・ガレンは、論文 *Magia e astrologia nella cultura del Rinascimento* と論文 *Considerazioni sulla magia*（*Medioevo e Rinascimento. Studi e ricerche*, Bari, 1954, pp. 150-169 e 170-191所収）において、占星術あるいは錬金術のような怪しげな学の自然的側面と科学的側面とを区別せよという意見から距離をとり、「二つの主題、それをわたしたちは簡便さと慣習から「数学的主題」および「占星術的主題」と呼ぶことにするが、これら二つの主題の持続的な絡み合いは、わたしたちの興味を強くひく。数学を利用するために、すなわち天体の力の影響を被る代わりにその力を利用して作用を及ぼすために、数学の知識が探究されただけでなく、計算それ自体に、まったく数学的ではない要請と動機が数多く絡んでくるのである」と述べている。

(70) これこそルネサンスに関する歴史学の重要な成果であるということは、わたしたちには議論の余地がないように思われる。〔邦語では『ルネサンス——六つの論考』（澤井繁男訳、国文社）所収の論考を読むことができるウォーレス・〕ファーガソン〔Wallace Ferguson〕などによる、この歴史学の批判的検証からそれは明らかである。

(71) 多くの関連著作のなかでもこの論点に関して模範的な解明をしたのはフランセス・A・イエイツである。いずれ再検討することになるだろう主題に関する導入としてさしあたりここで重要なのは、17世紀の初頭に国民ごとの君主政〔monarchie nazionali〕が正当化されるにあたり、神話が直接的な政治的機能を獲得した点を強調しておくことである。それについてはC・ヴィヴァンティの著作 *Lotta politica e pace religiosa in Francia fra Cinque e Seicento*, Torino, 1963の〔原文〕74頁以下を参照されたい。そこではこの論点に関するイエイツの諸著作が引用されている。

(72) すでに〔本章注31で〕参照したG・コーエンの著作 *Écrivains français* の〔原文〕393頁から394頁まで、718頁から719頁までを参照のこと。「炉部屋〔*poël*〕」という主題については、モンテーニュ『旅日記〔*Journal de voyage*〕』（すでに〔本章注25で〕参照した『全集』の〔原文〕1137頁から1138頁)、『エセー』第3巻13章を参照されたい。さらには、E・ジルソン『注解』〔本章注4参照〕の

〔原文〕157 頁を参照のこと。
(73) AT X 156（*Opere* 第 1 巻〔原文〕xxvii 頁〔1619 年 3 月 26 日付ベークマン宛書簡〕）より。
(74) 前掲〔本章注 13〕のP・ロッシ著作 *Clavis Universalis*（〔原文〕154 頁から 175 頁）、ならびにP・ザンベッリ〔Zambelli〕の論文 *Intorno al lullismo, alle arti mnemoniche e occulte e al metodo del loro studio*, in: *Studi storici*, t. 3, 1962, pp. 527-541 を参照のこと。
(75) とりわけ AT X 367 以下（『精神指導の規則』第 3 規則）と AT X 454 以下（同第 16 規則）。前掲〔本章注 13〕のP・ロッシによる重要な注解（*Clavis Universalis* の〔原文〕169 頁から 172 頁）も参照のこと。
(76) AT X 201-202 を参照のこと。〔身体の或る部位における〕局在的な記憶と知的な記憶の区別により、枢要な学知に関するもっとも一般的な原理が打ち立てられる。このことは、とりわけルルス主義の影響という観点から注目すべきである。
(77) とりわけ、AT VI 17 と 19〔『方法序説』第 2 部〕ならびに同 40〔同第 5 部〕（E・ジルソン『注解』〔本章注 4 参照〕の〔原文〕185 頁から 186 頁まで、さらに 370 頁を参照せよ）、また AT X 496-497〔『真理の探究』〕も。デカルトの思索というよりもデカルトの叙述様式のうちに認められ得る曖昧さを実際に見てとるためには、デカルトの「内接の三角法への利用」（AT X 289-297〔邦訳、デカルト前掲書（本章注 18）、180 頁から 188 頁〕）という見出しのつけられた箇所——それに加えて AT X 347〔同上邦訳、75 頁から 76 頁〕（出典は、1629 年のベークマンの『日記』）も参照せよ——を想起すれば事足りる。これは、デカルトがデッラ・ポルタに関心を示していたことを証すものである。内接多角形の底辺とそれ以外の辺の関係についての公式を立証しつつ、デカルトは次のように述べている。この公式から「数多の定理を導出することができ、ゲルマンのカバラ術を真似て、こういった種類のあらゆる三角形の底辺とそれ以外の辺を含む算術数列について容易に提示できるようになる」（AT X 297〔同上邦訳、188 頁、訳文は変更〕）。また、コメニウスの思索に関するデカルトの見解が述べられた、AT II 345-348〔最新のデカルト研究によればホーヘランデ宛書簡だが、ネグリが参照している AT 旧版では某氏宛とされている 1638 年 8 月の書簡〕、AT *Supplément* 97-102〔1639 年末から翌年初めのホーヘランデ宛書簡（新版では AT II 651-656 に収録）〕、そして AT *Supplément* 1-6〔1640 年 2 月 8 日のホーヘランデ宛書簡（新版では AT III 721-726）〕に掲載の三つの書簡も想起されたい。これらの書簡は、1639 年から 1640 年のあいだに書かれたものである。この二番目の書簡について、アルキエは自身が編集したデカルトの『哲学的著作集〔*Œuvres philosophiques*〕』第 2 巻（パリ、1967 年）の〔原文〕154 頁に付した脚注のなかで、それがデカルトの本物の書簡であるかどうか強い疑義を示していた。デカルト自身はコメニウスの企図に反対していたが、自然と言語の対応関係——たとえば、後者は前者を「写し取ったもの」であるとか前者の「鏡」であるとか——という考えを容認しているように見える。そして、この考えは疑いなく、記憶術とルルスの術の全体的な枠組みからそう遠いものではない。

(78) AT X 63–65（この箇所〔邦訳、デカルト前掲書（本章注 18)、48 頁から 49 頁〕に収録されているのは、デカルトが情報を求めたことについてベークマンが『日記』のなかに記した注記である。つまり、「ルルスの『アルス・ブレウィス〔短い術〕』は（アグリッパの『注釈』を 1 時間かせいぜい 2 時間読んで結論できたところによれば)、以下のような用途を有しているようだ。つまり、あらゆる事物の大要《スンマ》を手短に教えてくれるのだが、まず、分類のいずれかの部分へと還元できるものは何も残らないような仕方で、あらゆる事物を分割する。そこで、事物は最初に 6 個ないし 7 個の諸部分に分割され（中略)、そして、個々の部分を改めて分割してゆく」〔同上邦訳、48 頁から 49 頁、訳文は変更〕)。また AT X 164–165〔1619 年 4 月 29 日付ベークマン宛書簡〕、167–168〔ベークマンからデカルトへの 1619 年 5 月 6 日付書簡〕を参照されたい。

(79) AT X 230〔『思索私記』(邦訳、デカルト前掲書（本章注 18)、94 頁から 95 頁)〕を参照のこと。シェンケル〔1593 年の『記憶術について（*De arte memoriæ*)』の著者であるランベルト・シェンケル（Lambert Schenkel, 1547–1625)〕の「駄弁〔*lucrosas nugas*〕」に関するデカルトの考察は、ルルスの記憶術とデカルト自身が提案する「真なる術〔*vera ars*〕」との相違に力点をおいているのだが、前掲〔本章注 13〕した P・ロッシ（*Clavis Universalis* の〔原文〕154 頁から 155 頁、175 頁）がグイエの諸説を批判する際に――この批判は辛辣だが、きわめて的確である――重要な論点として用いられている。

(80) AT VI 17（*Opere* 第 1 巻〔原文〕141 頁〔『方法序説』第 2 部〕）より。さらには、E・ジルソン『注解』〔本章注 4 参照〕の〔原文〕185 頁から 186 頁までを参照のこと。

(81) AT X 230〔『思索私記』(邦訳、デカルト前掲書（本章注 18)、94 頁から 95 頁)〕を参照のこと。

(82) AT I 76–82〔1629 年 11 月 20 日付メルセンヌ宛書簡〕を参照のこと。デカルトは、人工言語が実際には不可能でも理論上は可能であると主張していることに注意せよ。或る言語の構築を可能とするのは、ただ「使用《ユザージュ》」だけである。この点については、先に引用した書簡の結論部を参照せよ。また、AT I 106〔1630 年 1 月のメルセンヌ宛書簡〕、そしてとりわけ AT I 125–126〔1630 年 3 月 4 日付メルセンヌ宛書簡〕も参照のこと。

(83) N・W・ギルバート〔Gilbert〕の著作 *Renaissance Concepts of Method*, 2nd ed., New York–London, 1963 のうち、とりわけ〔原文〕244 頁以下を参照せよ。後期ルネサンスにおいて方法という主題が驚くほどに取りあげられていたことの証拠としては、同書の 233 頁から 235 頁まで掲載さている文献一覧表も参照のこと。

(84) 前注で参照した N・W・ギルバートの著作 *Renaissance Concepts of Method* の〔原文〕221 頁から 222 頁までと 224 頁以下を参照のこと。

(85) E・カッシーラー〔Cassirer〕の著作 *Storia della filosofia moderna*, vol. I, Tori-

no, 1952 の〔原文〕484 頁から 485 頁まで〔邦訳、エルンスト・カッシーラー（須田朗ほか訳）『認識問題 1 』みすず書房、402 頁〕を参照のこと（直ちに付け加えなければならないが、カッシーラーの解釈上の不備は、デカルトにおける方法と思考の内容の両方に関する「純粋性」のみを強調していることであり、この点は注意すべきだろう）。

(86) AT X 219〔『思索私記』（邦訳、デカルト前掲書（本章注 18)、85 頁)〕を参照のこと。

(87) AT X 162〔1619 年 4 月 23 日付ベークマン宛書簡〕より。

(88) AT X 219–220〔『思索私記』（邦訳、デカルト前掲書（本章注 18)、85 頁から 87 頁)〕、そして 58–61〔『ベークマンの日記』（同上邦訳、43 頁から 46 頁)〕、75–78〔同上書（同上邦訳、56 頁から 59 頁)〕を参照のこと。

(89) AT X 224 と 227〔以上、『思索私記』（邦訳、デカルト前掲書（本章注 18)、89 頁と 90 頁から 91 頁)〕、そして 51、52、53、54、56–58〔『ベークマンの日記』（同上邦訳、36 頁から 40 頁、42 頁から 43 頁)〕を参照のこと。

(90) AT X 225–226 と 228〔以上、『思索私記』（邦訳、デカルト前掲書（本章注 18)、89 頁から 90 頁と 92 頁から 93 頁)〕、そして 67–74〔『ベークマンの日記』（同上邦訳、50 頁から 56 頁)〕を参照のこと。

(91) AT X 229、232、233、234–240、240、246、247〔以上、『思索私記』（邦訳、デカルト前掲書（本章注 18)、93 頁から 94 頁、96 頁から 102 頁、106 頁から 107 頁)〕、そして 46–51、54–56〔以上、『ベークマンの日記』（同上邦訳、35 頁から 36 頁、40 頁から 41 頁)〕を参照のこと。

(92) 1621 年から 1629 年のあいだ、『思索私記』のうちに収められることになるテクストと『精神指導の規則』としてまとめられることになるテクストのあいだには――つまりオランダに最終的に落ち着くまでに移住を繰り返していた時期ということだが――、科学上の未完成原稿が幾つか書かれたことがわかる。そのなかでもとりわけ関心をそそるのは、『立体の諸要素のための練習帳〔*De solidorum elementis*〕』（AT X 265–277〔邦訳、デカルト前掲書（本章注 18)、111 頁から 127 頁〕）である。この書物は、立体の構成要素を代数の書式で表そうとした試みである。さらには『数学摘要〔*Excerpta mathematica*〕』に含まれている幾つかのテクスト、そして、それらにもまして卵形線の性質に関する三つのテクスト（AT X 310–324〔同上邦訳、198 頁から 214 頁〕）が挙げられよう。これらはいずれも『幾何学』において際立った仕方で改めて取りあげられる問題である。これらに加えて最後に、ベークマンがその『日記』のなかで 1628 年 10 月 8 日から言及し始める諸問題、あるいはそこで再構成される諸問題を想起すべきであろう（AT X 331–348〔同上邦訳、60 頁から 77 頁〕）。

(93)『精神指導の規則』〔第 1 規則から第 3 規則〕（AT X 359–369）を参照のこと。また、G・クラプッリ〔Crapulli〕の校訂版（ハーグ、1966 年）も参照のこと。AT X 486–488 によれば、『精神指導の規則』が執筆されたのは 1628 年だとされる。この執筆時期は、デカルト研究において一般的に認められた見解となっている。執筆に関する問題については、前掲したE・ガレンによるデカルトの翻訳（*Opere* 第1巻〔原文〕lviii 頁から lxi 頁）を参照のこと。執筆のさまざまな時期が思索のさまざまな段階に対応しているという結論をくだしている。このように執筆の時期を複数にわけるとしても、そのことはこの著作が強固でかつ持続したひとつの動機に貫かれていることの結果として見なせなければ、ガレンの結論はわたしたちには受け入れがたいと思われる。

(94) AT X 363（*Opere* 第1巻〔原文〕20 頁〔『精神指導の規則』第2規則〕）より。この主題全般については、『精神指導の規則』第2規則を参照のこと。

(95) AT X 366（*Opere* 第1巻〔原文〕21 頁〔『精神指導の規則』第2規則〕）より。

(96) AT X 368（*Opere* 第1巻〔原文〕23 頁〔『精神指導の規則』第3規則〕）より。この主題全般については、『精神指導の規則』第3規則を参照のこと。

(97) AT X 369（*Opere* 第1巻〔原文〕24 頁〔『精神指導の規則』第3規則〕）より。

(98) すでに〔本章注 53 で〕言及したF・アルキエの著作 *La découverte métaphysique* の〔原文〕56 頁から 83 頁、ならびに *Descartes : l'homme et l'œuvre*, Paris, 1956 の〔原文〕23 頁から 36 頁〔邦訳、フェルディナン・アルキエ（坂井昭宏訳）『デカルトにおける人間の発見』木鐸社、27 頁から 43 頁〕を参照のこと。アルキエは、『精神指導の規則』において展開された方法論と技術の観点からの要請の複雑さと広がりを正確かつ流麗な筆致で明らかにしたうえで、この要請が「形而上学的な」性格を有していることを否定している。アルキエが言うには、それは「技術的な」ものであり、形而上学的なものではないのだ。しかし、技術的なものにおける形而上学の可能性を排除する必要がなぜあるのだろうか。まさしくこのような形而上学の存在こそがここで参照したデカルトの文言を特徴づけるものであると思われる。『精神指導の規則』の主張は、なるほど『省察』における形而上学に還元されるものではないが、だからといって形而上学的でないということにはならない。というのも、デカルトが自らに固有な思考を展開するために批判しなければならなくなるのは、〔『精神指導の規則』において打ち出された形而上学的な立場とは〕異なった、ルネサンス期における人文主義的な形而上学であったからである。デカルトに固有の思考とは、ようするに、深く形而上学的な立場なのである。

(99) AT X 361（*Opere* 第1巻〔原文〕18 頁〔『精神指導の規則』第1規則〕）より。この主題全般については、『精神指導の規則』第1規則を参照のこと。

(100) AT X 393（*Opere* 第1巻〔原文〕41 頁から 42 頁〔『精神指導の規則』第8規則〕）より。この主題全般については、『精神指導の規則』第8規則を参照のこと。

(101) 新カント派が提示したデカルト解釈によれば、『精神指導の規則』において打ち出された方法論上の見通しは、形而上学的なものではなく、単に形式的なものであり超越論的なものである。あるいは形式的であるか超越論的であるか、そのどちらかでしかない。この解釈の重要性は、過小評価されるべきでないだろう。『精神指導の規則』を理解するうえで文献学的にも実質的にも新カント派が果たした貢献の意義は疑いようがないものだった。とりわけ第6規則（この規則については後で取りあげることにする）など幾つかの部分に関する新カント派の研究において、『精神指導の規則』は、特権的な地位にある作品である。新カント派によるデカルト解釈の全体像については、E・カッシーラーの *Storia della filosofia*〔邦訳、カッシーラー前掲書（本章注85)〕、ならびに *Leibniz' System in seinen wissenschaftlichen Grundlagen*（ヒルデスハイムで1962年に写真製版法により再版されたもの）においてデカルトについて入門的に論じられた章（〔原文〕3頁から102頁まで）を参照のこと。また、L・J・ベック〔Beck〕の論文 *L'unité de la pensée et de la méthode*, in : *Descartes. Cahiers de Royaumont*, cit., pp. 393–411 も参照のこと。新カント派の提示した解釈〔そのもの〕は、明らかに議論の余地がある――わたしたちに関する限りまったく受け入れることができない。だからといってこのことは、A・コルサーノ〔Corsano〕の *Misticismo e volontarismo nelle cartesiane "Regulæ ad directionem ingenii,"* in : *Giornale critico della filosofia italiana*, t. 11, 1930, pp. 337–362 という、他の点ではきわめて有益な論文において提示された〔新カント派的解釈への〕批判の形式――イタリア観念論の哲学史研究の方法論から影響をうけた――を受け入れる用意がわたしたちにはあるということを言うものではない。『精神指導の規則』についてこの論文でなされているような読解が目指すところは、新プラトン主義的な主題を浮き彫りにし、さらには、『精神指導の規則』のうちに展開されているはずの精神の概念（「その現勢態〔attuosità〕において！」）をこの新プラトン主義的な主題から明らかにすることだけであると言っても過言ではない。

(102) AT X 403（*Opere* 第1巻〔原文〕49頁〔『精神指導の規則』第10規則〕）より。この主題全般については、『精神指導の規則』第10規則を参照のこと。

(103) AT X 371（*Opere* 第1巻〔原文〕25頁〔『精神指導の規則』第4規則〕）より。

(104) AT X 373と376〔以上、『精神指導の規則』第4規則〕を参照のこと。

(105)『精神指導の規則』第4規則（AT X 371–379)、同第5規則（AT X 379–380）を参照のこと。

(106) AT X 382（*Opere* 第1巻〔原文〕33頁〔『精神指導の規則』第6規則〕）より。この主題全般については、『精神指導の規則』第6規則を参照のこと。

(107) AT X 383〔『精神指導の規則』第6規則〕より。

(108) AT X 381（*Opere* 第1巻〔原文〕32頁〔『精神指導の規則』第6規則〕）より。

(109) だからといって、第6規則は深刻な矛盾をはらんでいるという事実が減ずるわけではない。ということは、『精神指導の規則』は寄せ集めの著作であると見なすような解釈は全面的に正しいということになる。しかしながら、わたしたちにとっては、〔『精神指導の規則』におけるデカルトの〕主張は明らかな矛盾を冒しているということよりも、総体的に見れば人文主義的な言説のもとにあるということのほうがはるかに重要であると思われる。このことは第6規則にもあてはまるのだが、その記述によれば、認識上の次元と存在上の次元の区別は、何よりも演繹的な手続きに関して言えば、「差し当たりは〔*pro tempore*〕」、つまり〔推論における それぞれの項目の〕連鎖が直観作用の統一性へと帰着するまでは、つまり、認識論上の真理と存在論上の真理とが実際に分ちがたく結びつくまでは、保持されるものと思われる。

(110)『精神指導の規則』第7規則(AT X 387-392)を参照のこと。また、同第14規則(AT X 438-452)、ならびに諸所も参照のこと。

(111) AT X 409〔『精神指導の規則』第11規則〕より。この主題全般については、『精神指導の規則』第11規則を参照のこと。

(112) AT X 400(*Opere* 第1巻〔原文〕47頁〔『精神指導の規則』第9規則〕より。この主題全般については、『精神指導の規則』第9規則を参照のこと。

(113) AT X 410-430〔『精神指導の規則』第12規則〕。この主題全般については、『精神指導の規則』第12規則を参照のこと。

(114) AT X 427(*Opere* 第1巻〔原文〕66頁〔『精神指導の規則』第12規則〕)より。

(115) この点について、A・カルーゴ〔Carugo〕の論文 *Sui rapporti tra progresso tecnico et pensiero scientifico* (*Cronaca bibliografica*), in : *Studi storici*, t. 1, 1959-1960, pp. 835-847、P・ロッシ〔Rossi〕の著作 *I filosofi e le macchine, 1400-1700*, Milano, 1962 の〔原文〕105頁以下〔邦訳、パオロ・ロッシ(伊藤和行訳)『哲学者と機械——近代初期における科学・技術・哲学』学術書房〕、ならびにP・ザンベッリの論文 *Rinnovamento umanistico, progresso tecnologico e teorie filosofiche alle origini della rivoluzione scientifica*, in : *Studi storici*, t. 6, 1965, pp. 507-546 は、基本的には同意している。これに対して、理論上の契機と技術上の契機のこうした深い内的連関について理解するにはきわめて不十分なのが、次に挙げる研究における主張である(それ以外の面では著しい功績であるのだが)。R・ホール〔Hall〕(たとえば、*The Scholar and the Craftsman in the Scientific Revolution*, in : Leonard Marsak, ed., *The Rise of Science in Relation to Society*, New York, 1964, pp. 21-41)、〔啓蒙史観に起因する中世蔑視を反省し、中世に光を当てた歴史家〕A・C・クロムビー〔Crombie〕(たとえば、*Augustine to Galileo*, London, 1961 の第2巻〔原文〕122頁〔邦訳、A・C・クロムビー(渡辺正雄ほか訳)『中世から近代への科学史』コロナ社、下巻、121頁から122頁〕によれば、「科学革命の初期の段階においては、この革命は、技術上の手段がふえたことよりも、知的な見とおしとか立てられる質問の型とかが組織的に変化したことによって生じたのである。なぜこのような思惟方法上の革命が生じねばならなかったかということは明らかではない」)、R・ムーニエ(たとえば、*Progrès scientifique et technique au XVIIIe siècle*, Paris, 1958)、そして〔邦語では『ルネサンス——六つの論考』(澤井繁男訳、国文社)所収の論考を読むことができるジョージ・〕サートン〔George Sarton〕(たとえば、*The Appreciation*

of Ancient and Medieval Science during the Renaissance : 1450–1600, Philadelphia, 1955）。これらの研究では、理論上の契機と技術上の契機の内的連関が忘れ去られてしまっている。なぜなら、一方で、理論上の契機が技術上のそれよりも特別扱いされているからで、他方で、この両者の結びつきは、世界に関するルネサンス的な概念枠にはそぐわない（そして、この枠組みの先を行っている）と見なされているからだ。

（116）わたしたちはここで、そしてこれ以降は、アレクサンドル・コイレ〔Alexandre Koyré〕（たとえば、*Études d'histoire de la pensée scientifique*, Paris, 1966 に所収の論考のうち、とりわけクロムビーの論考を批判した箇所（〔原文〕48 頁から 72 頁まで）を参照のこと）において提示された主張を採用する。しかしながらわたしたちとしては、コイレがルネサンス期のプラトニズムについて論じる際の明らかな偏り——しばしばそれはあまりに理論偏重になっている——については、これを正したいと思う（この点については、コイレの著作 *Dal mondo del pressappoco all'universo della precisione*（トリノ、1967 年）への序文のなかで訳者Ｐ・ザンベッリが提示した〔コイレの見解に関する〕修正を参照のこと）。

（117）フランスにおけるベイコン思想の普及については、前掲したＲ・ルノーブルの著作 *Mersenne* の諸所〔本章注 39 参照〕とＨ・バターフィールド〔Butterfield〕の著作 *Le origini della scienza moderna*, Bologna, 1962〔邦訳、ハーバート・バターフィールド（渡辺正雄訳）『近代科学の誕生』講談社〕を参照のこと。デカルトはベイコンの思想について深い理解を有していたと思われる。デカルトの科学的実践の初期にはベイコンへの参照が頻繁に見られる（AT I 109〔1630 年 1 月のメルセンヌ宛書簡〕、195〔1630 年 12 月 23 日付メルセンヌ宛書簡〕、251〔1632 年 5 月 10 日付メルセンヌ宛書簡〕、318〔1635 年 5 月 19 日付ゴリウス宛書簡〕、それから『屈折光学〔*Dioptrique*〕』〔第 1 講〕（AT VI 82）、ならびに『方法序説』（AT VI 2、3、10〔以上第 1 部〕、13〔第 2 部〕、30〔第 3 部〕、62、62–65、70〔以上、第 6 部〕））。また、わたしたちとしては、前掲〔本章注 13〕のＰ・ロッシが *Clavis Universalis* で強調しているように、デカルトの記憶術に関する議論とベイコンのそれとのあいだには矛盾のないことも強調しなければならないだろう。しかしながら、わたしたちはＥ・ジルソンの『注解』〔本章注 4 参照〕（〔原文〕84 頁から 85 頁まで、90 頁、146 頁、169 頁、276 頁、444 頁から 446 頁まで、449 頁から 457 頁まで、462 頁）、Ｌ・ロス〔Roth〕の著作 *Descartes' Discourse on Method*, Oxford, 1937、そして最後にＥ・ドゥニソフ〔Denissoff〕の論文 *Les étapes de la rédaction du "Discours de la méthode,"* in : *Revue philosophique de Louvain*, t. 54, 1956, pp. 254–282 において展開される主張とは立場を異にし、デカルトがベイコンの思想について知識を有していたと認めるからといって、デカルトのうちにベイコンの影響が色濃いと主張するのは正当なことだとまでは考えない。つまり〔記憶論というのは〕、デカルトとベイコンが共有していた一般的な言説上の潮流であったのだ。各論レベルにおいて両者の直接的な関係性を打ち立てることが可能だとは思われない。

(118) 前掲〔本章注 62〕した *Congrès Descartes. Études cartésiennes* の第 2 巻に所収のA・コイレの論文 *Galilée et Descartes*, pp. 41-46 を参照のこと。また、A・バンフィ〔Banfi〕の論文 *Galilée, Descartes et Vico*, in : *Descartes. Cahiers de Royaumont*, pp. 376-392 も注意のうえで参照のこと。

(119) すでに〔本章注 21 で〕言及したE・ガレンの著作 *Scienza e vita civile* の〔原文〕126 頁、129 頁、154 頁、156 頁ほか諸所を参照のこと。そこではガリレオの思索の内容が全面的に明らかにされている。さらにガレンの主張は、新しい学知の発展の全体像についても妥当である。「論理学者たちの旧態依然たる態度の拒否」は実際に随所で認められる。「問題は（中略）新しい世界構造説がリアルなものであって、仮説ではないと断言することにあった。経験と数学的証明とを介して描き上げられる物理的宇宙像が、その領域内で、つまり自己の論理を推しすすめることのできる認識領域のなかで、今や全面的に熟しつつあること（中略）の自覚にあった」〔邦訳、ガレン前掲書（本章注 21 参照）、223 頁〕。また、わたしに言わせれば、数学主義として理解されたプラトン主義と神秘主義として理解されたそれを区別するコイレ（*Études galiléennes*, Paris, 1939 の第 3 巻）に異論を唱えるガレンの主張はきわめて重要である。というのも、この両者は、ガリレオにおいて（〔原文〕139 頁）、さらに一般的には新しい学知において、完全に混じり合わさっているからだ。

(120) A・コイレの論文 *La loi de la chute des corps. Galilée et Descartes*, in : *Revue philosophique de la France et de l'étranger*, t. 123, 1937, pp. 149-204 は、AT X 219-220 の箇所〔『思索私記』（邦訳、デカルト前掲書（本章注 18）、85 頁から 87 頁）〕、つまり、落下物の法則に関するデカルトの説明が見られる『パルナッスス』を注釈しながら、デカルトの〔この法則の〕定義に関する誤りとガリレオが（当初、犯した）誤りのあいだに認められる奇妙な一致を指摘している。この指摘をもとにしながら、コイレは自身の研究を洗練させ、かつ、両者が共通の立場にたっていたことの理由を、デカルトとガリレオが採用した方法が重要な点において一致していることのうちに見出すようになる。つまり、それは、現実世界〔reale〕について両者がともに数学的に概念化することを過度に重視したことによるのである。その結果、このような概念化は、〔落下物の法則を〕時間の観点よりも空間の観点から説明する仮説へと帰着することになる。反対に、ベークマンにおいては、前述したような形而上学的緊張がまさしく欠けていたために、すでに実験的には知られていたこの法則をたとえ部分的には間違っていても一般的な仕方で定式化することができなかったのである。

(121) リュシアン・フェーヴル〔Lucien Febvre〕は、新しい学知がそこから展開するような隠喩的な世界——新しい学知がのりこえようと試みるも、それと同時に再発見することになる世界——について素晴らしい文章を書いている（*Au cœur religieux du XVI*[e] *siècle*, Paris, 1957 のうちとりわけ〔原文〕293 頁から 300 頁、なら

びに *Pour une histoire à part entière*, Paris, 1962 の〔原文〕730 頁から 735 頁を参照のこと）。

(122) エドガー・ツィルゼル〔Edgar Zilsel〕（*Problems of Empiricism*, in : Santillana-Zilsel, *The Development of Rationalism and Empiricism*, *International Encyclopaedia of Unified Science*, II, n. 8, 2nd ed., Chicago, 1947, pp. 53-94）の指摘は、経験主義に妥当するように、合理主義にも妥当するものである。なるほどツィルゼルの論文は概略を単に提示しているだけだが、この論文で展開されている主張の徹底性《ラディカリタ》のゆえに、わたしたちにはそれ以外の関連文献よりも参考に値すると思われる。このような主張（それらはまたわたしたちのものでもあるが）に対して繰り返される反論については、H・F・カーニイ〔Kearney〕の論文 *Puritanism, Capitalism, and the Scientific Revolution*, in : *Past and Present*, t. 28, 1964, pp. 81-101 を参照のこと。

(123)「かれはわたしに今日つまり 1629 年 10 月 11 日に〔次のように〕述べた、運動について以前からたびたび明らかにされているように、ヴェネツィアにある聖母マリア下僕会のパウロ神父もわたしと同じ意見である、と。すなわち「ひとたび動かされたものは、障害にぶつからない限り、とどまることはない」わけだが、ここから、神によってひとたび動かされた天国における運動の永遠が証明されるのである。すでに言及したように、D・コルヴィウスがこのことをわたしに述べてくれたのだが、かれは、ヴェネツィアのこの神父が書いたものからこのことを書き留めていたのである」（ベークマンの『日記』からの抜粋）（AT X 348〔邦訳、デカルト前掲書（本章注 18）、77 頁、訳文は改変〕）。

(124) 前掲した〔チュルケの〕『貴族民主主義的君主制〔*La monarchie aristodémocratique*〕』の〔原文〕510 頁を参照のこと。算術を参照することの革新的な性格については（とりわけチュルケにおいて）、N・ゼモン＝デイヴィス〔Zemon Davis〕の論文 *Sixteenth-Century French Arithmetics on the Business Life*, in : *Journal of the History of Ideas*, t. 21, 1960, pp. 18-48、なかでも〔原文〕45 頁を参照のこと。

(125) AT I 507〔最新のデカルト研究によれば 1637 年 12 月 4 日付だが、ネグリが参照している AT 旧版では 1638 年 1 月 25 日付とされているホイヘンス宛書簡〕より。医学に関するデカルトの理解と薔薇十字会における理解の親近性については、すでに〔本章注 31 で〕参照した G・コーエンの著作 *Écrivains français* の〔原文〕404 頁から 405 頁までを参照のこと。

(126) F・ブローデル〔Braudel〕の著作 *Civiltà e imperi del Mediterraneo nell'età di Filippo II*, Torino 1953 の〔原文〕870 頁以下〔邦訳、フェルナン・ブローデル（浜名優美訳）『地中海』藤原書店〕と〔邦語では『民衆本の世界——17・18 世紀フランスの民衆文化』（二宮宏之ほか訳、人文書院）などを読むことができるフランスの歴史家ロベール・〕マンドルー〔Robert Mandrou〕の著作 *Introduction à la France moderne : essai de psychologie historique, 1500-1640*, Paris, 1961 を参照せよ。

(127) AT I 105-106〔1630 年 1 月のメルセンヌ宛書簡〕より。

(128) AT I 137〔1630 年 4 月 25 日付メルセンヌ宛書簡〕より。

(129) デカルトは生涯にわたって解剖を続けることになる。たとえば、AT I 263〔1632年11月ないし12月のメルセンヌ宛書簡〕、377-378〔1637年5月25日付メルセンヌ宛書簡〕、同II 525〔1639年2月20日付メルセンヌ宛書簡〕、621〔1639年11月13日付メルセンヌ宛書簡〕、同IV 555〔1646年11月2日付メルセンヌ宛書簡〕ほか諸所を参照のこと。とはいえ、1629年から翌年にかけての冬にデカルトが行なった大掛かりな解剖学的な研究が強調されなければならない。ここに引用した文章は、これについて言及したものである。

(130) このことはまた、文献学上の特徴に多少なりとも注目すれば確かめられるところである。デカルトが残した医学に関する著作のなかに『動物発生論〔*Generatio animalium*〕』(AT版第11巻〔原文〕505頁から538頁に収録)と呼ばれるものがある。この著作(『遺稿集〔*Opuscula posthuma*〕』、アムステルダム、1701年)の編者たちは、これを『動物の発生についての最初の思索〔*Primæ cogitationes circa generationem animalium*〕』〔邦訳、デカルト前掲書(本章注2)、95頁から140頁〕と名づけた。この題名は不正確である。というのも、ライプニッツがハノーファーに残した手稿の発見によって明らかにされたように、『動物発生論』の一部がデカルトの晩年(1648年)に執筆されたことは疑い得ないからである。にもかかわらず、この題名は示唆的なのだが、それは、この題名がこの著作の複雑な性格を強調するものとなっているからである。この書物に含まれているのは、発生の問題に関するデカルトの思索の展開を書き留めた雑録——わたしたちに言わせれば——であり、〔つまりは〕発生に関してデカルトが行なった一連の科学実験に依拠する医学上の思索を概略するものである。『動物発生論』はとりわけ、デカルトが解剖学上の研究に取り組んだ三つの時期のことについて言及するテクストを含んでいるように思われる。つまり、1630年頃、1637年頃、そして1648年頃である。1630年頃の時期に関しては、明らかに『動物発生論』の一節(AT XI 538〔同上邦訳、139頁から140頁〕)を考慮に入れることができるだろう。この一節は、ライプニッツによるハノーファー写本(AT XI 601-607)のなかにも含まれているものである(この一節は、明らかに1631年に執筆された)。わたしたちはまた、1645年10月のニューキャッスル侯宛の書簡における、「動物に関する論考」のために15年以上も研究を続けているというデカルトの発言を心に留めておくべきである。したがって問題は、デカルトが残した医学・解剖学上のテクストのうちに1630年代の活動を示す他の箇所を見つけることができるかということになる。〔デカルトが取りあげている〕主題の特徴をなす幾つかの内在的なモチーフ(人間発生についての寓話の再掲、自然主義的目的論、心臓〔の動き〕に関する熱理論の過度の重視など)に鑑みるなら、デカルトの医学上の二番目の主要著作である『人体の記述』の第4部と第5部(AT XI 252-286〔同上邦訳、172頁から201頁〕)もまた1630年代に執筆されたのではないかと思われる(第1部から第3部まで(AT XI 223-252〔同上邦訳、145頁から171頁〕)は、1640年代後半に執筆された)。この第4部と第5部は、文体の観点から見ても最初の三部とは著しく異なっているのだが、『動物の形成に関する補論〔*Digression, dans laquelle il est traité de la formation de l'Animal*〕』という別の題名のもと独立したかたちで公表された。とはいえ、『補論』の執筆時期〔1630 年代〕に反して、そのうちには『屈折光学』〔1637 年刊行〕への一連の言及（AT XI 255〔『人体の記述』（同上邦訳、175 頁）〕）のみならず、何よりもまず『哲学の原理』フランス語訳〔1647 年刊行〕への言及（AT XI 255、275、281〔以上、『人体の記述』（同上邦訳、175 頁、192 頁、197 頁）〕）が見出されるという事実は残る。さらにデカルトの書簡を参照するなら、「動物一般の形成《フォルマシオン》」に関する研究は 1648 年の仕事とされている（AT V 112〔1648 年 1 月 31 日付エリザベト宛書簡〕ならびに 170–171〔『ビュルマンとの対話』〕、260–261〔1648 年または 1649 年の某氏宛書簡〕）。おそらく唯一の解決法は、1630 年代から積み重ねられてきた研究に関して 1648 年になされた改訂の成果として『補論』を見なすものである。H・ドレフュス＝ル・フォワイエ〔Dreyfus-Le Foyer〕の〔この点に関する〕基本文献となる優れた論文 *Les conceptions médicales de Descartes*, in : *Revue de métaphysique et de morale*, t. 44, 1937, pp. 237–286 のうち、『補論』に関する〔原文〕248 頁以下を参照のこと。また、AT 版第 11 巻〔原文〕219 頁から 222 頁に収録されている「緒言〔Avertissement〕」も参照のこと。いずれにおいても『補論』の執筆時期は、わたしたちの考えに反して 1648 年であることに議論の余地がないとされている。

(131) このような発言は 1631 年から認められる。出典は、AT XI 603（〔ライプニッツの手稿である〕ハノーファー写本〔のうち『解剖学摘要』〕からの抜粋〔邦訳、デカルト前掲書（本章注 2)、64 頁〕）と AT XI 538（『動物発生論』から〔同上邦訳、139 頁から 140 頁〕）。

(132) AT XI 519（獣の魂について)、524（両性具有者について)、525 以下（カストラートに髭のはえないことについて)〔邦訳、デカルト前掲書（本章注 2)、115 頁、121 頁、123 頁〕。これら『動物発生論』からの箇所の執筆時期は、おそらく 1630 年頃であろう。

(133) AT XI 509（『動物発生論』〔邦訳、デカルト前掲書（本章注 2)、103 頁から 104 頁、訳文は改変〕）から。

(134) AT XI 264 以下と 280 以下（『人体の記述』から〔邦訳、デカルト前掲書（本章注 2)、182 頁以下、197 頁以下〕）を参照のこと。

(135) E・ジルソンの著作 *Études sur le rôle de la pensée médiévale dans la formation du système cartésien*, Paris, 1951（再版）の〔原文〕51 頁から 101 頁まで、そして *Index scolastico-cartésien*, Paris, 1913 の諸所を参照されたい。

(136) H・ドレフュス＝ル・フォワイエ（先に参照した論文 *Les conceptions* のとりわけ〔原文〕244 頁から 245 頁まで〔本章注 130〕）は、なるほどスコラ哲学の影響は残存しているとはいえ、スコラ的な観点のデカルトによる反転を強調している。しかし、この論文では、デカルトの医学上の著作における厳密に言って機械論的なモデルの存在が誇張されている。生理学上の論点に関するデカルトの思索とスコラのそれとの結びつきについては、P・シュペヒト〔Specht〕の著作 *Commercium mentis et corporis. Ueber Kausalvorstellungen im Cartesianismus*, Stuttgart, 1966 を参照のこと。意図的であるのかどうかは措いて、この研究書は、デカルトがおそらくは引き合いに出すことのできたアリストテレス主義が、ルネサンス哲学における重要な主題と結びつくことで、さらにはそれに影響されることで、どの程度まで歪曲されたのか、この点を解明している。

(137) すべてを考慮に入れた仮説として、デカルトの医学上の著作は以下のように分類することができるだろう。

—1631 年：AT XI 601-607〔邦訳、デカルト前掲書（本章注 2）、63 頁から 68 頁〕、『動物発生論〔*Generatio*〕』のうち、さらにまた AT XI 601-607 で展開されている主題に文字通りに（AT XI 538〔『解剖学摘要』(同上邦訳、139 頁から 140 頁)〕)、あるいは何らかの仕方で言及している箇所も。

—『動物の形成に関する補論』の初稿（『人体の記述』の第 4 部と第 5 部か？）

—1633 年：『人間論』

—『屈折光学』

—1637 年：『方法序説』第 5 部

—AT XI 583-600（そしておそらく 549-583 も）〔以上、いずれも『解剖学摘要』(同上邦訳、49 頁から 62 頁、21 頁から 49 頁)〕、さらにまた『動物発生論』のうち、文字通りに（AT XI 534-535〔第 76 段落〕、535-536〔第 77 段落〕、536-537〔第 78 段落（以上、いずれも『動物発生論』(同上邦訳、135 頁から 138 頁）より)〕)、あるいは何らかの仕方で、AT XI 583-600 で展開されている主題に言及している箇所。以上の資料はいずれも、AT I 507〔最新のデカルト研究によれば 1637 年 12 月 4 日付だが、ネグリが参照している AT 旧版では 1638 年 1 月 25 日付とされているホイヘンス宛書簡〕で表明されている医学に関する『提要〔*Abrégé*〕』の執筆計画と関連づけられるべきである。

—1644 年：『哲学の原理』

—1648 年：『人体の記述』第 1、2、3 部、そして第 4 部と第 5 部の改訂（これが『動物の形成に関する補論』か？）

—AT XI 608-621〔『解剖学摘要』(同上邦訳、68 頁から 78 頁)〕、さらにまた『動物発生論』のうち、文字通りに（AT XI 537-538〔第 79 段落から第 82 段落(同上邦訳、138 頁から 139 頁)〕)、あるいは何らかの仕方で、AT XI 608-621 で展開されている主題に言及している箇所も。

(138) たとえば、AT XI 123、192、そして 200-202〔以上、『人間論』〕を参照のこと。

(139) AT XI 134 と 137〔以上、『人間論』〕を参照のこと。

(140) AT VI 48〔『方法序説』第 5 部〕より。

(141) ジルソンの一貫して否定的な解釈は別として、それにもかかわらずデカルトの血液循環に関する理論は根本的に間違っているわけではないことに注意すべきである（すでに〔本章注 130 で〕参照したH・ドレフュス＝ル・フォワイエの論文 *Les conceptions* の〔原文〕265 頁にしたがうなら）。デカルトとハーヴェイの関係一般については、E・ジルソンの『注解』〔本章注 4 参照〕の〔原文〕407 頁から 408 頁において言及されているテクストを参照のこと。
(142) 先の注 137 を参照せよ。
(143) AT I 402–431〔フロモンドゥスからプレンピウスへの 1637 年 9 月 13 日付書簡と 1637 年 10 月 3 日付プレンピウス宛書簡〕、475–477〔1637 年 12 月 20 日付プレンピウス宛書簡〕、496–499〔1638 年 1 月のプレンピウスからデカルトへの書簡〕、521–536〔1638 年 2 月 15 日付プレンピウス宛書簡〕、同 II 52–54〔1638 年 3 月のプレンピウスからデカルトへの書簡〕、62–69〔1638 年 3 月 23 日付プレンピウス宛書簡〕、343–345〔おそらく 1638 年 8 月のプレンピウス宛書簡〕を参照のこと。
(144) AT XI 505–506、511 以下、526 以下（以上、『動物発生論』〔邦訳、デカルト前掲書（本章注 2）、96 頁から 97 頁、104 頁以下、124 頁以下〕）から。
(145) AT XI 595〔『解剖学摘要』（邦訳、デカルト前掲書（本章注 2）、56 頁、訳文は改変）〕より。同様のことは、『動物発生論』（AT XI 534–535〔同上邦訳、135 頁から 136 頁〕）においても述べられている。
(146) AT XI 223–224、225（『人体の記述』第 1 部〔邦訳、デカルト前掲書（本章注 2）、145 頁から 148 頁〕）から。
(147) 先の注 137 を参照せよ。
(148) AT XI 244〔『人体の記述』第 2 部（邦訳、デカルト前掲書（本章注 2）、165 頁、訳文は改変）〕より。
(149) AT XI 228–245〔『人体の記述』第 2 部（邦訳、デカルト前掲書（本章注 2）、150 頁から 166 頁）〕を参照のこと。
(150) AT XI 245–252〔『人体の記述』第 3 部（邦訳、デカルト前掲書（本章注 2）、166 頁から 171 頁）〕を参照のこと。
(151)『人体の記述』第 2 部、まさにハーヴェイの理論がもっとも辛辣に論駁される文脈において、デカルトは、心臓のなかで燃えている火に関するアリストテレスの理論――呼吸について論究する著作〔『呼吸について』〕の第 20 章で明らかにされている――を明示的に参照している（AT XI 244–245〔邦訳、デカルト前掲書（本章注 2）、165 頁〕）と反論されるかもしれない。しかし、この参照の暫定的かつ単に論争的な性格は一目見れば明らかである。とはいえ、改めて指摘するなら、言葉遣いのうえで〔アリストテレスからの〕影響が見られるからといって、〔思想上の〕従属関係や忠実さを証明するのにそれで十分だというわけではない。「太陽」の形而上学〔世界を成立させる根源的存在が太陽の光によって開示されるという寓意をとる〈光の形而上学〉のこと〕一般については、論文集 *Le soleil à la Renaissance : sciences et mythes*, Bruxelles–Paris, 1965 を参照のこと。
(152) この主題については、後に、すなわち本書第 2 章第 3 節、第 4 章第 3 節で再論する。
(153) 先に注137で言及した『人間論』を参照せよ。
(154) AT I 20-21〔1629年9月の某氏宛書簡〕より。
(155) AT IV 329〔1645年10月のニューキャッスル侯宛書簡〕より。
(156) AT VI 62〔『方法序説』第6部〕より。
(157) 危機に直面したこの特殊な時期については、P・メナールの *Essais sur la morale de Descartes*, Paris, 1936(とりわけ〔原文〕139、143、161頁)と、すでに〔本章注9で〕参照したM・ゲルーの *Descartes selon l'ordre des raisons* の第2巻〔原文〕219頁以下によって見事に解明されている。
(158) デカルトの治療行為については、その証拠となるものがAT III 90-93〔1640年6月13日付ウィレム宛書簡〕、同IV 565〔1646年11月23日付メルセンヌ宛書簡〕、589〔1646年12月のエリザベト宛書簡〕、698-699〔ネグリが参照しているAT旧版では1646年のボスウェル宛とされているが、最新のデカルト研究の成果によれば、1635年から翌年にかけてのメルセンヌ宛書簡〕、同V 233〔1648年10月のエリザベト宛書簡〕に見出される。
(159) AT IV 441-442〔1646年6月15日付シャニュ宛書簡〕より。
(160) AT IV 201〔1645年5月18日付エリザベト宛書簡〕、218〔1645年5月ないし6月のエリザベト宛書簡〕、329〔1645年10月のニューキャッスル侯宛書簡〕、441〔1646年6月15日付シャニュ宛書簡〕、同V 112〔1648年1月31日付エリザベト宛書簡〕、178-179〔『ビュルマンとの対話』〕を参照のこと。H・ドレフュス=ル・フォワイエ(すでに〔本章注130で〕参照した論文 *Les conceptions* の〔原文〕275頁)によれば、デカルトにおける医学は「部分的かつ間接的ながらも或る種のアニミズムへと次第に向かっていった」。すでに〔本章注157で〕参照したP・メナールの *Essais sur la morale de Descartes*(〔原文〕224頁)も同様の、そしてわたしたちに言わせれば、正鵠を射た結論へ到達している。
(161)〔邦語では『想像力と驚異』(谷川渥訳、白水社)などを読むことができるフランスの哲学者〕ピエール=マキシム・シュール〔Pierre Maxime Schuhl〕は、その卓越した論文 *Un souvenir cartésien dans les "Pensées" de la reine Christine*, in : *Revue philosophique de la France et de l'étranger*, t. 123, 1937, pp. 368-369において、デカルトが〔スウェーデン女王〕クリスティナの宮殿に医師としての評判をたずさえて到着したことを示す根拠を提示している。ただし、医師と「魔術師」との違いはわずかであるが。実際にデカルトは、〔宮廷の〕期待に応えることはなかった。シュールは、クリスティナが執筆した『断想〔*Pensées*〕』〔抄訳は下村寅太郎『スウェーデン女王クリスチナ——バロック精神史の一肖像』(中央公論社、1975年)所収〕のうちに、この失望を伺わせる手がかりを見出している。他方でソメーズ〔17世紀前半に活躍したフランスの古典学者クロード・ソメーズ(Claude Saumaise)、ラテン語名はクラウディウス・サルマシウス(Claudius Salmasius)〕の伝えるところ(AT V 460-461)もその方向に沿ったものである。とはいえ、この

〔医師デカルトという〕評判は、自らが作り出したものであった。わたしたちはその理由を見てきたし、この評判がどのような形式のものであったかも見てきた。デカルトは、その思索の最終的な局面に到達して、若き日に抱いていた大いなる希望を批判しても（それはきわめて徹底したものであった）、この希望から逃れることができないのである。

(162) ここはそのための場所ではないが、医学のルネサンス的な概念についてさらに追跡することはきわめて興味深いことだろう。デカルト自身の思索の発展期にもっとも近い思想家たちに限定するなら、パラケルスス〔Paracelsus, 1493-1541〕（たとえば、〔邦語では『パラケルスス——自然と啓示』（柴田健策ほか訳、みすず書房）を読むことができるドイツを代表するパラケルスス研究者クルト・〕ゴルトアンマー〔Kurt Goldammer〕の編纂した *Sozialethische und Sozialpolitische Schriften*, Tübingen, 1952)、あるいはグロティウス〔Grotius, 1583-1645〕の〔1617年頃に執筆されたとされる〕『宗教的事項に関する最高主権者の命令《インペリウム》権について〔*De imperio summarum potestatum circa sacra*〕』といった著作を通覧すれば事足りるだろう。これらの著作において医学という概念は、宗教上の権力のそれときわめて密接に結びついている。そして、宗教上の権力に関する概念的規定の幾つかを引継ぐことになる。つまり、肯定的に言えば、医学は身体を神的なものとして再構成するという意味で、否定的に言えば、人間の結束を再構築する力としての国家が有する至高の権威のもとに医学は服従しなければならないという意味で（ジョゼフ・ルクレール〔Joseph Lecler〕の著作 *Histoire de la tolérance au siècle de la Réformation*, Paris, 1955の第2巻〔原文〕270頁を参照せよ）。太陽の形而上学の管轄に含まれる医学上の思潮については、一般的なものであるが、前掲〔本章注151〕の論文集 *Le soleil à la Renaissance* の〔原文〕279頁以下を参照のこと。

(163) ペトレ神父〔Abbé Pestré, 1723-1821〕が〔感覚主義的な観点から〕執筆した、〔ディドロ／ダランベール編〕『百科全書〔*Encyclopédie*〕』（第2巻、1752年、〔原文〕719頁）所収の項目「デカルト主義〔*Cartésianisme*〕」（アラン・ヴァルタニアン〔Aram Vartanian〕の著作 *Diderot e Descartes*, Milano, 1956の〔原文〕24頁における引用）を参照せよ。

(164)〔アントワーヌ・レオナール・〕トマ〔Antoine Léonard Thomas, 1732-1785〕による『デカルト礼賛〔*Éloge de Descartes*〕』（パリ、1765年、〔原文〕11頁（前注で参照したA・ヴァルタニアンの著作 *Diderot e Descartes*（〔原文〕24頁）における引用））を参照せよ。

(165) E・ガレンの論文 *Descartes e l'Italia*, in : *Giornale critico della filosofia italiana*, t. 29, 1950における主張（とりわけ〔原文〕391頁から394頁まで）を参照せよ。「いまやわたしはそう信じるものだが、人間の完全な独立、そして世界の基礎づけ——人間は世界に行為者かつ征服者として復帰する——の自己のうちにおける再発見こそデカルトが進む道の具体なのだ。そしてその場合、ルネサンスとの関係が色濃いことは明らかである。このようにしてわたしたちは、唯一〔デカルトが〕依拠しているのはカンパネッラ〔イタリアの哲学者でドミニコ会修道士〕ではないかと虚しく探りをいれること（ブランシェ〔Blanchet〕）から解放されるし、また、トリエント公会議〔1545年-1563年〕以降のスコラ主義を媒介にして中世哲学との強固な結びつきを打ち出すこと（ジルソン）を論破できるだろう。（中略）1400年代と1500年代という二世紀にわたって繰り広げられた思索——哲学という営みの地平が完全に書き換えられ、古代〔の文化〕は新たな音色のもとで奏でられさえした——の理解なしには、デカルトの時代の理念を捉えることはできない。（中略）〔とはいえ〕わたしたちは、〔デカルトとルネサンスのあいだに〕直接的な従属関係やテクスト上の親近性を打ち出そうと望むものではなく、デカルトの形而上学は、トリエント公会議以降のスコラ主義という幹から枝分かれしたのではなく、むしろルネサンス哲学が醸し出していた雰囲気のなかにどっぷりと浸かっていたと言いたいだけのことである。つまり、デカルトの形而上学はルネサンス哲学から言葉遣いと主題をときにはあまりに明け透けな仕方で借りてきたのである。（中略）おそらくデカルトにおけるもっとも大きな貢献は、ガリレオの科学上の成果とルネサンス哲学の遺産を改めて意識的に結びつけたところにあるのだ（後略）」。

（166）この点については、AT I 1-5に資料が何点か挙げられているが〔1622年4月3日付兄宛書簡、同年5月22日付父宛書簡、1623年3月21日付兄宛書簡、1625年6月24日付父宛書簡〕、アドリアン・バイエ〔Adrien Baillet, 1649-1706〕の『デカルト氏の生涯〔*La vie de Monsieur Descartes*〕』（パリ、1691年、以下ではバイエと略記）も基本的な資料であることに変わりない。H・グイエは *Essais sur Descartes*（パリ、1937年、〔原文〕253頁以下〔邦訳、アンリ・グイエ（中村雄二郎ほか訳）『人間デカルト』白水社、220頁以下〕）において、バイエを補足しつつ、資料を整理している〔なお、G・ロディス＝レヴィス『デカルト伝』（飯塚勝久訳、未來社）に代表される最新のデカルト研究によれば、デカルトは法服貴族の称号を有していなかった〕。

（167）バイエ、第1巻〔原文〕129頁を参照せよ。

（168）1600年代前半における「兵士」の理想型について、フランスに関しては、すでに〔本章注71で〕参照したC・ヴィヴァンティの著作 *Lotta politica* の〔原文〕102頁以下を参照されたい。より一般的な特徴については、G・エストライヒ〔Oestreich〕による研究、たとえば論文 *Der römische Stoizismus und die oranische Heeresreform*, in : *Historische Zeitschrift*, t. 176, 1953, pp. 17-43や論文 *Justus Lipsius als Theoretiker des neuzeitlichen Machtstaates*, in : *Historische Zeitschrift*, t. 181, 1956, pp. 31-78〔邦訳、ゲルハルト・エストライヒ（山内進訳）「近代的国家権力の理論家ユストゥス・リプシウス」、『近代国家の覚醒——新ストア主義・身分制・ポリツァイ』所収、創文社〕を参照のこと。エストライヒは、17世紀の兵士像つまり平民出身《ボルゲーゼ》の兵士像について——その軍人としての「職業」は貴族身分ではなく美徳に、つまり単なる英雄主義ではなく「恒心〔*constantia*〕」に関連づけられた——包括的な描写を行なっている。この描写は、文化的な影響、とりわけストア主義がもたらした影響に関する非常に豊かな分析を通じてなされている。一種の世俗内禁欲が、とりわけオランダにおける平民出身《ボルゲーゼ》の兵士の実践するところとなった。世襲の軍人階級としての貴族に対する市民階級《ブルジョアジー》の側からの論争については、すでに〔本章注25で〕参照したR・ムーニエの論文 *L'opposition politique bourgeoise*（〔原文〕7頁から9頁まで）で議論されているチュルケ・ド・マイエルヌを参照のこと。しかしながら、兵士の理想像の市民化《ボルゲズィザツィオーネ》と並行して、「兵士は民衆《ポーポロ》であってはならない」という事実が当時まだ確固としてあったことを忘れるべきではない。この点については、G・プロカッチ〔Procacci〕の著作 *Studi sulla fortuna di Machiavelli*, Roma, 1965の〔原文〕129頁を参照されたい。

(169) これは、ジャン＝ルイ・ゲ・ド・バルザック〔Jean Louis Guez de Balzac, 1597-1654〕が若き日に執筆した『低地諸国〔オランダ〕の諸州の現状に関する政治論〔*Discours politique sur l'estat des Provinces-Unies des Pays-Bas*〕』（すでに〔本章注31で〕参照したG・コーエンの著作 *Écrivains français* の〔原文〕713頁から715頁に引用されている）のなかで述べていることである。一般的に言って、1600年代冒頭における「フランスの若者〔*jeunesse française*〕」にオランダがどのように映っていたか、この点については同書の第1部、さらに〔原文〕357頁以下、424頁以下を参照されたい。デカルトに関する限り、オランダの独立のための闘争〔オランダ独立戦争〕に対する若きフランス人の貢献について「公衆《ピュブリック》の利益、そして〔オランダ〕諸州の安寧――これはつねに、そこで生を享けた人々よりもフランス人によって強く望まれてきたし、また与えられてきた――」〔「ユトレヒト市参事会宛弁明書簡」からの引用（参事会とは、市政を担う最高意思決定機関）〕（AT VIII-B 212〔邦訳、デカルト（山田弘明ほか訳）『ユトレヒト紛争書簡集』知泉書館、210頁、訳文は変更〕）に言及しつつ、しばし強調されることになる。そして、1647年に〔デカルトが巻き込まれた〕神学者との論争のただなかで、「〔オランダの〕神学者たちがスペインによる異端審問をここから追い払うのを助けるべく〔多くの〕フランス人があれほどまでに血を流した後で、やはり同じ目的からかつて武器をとった一人のフランス人〔デカルトのこと〕が今日、オランダの牧師《ミニストル》による異端審問にかけられる」（AT V 25-26〔1647年5月12日付セルヴィアン宛書簡〕）ことがないように、オラニエ公に〔事態の収拾を依頼する〕手紙を書くことになる。後者〔「同じ目的からかつて武器をとった」という部分〕に関して、伝記上の詳細は控え目に言っても疑わしい！　また、戦争という試練を通じて建国された国としてオランダのことを評価している箇所であるAT VI 31（『方法序説』〔第3部末尾〕）も参照されたい。

(170) バイエ、第1巻〔原文〕118頁を参照せよ。

(171) AT II 480〔1639年1月9日付メルセンヌ宛書簡〕より。

(172)「フランスで突如として発生した騒乱は〔わたしの計画をかえ〕なかった（後略）」（AT X 158-159〔1619年3月26日付ベークマン宛書簡〕）。この発言は〔実際は〕ドイツにおける戦乱に対する警戒である（〔原文には〕よく知られた誤記があるが、*Galliæ*（フランスの）ではなく *Germaniæ*（ドイツの）と読むことにする）。また、「戦雲がたれこめているからといってわたしがドイツに行くかどうか定かではありません。そこには武装した多くの人々が集結しているでしょうが、戦闘はおきていないと推測されるからです」（AT X 162〔1619 年 4 月 23 日付ベークマン宛書簡〕）というテクストも参照のこと。ボヘミアあたりまで中央ヨーロッパを旅しようという計画が「薔薇十字会」の軌跡をたどるものであったのかどうかを検討することは興味深いことかもしれない。

(173) AT I 458-460〔最新のデカルト研究によれば 1638 年 2 月 22 日付ドリエンヌ宛書簡だが、ネグリが参照している AT 旧版では 1637 年 10 月の某氏宛とされている書簡〕より。

(174)『剣術論〔*Art d'escrime*〕』は、おそらく 1628 年から翌年にかけて執筆された小論であり、早くに失われてしまった。AT X 535-538 におけるさまざまな記述を参照されたい。バイエによる伝記（第 2 巻〔原文〕407 頁）は、この小論の概要を提示している。ここに引用したのは、バイエのテクストである。

(175) AT VIII-B 23〔デカルトがヴォエティウスに宛てた書簡で引用する後者の発言（邦訳、デカルト前掲書（本章注 169）、64 頁、訳文は変更)〕より。

(176) 1619 年 1 月 24 日付ベークマン宛書簡（AT X 152）を参照のこと。

(177) 薔薇十字会のヘルメス主義については、再びF・A・イエイツの著作 *Giordano Bruno*〔邦訳、イエイツ前掲書（本章注 62)〕の〔原文〕407 頁から 416 頁までを参照されたい。

(178) R・マンドルーの著作 *Classes et luttes de classes en France au début du XVII*[e] *siècle*, Messina-Firenze, 1965 の〔原文〕49 頁を参照せよ。

(179) C・ブローデルの著作 *Civiltà e imperi*（〔原文〕832 頁以下〔邦訳、ブローデル前掲書（本章注 126)〕)、G・プロカッチの著作 *Classi sociali e monarchia assoluta nella Francia della prima metà del secolo XVI*, Torino, 1955、そしてすでに〔本章注 71 で〕言及した C・ヴィヴァンティの著作 *Lotta politica* の〔原文〕26 頁と諸所を参照せよ。

(180) すでに〔本章注 66 で〕言及したゲオルグ・ヴァイゼの研究と同様に、ロバート・P・アダムズ〔Robert P. Adams〕の著作 *The Better Part of Valor : More, Erasmus, Colet and Vives on Humanism, War, and Peace, 1496-1535*, Seattle, 1962 を参照されたい。この研究書は、多様だが異質ではない文化圏において人文主義のイデオロギーが普及した仕組みについて素晴らしい叙述を行なっている。

(181) すでに〔本章注 71 で〕言及した C・ヴィヴァンティの著作 *Lotta politica* の〔原文〕139 頁を参照のこと。

(182) 拙論 *Problemi di storia dello Stato moderno. Francia : 1610-1650*, in : *Rivista critica di storia della filosofia*, 1967, t. 2, pp. 182-220 を参照されたい。

(183) 本書第 2 章第 2 節を参照されたい。

(184) したがって、同じ時期に同じ著者において、それほど古くない過去について歴史的な認識を得ようとする最初の試み（国民の歴史を叙述することが必要だという自覚）、ならびにこの過去を神話としてイデオロギー化しようとする最初の操作が見出されるのは偶然ではない。とりわけ、すでに〔本章注71で〕参照したC・ヴィヴァンティが *Lotta politica* においてジャン・ド・セール〔Jean de Serres, 1540–1598〕とジャック＝オーギュスト・ド・トゥ〔Jacques-Auguste de Thou, 1553–1617〕に関して述べているところを参照されたい（それぞれ〔原文〕246頁以下と292頁以下）。両者にとって歴史学は、市民階級《ブルジョアジー》のうちに政治を担う使命《ヴォカツィオーネ》を見出す当面の必要性に起因するものである。このことはF＝E・サトクリフ〔Sutcliffe〕が、〔ガブリエル・〕ノーデ〔Gabriel Naudé, 1600–1653〕、〔ニコラ・〕ファレ〔Nicolas Faret, 1596–1646〕、〔ジャン・ド・〕シヨン〔Jean de Silhon, c. 1596–1667〕、メレ〔Méré（アントワーヌ・ゴンボーのこと）, 1607–1684〕、〔ジャン・〕シャプラン〔Jean Chapelain, 1595–1674〕、そして言うまでもなくバルザックが執筆した歴史的諸著作について考察する際に正しく注記しているように（*Guez de Balzac et son temps. Littérature et politique*, Paris, 1959 のとりわけ〔原文〕176頁から183頁まで）、これ以降の時期にもいっそうあてはまる。さらに、ここでもまた政治的な機能のために、あるいはむしろ、政治的な賢慮のために歴史意識を確立することにストア主義が果たした寄与に関しては、先に言及したヤルドニ〔本章注25〕とエストライヒ〔本章注168〕の論文も参照されたい。

(185) カール・マルクスによる示唆（*Il capitale*, I, 2, Roma, 1956 の〔原文〕92頁から93頁〔邦訳、カール・マルクス（資本論翻訳委員会訳）『資本論』第3分冊675頁、新日本出版社〕）以外にも、フランツ・ボルケナウ〔Franz Borkenau〕の基本書である *Der Übergang vom feudalen zum bürgerlichen Weltbild. Studien zur Geschichte der Philosophie der Manufakturperiode*, Paris, 1934〔邦訳、フランツ・ボルケナウ（水田洋ほか訳）『封建的世界像から市民的世界像へ』みすず書房〕における「デカルト」（〔原文〕268頁から383頁まで）を参照されたい。ボルケナウの著作については、リュシアン・フェーヴルによる非常に肯定的な評価（*Au cœur religieux* の〔原文〕345頁から346頁〔本章注121〕）を参照されたい。

(186) AT X 359以下を、つまり『精神指導の規則』第1規則の冒頭を参照されたい。

(187) AT X 401〔『精神指導の規則』第9規則〕を参照のこと。

(188) AT X 404（*Opere* 第1巻〔原文〕49頁から50頁〔『精神指導の規則』第10規則〕）より。

(189) AT X 397（*Opere* 第1巻〔原文〕44頁〔『精神指導の規則』第8規則〕）より。

(190) AT I 570–571（*Opere* 第1巻〔原文〕lii頁におけるイタリア語訳〔バルザックからデカルトへの1628年3月30日付書簡〕）より。

(191) G・ガドッフル〔Gadoffre〕の論文 *Sur la chronologie du "Discours de la méthode,"* in : *Revue d'histoire de la philosophie*, 1943, janvier–mars, pp. 45–70（なら

びに Descartes, *Discours de la méthode*, Manchester University Press, 1947 に付された「序文〔*Introduction*〕」）と、すでに〔本章注 117 で〕言及したエリー・ドゥニソフの論文 *Les étapes* を参照されたい。
(192) すでに〔本章注 31 で〕参照したG・コーエンの著作 *Écrivains français* の〔原文〕243 頁から 274 頁までを参照せよ。ゲ・ド・バルザック一家と一家に与えられてから日の浅い貴族の称号については、ジャン・ピエール・ラバチュ〔Jean Pierre Labatut〕の論文 *Cahier des remonstrances de la Noblesse de la Province d'Angoumois*, in : R. Mousnier, J. P. Labatut, Y. Durand, *Problèmes de stratification sociale. Deux cahiers de la noblesse* (*1649–1651*), Paris, 1965, pp. 70–72 の指摘を参照されたい。
(193) AT I 201〔バルザックからデカルトへの 1631 年 4 月 25 日付書簡〕より。
(194) AT I 204〔1631 年 5 月 5 日付バルザック宛書簡〕より。オランダのほうがイタリアよりも好ましい――これがデカルトの非難の要点である。そのうちに見てとれるのは、イタリア人ならびにイタリアの慣習に認められる「マキァヴェッリ的な」イメージが参照されていることである。実際にデカルトは、ゲ・ド・バルザックに〔イタリア行きの〕旅行を思いとどまるように忠告している。17 世紀オランダが享受していた「平和な」イメージについては、すでに〔本章注 34 で〕参照したヨハン・ホイジンガの著作 *La civiltà olandese* の〔原文〕110 頁から 113 頁を参照されたい。
(195) この点に関してきわめて重要なのは、デカルトがゲ・ド・バルザックを支持しつつ文学上の問題に直接に口出ししていることがわかる書簡（AT I 5–13〔1628 年の某氏宛書簡〕）である。この点に関しては、すでに〔本章注 184 で〕言及したF＝E・サトクリフの著作 *Guez de Balzac*（〔原文〕31 頁から 32 頁）を参照されたい。G・ガドッフルは論文 *Le Discours de la méthode et l'histoire littéraire*, in : *French Studies*, Oxford, t. 2, 1948, p. 310 において、デカルトはゲの文体に強い影響を受けており、とりわけ「試論《エセー》」という文学上の形式をゲから受け継いでいると主張している。デカルトとゲ・ド・バルザックのその後の関係については、AT I 132〔1630 年 3 月 18 日付メルセンヌ宛書簡〕、196–199〔1631 年 4 月 15 日付バルザック宛書簡〕、322〔1635 年秋の某氏宛書簡〕、380–382〔1637 年 6 月 14 日付バルザック宛書簡〕、同 II 283〔ホイヘンスからデカルトへの 1638 年 7 月 30 日付書簡〕、349〔最新のデカルト研究によれば 1638 年 8 月 19 日付だが、ネグリが参照している AT 旧版では 1638 年 8 月とされているホイヘンス宛書簡〕、同 III 257〔1640 年 12 月のメルセンヌ宛書簡〕を参照されたい。また、バイエ、第 1 巻〔原文〕139 頁から 140 頁も同様に。
(196) AT I 213〔1631 年夏のヴィル・ブレシュー宛書簡〕より。しかしこの逸話全体の中身については、バイエの第 1 巻〔原文〕163 頁以下を参照されたい。
(197) ピエール・ボレル〔Pierre Borel, 1620–1671〕の著作『デカルトの生涯〔*Vitæ Cartesii Compendium*〕』（1653 年、〔原文〕4 頁）を参照せよ。

(198) この主題についてはのちに詳論するために立ち返ってくることにする。さしあたりわたしたちが確実に言えることは、デカルトとベリュールの関係はきわめて一般的なものにすぎないということだ（ガレンの *Opere* 第1巻〔原文〕lxxiii 頁から lxxv 頁を参照されたい）。しかし、まさしく隠喩という主題、ルネサンス的な隠喩とバロック的な経験との関係という主題をめぐってこそ、ベリュールの禁欲主義的な思索の大部分が繰り広げられたということは否定できない。そしてまた、何よりもベリュールの思索のこの側面こそが、デカルトの属していた知的環境に広範囲にわたって影響を及ぼしたということも否定できないのだ。この点に関しては、とりわけジャン・オルシバル〔Jean Orcibal〕の著作 *Le Cardinal de Bérulle : évolution d'une spiritualité*, Paris, 1965 の〔原文〕18 頁、85 頁以下、121 頁以下、129 頁以下ほか諸所を参照されたい。

(1) AT I 14〔1629 年 6 月 18 日付フェリエ宛書簡〕より。
(2) デカルトがオランダに移住した理由をめぐっては、すでに参照したG・コーエン（*Écrivains français*〔第 1 章注 31〕）とE・ジルソン（*Études sur le rôle*〔第 1 章注 135〕）のあいだに論争があった。しかし、それぞれが提示する理由は、説得力にかけると思われる。コーエンによれば、デカルトは反アリストテレス主義者という〔自身にくだされた〕評価による迫害の怖れからパリを去らなければならなかった。ジルソンはどうかと言えば、多くの反アリストテレス主義者が当時のパリでは平穏に暮らしていたことを易々と明らかにしてしまう（〔原文〕271 頁）。しかしそうであるならば、なぜデカルトは、ジルソンもそう認めているように、オランダに「静寂」を求めたのだろうか。オランダへの移住は、実際のところ「分離」のためだったのではないか……。
(3) この書物は、ここで問題となっていることがまさしくこの時期の〔デカルトの思索に〕対応しているがゆえに、この時期の成果であると思われる。しかし、このような見解に異論を唱えるのが、前掲〔第 1 章注 4 参照〕したE・ジルソンの『注解』（〔原文〕180 頁）であり、それによれば、『良識論』の執筆は 1620 年までさかのぼれるほどに早い時期のことである。そうではなくて、1623 年とするのがJ・シルヴァン（すでに〔第 1 章注 42 で〕参照した著作 *Les années* の〔原文〕292 頁から 293 頁）である。いずれにしても、いま AT X 191–203 に残されているテクスト――そこに再録されている断片は、バイエによってまとめられたものである――を参照されたい。『良識論』全般については、E・ガレンの *Opere* 第 1 巻〔原文〕liv 頁以下も参照されたい。
(4) AT X 191、191–192、193–197、198–200〔以上、『良識論』〕を参照のこと。
(5) AT X 201（*Opere* 第 1 巻〔原文〕12 頁〔『良識論』〕）より。
(6) AT X 202（*Opere* 第 1 巻〔原文〕12 頁から 13 頁〔『良識論』〕）より。
(7) 前掲したジルソンの『注解』（〔原文〕81 頁から 83 頁〔第 1 章注 4 参照〕）と *Études sur le rôle*（〔原文〕256 頁から 266 頁〔第 1 章注 135 で参照〕）を参照されたい。いずれの場合もジルソンは、「良識〔*bona mens*〕」という用語がストア主義起源であることを強調している。このことは確かに真実であろうが、わたしたちが取り組んでいる問題の解明のためにここで導入されるべきものではないとわたしには思われる。実際にもストア主義に対する批判的な立場はすでに打ち捨てられている。すなわち、この用語の使用は、すでにまったく新しい地平に完全に位置づけられているのである。これらの論点についてわたしたちは後で戻ってくることにするが、ここでは単なる文言の系統上のつながりについては考慮に入れないでおくことが必要である。
(8) AT I 182〔1630年11月25日付メルセンヌ宛書簡〕より。
(9) 形而上学上の主題に関する研究――通常はその核心が『神性《ディヴィニテ》についての小論』という〔未完・紛失の書物の〕うちに含まれていたとされる――については、AT I 17〔1629年7月18日付ジビュー宛書簡〕、23〔1629年10月8日付メルセンヌ宛書簡〕、137、144〔以上、1630年4月15日付メルセンヌ宛書簡〕、350〔1637年3月のメルセンヌ宛書簡〕において指摘されている〔ネグリの原著ではこの書名が *Traité de la Divinité* となっているが、今日のデカルト研究の水準に基づいて『形而上学小論（*Petit traité de métaphysique*）』と訂正した〕。
(10) バイエ、第1巻〔原文〕170頁から171頁。E・ジルソンは、すでに〔第1章注135で〕参照した *Études sur le rôle*（〔原文〕17頁から20頁、ならびに151頁から152頁）において、デカルトの形而上学は、すでに詳細に解明された、自然学の、つまり機械学の基本原理から生成したものである、したがって、心身分離を形而上学的に基礎づける必要性に依拠したものである、という仮説を提示している。ということは、デカルトの形而上学は、そのもっとも明晰な到達点が「第六省察」であるようなひとつの連続体〔*continuum*〕をなすことになろう。率直に言ってこのような主張は受け入れることができない。H・グイエの論文 *Pour une histoire des "Méditations métaphysiques,"* in : *Revue des sciences humaines*, t. 61, 1951, pp. 5-29は、1629年におけるラテン語の論考を『方法序説』と『省察』とにおける形而上学から分かつ距離をジルソンよりもはっきりと見てとっている。グイエは――とりわけ――デカルト成熟期における形而上学の基本的な契機をなすもの、つまり、懐疑の言説、ならびに、単に「知ある無知」（〔原文〕11頁）の伝統にならって解釈されたのではなく、それを際立たせるような形而上学的な深遠さをもって解釈されたところのコギト命題、これらが〔1629年における〕論考には欠如していることを指摘しながら、〔『方法序説』と『省察』とにおける〕議論の厳密に言って形而上学的な展開を強調している。とはいうものの（かつ、一般にそうされているように、このラテン語による論考が1630年以降のメルセンヌ宛書簡で言及されるものであることを認めたうえで）、わたしたちに言わせれば、この論考が有する真に形而上学的な意義について解明すべきところは依然として残されている。すでに〔第1章注53で〕参照したF・アルキエの *La découverte métaphysique* における解釈（とりわけ〔原文〕87頁から109頁まで）は、それ以外の解釈よりいっそう確からしい――この点については何度も立ち返ってくることになるだろう――とわたしたちには思われる。アルキエの読解によれば、デカルトは自然学上の探究を補完する議論を展開しているのではなく、むしろ形而上学的な次元のうちに、独特で、まったく特別な分離状態《セパラツィオーネ》の経験（それは、自然学上の次元に影響を及ぼすものだが、それはあくまでも副次的な仕方においてである）を位置づけているのである。永遠真理に関する理説は、自然学-数学上の研究における必要性に起因するのではなく、むしろそれとの切断に起因するものなのだ。E・ブレイエ〔Bréhier〕は、この形而上学上の経験が有する特異な性格、ならびにその存在論上の意義（分離状態の存在論）を強調している。かれの論文 *La création des vérités éternelles dans le système de Descartes*, in : *Revue philosophique de la France et de l'étranger*, t. 123, no. 5-8, 1937, pp. 15-19 を参照されたい。

(11) AT I 145〔1630 年 4 月 15 日付メルセンヌ宛書簡〕より。

(12) AT I 151-153〔1630 年 5 月 27 日付メルセンヌ宛書簡〕より。この主題全般については、AT I 147-150〔1630 年 5 月 6 日付メルセンヌ宛書簡〕も参照のこと。

(13) この点に関して、すでに〔第 1 章注 53 で〕参照した F・アルキエの著作 *La découverte métaphysique* における解釈が、基本的な注釈と読解の助けとなる。とりわけ〔原文〕87 頁から 109 頁を参照されたい。

(14) J・ヴァール〔Wahl〕は、その著作 *Du rôle de l'idée d'instant dans la philosophie de Descartes*（1ère éd. 1920), 2e éd., Paris, 1953 において、この事態を非常に巧みな仕方で叙述している。

(15) 判断の揺れ《プレカリエタ》に記憶力が本質的に関わっていることについては、AT I 22〔1629 年 10 月 8 日付メルセンヌ宛書簡〕、44〔1629 年 10 月 26 日付のフェリエからの書簡だが、該当箇所を確認しても関連の記述はなく、なぜネグリがこの箇所を参照しているのかは不明〕、同 IV 114、116、117〔以上、1644 年 5 月 2 日付メラン宛書簡〕、同 VII 4〔『省察』「パリ神学部宛書簡」〕、25〔「第二省察」〕、70〔「第五省察」〕、146〔「第二答弁」〕、同 X 387、388〔以上、『精神指導の規則』第 7 規則〕、408、409〔以上、同第 11 規則〕、515〔『真理の探究』〕などを参照されたい。

(16) AT I 17〔1629 年 7 月 18 日付ジビュー宛書簡（引用文中の「わたしが書き始めている小論」とは、『形而上学小論』のことである）〕より。

(17) AT I 153〔1630 年 5 月 27 日付メルセンヌ宛書簡〕より。また AT I 220〔1631 年 10 月のメルセンヌ宛書簡〕も参照のこと。ベリュールがデカルトに与えた影響、より一般的に言ってオラトリオ会の影響については、E・ジルソンの著作 *La liberté chez Descartes et la théologie*, Paris, 1913 の〔原文〕27 頁から 50 頁まで、ならびにすでに〔第 1 章注 65 で〕言及した H・グイエの著作 *La pensée religieuse* の〔原文〕57 頁以下と、やはり〔第 1 章注 135 で〕言及済みの E・ジルソンの著作 *Études sur le rôle* の〔原文〕33 頁から 36 頁まで、そして 289 頁を参照のこと。

(18) ベリュールにおける把握すること〔*intendere*〕と〔包括的に〕理解すること〔*comprendere*〕の区別については、J・ダジャンの著作 *Bérulle et les origines de la Restauration catholique* (*1575-1611*), Paris, 1952 を参照されたい。著者は〔原文〕257 頁において、「この区別は根本的なものだ。というのも、この点においてわたしたちは、ベリュールの宗教的な思索とデカルトのそれとの緊密な結びつきを見出すからだ」と結論づけている。この論点はまた、とりわけ連続創造説との関わりにおいて、すでに〔第 1 章注 198 で〕言及した J・オルシバルの著作 *Le Cardinal de Bérulle* によって明確に捉えられている（〔原文〕99 頁以下）。

(19) 前注で言及したJ・ダジャンの研究書の第1部（〔原文〕13頁から68頁まで）は、ベリュールの批判的考察とベリュール派のそれがどれほど深くルネサンス文化のうちに根差していたかを示している。
(20) AT I 78〔1629年11月20日付メルセンヌ宛書簡〕より。
(21) AT I 145-146〔1630年4月15日付メルセンヌ宛書簡〕より。
(22) この文章は、すでに〔第1章注21で〕参照したE・ガレンの著作 *Scienza e vita civile nel Rinascimento italiano* の〔原文〕155頁〔邦訳、ガレン前掲書、226頁〕によって引用されている。
(23) 読者は再び前掲〔第1章注182〕の拙論 *Problemi di storia dello Stato moderno. Francia : 1610-1650* を参照されたい。拙論においては、この主題に関する多くの文献（とりわけ「修正主義的な」議論と呼ばれ得るもの）を収録、検討、そして整理した。
(24) R・ロマーノ〔Romano〕の論文 *Tra XVI e XVII secolo : una crisi economica : 1619-1622*, in : *Rivista storica italiana*, t. 74, 1962, pp. 480-531を参照のこと。より一般的には、トレヴァ・アストン〔Trevor Aston〕編集の論文集 *Crisis in Europe, 1560-1660 : Essays from "Past and Present,"* London, 1965を参照されたい。とりわけ〔マルクスの経済発展理論を適用しながら17世紀ヨーロッパ経済の全般的危機説を唱えた〕E・J・ホブズボーム〔Hobsbawm〕の論文（〔原文〕5頁から58頁まで）と、H・R・トレヴァ＝ローパー〔Trevor-Roper〕の論文（〔原文〕59頁から95頁まで）を参照されたい〔前者は「十七世紀におけるヨーロッパ経済の全般的危機」という邦題のもと、後者は「十七世紀の全般的危機」というそれのもと、今井宏編訳『十七世紀危機論争』創文社に翻訳が収録されている〕。
(25)「人文主義の時代」とは、「文学の領域ではペトラルカからゲーテに至る時代、教会史においては西洋における〔カトリックとプロテスタントの〕分裂から世俗化に至る時代、経済史・社会史においては都市国家と前資本主義的な重商主義から産業革命へと至る時代、政治史においては神聖ローマ皇帝カール4世の死からフランス革命に至る時代」（デリオ・カンティモーリの論文 *La periodizzazione dell'età del Rinascimento*, in : *Studi di storia*, p. 361）のことである。また、〔同じくカンティモーリの論文〕*Il problema rinascimentale proposto da Armando Sapori, ibid.*, pp. 368-378も参照されたい。ここではっきりと強調しておくべきは、1600年代はそれに先立つ時代とそれに続く時代との連続性のもとで定義されるべきだということである。1600年代は、断絶などではなく、むしろ、展開されつつある危機の時代、つまりすでに提起されていた諸問題の再編と新たな配置の時代なのである。
(26) すでに〔第1章注126で〕言及したF・ブローデルの著作 *Civiltà e imperi* の〔原文〕830頁〔邦訳、ブローデル前掲書〕を参照されたい。しかし何よりも、R・マンドルーの論文 *Le baroque européen. Mentalité pathétique et révolution sociale*, in : *Annales ESC*, t. 14, 1960, pp. 898-914を参照されたい。
(27) A・アダン〔Adam〕の論文 *Baroque et préciosité*, in : *Revue des sciences hu-*

maines, 1949, pp. 208-224、ならびにM・ボンファンティーニ〔Bonfantini〕の著作 *La letteratura francese del XVII secolo. Nuovi problemi e orientamenti*, 2 ed., Napoli, 1964のうちとりわけ〔原文〕17頁以下、89頁以下、105頁以下を参照せよ。

(28) この主題のあらゆる側面に関しては、アルフレッド・フォン・マルティン〔Alfred von Martin〕の論文 *Die bürgerlich-kapitalistische Dynamik der Neuzeit seit Renaissance und Reformation*, in : *Historische Zeitschrift*, t. 172, 1951, pp. 37-64を参照されたい。また、すでに〔第1章注185で〕言及したボルケナウの研究、ならびにフォン・マルティンの著作 *Die Soziologie der Renaissance*, Stuttgart, 1932〔邦訳、アルフレッド・フォン・マルティン（山本新ほか訳）『ルネッサンス——その社會學的考察』創文社〕も参照されたい。

(29) このきわめて重要な論点について、再び前掲〔第1章注182〕の拙論 *Problemi di storia dello Stato moderno. Francia : 1610-1650*、ならびに拙論で言及した文献を参照されたい。とりわけ、〔旧ソ連のマルクス主義史家〕ボリス・ポルシュネフ〔Boris Porchnev〕の著作 *Les soulèvements populaires en France de 1623 à 1648*, Paris, 1963、〔17世紀フランスにおける民衆蜂起に関してポルシュネフと激しい議論を繰り広げたパリ大学の歴史家〕R・ムーニエの論文 *Recherches sur les soulèvements populaires en France avant la Fronde*, in : *Revue d'histoire moderne et contemporaine*, t. 5, 1958, pp. 81-113、R・マンドルーの論文 *Les soulèvements populaires et la société française au XVIIe siècle*, in : *Annales ESC*, t. 14, 1959, pp. 756-765、ならびにC・ヴィヴァンティの論文 *Le rivolte popolari in Francia prima della Fronda e la crisi del secolo XVII*, in : *Rivista storica italiana*, t. 76, 1964, pp. 957-981が念頭に置かれている。

(30) この論点に関して読者は、前掲〔第1章注182〕の拙論 *Problemi di storia dello Stato moderno. Francia : 1610-1650* で展開した議論、ならびに批判的考察の対象となった参考文献を参照されたい。この危機の内在的な性質に関して有益な説明を求めようとするなら、まずは人文主義的思潮における、ついでヨーロッパ・ルネサンスの思潮における「力量（徳）〔virtù〕」と「運命（富）〔fortuna〕」の弁証法的関係（ならびにその不解消性）を追跡するのがよいだろう。この論点に関するE・ガレンの素晴らしい文章（すでに〔第1章注21で〕参照した *Scienza e vita civile*）を引用しよう。ガレンによれば、「以上すべての根本にあるものは、ウマネジモ〔人文主義〕の人間と理性とに対する信頼、人間の建築能力に対する信頼である。つまり、自己とその運命の製作者、「ホモ・ファーベル」としての自信である。だが、1400年代《クワトロチェント》の書物に目を通すならば、この運命のテーマが次第に変貌してゆくことに強い印象を受けよう。運命の支配領域が拡大し、人間の力に対する不信の念が増大し、古代の完全な都市でさえ、ついには運命によって滅ぼされたという意識が生れる。プラトンの共和国を滅ぼしたものも「運命」であった。賢者の唯一の関心は、ローマが没落した原因を探ることである（後略）」（〔原文〕53頁〔邦訳、ガレン前掲書、71頁から72頁〕）。したがって「力量（徳）」と「運命（富）」が問題なのだが、かつて「力量（徳）」つまり現実のものとなった自由を肯定してきた「運命（富）」が今度は自由に立ちはだかる外的な力〔potenza〕としてその姿を現すことになる……。この弁証法的関係は、資本主義の成立を特徴づけるものであり、その存在のうちに全面的に見出されるだろう。ここでの関心から言えば、この弁証法的関係は、市民階級《ブルジョアジー》の文化が形成されていく時期に、そのもっとも明快な姿を現していた。

(31) アルベルト・テネンティ〔Alberto Tenenti〕の論文 *Milieu XVIe siècle, début XVIIe siècle. Libertinisme et hérésie*, in : *Annales ESC*, t. 18, 1963, pp. 1-19.

(32) H・ビュソン〔Busson〕の著作 *La pensée religieuse française de Charron à Pascal*, Paris, 1933、R・パンタール〔Pintard〕の全２巻の著作 *Le libertinage érudit dans la première moitié du XVIIe siècle*, Paris, 1943、A・アダンの著作 *Théophile de Viau et la libre pensée française en 1620*, Lille, 1935、さらにはアダンの編集と注釈による *Les libertins au XVIIe siècle*, Paris, 1964、J・S・スピンク〔Spink〕の著作 *French Free-Thought from Gassendi to Voltaire*, London, 1960、そしてR・H・ポプキン〔Popkin〕の著作 *The History of Scepticism from Erasmus to Descartes*, Assen, 1964［revised edition］〔邦訳、リチャード・ポプキン（野田又夫ほか訳）『懐疑――近世哲学の源流』紀伊國屋書店〕を参照されたい。ルネサンスの思潮が危機に瀕した際に自由思想家《リベルタン》がとった立場については、すでに〔第１章注 121 で〕言及したL・フェーヴルの著作に所収の論文 *Libertinisme, naturalisme, mécanisme*, in : *Au cœur religieux*, pp. 337-358 を参照されたい。

(33) A・アダンは、前注で参照したその著作 *Les libertins* の序論において、ユートピアへの移行についてとりわけ強調している。また、すでに〔第１章注 71 で〕参照したC・ヴィヴァンティの著作 *Lotta politica e pace religiosa* の諸所も参照されたい。しかしながら、ユートピアへの希求が大々的に表現されるようになるのは、主として〔17〕世紀後半になってからのことである。

(34) さらにこの点に関しては、前掲〔第１章注 182〕の拙論 *Problemi di storia dello Stato moderno. Francia : 1610-1650* を参照されたい。

(35)〔ピエール・〕シャロン〔Pierre Charron, 1541-1603〕の思想の普及＝定着《フォルトゥーナ》については、前掲したR・ルノーブルの著作 *Mersenne*（〔原文〕xliv 頁から xlv 頁まで〔第１章注 39〕）と、やはり前掲したH・ビュソンの著作 *De Charron à Pascal*（〔原文〕47 頁以下、73 頁以下、181 頁以下〔本章注 32〕）を参照されたい。最近の研究のなかからは（すでに〔本章注 31 で〕参照したA・テネンティの論文 *Libertinisme et hérésie* の〔原文〕12 頁から 18 頁まで以外にも）、ハンス・バロン〔Hans Baron〕の論文 *Secularization of Wisdom and Political Humanism in the Renaissance*, in : *Journal of the History of Ideas*, t. 21, 1960, pp. 131-150 が、重要な研究であることには変わりないE・J・ライス〔Rice〕の著作 *The Renaissance Idea of Wisdom*, Cambridge, Mass., 1958（とりわけ〔原文〕214 頁以下）によって唱えられた主張に異議を申し立てつつ、シャロンにおける智慧という理想を規定する重要な本質について鮮やかな仕方で強調している。バロンが異議を唱えているのは（ガレンが *Scienza e vita civile*〔邦訳、ガレン前掲書（第1章注21)〕の〔原文〕117頁から118頁においてそうしているように)、智慧という概念の批判的〔極限的〕内容――シャロンによって解明され自由思想家《リベルタン》たちにより展開されたような――が有する否定性を、積極的な観点から（すなわち自由思想《リベルティニスム》と啓蒙主義時代との連続性を想定することで）本質的で批判的〔極限的〕な契機と見なす研究者たちに対してである。この解釈に対するわたしたちの全面的な同意は強調するまでもない。しかしながら、この否定的なものにもかかわらず、ここで定義されたような智慧の概念は、「フランスにおける自由思想は、基本的には社会的なものであり続けた」（J・S・スピンクの著作 *French Free-Thought* の〔原文〕v頁〔本章注32〕）と述べられているように、根本的に社会的な色彩を帯びたものとなっている。

(36) 17世紀初頭にボダン思想がたどった趨勢については、前掲したR・ルノーブルの著作 *Mersenne*（〔原文〕xliii頁〔第1章注39参照〕）に加えて、すでに〔第1章注162で〕言及したJ・ルクレールの著作 *Histoire de la tolérance* の第2巻〔原文〕153頁から159頁（とりわけ〔ボダンの〕『崇高なものの隠れた奥義についての七賢人の対話〔*Colloquium heptaplomeres de rerum sublimium arcanis abditis*〕』の写本がこの時代にどのように伝播したかについての資料を提示している)、ルドルフ・フォン・アルベルティーニ〔Rudolf von Albertini〕の著作 *Das politische Denken in Frankreich zur Zeit Richelieus*, Marburg, 1951の〔原文〕35頁から37頁まで、W・F・チャーチ〔Church〕の著作 *Constitutional Thought in XVIth Century France : A Study in the Evolution of Ideas*, Cambridge, Mass., 1941、そしてG・ピコ〔Picot〕の著作 *Cardin Le Bret (1558-1655) et la doctrine de la Souveraineté*, Nancy, 1948を参照されたい。A・テネンティは、すでに〔本章注31で〕参照したその論文 *Libertinisme et hérésie* の〔原文〕9頁から11頁において、宗教戦争によってもたらされた危機的な状況を背景にボダンが政治思想と神学的合理主義を結びつけたことを模範的な仕方で強調している。H・ビュソンの著作 *Le rationalisme dans la littérature française de la Renaissance (1553-1601)*, Paris, 1957の〔原文〕540頁以下も参照されたい。とはいえ、政治的絶対主義への展開が、宗教戦争に端を発して17世紀の景気循環《コンジュントゥーラ》の後退局面に行き着く文化的危機という文脈で生じたことについては、それ以外の研究書においても資料が挙げられている。たとえば、C・ボンタン〔Bontems〕、L＝P・レボー〔Raybaud〕、そしてJ＝P・ブランクール〔Brancourt〕による共著 *Le prince dans la France des XVI*^{e} *et XVII*^{e} *siècles*, Paris, 1965に所収の文献と注釈、なかでもボンタンの論文を参照されたい。

(37) この主題については、モリッツ・ハグマン〔Moritz Hagmann〕の著作 *Descartes in der Auffassung durch die Historiker der Philosophie. Zur Geschichte der neuzeitlichen Philosophiegeschichte*, Winterthur, 1955におけるDescartes als Philosoph des Barock（〔原文〕17頁から25頁まで）で提示されている考察と参考文献を参照されたい。

(38) AT I 136〔1630年4月15日付メルセンヌ宛書簡〕より。
(39) これらの引用文は、デカルトとベークマンの仲違いを記す1630年10月17日付書簡（AT I 156-170）からである〔バトラコミュオマキア（Βατραχομυομαχία）とは、蛙鼠合戦とでも訳せる喜劇的叙事詩のことで、ホメロス『イリアス』のパロディである〕。かつて協力関係にあった二人のあいだに生じた言い争いの最終局面を示すこの引用文については、AT I 154-156〔1630年9月ないし10月のベークマン宛書簡〕、170以下〔1630年11月4日付メルセンヌ宛書簡〕、177以下〔1630年11月25日付メルセンヌ宛書簡〕も参照されたい。わたしたちがここで明らかに関わっているのは、「アカデメイア派と懐疑論者による古代の書物の多くに（かつて）目を通した」（「第二答弁」、AT VII 130）とデカルト自身が告白しているように、懐疑主義をめぐる論点である。ひるがえってベークマンにはデカルトの見解とは異なって、機械論的で独創的な思想がますます目立ってきていた（原子論的、エピクロス的、そして部分的には懐疑主義的な響き——これらはしばしば機械論に付随している——を伝える）ということに注意すべきである。T・グレゴリー〔Gregory〕の著作 *Scetticismo ed empirismo : studio su Gassendi*, Bari, 1961の〔原文〕133頁から134頁を参照されたい。
(40) シャロンの政治的順応主義への言及は、AT VI 14、16〔以上、『方法序説』第2部〕、22〔同第3部〕に見られる〔と考えられている〕（E・ジルソンの『注解』〔第1章注4参照〕の〔原文〕173頁から174頁まで、179頁、235頁を参照されたい）。それ以外の言及としては、シャロンの獣に関する理説のデカルトによる参照（AT VI 58-59〔『方法序説』第5部〕とAT IV 575〔1646年11月23日付ニューキャッスル侯宛書簡〕）が挙げられる。この論点全般については、すでに〔第1章注42で〕参照したJ・シルヴァンの著作 *Les années* の〔原文〕259頁から273頁を改めて参照されたい。付け加えるなら、順応主義的立場は、明らかに自由思想家《リベルタン》たちの立場でもある。この論点をめぐっては、膨大な資料がある。たとえば、なかでもA・アダンが編集した前掲〔本章注32参照〕の *Les libertins* に収録されているギ・パタン〔Guy Patin, 1601-1672〕をめぐる諸考察（ならびにパタンが息子に宛てた書簡における「もし平穏のうちに生活をしたいと望むなら、聞き耳を立て、目を見張り、そして沈黙せよ〔*audi, vide, tace, si vis vivere in pace*〕」という文言）を参照されたい。同様の立場はノーデにも見出される。すでに〔本章注32で〕言及したJ・S・スピンクの著作 *French Free-Thought* の〔原文〕20頁から21頁を参照されたい。なお、〔フランシスコ・〕サンチェス〔Francisco Sanchez, c. 1550-1623〕におけるいわゆる構成的懐疑主義〔scetticismo construttivo〕と〔ハーバート・オブ・〕チャーベリー〔Herbert of Cherbury, 1582-1648〕の信仰上の独断主義について、デカルトの思想とサンチェス／チャーベリーのそれとの関係、あるいは、後者が前者に与えた影響についても見ておくべきである。この論点に関しては、すでに〔本章注32で〕言及したR・ポプキンの著作 *The History of Scepticism* のうち〔原文〕38頁から43頁まで〔邦訳、ポプキン前掲書、47頁から

53 頁〕、さらに 155 頁から 165 頁まで〔邦訳、ポプキン前掲書、194 頁から 208 頁〕の注釈（想像に偏りすぎているところが多々ある）を改めて参照されたい。

(41) AT I 144-145〔1630 年 4 月 15 日付メルセンヌ宛書簡〕、148-149〔1630 年 5 月 6 日付メルセンヌ宛書簡〕、181〔1630 年 11 月 25 日付メルセンヌ宛書簡〕、220〔1630 年 10 月のメルセンヌ宛書簡〕を参照のこと。

(42) ここで言及されている「悪書〔*méchant livre*〕」はラ・モットの対話〔『オラシウス・ツベロによる、古代人を模倣した対話篇〔*Dialogues faits à l'imitation des anciens*〕』〕であるとする説は、前掲〔第 1 章注 62〕した *Congrès Descartes. Études cartésiennes* の第 2 巻に所収の R・パンタールの論文 *Descartes et Gassendi*, pp. 120-122 によって主張されている。ラ・モットの立場、ならびに『神性について〔*De la divinité*〕』（E・ティスラン〔Tisserand〕の校訂による *Deux dialogues faits à l'imitation des anciens*（パリ、1922 年）の〔原文〕94 頁以下に所収）におけるラ・モットの主張に関する全般的な注釈については、A・アダンが編集した前掲〔本章注 32 参照〕の *Les libertins* の〔原文〕121 頁以下と J・S・スピンクの著作 *French Free-Thought* の〔原文〕18 頁〔本章注 32 参照〕を参照されたい。

(43) AT II 144〔1638 年 5 月 27 日付メルセンヌ宛書簡〕、同 III 207〔1640 年 10 月 28 日付メルセンヌ宛書簡〕、同 IV 187-188〔1645 年 2 月 17 日付クレルスリエ宛書簡〕、346〔1645 年ないし 1646 年のメラン宛書簡〕など。さらにはソルボンヌ〔の神学者たちに宛てた〕書簡のなかで『省察』が自由思想家《リベルタン》の見解に異議を申し立てるものとして紹介されていること（AT VII 2、6）を想起すべきである。デカルトは「ヴァニーニの生まれ変わりだ」と述べるヴォエティウス（フーティウス）〔Voetius や Voët と表記、1589 年に生まれ、17 世紀の主にオランダで活躍した改革派神学者〕の当てこすりに対する応答とともにデカルトが〔ヴォエティウス宛書簡とユトレヒト市参事会宛弁明書簡のなかで〕見せた憤慨を参照されたい（AT VIII-B 169, 207, 210, 254〔邦訳、デカルト前掲書（第 1 章注 169 ）、177 頁、205-206 頁、208-209 頁、241 頁〕）。

(44) 自由思想に対する論争は、メルセンヌの著作の根本的な動機であった。前掲した R・ルノーブルの著作 *Mersenne*（〔原文〕168 頁から 199 頁〔第 1 章注 39〕）を参照されたい。反自由思想の立場をとる他の護教論者とりわけガラス〔Garasse〕神父については、前掲〔本章注 32〕した A・アダン編集の *Les libertins* の〔原文〕33 頁から 50 頁まで参照されたい。

(45) AT I 148-149〔1630 年 5 月 6 日付メルセンヌ宛書簡〕を参照のこと。言うまでもないことだが、わたしたちはここで、「デカルト、仮面をつけた哲学者〔le philosophe au masque〕」というイメージに与することを望むものではない。このイメージは、マキシム・ルロワ〔Maxime Leroy〕の著作 *Descartes, le philosophe au masque*（Paris, 2 vols., 1920）によって、きわめて示唆に富む仕方で、しかし同時にきわめて大胆な仕方で提唱されたものである。デカルトが自由思想家《リベルタン》に接近したことは、わたしたちに言わせれば、架空の出来事というよりも、客観的な事実であり、苦心した末の帰結なのである。これに対してルロアにとっては、その反対が真なのであるが。

(46) 自由思想を特徴づけるのは、この分離状態《セパラツィオーネ》が評価されるということではなく、むしろこの評価そのものが固定的で決定的な性格を有していることである。この点についてポプキンは、前掲したその著作 *The History of Scepticism*（〔原文〕89 頁から 112 頁まで〔邦訳、ポプキン前掲書（本章注 32 参照)、112 頁から 141 頁〕）のなかで、自由思想家《リベルタン》の思索が先人と後人に及ぼした懐疑主義的影響を全般的に分析することで、非常に巧みな仕方で説明している。

(47) ジャン＝ポール・サルトル〔Jean-Paul Sartre〕は、「デカルトの自由」において、人間的自由が神的なものに実体化することについて力説した（*Situations*, V, I 所収、パリ、1947 年、〔原文〕314 頁から 335 頁〔邦訳、ジャン＝ポール・サルトル（野田又夫ほか訳）『シチュアシオン I』、『サルトル全集』第 11 巻所収、人文書院、270 頁から 289 頁〕)。この論文については、後でもう少し詳しく扱うつもりである。

(48) この点については、何よりもまずルノーブルとポプキンの主張を取りあげる必要がある。先に言及した、さまざまな観点から模範的であり続けているかれらの著作によれば、16 世紀的な思索——懐疑主義的な形式であろうとなかろうと——の始源的かつ本質的に二元論的なところが、意味をそなえた〔sensato〕宇宙の再構築が可能であることの根拠になる。あるいはむしろ多くの場合、この二元性こそがこの再構築を直接に規定している。このような主張が或る特定の信仰に起因していることは明らかだ。つまり、意味をそなえた世界が可能になるのは、二元論だけを根拠にすればこそ、という立場である。さらには、反ルネサンスという見解を根拠にすればこそ、とも付け加えられよう。このような主張が偏ったものであり、かつイデオロギー的に言って偏頗《へんぱ》的な性格を有していることは、わたしたちには十分に明らかだ。前掲したH・ビュソンの著作 *De Charron à Pascal* の〔原文〕297 頁以下と 303 頁以下も参照されたい。それによれば、前述のような主張は一般化され、また、カトリック陣営の対抗宗教改革と新しい学知の誕生が両立することも擁護されている。このような見解を部分的に支持するものとしては、すでに〔本章注 39 で〕言及したT・グレゴリーの著作 *Scetticismo ed empirismo*（〔原文〕121 頁から 128 頁）を参照されたい。

(49) モンテーニュ『エセー』第 3 巻第 13 章。さらにシャロン『智慧について〔*De la sagesse*〕』第 2 巻第 8 章を参照されたい。

(50)〔『省察』に関して「第五反論」を執筆した〕ガッサンディ〔にデカルトは「第五答弁」をもって応答したが、それについてガッサンディが寄せた再反論である〕『再抗弁（*Instantiæ*）』〔『全集（*Opera omnia*）』第 3 巻所収〕の〔原文〕327 頁左欄（すでに〔本章注 39 で〕言及したトゥッリオ・グレゴリーの著作〔原文〕103 頁に引用されている）。

(51) H・フリードリヒ〔Friedrich〕の著作 *Montaigne*, Bern, 1949 の〔原文〕241

頁を参照のこと。リチャード・ポプキンは、前掲した *The History of Scepticism* の〔原文〕113 頁から 131 頁、132 頁から 154 頁〔邦訳、ポプキン前掲書（本章注 32)、142 頁から 165 頁、166 頁から 193 頁〕において同様の主張を擁護している。

(52) 前掲したR・ポプキンの著作 *The History of Scepticism*（〔原文〕133 頁から 143 頁〔邦訳、ポプキン前掲書（本章注 32)、168 頁から 181 頁〕)。また、T・グレゴリーの著作 *Scetticismo ed empirismo*（〔原文〕121 頁から 128 頁〔本章注 39〕）も参照されたい。

(53) L・I・ブレッドヴォールド〔Bredvold〕の著作 *The Intellectual Milieu of John Dryden*, Ann Arbor, 1934 によれば、「ピュロン主義は、なるほど破壊的かつ自由思想的な思潮に身売りすることはしばしばあったが、一般的に言うなら、さらにはこの主義が打ち出された時代に鑑みるなら、改革支持者が採用した理説《ドクトリン》というよりも保守主義者と順応主義者が採用した理説であった。ピュロン主義は、むしろ変革への怖れと新奇なものへの不信をはるかに掻き立てたのであって、あるがままの事物への不満を助長するものではなかった。このように懐疑主義と保守主義的な政治学とが結びつくことは、読書習慣を自負する人であれば誰でもその人なりのモンテーニュ像があったように、17 世紀において多くの場合ごく普通の考え方であった」(〔原文〕130 頁）という（R・シュヌール〔Schnur〕の著作 *Individualismus und Absolutismus. Zur politischen Theorie vor Thomas Hobbes (1600–1640)*, Berlin, 1963 の〔原文〕57 頁における引用)。同様の立場をとる研究者としては、前掲したJ・S・スピンクの著作 *French Free-Thought* の〔原文〕23 頁から 26 頁〔本章注 32〕とA・テネンティの論文 *Libertinisme et hérésie* の〔原文〕11 頁〔本章注 31〕を参照されたい。後者が同様の考察に与するのは、「再洗礼派《アナバプテスト》の教理が破綻したために生じた道徳的後退の動き」の帰結として自由思想を見なす――この〔自由思想という〕現象の 16 世紀における起源をそのうちに再発見しつつ――限りにおいてである。

(54) AT I 243〔1632 年 4 月 5 日付メルセンヌ宛書簡〕より。また AT I 109〔1630 年 1 月のメルセンヌ宛書簡〕、228〔1631 年 10 月ないし 11 月のメルセンヌ宛書簡〕、254〔1632 年 6 月のメルセンヌ宛書簡〕も合わせて参照のこと。この論点の全体については、すでに〔第 1 章注 135 で〕言及したE・ジルソンの著作 *Études sur le rôle* の〔原文〕174 頁を参照のこと。そこでジルソンは、デカルト形而上学の生成における根源的な契機が何なのかを同定している。

(55) AT I 252〔1632 年 5 月 10 日付メルセンヌ宛書簡〕より。

(56) すでに〔第 1 章注 53 で〕言及したF・アルキエの著作 *La découverte métaphysique* における「世界についての寓話〔*La fable du monde*〕」(〔原文〕110 頁から 133 頁まで）という章を参照されたい。この章には、わたしの見るところ、デカルトのこの時期の思索に認められる緊張と矛盾に関するもっとも優れた説明が含まれていると思われる。

(57)『光論〔*Traité de la lumière*〕』〔『世界論』の副題〕は、AT 版第 11 巻〔原文〕

3頁から118頁に収録されている。この著作の構成については、AT XI I–VIIの「緒言」以外にも、AT版第11巻〔原文〕698頁から706頁の注記を参照されたい。
(58)『人間論』は、AT版第11巻〔原文〕119頁から202頁に収録されている。
(59)『屈折光学』(AT VI 81–228、そのラテン語訳はAT VI 584–650)は、『方法序説』と合わせてまとめられた試論のうち最初に執筆されたものである。G・ガドッフルは、前掲〔第1章注191〕したその論文*Sur la chronologie*において、レンズの錬磨について論じている『屈折光学』第10講は1629年にはすでに執筆されており、第1講と第2講は1632年に執筆されたと考証している。そして、翌年までには書物全体の執筆が完了していたはずだと述べる。E・ドゥニソフは、すでに〔第1章注117で〕参照したその論文*Les étapes*において、『屈折光学』の執筆は1635年に完成したと考察している。一般的に言って〔『方法序説』に付せられた〕この試論は、『光論』〔すなわち『世界論』〕の一部をなすはずのものであったと考えるべきである。『気象学〔*Météores*〕』は、ガドッフルが提案するところによれば、1633年から1635までに執筆された。ドゥニソフは『気象学』は1628年初めに執筆が開始され、1635年11月に完成したと見る。執筆時期の同定は〔研究者によって〕ばらつきがあるものの(わたしたちにとってガドッフルの注釈は全般的に説得力がある)、『屈折光学』と『気象学』は、『世界論』と密接な関連をもった著作と見なされるべきであることは確かだ。『気象学』は、AT版第6巻〔原文〕231頁から366頁(ラテン語訳は同〔原文〕651頁から720頁)に収録されている。
(60) AT I 70以下〔1629年11月13日付メルセンヌ宛書簡〕、82以下〔1629年12月18日付メルセンヌ宛書簡〕を参照のこと。
(61) AT XI 3–4〔『世界論』〕より。AT I 126〔1630年3月4日付メルセンヌ宛書簡〕を参照のこと。
(62) AT XI 10〔『世界論』〕より。
(63) AT XI 16–23〔『世界論』〕を参照のこと。
(64) この点は、デカルトの思想、とりわけその自然学に捧げられたE・ジルソンの浩瀚な文献学的研究において取り組まれてきた。ジルソンのデカルト解釈に対するわたしたちの一貫して全面的な異議を改めてここで明らかにしておくことには意味がある。ジルソンの基本的な解釈によれば、デカルトの形而上学はその自然学に依拠しており、したがって、この形而上学はまさしくアリストテレス的な自然学を問題にする限りにおいて、トマス的かつスコラ的な形而上学との対決のもとで打ち立てられた。しかるに、この議論が示唆しているように、近代的(つまり機械論的)自然学は古典的形而上学と両立するし、それどころか適合的なものにすらなってしまう。ジルソンの解釈に対する適切な批判については、A・デル・ノーチェ〔Del Noce〕の論文*Riforma cattolica e filosofia moderna*, vol. I : *Cartesio*, Bologna 1965, pp. 53以下, 255, 307–320を参照されたい。
(65) AT XI 31〔『世界論』〕を参照のこと。「寓話〔*fable*〕」という用語の初出は、AT I 179〔1630年11月25日付メルセンヌ宛書簡〕である。

(66) AT XI 32〔『世界論』〕より。
(67) AT XI 34-35〔『世界論』〕より。
(68) AT VI 211-217〔『屈折光学』第10講〕を参照のこと。すでに述べたように、『屈折光学』第10講は、フェリエ〔Ferrier〕との共同作業が行なわれた時期に平行して執筆されたと思われる。AT I 13-16〔1629年6月18日付フェリエ宛書簡〕、32-38〔1629年10月8日付フェリエ宛書簡〕、38-52〔フェリエからデカルトへの1629年10月26日付書簡〕、53-69〔1629年11月13日付フェリエ宛書簡〕、183-187〔1630年12月2日付フェリエ宛書簡〕を参照されたい。
(69) AT XI 23-31〔『世界論』〕を参照のこと。
(70) AT XI 24〔『世界論』〕を参照のこと。
(71) AT XI 28-29〔『世界論』〕を参照のこと。
(72)『世界論』を公刊しないという決定が、ガリレオ断罪に続いてデカルトを襲った危機に起因することは疑いがない（本章の第4節を参照されたい）。とはいえわたしたちは、デカルトをして『世界論』の公刊を断念させるそれ以外の内的な理由——たとえば、わたしたちがこれまで主張してきたように、『世界論』で定義されている世界像が根本的に不安定《プレカリオ》なものであるということの意味——があったと信じるものである。その証左として挙げられるのは、〔ガリレオ断罪に起因する〕最初の決断がもはや意味をなさなくなり、かつ友人が『世界論』の公刊をしだいに迫るようになってからもなおデカルトがその公刊を拒み続けたことである。AT I 368〔最新のデカルト研究によれば1637年5月だが、ネグリが参照しているAT旧版では1637年4月27日付とされているメルセンヌ宛書簡〕、518〔1638年2月12日付ポロ宛書簡〕、同II 547〔ホイヘンスからデカルトへの1639年5月15日付書簡〕、549以下〔ホイヘンスからデカルトへの1639年5月28日付書簡〕、551以下〔最新のデカルト研究によれば1639年6月6日付だが、ネグリが参照しているAT旧版では1639年6月とだけされているホイヘンス宛書簡〕、同III 520以下〔1642年1月31日付ホイヘンス宛書簡〕ほか諸所を参照のこと。
(73) AT XI 143-144〔『人間論』〕より。
(74) AT XI 164-165〔『人間論』〕を参照のこと。AT XI 128、131-132、140、143〔以上、『人間論』〕も参照のこと。
(75) E・ジルソンは、『気象学』に関する前掲論文（〔すでに第1章注135で参照した〕*Études sur le rôle* の〔原文〕102頁から137頁に所収）を締めくくるにあたって次のように述べる。「気象に関するスコラ学的な考察がデカルトの思索に及ぼした影響は疑い得ない。デカルトは考察すべき主題の選択に際して学院〔スコラ学者の集団のこと〕によって左右されることもあれば、学院を論駁しようという思惑から学院に対抗する議論を展開することで結局のところ学院に追従してしまうこともあり、最終的には、学院の学説を解釈し、また改変することで満足してしまい、この学説に多かれ少なかれ全面的に拘泥し続けるのである」（〔原文〕126頁）。このような結論が受け入れがたいことは、すでに〔第1章注117で〕参照したE・

ドゥニソフの論文 *Les étapes* の〔原文〕256 頁から 257 頁において適切な仕方で強調されている。ドゥニソフはスコラ学の影響の重要性を指摘しつつも、デカルトの全体的な枠組みの独創性と〔デカルトが受けた〕影響の多様性——たとえばベイコンの影響は、ドゥニソフによれば支配的なものであった——を強調している。実際に、この主題（気象学）を示すためにスコラ学的な題名を採用したことそれ自体も、デカルトのとった態度が論争的であることのベイコン的な仕方による発露であろう。ベイコンの論争的な書物が『ノヴム・オルガヌム』〔アリストテレスの著作『オルガノン』を考慮して命名され、『新機関』とも訳せる〕と命名されたことは偶然ではないのである。

(76) AT VI 239 以下と 312 以下〔以上、『気象学』第 2 講と第 7 講〕を参照のこと。

(77) AT I 559-560（1638 年〔2 月 22 日付〕のヴァチエ〔Vatier〕神父宛書簡からの引用〔ラ・フレーシュ学院等で教壇に立ったヴァチエ神父とは、デカルトが『方法序説』を 1638 年に贈ったことから交流が始まった〕）。デカルトはまた〔『気象学』〕「第 8 講」の冒頭（AT VI 325）において〔自身の〕方法の素晴らしさを指摘している。

(78) AT VI 343-344〔『気象学』第 8 講〕を参照のこと。

(79) デカルトの議論は自然主義と機械論のあいだをつねに揺れ動くという曖昧さ、あるいはより適切な言い方をするなら、機械論的な統一体にまとわりつく自然主義的なイメージという曖昧さは、ラポルトと同様に、A・リヴォー〔Rivaud〕の論文 *Remarques sur le mécanisme cartésien*, in : *Revue philosophique de la France et de l'étranger*, t. 123, 1937, pp. 290-306 によって適切な仕方で強調されている。また、方法〔を論ずる『方法序説』〕と〔その方法を応用してみる〕試論〔つまり『屈折光学』『気象学』『幾何学』〕の実質的な非連続については、E・J・ディクステルホイス〔Dijksterhuis〕の論文 *La* Méthode *et les* Essais *de Descartes*, in : *Descartes et le cartésianisme hollandais. Études et documents*, PUF-EFA, 1950, pp. 21-44 も参照されたい。『気象学』については、とりわけ〔原文〕43 頁。

(80)『光論』の第 7 章は、「寓話」という形式をとって架空のこととして描かれているが、自然界を「それ自身の原理にそって」解釈しようとする試みが大々的に展開されている。AT XI 36-48〔『世界論』〕を参照されたい。

(81) AT XI 36-37〔『世界論』〕より。

(82) AT I 179〔1630 年 11 月 25 日付メルセンヌ宛書簡〕を参照のこと。

(83) AT XI 123、192、200-202〔以上、『人間論』〕を参照のこと。読者は前掲〔第 1 章注 151〕の論集 *Le soleil à la Renaissance* を改めて参照されたい。

(84) AT XI 134、137〔以上、『人間論』〕ほか諸所を参照のこと。

(85) AT XI 160〔『人間論』〕を参照のこと。

(86) AT XI 163-164、200-202〔『人間論』〕を参照のこと。

(87) AT XI 171、175、176-177〔『人間論』〕を参照のこと。

(88) 本章の注 59 ですでに指摘した事実に加えて、この著作に取りまとめられた気象現象に対するデカルトの変わることのない関心は、AT I 23〔1629年10月8日付メルセンヌ宛書簡〕以下で裏付けられる。
(89) 改めて注59を参照されたい。『屈折光学』の執筆過程については、AT I 179〔1630年11月25日付メルセンヌ宛書簡〕、189以下〔1630年12月2日付メルセンヌ宛書簡〕、192以下〔1630年12月23日付メルセンヌ宛書簡〕、235〔1632年1月のゴリウス宛書簡〕、315〔1635年4月16日付ゴリウス宛書簡〕、322〔1635年秋の某氏宛書簡〕、325〔ホイヘンスからデカルトへの1635年10月28日付書簡〕も参照されたい。『屈折光学』の執筆は『光論』〔すなわち『世界論』〕に先立つことは、後者において前者が完成したばかりであると述べられている事実から裏付けられる。AT XI 9〔『世界論』〕、153〔『人間論』〕を参照のこと。
(90) AT I 23〔1629年10月8日付メルセンヌ宛書簡〕より。また、AT II 396〔1638年10月11日付メルセンヌ宛書簡〕とAT III 166–167〔1640年8月30日付メルセンヌ宛書簡〕も参照のこと〔「すでに着手していたもの」とは『形而上学小論』のことである〕。
(91) AT I 250–251〔1632年5月10日付メルセンヌ宛書簡〕より。また、AT III 648–655〔1643年4月26日付メルセンヌ宛書簡〕も参照のこと。
(92) AT VI 366〔『気象学』最終講〕より。デカルト的な地平においてこの逃走は、魔術、占星術そして（再び）デカルトの若き日における科学実験の不確実さ――今やただ単純に言って、まさしく魔術へと向かう否定的な後退として映る――への逃走となった。デカルトの占星術批判については、たとえばAT X 371〔『精神指導の規則』第4規則〕、380〔同第5規則〕、398〔同第8規則〕、403〔同第9規則〕、同VI 5、6、9〔以上、『方法序説』第1部〕（ならびに前掲〔第1章注4参照〕したE・ジルソンの『注解』の〔原文〕109頁、120頁から121頁、141頁)、同III 15〔1640年1月29日付メルセンヌ宛書簡〕、同V 65–66〔1647年7月のエリザベト宛書簡〕、327〔1649年3月31日付シャニュ宛書簡〕、338〔1649年4月9日付スホーテン宛書簡〕を参照されたい。書簡を収録するAT版第3巻と第5巻の参照箇所における批判はきわめて熾烈なものである。つまり占星術とは、人々を生かすというよりは「それがなければおそらくは病気にならなかったような人々を死へと追いやる」学知として規定されている。
(93) AT I 258〔1632年夏のメルセンヌ宛書簡〕より。デカルトがここで念頭に置いている「著者」は、ジャン＝バティスト・モラン〔Jean-Baptiste Morin, 1583–1656〕である。
(94) AT I 268より。この引用は、1633年7月22日付〔メルセンヌ宛〕の書簡からである〔「わたしの論考」とは『世界論』のことを指す〕。
(95) AT I 270–272〔1633年11月末のメルセンヌ宛書簡〕より〔ガリレオの『世界の体系』とは、『世界の二大体系についての対話（*Dialogo sopra i due Massimi Sistemi del Mondo*）』（1632年）のことを指す〕。
(96) AT I 281–282〔1634年2月のメルセンヌ宛書簡〕、285–286〔1634年4月の

メルセンヌ宛書簡〕を参照のこと。
(97) AT I 288〔1634年4月のメルセンヌ宛書簡〕、298〔1634年5月15日付メルセンヌ宛書簡〕、306〔1634年8月14日付メルセンヌ宛書簡〕を参照のこと。デカルトがこの問いにどのように立ち返ったかについては、AT VI 41-42〔『方法序説』第5部〕、60〔同第6部〕（それぞれの箇所に関するE・ジルソンの『注解』〔第1章注4参照〕の〔原文〕379頁から383頁、そして439頁から442頁も合わせて）も参照されたい。ガリレオ問題に関するデカルトの態度については、A・バイエ『デカルト氏の生涯』第1巻第11章・第12章、C・アダンの著作 *Descartes, sa vie, son œuvre*, Paris, 1937（しかしまたAT版第12巻〔アダンが1910年にパリで公刊した *Vie & œuvres de Descartes* のこと〕と第13巻〔『デカルト著作集』の補遺と総索引のことで、本書では AT *Supplément* と略記されている〕も参照せよ）、前掲したH・グイエの著作 *La pensée religieuse* の〔原文〕84頁から87頁まで〔第1章注65参照〕、H・グイエの著作 *Essais* の〔原文〕70頁以下〔第1章注166参照〕、そしてF・アルキエの著作 *La découverte métaphysique* の〔原文〕117頁以下〔第1章注53参照〕における全般的なまとめを参照すべきである。
(98) ガリレオの断罪に関する、とりわけフランスとオランダの知識層からの反響については――さらに、ガリレオに対する拒絶、非難そして連帯といった大多数の人に共通して見られた態度については（実際はデカルトに見られるほど困惑したものではなかったが）――、AT I 289-291とAT I 324〔とにおける注〕を参照されたい。また、前掲したR・ルノーブルの著作 *Mersenne* の〔原文〕391頁から408頁まで〔第1章注39〕、R・パンタールの著作 *Le libertinage érudit* 第1巻〔原文〕288頁から289頁までと298頁から302頁まで〔本章注32〕、そしてT・グレゴリーの著作 *Scetticismo ed empirismo* の〔原文〕170頁から172頁まで〔本章注39〕も参照されたい。
(99) AT I 285-286〔1634年4月のメルセンヌ宛書簡〕より。
(100) H・グイエは、すでに〔第1章注166で〕参照したその著作 *Essais*（〔原文〕70頁）において「ガリレオはデカルトに哲学者として映っていない」と書いているが、それはガリレオの主要な関心が方法に関するものではないからだ。このことはデカルトの思索の展開の流れに照らしてみれば本当のことであると思われる。疑いなくデカルトはガリレオの思想との距離をしだいにはっきりと（そしてそれは単に便宜上の理由からではない）させるようになった（たとえば、AT II 388-389〔1638年10月11日付メルセンヌ宛書簡〕)。（この点については、「ガリレオの禁固刑に怖じ気づいた」デカルトはおそらく、「人間の理性をもってはまったく説明のつかない不可解な方法でその態度を決定した」という皮肉の込められたヘンリー・モアの注記（J・レール〔Laird〕の論文 *L'influence de Descartes sur la philosophie anglaise du XVIIe siècle*, in : *Revue philosophique de France et de l'étranger*, t. 123, 1937のとりわけ〔原文〕244頁において引用されている）を参照されたい。）とはいえ、デカルトはガリレオ断罪に際して直ぐさま、自分に固有の研究とガリレオの研究のあいだには本質的な相違があると感じたにちがいない――このような主張にわたしたちは与することは到底できない。デカルトが自分の立場を見直し、そうして世界に対する自身の哲学的な関係を規定する諸条件をガリレオにおけるそれと対比させることで再発見するよう導かれるのは、まさしくガリレオをめぐる論争に取り組むことによってなのである。両者の見解が実質的に異なったものとなるのは、世界との関わり方を決定する特徴においてである。

(101) この点に関しては、A・コイレの提示した一般的な解釈格子とともに、前掲したE・ガレンの諸研究を参照されたい。

(102) R・ミシェア〔Michéa〕の論文 *Les variations de la raison au XVIIe siècle. Essai sur la valeur du langage employé en histoire littéraire*, in : *Revue philosophique de la France et de l'étranger*, t. 126, 1938, pp. 183-201 は、1600年代において「*raison*〔理性〕」という用語がいかに「包括的な用語」、「きわめて複雑な」単語、「その範囲が定かでなく、揺れ動いている用語」であったかを記している。「さらには、この用語の不正確なところがそれが普及したことの条件である」とも付け加えている。まさしく「理性」という単語が本質的に曖昧で問題含みであることが強調されるべきなのである。「理性」という用語は、デカルトにおいてもまた、きわめて集合的な用語であり、当時の市民階級《ブルジョアジー》の思考方法に見られる根源的に言って二律背反的なところを表すのに適している。わたしたちは後ほど、デカルトからパスカルにかけて伸びる知的な迫持《せりもち》において、「*raison*」という用語は解決というより問題であったことを見るだろう。

(103) とりわけ〔後にデカルトの〕『情念論』について論じる際に、デカルトとコルネイユの関係に戻ってくる機会があるだろう。とはいえ、おそらく両者は互いの著作を知っていたのみならず(AT XII 505-506〔アダンが1910年にパリで公刊した *Vie & œuvres de Descartes*〕と同時に AT *supplément* 103以下を参照されたい。両者の仲介者については、両者がともに属していたパリの知識層を除くなら、コルネイユの友人であり、かれのことを称賛していたホイヘンスであったことは疑いようがない。とはいえ、両者の関係は批判の応酬であったという指摘――たとえば、G・ガドッフルの論文 *Corneille et Descartes*, in : *Traditions de notre culture*, Paris, 1941, pp. 76-91を参照せよ――は、わたしたちには説得力がないと思われる)、当時の〔文化総体の〕危機をめぐる全般的な考察に関して両者のあいだに共通点の見られることは疑いがないことをあらかじめ強調しておかなければならない。これは、台頭する市民階級《ブルジョアジー》の危機という文脈のなかにコルネイユの思想も位置づけることが可能だということを意味する。このような主張は、〔邦語では『透明と障害――ルソーの世界』(山路昭訳、みずす書房) などを読むことができるスイスの哲学者・批評家であるジャン・〕スタロバンスキー〔Jean Starobinski〕の論文 *Sur Corneille*, in : *Temps modernes*, t. 10, 1954, pp. 713-729によるものである(わたしたちはこれを支持する)。それによれば、個人道徳の不思議な高揚は、我《われ》というコルネイユの概念をして、この概念に当初、認められた上流階級の貴族的かつ世襲的な規定を決定的にのりこえさせることになり、その結果、逆戻りできない〔精神的な〕危機〔に襲われた時代〕のただなかで、この概念に含まれていた、押さえ付けることのできない弁証法的力学が全面的にあらわになった。スタロバンスキーの立場に近いのが（それほど明晰ではないが)、〔ラインホルト・〕シュナイダー〔Reinhold Schneider〕の著作 *Grandeur de Corneille*, Baden Baden, 1948、H・C・オールト〔Ault〕の論文 *The Tragic Genius of Corneille*, in : *Modern Language Review*, t. 45, 1950, pp. 164-176、そしてB・ドール〔Dort〕の著作 *Pierre Corneille dramaturge*, Paris, 1957 による主張である。しかし、以上の研究者はみな、コルネイユが解釈した危機がどのような歴史的な参照軸のもとにあるのか、この参照軸をあまりに抽象的な仕方で示す過ちを繰り返している。〔邦語では『マドレーヌはどこにある――プルーストの書法《エクリチュール》と幻想《ファンタスム》』（綾部正伯訳、東海大学出版会）を読むことができるフランスの批評家セルジュ・〕ドゥブロフスキー〔Serge Doubrovsky〕は、その著作 *Corneille et la dialectique du héro*, Paris, 1963 のなかで、コルネイユの劇作がどのような歴史的文脈のもとでなされたのかを模範的な仕方で示しつつ、以下のような理論上の類型を極端化して使用している。つまり、コルネイユの悲劇作品のそれぞれにおいて示される「英雄の挫折〔*l'échec du héro*〕」（この挫折は必然的なものだ、なぜなら「コルネイユの演劇では、同一の法則が繰り返し証明される。つまり、「支配〔*Maîtrise*〕」を認めることは、「支配」が当然のこととして要求する秩序の創設を、まさしくその本性からして破壊してしまうことを意味する」（〔原文〕476 頁）から）は、議会制のもとにある市民階級の「挫折」と関係づけられ得るのではなく、「支配」という構想一般（主人と奴隷のヘーゲル的な弁証法的関係）の「挫折」の表徴だという（とりわけ〔原文〕494 頁以下を参照されたい)。コルネイユの演劇形式が貴族的であることは確かに否定し得ないが、この貴族的な形式を「封建制における道徳性」を包み込むものとして見なすこと（P・ベニシュー〔Bénichou〕の著作 *Morales du Grand Siècle*, Paris, 1948 のうちとりわけ〔原文〕13 頁から 76 頁まで〔邦訳、ポール・ベニシュー（朝倉剛・羽賀賢二訳）『偉大な世紀のモラル――フランス古典主義文学における英雄的世界像とその解体』法政大学出版局、5 頁以下〕）と、より精確には、きわめて異質な或るひとつの内容の、つまり西洋的人文主義の新たな英雄的感性の外在的な形態としてこの形式を判断すること（これは〔第 1 章注 66 ですでに参照した〕G・ヴァイゼの著作 *L'ideale eroico del Rinascimento. Diffusione europea e tramonto* の〔原文〕118 頁から 142 頁にかけて採用された説得力のある視点で、ベニシューの主張との対比が明らかである）とのあいだには実質的な相違がある。このような〔後者の〕立場はデカルトの若き日に見られる立場に類似しており、〔晩年に〕デカルトが情念について論じる際にも変化こそすれ、その意義を減じていないものとして、この立場に再び出会われることになる。

(104)「よく身を隠した者こそ、よく生きた者である」という標語は、自由思想を体現するものだが、たまたま取りあげられたといった程度のものではない。それどころか逆に、自由思想家《リベルタン》の著作のうちに、その十全な〔esauriente〕道徳性を特徴づける要素として繰り返し現れてくる。テオフィル・ド・ヴィヨー〔Théophile de Viau は 1590 年生まれ。ヴァニーニの無神論的思想に影響を受けた詩を残す。その自由思想によって 1623 年に逮捕され、長い牢獄生活と裁判の末に病を患い、1626 年パリにて歿〕が嘗めた辛酸に続く危機的状況のなかから生まれてきたのがそれである。〔また、〕「神のように生きる」という〔シャルル・〕ソレル〔Charles Sorel, 1602–1674〕の『フランシヨン滑稽物語〔*Histoire comique de Francion*〕』(1623 年)〔邦訳、シャルル・ソレル(渡辺明正訳)『フランシヨン滑稽物語』国書刊行会〕における標語は、現世の卑しさに抗って孤独のうちに人間の尊厳を謳歌するものである(A・アダンが編集した前掲〔本章注 32 参照〕の *Les libertins* の〔原文〕63 頁以下)。〔ニコラ・〕ヴォークラン＝デ＝イヴトー〔Nicolas Vauquelin des Yveteaux, 1567–1649〕のソネットと〔ジャン＝フランソワ・〕サラザン〔Jean-François Sarasin, c. 1614–1654〕の論説とにおける「真っ当な享楽〔*honnête volupté*〕」の理論化にとっても事態は同様である。「うちではお望みのように、外では習わしにそって〔*foris ut moris, intus ut lubet*〕」という他によく見られた標語についても――これはラ・モットやノーデと同様に群小作家にも見られるもので、人口に膾炙していた――、おおよそ同様のことが言われ得る。

(105) しかしながら、この時点になると「*vulgaire*〔通俗の、一般の〕」という用語は、「感覚から精神を引き離す」という作業後の取るに足りない残滓を意味するが(「通俗な仕方で〔*à vulgaire*〕」とか、あるいはしばしば見られるように、「通俗の意味では〔*a vulgi sensu*〕」と言われ得る、AT VII 142〔『省察』「第二答弁」〕、また 9〔『省察』「読者への序言」〕、32〔「第二省察」〕、63〔「第五省察」〕、352〔「第五答弁」〕などを参照されたい)、つねにそうであったわけではないことは注記すべきである。実際に「*vulgaire*」という用語は、デカルトの若き日には、何かを評価する際の単語(この場合はつねに軽蔑語)であると同時に、生活の物質的な実際、各人の生きられた経験を描写する際の単語として用いられており、したがって必要なものとして、さらには知識の源泉をなすものとしてさえ用いられているのである(たとえば、AT II 554〔最新のデカルト研究によれば 1639 年 4 月 30 日付だが、ネグリが参照している AT 旧版では同年 6 月 19 日付となっているデザルグ宛書簡〕)。たとえば、デカルト哲学は「一般人〔*vulgaire*〕」にも理解され得るという利点があるが、スコラ哲学はそうはいかないとメルセンヌが述べているように(AT II 287〔メルセンヌからデカルトへの 1638 年 8 月 1 日付書簡〕)、あるいは、デカルトが『方法序説』をフランス語で執筆しようと決意したと語るときのように(AT I 339〔1636 年 3 月のメルセンヌ宛書簡〕、また AT I 350〔1637 年 3 月のメルセンヌ宛書簡〕、353〔1637 年 3 月の某氏宛書簡〕、559〔1638 年 2 月 22 日付ヴァチエ宛書簡〕)、この用語に肯定的な社会学的意味が込められることさえ多々ある。しかしここでの場合は、「*vulgaire*」という言葉の用法上の曖昧さとは関係ない。ここでは軽蔑語としてのみ使用されており、〔その後は〕道徳的主題との関連で使用されることになるだろう（たとえば、AT IV 2〔エリザベトからデカルトへの 1643 年 7 月 1 日付書簡〕、159、202〔1645 年 5 月 18 日付エリザベト宛書簡〕、252〔1645 年 7 月 21 日付エリザベト宛書簡〕、269〔エリザベトからデカルトへの 1645 年 8 月 16 日付書簡〕などにおけるエリザベトとの往復書簡〔ただし AT IV 159 は、1645 年 2 月 9 日付ディネ神父宛書簡で「一般の意見（vulgaires）から大きくかけ離れた意見が最初どれほどの衝撃を与えるかわたしにはわかっておりますので（後略）」とある〕）。最後に、「*vulgaire*」という用語が「*philosophie*〔哲学〕」という用語と結びつけられるとき、それはスコラ哲学を規定するものとなることが想起されるべきである。

(106)「狡知（な）〔*malin*〕」、「悪霊〔*malin génie*〕」についてデカルトの抱いているイメージが可塑的であることを強調しておく必要がある。このイメージは、歴史的にもイデオロギー的にも幅があり、この幅の広さに依拠することで〔この時代の精神的〕危機に関するデカルトの解釈の急進的なところ、さらには強烈なところを評価することが可能になる。「*malin*」と「*génie*」という用語の意味論的な分析を手始めに行なってみれば、そのことは直ちに明らかになる。「*malin*」という用語は、デカルトにおいて名詞としても形容詞としても使用されている。「狡知なもの〔*les malins*〕」とか「悪霊〔*les esprits malins*〕」などはいずれも、ただ悪意から真理の伝達に抵抗する（たとえば、AT II 83〔1638 年 3 月 31 日付メルセンヌ宛書簡〕、220〔1638 年 7 月 13 日付モラン宛書簡〕、同 III 521〔1642 年 1 月 31 日付ホイヘンス宛書簡〕、同 V 87〔1647 年 11 月 20 日付シャニュ宛書簡〕）。つまり、いずれもその悪意によって特徴づけられた主体または力《ポテーリ》である。同様の意味論的分析は「*génie*」という用語についても行なわれ得るだろう。『オリュンピカ』に出てくる「霊〔*génie*〕」（AT X 182、185、186）に始まり『真理の探究』における「欺く神」（AT X 511–512）に至るまで、そして最終的には「ソクラテスの守護霊〔*Génie de Socrate*〕」に関する書物（『ソクラテスの神について〔*De Deo Socratis*〕』、これについては AT IV 530〔1646 年 11 月のエリザベト宛書簡〕と AT IV 532–533 における注、さらにはバイエ、第 2 巻〔原文〕408 頁を参照のこと）の計画に至るまで、「*génie*」はつねに人格化された存在である（すでに〔第 1 章注 65 で〕言及した H・グイエの著作 *La pensée religieuse de Descartes* の〔原文〕i 頁、すでに〔第 1 章注 42 で〕言及した J・シルヴァンの著作 *Les années d'apprentissage* の〔原文〕131 頁、そして〔フランスの哲学者で新トマス主義者のジャック・〕マリタン〔Jacques Maritain〕の著作 *Le songe de Desartes*, Paris, 1932 の〔原文〕31 頁を参照されたい。すでに〔第 1 章注 31 で〕参照した H・グイエの著作 *Les premières pensées* の〔原文〕57 頁から 58 頁における主張を控え目に捉えようとする試みは、特に説得力があるものではない）。用語の意味論的な分析に加えて、17 世紀における魔神信仰の（あまりに広範囲にわたる）伝播と（きわめて複雑な）意味について歴史的にも文化的にも分析を行なう必要があるだろう。とはいえ、そのような分析を行なうことはここでは不可能であるため、読者は、すでに〔第 1 章注 121 で〕言及した L・

フェーヴルの著作に所収の論文 *Sorcellerie, sottise ou révolution mentale ?*, in : *Au cœur religieux*, pp. 301-309、ならびにその著作 *Le problème de l'incroyance au XVIe siècle. La religion de Rabelais*, Paris, nouvelle éd., 1962 の〔原文〕455 頁以下〔邦訳、リュシアン・フェーヴル（高橋薫訳）『ラブレーの宗教——16 世紀における不信仰の問題』法政大学出版局〕における指摘を参照されたい。フェーヴルは、この時代における〔文化総体の〕危機との関連で、つまり、人文主義における実証的神話学〔mitologia positiva〕の崩壊との関連で魔神信仰（と妖術）の伝播を的確に説明している。「プラトン的な悪霊は、悪魔になりはてた」のであり、神話学は〔異端裁判といった〕拷問へと姿を変えたのである。

(107) 懐疑はいかに存在〔essere〕に食い込んでいるか、このことは、実存主義者と現象学者によって——解釈上の多様な差異を伴ってではあるが——取りあげられてきた。K・ヤスパース〔Jaspers〕の論文 *La pensée de Descartes et la philosophie*, in : *Revue philosophique de la France et de l'étranger*, t. 123, 1937, pp. 39-148〔邦訳、カール・ヤスパース（重田英世訳）『デカルトと哲学』理想社〕（とはいえヤスパースは、自らのデカルトへの賛同を実質的というよりは暗示的なもの、詳細な議論を展開したというよりは基本的な見解を論述したものと見なしている）、ジャン＝ポール・サルトルの論考 *Liberté cartésienne* のとりわけ〔原文〕326 頁以下〔邦訳、サルトル前掲書、281 頁以下（本章注 47 参照）〕（とはいえサルトルは、デカルトが主体の自律性の条件としての否定〔拒否〕作用から否定〔拒否〕作用としての自律的な産出の概念へ上昇することができなかったと批判している）、そして最後に E・フッサール〔Husserl〕の著作 *Méditations cartésiennes. Introduction à la phénoménologie*, Paris, 1953〔邦訳、エドムント・フッサール（浜渦辰二訳）『デカルト的省察』岩波文庫〕、*La crisi delle scienze europee e la fenomenologia trascendentale*, trad. it., Milano, 1961〔邦訳、エドムント・フッサール（細谷恒夫・木田元訳）『ヨーロッパ諸学の危機と超越論的現象学』中公文庫〕を参照されたい（フッサールによるデカルト解釈については、G・D・ネーリ〔Neri〕の著作 *Prassi e conoscenza*, Milano, 1966 の〔原文〕30 頁以下を参照せよ）。懐疑による存在への攻撃の決定的な特徴は、上述の思想家のいずれもがつかみとっている。

(108) H・グイエは、すでに〔第 1 章注 166 で〕参照したその著作 *Essais* の〔原文〕143 頁から 196 頁にかけて、「悪霊〔*malin génie*〕」は完全に人為的なものであると指摘している。「悪霊」は、或る種の挑発者として振舞ったのちに「自分自身の虚無にのみこまれたかのようである」〔邦訳、グイエ前掲書、124 頁〕と述べている。確かにグイエも「認識論的な絶望を引き起こすような存在論的な状況」があることは見逃さない。しかしすぐに（どうしてかわからないが）、コギト命題を何ら損なわれることのない確実なものとして描写するのである。その点で「悪霊」は、神の全能の「上辺だけの類似」へと還元されるのである。同様に、前掲したM・ゲルーの著作 *Descartes selon l'ordre des raisons*（第 1 巻〔原文〕30 頁から 49 頁まで〔第 1 章注 9 参照〕）によれば、「悪霊」という考え、ならびにこのような考えの使用は、端的に言って「暫定的な」ものである。このことは、デカルトの議論の（歴史〔伝記〕上の）次元は根拠の（形而上学上の）それとはまったく異なったものであるという自身の解釈に完璧に適合する。いつものことながら、ゲルーの立論は非常に巧みである。つまり「悪霊」は、形而上学的次元とは何ら関係のない単なる臆見であり、「わたしたちの創造者とその全能についてわたしたちが抱いている誤った観念」なのである。わたしたちとしては、これらの解釈がいかなる意味で不十分なのか、本文のなかで明示的にではないが強調したつもりである。

(109)『方法序説』(AT VI 1-2〔第 1 部冒頭〕、31-40〔第 4 部〕) 以降（前掲〔第 1 章注 4〕したE・ジルソンの『注釈』〔原文〕285 頁から 369 頁を参照せよ)、懐疑は『省察』〔「第二省察」〕(AT VII 22-23)、『真理の探究』(AT X 511 以下)、『哲学の原理』〔第 1 部第 1 項から第 7 項〕(AT VIII-A 5-7 ならびに IX-B 25-27)、『哲学の原理』「仏訳者への書簡」(AT IX-B 9-10) にも再登場する。懐疑が果たす役割はしだいに消滅しているように見える（ただし、そう見えるだけである)。

(110)『精神指導の規則』(AT X 421 と 432)、『世界論』(AT XI 3-6)、『人間論』(AT XI 173-174 と 197-198) において。

(111)「あらゆる哲学のソクラテス的根本問題にかんして『精神指導の規則』が述べていたことだが、無知の意識は真と偽の区別の疑い得ない確信を含み保証するのである」。これは、『精神指導の規則』第 12 規則に関するE・カッシーラーの注釈であるが、そこでカッシーラーは、デカルト的懐疑の純粋に認識論的な性格を支持している（前掲した *Storia della filosofia moderna* の第 1 巻〔原文〕531 頁〔邦訳、カッシーラー前掲書（第 1 章注 85)、436 頁〕)。

(112) E・ジルソンは、すでに〔第 1 章注 135 で〕参照したその著作 *Études sur le rôle* のとりわけ〔原文〕236 頁から 240 頁にかけて、存在の形而上学的構造における懐疑つまり「悪霊」の誇張的かつ悲劇的な本性を明快につかみとっている。

(113) この点に関係する多くの証拠にしたがうなら、このことは確実であると思われる。デカルトが教父神学と聖アウグスティヌスの著作に言及した箇所は多い。たとえば、書簡のうち AT I 376〔1637 年 5 月 25 日付メルセンヌ宛書簡〕、同 II 435〔1638 年 11 月 15 日付メルセンヌ宛書簡〕、同 III 247〔最新のデカルト研究によれば 1640 年 11 月 14 日付コルヴィウス宛書簡だが、ネグリが参照している AT 旧版では 1640 年 11 月某氏宛書簡〕、248-249〔1640 年 12 月 3 日付メルセンヌ宛書簡〕、261〔1640 年 12 月のメルセンヌ宛書簡〕、283、284〔以上、1641 年 1 月 21 日付メルセンヌ宛書簡〕、358-359、360〔以上、1641 年 4 月 21 日付メルセンヌ宛書簡〕、543-544〔1642 年 3 月のメルセンヌ宛書簡〕、507〔1641 年 1 月、ただし月末と考えられているレギウス宛書簡〕、同 IV 113、119〔1644 年 5 月 2 日付メラン宛書簡〕、同 V 138〔最新のデカルト研究によればシオン宛だが、ネグリが参照している AT 旧版ではニューキャッスル侯宛かとされている 1648 年 3 月ないし 4 月の書簡〕、147〔『ビュルマンとの対話』〕、186〔アルノーからデカルトへの 1648 年 6 月 3 日付書簡〕を参照されたい。『省察』をめぐる議論のなかでアウグスティヌスの文章が参照されることも多い。懐疑という主題に関するアウグスティヌスの主な著作は、『ソリロキア（独白）』〔邦訳、アウグスティヌス（清水正照訳）『アウグスティヌス著作集』第1巻所収、教文館〕第2巻第1章、『神の国』〔邦訳、アウグスティヌス（赤木善光ほか訳）『アウグスティヌス著作集』第11巻-第15巻所収、教文館〕第11巻第26章、『自由意志』〔邦訳、アウグスティヌス（泉治典・原正幸訳）『アウグスティヌス著作集』第3巻所収、教文館〕第2巻第3章・第5章、『三位一体』〔邦訳、アウグスティヌス（泉治典訳）『アウグスティヌス著作集』第28巻所収、教文館〕第10巻第10章、『真の宗教』〔邦訳、アウグスティヌス（清水正照訳）『アウグスティヌス著作集』第1巻所収、教文館〕第37章である（E・ジルソンの『注解』〔第1章注4参照〕の〔原文〕295頁から298頁、ならびに諸所を参照されたい）。これら個々の出典に加えて、デカルトが教父哲学に通じていたことを信じさせる他の理由として、17世紀初頭のフランスにおいて教父哲学が非常に広く普及していたことが挙げられる（すでに〔本章注18で〕言及したJ・ダジャンの著作 *Bérulle* の〔原文〕28頁以下を参照）。その普及は、プロテスタント諸派による徹底した福音伝道に対抗しようとしたカトリック側からの護教論的要請と結びついていた。そしてその影響は、とりわけヤンセン〔1585年生まれのオランダの司教。1638年歿。遺著『アウグスティヌス』（1640年）において恩寵の絶対的な力を強調する理説を提示〕の教義を信奉しようとする動きのなかで拡大し続けることになる（〔アルノーとニコルが執筆した〕『ポール・ロワイヤル論理学〔*Logique de Port-Royal*〕』――P・クレール〔Clair〕とF・ジルバル〔Girbal〕による素晴らしい校訂版（パリ、1965年）に所収――における聖アウグスティヌスへの参照は根本に関わる）。アウグスティヌスとデカルトの関係をめぐる問題全般については、L・ブランシェ〔Blanchet〕の著作 *Les antécédents historiques du "Je pense, donc je suis"*, Paris, 1920、すでに〔第1章注135で〕言及したE・ジルソンの著作 *Études sur le rôle* のとりわけ〔原文〕27頁から50頁、191頁から201頁、215頁から223頁、ならびに289頁から294頁、そしてC・ボワイエ〔Boyer〕の著作 *Filosofia e storia nella interpretazione del Cogito*, Padova, 1935を参照されたい。これらの著者のなかで、あいかわらず卓越した議論をもって教父哲学へのデカルト思想の依拠を強調しているのは、ジルソンである。一般的に言って、スコラ哲学のデカルトへの影響についてより開かれた立場をとっているのは、A・コイレの著作 *Essai sur l'idée de Dieu et les preuves de son existence chez Descartes*, Paris, 1922である。しかしながら、わたしたちとしては、この著作のなかで提示された見解には補強材料が必要であると思われる。というのも、教父的伝統とデカルト思想のあいだに文化的な結びつきがあるとしたところで、この結びつきはデカルトの新しい見解によって根本的な改変を被っているからである。同様の意見を主張しているものとしては、G・クルーガー〔Krüger〕の素晴らしい論文 *Die Herkunft des philosophischen Selbstbewusstseins*, in : *Logos*, t. 22, 1933, pp. 225-272、ならびにパスカル〔Pascal〕の『幾何学的精神について』（J・シュヴァリエ〔Chevalier〕

編『全集〔*Œuvres complètes*〕』パリ、1954年、〔原文〕600頁〔邦訳、ブレーズ・パスカル（支倉崇晴訳）『メナール版パスカル全集』第1巻所収、白水社〕）を参照されたい。

(114) この点については、〔デカルト哲学と〕ヤコポ・アコンチオ〔Jacopo Aconcio, 1492 – c.1566〕の小著『方法について〔*De Methodo*〕』〔1558年〕および『悪魔の策略〔*Stratagemata Satanæ*〕』〔1565年〕の関係を考察する機会があるだろう。『方法について』は、デカルトの方法論上のテクストと同時代の資料を分析するなかで簡単に触れることになるだろう。ここではむしろ、宗教改革期に市民と聖職者が行なった論争で用いられた方法的懐疑を発端とする、探究の理論化の意義を強調しておくのがよいだろう。『悪魔の策略』を一読すれば確かめられるように、方法的懐疑の効用は、良心〔coscienza〕の確実性を根拠とする信仰と宗教的実践の重要性の名のもとに闘わされてきた神学上の論争における幾つかの難問を解きほぐすことである。アコンチオはこのように述べつつ、キリスト教的告白の普遍的有効性を概説するまでに至る。懐疑と方法的探究に与えられたこのような規定と役割は、デカルトの議論と何ら関係のないことは明らかである。『方法について』と同様に『悪魔の策略』もまたオランダで、とりわけデカルトの滞在時に広く読まれていたことには注意しなければならない。『悪魔の策略』は、とりわけアルミニウス派、オランダ改革派教会に所属していたアルミニウス主義者〔rimostranti〕、和協神学者〔irenici〕（とりわけコメニウス）によって、各派の論争のなかで活用された（〔邦語では『ブリュッセルのアンドレアス・ヴェサリウス』（坂井建雄訳、エルゼビア・サイエンスミクス）を読むことができる米国の著名な医学史家〕チャールズ・D・オマリー〔Charles D. O'Malley〕のイタリア語訳された著作 *Jacopo Aconcio*（ローマ、1955年）のとりわけ〔原文〕199頁以下を参照されたい）。この論点全般については、ジャコモ・アコンチオ〔アコンチオの名はヤコポの他にジャコモ（Giacomo）とも表記される〕の著作の校訂版である *De Methodo e opuscoli religiosi e filosofici*, Firenze, 1944 と、*Stratagematum Satanæ libri VIII*, Firenze, 1946 へのG・ラデッティ〔Radetti〕による「序文〔*Introduzione*〕」のなかで提示されたきわめて公平な評価を参照されたい。

(115) とりわけ『自己犠牲論〔*Discours sur l'abnégation*〕』のなかで、神秘主義的な疑念を批判的な懐疑へ仕立て直すことに始まり、禁欲的な〔ascetico〕手段を肯定することへと向かうベリュールの思想がたどった道筋については、すでに〔本章注18で〕言及したJ・ダジャンの著作 *Bérulle* の〔原文〕133頁から149頁までを参照されたい。

(116) とりわけ、前掲したポプキンの著書 *The History of Scepticism* の〔原文〕175頁から196頁、197頁から217頁〔邦訳、ポプキン前掲書（本章注32参照）、222頁から248頁、249頁から277頁〕を参照されたい。ポプキンによればデカルトは、理性批判から実際に解放されることの妥当性を否定しつつも、その代わりに形而上学上の新たな教義学を目指す限りで、「懐疑主義の克服者」と見なされる。これに対して懐疑主義は、学知の可能性の基礎づけという実利上の地平において機能し続ける。

(117) したがって、『方法序説』に先立つ著作の公刊をデカルトが断念したのは、かれがわたしたちにそう信じさせることのたびたびあったように外在的原因によるのではない（1637年頃については、AT版第1巻〔原文〕368頁と370頁に収録されている書簡〔最新のデカルト研究によれば1637年5月だが、ネグリが参照しているAT旧版では同年4月27日付かとされているメルセンヌ宛書簡と、やはり最新のデカルト研究によれば1637年5月だが、ネグリが参照しているAT旧版では同年4月27日付かとされている某氏宛書簡〕を参照されたい)。

(118)『精神指導の規則』と『方法序説』の連続性を強調することは、認識論的問題に関するその他の解釈の潮流とともに、新カント派にとりわけ特徴的なことである。このような立場は、すでに〔第1章注101で〕言及したE・カッシーラーの *Leibniz' System* の諸所で非常に巧みにまとめられている。

(119) アコンチオの『方法について』とデカルトの『方法序説』のあいだに見られる、注目すべき題名の一致については、特別に強調されてきた。つまり、アコンチオの場合は『方法について、つまり技芸と学問を探究し伝達するうえで正しく推論することについて〔*De Methodo hoc est de recta investigandarum tradendarumque artium ac scientiarum ratione*〕』であり、デカルトの場合は〔死後1656年に刊行されたラテン語訳の表題で言えば〕『各人の理性を正しく働かせ、学問における真理を探究するための方法に関する論考〔*Dissertatio de methodo recte regendæ rationis, et veritatis in scientiis investigandæ*〕』である。前掲したE・ドゥニソフの論文 *Les étapes de la rédaction* は、「両者の文言に認められる類似は際立っている。『方法序説』の〔略称ではない〕題名がアコンチオの〔著作の〕題名からとられたことは疑いようがない」(〔原文〕271頁〔第1章注117参照〕）という主張でもって両者の比較を結論づけている。より慎重な立場からこの主張に賛同するのは、前掲〔本章注100〕したJ・レールの論文 *L'influence de Descartes sur la philosophie anglaise*, pp. 229-230とR・ジャカン〔Jacquin〕の論文 *Le titre du 'Discours de la méthode' est-il emprunté ?*, in : *Recherches de science religieuse*, t. 26, 1952, pp. 142-145である。1641年8月以降にヒュブナー〔Hübner〕からメルセンヌに宛てられた書簡のなかで（AT III 438-439)、すでに2冊の方法論の題名が結びつけられている。アコンチオの小著がデカルトに与えた影響を肯定的に見る他の理由としては、〔『方法序説』を1637年に出版することになるライデンの出版人〕ヤン・マイレ〔Jan Maire〕の手によりこの小著が1617年に再販されたことで――よく知られていた『悪魔の策略〔*Stratagemata*〕』と並んで――オランダにおいて再び読まれるようになったということが挙げられる。この点を認めたとしても、わたしたちに言わせれば、アコンチオの小著がデカルトの『方法序説』に与えた影響は、題名だけに限定されると思われる。G・ラデッティ〔Radetti〕が「序文〔*Introduzione*〕」のなかで指摘しているように（〔原文〕38頁以下)、アコンチオによれば認識作用は「正しい理性〔*ratio recta*〕」に依拠するのだが、この理性は要請以上のことを意味するものではないし、この理性とスコラ的伝統との関係は不明瞭なままである。（これとは反対の立場をとるものとしては、すでに〔本章注114で〕言及したチャールズ・D・オマリーの著作 *Jacopo Aconcio* の〔原文〕120頁以下を参照されたい。それによれば、より具体的な影響関係の幾つか――とりわけ真理を保証する諸規則に関して――は排除されない。）

(120) AT VI 4〔『方法序説』第1部〕より。

(121) モンテーニュ『エセー』第3巻9章（すでに〔第1章注25で〕参照した『全集』の〔原文〕958頁）。

(122) すでに〔本章注32で〕言及したR・H・ポプキンの著作 *The History of Scepticism* の〔原文〕44頁から56頁までを参照のこと〔邦訳、ポプキン前掲書〕。

(123) すでに言及したG・コーエンの著作 *Écrivains français en Hollande*〔第1章注31〕の〔原文〕417頁から418頁まで、E・ジルソン『注解』〔第1章注4〕の〔原文〕98頁、H・グイエの *Essais*〔第1章注166〕の〔原文〕13頁、20頁から22頁まで、25頁を参照のこと。わたしたちが考察している時代に『エセー』が大変な成功をおさめたことは、ここで注意しておかなければならない。前掲〔本章注32〕したH・ビュソンの著作 *De Charron à Pascal* の〔原文〕177頁以下（ビュソンは、モンテーニュが成功を見せ始めたのは1635年からだとしているが、1600年から1630年の間に『エセー』はすでに約35回ほど増刷された――〔第1章注65で〕言及済みのH・グイエの著作 *La pensée religieuse de Descartes* の〔原文〕281頁を参照せよ）、A・M・ボアーズ〔Boase〕の著作 *The Fortunes of Montaigne : A History of the* Essays *in France, 1580–1669*, London, 1935、M・ドレアノ〔Dreano〕の著作 *La pensée religieuse de Montaigne*, Paris, 1936、E・マルキュ〔Marcu〕の著作 *Répertoire des idées de Montaigne*, Genève, 1965を参照されたい。

(124) わたしたちがここで論じているのは、1920年に出版された *Theorie des Romans*〔邦訳、ジェルジ・ルカーチ（原田義人・佐々木基一訳）『小説の理論』ちくま学芸文庫〕のなかでジェルジ・ルカーチがそれについて述べている意味における小説、つまり〈教養小説〔*Bildungsroman*〕〉である。L・ゴルドマン〔Goldmann〕の著作 *Pour une sociologie du roman*, Paris, 1964の〔原文〕15頁以下〔邦訳、リュシアン・ゴルドマン（川俣晃自訳）『小説社会学』合同出版〕も参照されたい。わたしたちは、ゴルドマンの著作から仮の定義を借りてきている。

(125) AT I 339より。

(126) すでに〔第1章注117で〕参照したE・ドゥニソフの論文 *Les étapes de la rédaction* の〔原文〕261頁によれば、『普遍学〔*Science universelle*〕の計画』という題名はベイコン『学問の尊厳と進歩について〔*De dignitate et augmentis scientiarum*〕』（前掲〔第1章注25参照〕した〔編者たちによる〕『著作集』第2巻、〔ボストン、1860年–1872年、原文〕253頁）から直接に借りてこられた。

(127) AT I 349〔1637年3月のメルセンヌ宛書簡〕より。

(128) AT VI 1〔『方法序説』表題〕。
(129) AT VI 1〔『方法序説』第1部〕より。
(130) AT VI 2〔『方法序説』第1部〕より。同様の議論は、リシュリュー枢機卿『政治遺訓〔*Testament politique*〕』(L・アンドレ〔André〕編、パリ、1947年、〔原文〕249頁)にも見出される。
(131)「偉大な魂ほど、最大の美徳とともに、最大の悪徳をも産み出す力がある。また、きわめてゆっくりと歩む人でも、つねにまっすぐな道をたどるなら、走りながらも道をそれてしまう人よりも、はるかに前進することができる」(AT VI 2〔『方法序説』第1部〕)。
(132) デカルトが述べているところは真実であるのか否かは、長いあいだ議論されてきたが、文献学上の重要性は疑う余地がなく、哲学上の重要性は、あったとしても取るに足らない。この点については、前掲したG・セッバの *Bibliographia cartesiana*〔第1章注1参照〕における注とE・ジルソンの『注解』〔第1章注4参照〕の諸所で展開されている包括的な注釈を参照されたい。
(133) AT VI 4〔『方法序説』第1部〕より。この引用文については、前掲〔第1章注4〕したE・ジルソンの『注解』〔原文〕101頁から103頁を参照されたい。
(134) AT VI 9–10〔『方法序説』第1部〕より。
(135) AT VI 10〔『方法序説』第1部〕より。
(136) AT VI 10〔『方法序説』第1部〕より。
(137) AT VI 11〔『方法序説』第2部〕より。
(138) AT VI 11–12〔『方法序説』第2部〕を参照のこと。すでにわたしたちは、第1章において、この隠喩のルネサンス的な意味について強調するとともに、関連する文献を読者に指示した。ここでは、このルネサンス的主題がテクストのなかで実際にこの主題に訴えかける具体例を他にも列挙可能なほど〔デカルトにおいては〕はっきりしている、ということを強調しておくのがよい。たとえば、この建築術は、運命＝偶然〔fortuna〕にまかせるのではなく力量＝意志の力〔virtù〕によって実現される(AT VI 12の第1行目)。それは「思いのままに〔*à sa fantaisie*〕」に実現される(AT VI 11の第26行目。ラテン語訳では「*libere*〔自由に〕」となっている(AT VI 546))。それは、多くの人々が何世紀にもわたって携わってきた作品と比較するなら、個人による創造的な作品である(AT VI 12の第7行目)——それは、自由な創意であるとさえ言えるかもしれない。それだけでなく、このような創造的な作品がもたらす効用というのもまた、ルネサンスに典型的なものである。つまり、美と調和(AT VI 11の第19行目)、規則性(第26行目)等々であるが、これらの要素があたかも渾然一体となっているかのように流れこみ、無区別で全体的なものになっているのである。美学上の理想と社会的なイデオロギー、個人的な自由と集団の発展、これらはみな一体となり、相互に補強しあう関係におかれるのである。
(139) AT VI 12〔『方法序説』第2部〕を参照のこと。この点については、前注で指摘した点を幾つか繰り返すことができるだろう。しかし、デカルトの政治思想をより主題的に扱うときにこの論点には戻ってくることにしよう。
(140) AT VI 12-13〔『方法序説』第2部〕を参照のこと。学校教育という主題に関する人文主義の議論については、E・ガレンの著作 *L'educazione in Europa (1400-1600)*, Bari, 1957〔邦訳、エウジェニオ・ガレン（近藤恒一訳）『ルネサンスの教育——人間と学芸との革新』知泉書館〕を参照されたい。
(141) AT VI 13-14〔『方法序説』第2部〕を参照のこと。人文主義の仮説の拒絶は、きわめて明確で、また容赦ないものである。このことについてデカルトは、これまで〔『方法序説』第2部で〕持ちだされてきた都市計画と建築、司法と国家、哲学と文化から改めて例を取り出しているが、それは、これらの領域において徹底的な変革（人文主義モデルに基づいた変革）を成し遂げようと望むことは「まことに不当なことだろう」〔『方法序説』第2部第2段落からの引用〕と強調しているように、このような変革を全面的に攻撃するためである。つまり、この人文主義の仮説は、単なるユートピアでしかないのだ。さらに加えるなら、とりわけ政治において人文主義の仮説は、単に実現不可能なユートピアであるのみならず、破壊的な企てでもある。ここにきて〔時代の精神的な〕危機という経験が、その政治的な特質において力強くはっきりと宣言されるのである。「公の事がらに関する、ほんのわずかな改革」においてさえ認められるさまざまな困難には「対応策がない」。「これら大規模な建造物〔公の組織のこと〕は、いったん倒されると、建て直すことはあまりに難しく、それどころか、揺すぶられて持ちこたえるということさえ難しく、その倒壊はまことに酷い結果をひきおこさざるを得ない」。したがって為す術はない。その家柄と階級のためにデカルトが耐えた〈法服貴族〔*robin*〕〉としての経験、つまり1500年代末のフランスの悲劇は、『方法序説』のこの箇所において十二分に描写されていると言えよう。デカルトの論法は〈ポリティーク派〔*politiques*〕〉のそれなのだ。したがって、各人を状況に合わせ、〔その状況に認められる〕不都合を低く見積もる習慣と慣行に恃んだほうがよいとされる。言い換えるなら、伝統的秩序に認められる不正義のほうが、これを変革しようとして危険を冒すよりもましなのである。デカルトの文章は「あの掻き回し好きで落ち着きのない気質をわたしは容認することができない。このような連中は、生まれから言っても、運命の巡り合わせから言っても、公事をつかさどることを求められていないのに、いつも何かしら新しい改革を、頭《イデー》のなかで考えることをやめられないのだ」という文字通りの罵詈で終わっている。この論点全般については、デカルトによる批判的考察、ならびにモンテーニュ、シャロン、そして1600年代の〈ポリティーク派〉の人々——なかでもリシュリュー——によるそれとのあいだに見られる根本的な類似と語彙上の幾つかの一致を確認しつつ、本書第3章第1節で再論するつもりである。
(142) AT VI 17〔『方法序説』第2部〕より。
(143) AT VI 16-17〔『方法序説』第2部〕より。

(144) AT VI 17-18〔『方法序説』第2部〕を参照のこと。前掲〔第1章注4〕したE・ジルソンの『注解』〔原文〕187頁から196頁までの浩瀚な注釈を参照されたい。

(145) AT VI 18-20〔『方法序説』第2部〕を参照のこと。これに対立する見解としては、前掲〔第1章注4〕したジルソンの『注解』〔原文〕197頁から214頁まで参照されたい。

(146) この点に関しては、ゲッティンゲン版『ビュルマンとの対話〔*Entretien avec Burman*〕』(C・アダン編、パリ、1937年、〔原文〕120頁から125頁)におけるデカルト自身の注釈を参照されたい。

(147)『幾何学』のフランス語版は、AT版第6巻〔原文〕367頁から485頁に収録されている。『幾何学』で用いられた方法は卓越したものであると述べるデカルトその人の発言については、AT I 340〔1636年3月のメルセンヌ宛書簡〕、458〔最新のデカルト研究によれば1638年2月22日付ドリエンヌ宛書簡だが、ネグリが参照しているAT旧版では1637年10月の某氏宛とされている書簡〕、477-481〔1637年12月末のメルセンヌ宛書簡〕を参照されたい。『幾何学』の執筆に関して、E・ドゥニソフは、すでに〔第1章注117で〕参照したその論文*Les étapes*(〔原文〕262頁)において、この点に関するデカルトの発言(「これは、わたしの『気象学』が印刷されているときにようやく執筆されたも同然の論考であり、しかも、その一部は、そのときに考案されたのです」)は実際とは違うと考えている。その一方でドゥニソフは、この発言には、パリの幾何学者に対するデカルト特有の横柄な態度が示されていると主張する。この種の議論は、もしより重要な問題、つまりこの『幾何学』で示されている幾何学上の概念の特質に関するものでなければ、あまり価値はないだろう。なるほど『幾何学』の執筆時期を〔『気象学』よりも〕前だとすることで、形而上学的手法を『幾何学』〔の読解に〕適用する——たとえば(注145を参照せよ)、E・ジルソンはそうすることに同意していないわけではない——のがいっそう容易くなるかもしれない。〔しかし〕実のところ、G・ガドッフルが前掲〔第1章注191〕の論文*Sur la chronologie*で的確に主張しているように、『幾何学』の執筆時期を〔『気象学』よりも〕後だとすることは、この著作の内在的な特徴により合致していると思われる。確かに、非常に異質な形而上学的枠組みのもとでデカルトがその知的活動の初期から取り組んできた数多くの幾何学上の諸問題がこの著作のなかには集められているが(パッポスの問題に関する解答を想起すれば十分だろう(AT VI 380以下〔『幾何学』第1巻〕))、この著作においてこれらの問題は「真なる方法」の光のもとで新たに設定し直されているのである。逆に言えば、『方法序説』第2部〔で列挙される方法の諸規則〕が『幾何学』への序文として見なされるのであれば(ちなみに、この点についてドゥニソフとガドッフルは同様の主張をしている)、『幾何学』と『方法序説』第2部は一緒に読まれるべきである。というのも、それぞれの著作の企てに骨組みを与える哲学的地平は同じだからである。『方法序説』とそれに付された試論とからなる複雑な実態がデカルトの現在の問題へのひとつの統一的な解答をなすのは、まさしくこの哲学的な地平においてなのである。

(148) AT X 297-308〔『数学摘要』(邦訳、デカルト前掲書(第1章注18)、188頁から196頁)〕を参照のこと。

(149) 本書第1章を参照されたい。さらに、徳に関する純粋な観念に基礎づけられた科学的道徳の可能性について『精神指導の規則』〔第4規則〕(AT X 376)で述べられているところも参照されたい。

(150) E・ジルソン『注解』〔第1章注4参照〕の〔原文〕81頁。方法のもとに道徳を基礎づけようとする試みは、『方法序説』冒頭に掲げられた梗概(AT VI 1)のなかでデカルト自身によって表明されている。

(151) おそらく時系列的に先立つのではなく。というのも、『方法序説』が検閲官を逆なでしないように組み立てられるために、デカルトは第3部を1637年2月頃に執筆したという仮説は、すでにガドッフルによってきわめて的確な仕方で、ならびに、いささか単純化のきらいがあるがドゥニソフによって、それぞれ提示されているから。

(152) これらの主題、ならびに「備えとしての」道徳の格律については、本書第3章第1節で再論するつもりである。とはいえ、さしあたりAT VI 22、29-30〔以上、『方法序説』第3部〕を参照されたい。

(153) AT VI 27〔『方法序説』第3部〕より。

(154) AT VI 43〔『方法序説』第5部〕を参照のこと。『方法序説』に先立ってデカルトが実体的形相を批判した『世界論』の箇所については、前掲〔第1章注4〕したE・ジルソンの『注解』〔原文〕384頁を参照されたい〔実体的形相とは、事物《もの》の成り立ちを形相と質料の二つの観点から捉える存在論において、その独立性と能動性が積極的かつ肯定的に認められた限りでの形相のこと。つまり、それ自身がまず実体的に存在し、ついで、形状や意味の定まっていない後者を「形相づける」ものとして捉えられた限りでのそれである。このような捉え方を強調すれば、物質から独立した魂や精神に固有な実在性を認める観念論的立場が導き出される。デカルト以降の近代的自然観において、実体的形相という考えは斥けられる〕。

(155) 連続創造説については、たとえばAT VI 45〔『方法序説』第5部〕(E・ジルソン『注解』〔第1章注4〕の〔原文〕390頁から393頁まで参照されたい)。自然を懐疑にかけることの言わば逆説《パラドックス》が、連続創造説によって現勢化してしまうことを強調しておくのがよい。したがって、自然は同時に在りかつ在らぬということ、同時に或るものでありかつ無であるということ——このような自然の全面的な偶然性は、〔神の〕意志が現勢化することによってのみ、必然性を獲得することになる。〔連続創造説をまえに〕実在性の喪失はその極地に到達し、魔法をかけられた世界像が完成する。さらに付け加えるなら、連続創造説は、スコラ的なものの考え方にもルネサンス的なものの考え方にも——こちらにはいっそう——対立することが強調されるべきである。他の例としては、たとえばAT VI 55-56〔『方法序説』第5

部〕を（前掲〔第1章注4参照〕したE・ジルソンの『注解』〔原文〕420頁以下も）参照されたい。そこでは、自然の脆弱さが或る種の自動機械的な存在へと読み替えられている。自然は与えられたものではなく、作られたものである。その実在性は人為的なものなのだ。『方法序説』第5部から引用したこれら二つの事例は、実在性を喪失した自然像に関するものである。これらの事例だけでは限定的かもしれないが、前述してきたような仕方で解釈してこそ統一的につかみとることのできる一連の事象のうち、それらは極端な事例をなすのである。

(156) この意味で、『方法序説』第5部の冒頭は、完全に矛盾しているわけではないが、少なくとも曖昧である。「わたしはさらに話を続けて、これら第一の真理からわたしが演繹した他の真理の連鎖をすべてここでお見せしたいのである」(AT VI 40)。実際に、必然性と結びついた真理と存在の次元にこうして改めて訴えかけること、このようなルネサンス期の稠密《コンパッタ》な存在論を生き返らせること、以上のことは〔『方法序説』第4部で〕懐疑の存在論的構造の発見を経て世界の脱-実在化の過程を描いた後ではいささか奇妙に映るかもしれない。しかも、それは単なる言葉遣いの問題なのではない。『方法序説』第5部には、ルネサンス的なものの考え方が残存していることを示す箇所が立て続けに見られるのである。幾つかの具体例を挙げるにとどめるなら、たとえば〈種子〔*semina*〕〉の理論が新しい形式のもとで再登場している（「幾つかの法則が（中略）自然のうちに設定され（後略）」(AT VI 41) と述べられているように、ここには〔種子の理論の〕きわめて力強い表現が見出される。この点に関しては、前掲〔第1章注4参照〕したE・ジルソンの『注解』〔原文〕372頁から374頁〔の注釈〕がきわめて優れている)。また、光の理論（AT VI 42、光という主題は、デカルト的機械論のうちに自然主義的なものの考え方が運び入れたトロイの木馬〔正体を偽って潜入し、破壊工作を行なう者の喩え〕以外の何ものでもない。E・ジルソン『注解』〔第1章注4〕の〔原文〕375頁から376頁まで参照せよ）が称揚されている。そして最後に再び、熱の形而上学を持ち上げるためにハーヴェイの血液循環説が攻撃——デカルトの攻撃はまったくの的外れであることは知られている——されている（AT VI 48、E・ジルソン『注解』〔第1章注4参照〕の〔原文〕400頁以下を参照せよ）。

(157) これは、ジルベール・ガドッフルの決定的な研究がもたらした貴重な成果である。それは、この論点の詳細をめぐるドゥニソフの批判と補足の両方に関係なく、または批判か補足のどちらかに関係なく、そう言えるものである。F・アルキエは、すでに〔第1章注53で〕参照したその著作 *La découverte métaphysique de l'homme chez Descartes* の〔原文〕134頁から158頁にかけて、さまざまな論点をまとめあげる素晴らしい能力を発揮しながら、『方法序説』がいかに複雑な性格をそなえていて、かつ曖昧なところがあるかを強調している。その一方でH・グイエはと言えば、すでに〔第1章注166で〕参照したその著作 *Essais*（〔原文〕56頁）において「仮面を脱ぎ去った哲学者〔*philosophe sans masque*〕」の作品があらゆる点でどれほどまでに統一がとれ、かつ一貫したものであるか、この点については言及せずに、「『方法序説』は、満ち足りた哲学者の作品である。すなわち、自らの哲学に満足し、その哲学によってつねに確証される方法に満足した哲学者の」と書いている〔邦訳、グイエ前掲書（本書第1章注166参照）、49頁、訳文は改変〕。最後に、C・ラスカリス・コムネノ〔Láscaris Comneno〕の論文 *Análisis del Discurso del método*, in : *Revista de Filosofia*, t. 14, 1955, pp. 293–351 も参照されたい。

(158) AT VI 61–63〔『方法序説』第6部〕より。

(159) AT VI 62〔『方法序説』第6部〕より。

(160)『ビュルマンとの対話』（前掲〔本章注146〕したアダン校訂版〔原文〕127頁）、AT V 179 より。

(161) AT VI 63〔『方法序説』第6部〕より。

(162) AT VI 63–65〔『方法序説』第6部〕を参照のこと。

(163) A・コイレは、この点をその論文 *Entretiens sur Descartes*, in *Introduction à la lecture de Platon*, Paris, 1962 のとりわけ〔原文〕184頁以下で明確に見てとっている。デカルトのおかれた状況、つまり、デカルト自身によって経験された深刻な危機を見てとることで、コイレによれば、その後の思想に生じた転向をひきおこす条件が理解されるのである。つまり、無限なものが知性に及ぼす抑圧から「無限なものの知性による発見」へと転向することである。したがって危機というこの契機は重要である。この危機を通じてのみ世界を再発見する本当の可能性が開かれ得るからだ。危機という契機、ならびにデカルト思想の発展にとってこの契機が不可欠であったことを捉え損ねた解釈は、正しい解釈へと到達する可能性を自ら閉ざしてしまったのである。『方法序説』第6部を持ち上げることは、デカルト研究における共通見解となっているが——右派（グイエ）も左派（ルロワ）も同じ見解なのである——、そうしてしまっては、おそらくデカルトの思索のなかでもっとも印象的な瞬間のひとつを単調なものにしてしまうのである。第6部は、希望を表明すると同時に危機を宣言してもいるのだ。そうでないとしたら、第6部は単なる修辞的な駄弁にすぎないだろう！　第4部への批判的な導入として機能しているのである。そうでなければ、第6部は「幸福な生について〔*de vita beata*〕」の懇願にすぎないだろう！

(164) AT VI 32〔『方法序説』第4部〕より。前掲〔第1章注4〕したE・ジルソンの『注解』〔原文〕287頁から292頁まで参照されたい。アルキエは自身が編集したデカルトの前掲〔第1章注77〕『哲学的著作集』第1巻の〔原文〕602頁から603頁に付した脚注〔2〕のなかで——すでに〔第1章注53で〕参照したその著作 *La découverte métaphysique de l'homme* よりもおそらくその傾向が強いと思われるが——、デカルト的懐疑は存在論的次元よりも科学的次元において展開されているという点を強調している。そうすることでアルキエは、『省察』という最終的に極端な仕方で推し進められる形而上学的主題への手ほどきとして『方法序説』を見なすことがほぼ可能であるという見解へ導かれることになった。率直に言ってこのような見解は、デカルトの文言と突き合わせてみれば、わたしたちには支持しがたい。

(165) この文の全体は、「このようにすべてを偽と考えようとするあいだも、そう考えているこのわたしは必然的に何ものか〔quelque chose〕でなければならない」となっている（AT VI 32〔『方法序説』第4部〕とE・ジルソンの『注解』〔第1章注4〕の〔原文〕292頁から301頁まで参照せよ）。この文の全体を引用することは重要である。なぜなら、「事物《もの》〔chose〕」とか「何ものか〔quelque chose〕」ということで、「わたし」は存在との有機的で決定的な、曖昧なところのない結びつきを表現することになるからだ。アルキエのような立場――『省察』のなかで「わたし」が示す覚醒した存在論的意識〔coscienza ontologica sviluppata〕だけに気を取られる――は、このたったひとつの単語〔「事物」や「何ものか」〕を前に崩れさる。言うまでもなく、「わたし」の存在論的発見から完全に切り離されるような「わたし」のイデオロギー的意識〔coscienza ideologica〕がすでにここで獲得されているというわけではない。社会学的な観点から言えば、市民《ブルジョア》としての「わたし」という意識は、ここではいまだ自律〔autonomia〕の意識を示しているにすぎず、組織体〔organizzazione〕としての意識は十分に示されていないと言うことができるだろう――そして、それはその通りだ。しかしながら、質的な跳躍は成し遂げられており、十分に練り上げられた哲学はその姿を現し、イデオロギー的な道筋は立てられている。「〔大文字の〕わたし」を肯定することのうちには、市民《ブルジョア》的思考の歴史において確かに独創的で革新的な原動力――なるほどそれは未発動だが（『省察』に照らして）――に対する最初の評価が含まれているのだ。

(166) AT VI 32-33〔『方法序説』第4部〕と前掲〔第1章注4〕したE・ジルソンの『注解』〔原文〕301頁から312頁まで参照のこと。もし世界が非実在的なものなら、身体もまたそうだということになる。思惟作用がその支えとして発見した存在は、全面的に自律したものである。『方法序説』における「わたしは考える、ゆえにわたしは存在する」という文言は、科学に関する言説という役割を（懐疑主義に抗して）果たしているのであって、存在に対する反省というそれを果たしているのではないと主張する論者、しかもそのように主張するために、身体、つまり実在の肯定のうちに見出される身体性が排除されていることに利点を見出そうとする論者に対して筆戦をさらに掘り下げるのは無駄ではないだろう。しかし、デカルトの取り組みのまさしく存在論的な価値は、思惟作用の自律性をそもそも肯定することのうちに見出されるのではないか。思惟作用は存在であるということ、それが存在論的現実であるということは、まさしく〔思惟作用は〕自己以外には何ら助けを必要としないという限りにおいてである。

(167) AT VI 33-36〔『方法序説』第4部〕と前掲〔第1章注4〕したE・ジルソンの『注解』〔原文〕314頁から342頁まで参照のこと。わたしたちがここで論じているのは、神の伝統的な存在証明のひとつとは関係のない次元であることは明らかである。この証明の手続きの全体は――〔「第5省察」における〕存在論的証明の場合と同じく、この〔「第3省察」における〕最初の証明の場合は――、精神の自律性としての存在、つまり、現実世界からは独立しつつこれを基礎づけるものとしての存在――これは伝統的な存在概念とほとんど関係がない――という概念的把握のもとでなされる。少なくともこの点において、古典的な観念論者のデカルト解釈は的確であったと言える。周知のように、懐疑から神の存在証明へという流れはかれらによってこれまで重点的に分析されてきた論点のひとつなのである。前掲〔本章注 37〕したM・ハグマンの著作 *Descartes in der Auffassung* の〔原文〕88 頁から 110 頁を参照されたい。また、前掲〔第 1 章注 62〕した *Congrès Descartes. Études cartésiennes* の第 3 巻に所収のF・メディクス〔Medicus〕、J・シュヴァルツ〔Schwarz〕、そしてA・ゲーレン〔Gehlen〕による論考も参照されたい。

(168) AT VI 33〔『方法序説』第 4 部〕より。

(169) AT VI 36〔『方法序説』第 4 部〕を参照のこと。この点に関するE・ジルソンの注解は素晴らしい（『注解』〔第 1 章注 4〕の〔原文〕342 頁から 354 頁まで参照せよ）。

(170) 議論を中途半端なままにしないために、本章第 5 節の議論の出発点であったモンテーニュとデカルトの関係に立ち返り、両者の関係を強く規定している理論的違いの核心をここで解明して本章の締めくくりとすることはおそらく無駄ではない。デカルトの「〔大文字の〕わたし」が存在論的に徹底されたものであるという評価からまさに出発して、両者を厳密に区別する論者が存在する。〔邦語では『パスカル「パンセ」序説』（由木康ほか訳、長崎書店）などを読むことができるフランスの哲学者レオン・〕ブランシュヴィック〔Léon Brunschvicg〕の著作 *Descartes et Pascal lecteurs de Montaigne*, Neuchâtel, 1945 の〔原文〕95 頁以下（ピュロン主義はモンテーニュに固有な領域であるのに対して、デカルトはそれを切り抜け、その結果ピュロン主義に対立することになる）、すでに〔本章注 163 で〕言及したA・コイレの著作 *Entretiens*（〔原文〕175 頁以下（「『エセー』は断念することについての論考である」））、そしてやはり〔第 1 章注 66 で〕言及済みのG・ヴァイゼの著作 *L'ideale eroico* の第 2 巻〔原文〕60 頁から 70 頁（「デカルトは敗者の物語に勝者のそれを対立させた」）において擁護された立場を参照されたい。このような立場は、わたしたちに言わせれば誤っている。というのも、前掲〔第 1 章注 9〕したM・ゲルーが強調しているように（*Descartes selon l'ordre des raisons* の第 2 巻〔原文〕237 頁ならびに諸所）、モンテーニュをデカルトから分つのは、両者のそれぞれに認められる同種の問題に対して両者が施した処理の違い――学知と智慧の連関という人文主義的な理想を肯定的に評価しようとする試みに失敗したか成功したか――というよりも、それぞれの探究が行なわれた領野〔terreno〕の違いだからだ。したがって、モンテーニュをデカルトの先駆者として論じるべきではない――たとえ弁証法的な関係にある先駆者としてでも。デカルトのなしとげた刷新は、モンテーニュよりも優れているというのではなく、モンテーニュとは異質なのである。

第３章　政治学なのか、あるいは分別のあるイデオロギーなのか

(1) 前掲〔第1章注39〕したR・ルノーブルの著作 *Mersenne*（〔原文〕64頁）。
(2) 第2章第5節を参照されたい。
(3) 少なくとも『方法序説』について、このような説が十分な説得力をもって提示され、かつ、主張されたのは、〔邦語では『數學思想史――數學者の科學的理想』（河野伊三郎訳、岩波書店）を読むことができるフランスの数学者・科学史家〕ピエール・レオン・ブートルー〔Pierre Léon Boutroux〕の今や古典的な研究（*L'imagination et les mathématiques selon Descartes*, Paris, 1900）においてである。このようなブートルーの主張に対して、一方でJ・O・フレッケンシュタイン〔Fleckenstein〕が論文 *Descartes und die exakten Wissenschaften des Barock*, in : *Forschungen und Fortschritte*, t. 30, 1956, pp. 116–121 において、デカルトの幾何学はもはや一種の物理学〔fisica〕であるとしてデカルト幾何学の存在論としての直接的な〔immediata〕価値を主張した。他方でジュール・ヴィユマン〔Jules Vuillemin〕は *Mathématiques et métaphysique chez Descartes*, Paris, 1960 においてゲルーの主張にしたがいつつ、現実の秩序が理論的な諸根拠の秩序に包摂されていることをはっきりと主張し、そうすることで幾何学に哲学的な実在〔ente〕の性格を与える。さらにここで付け加えておくべきは、後に改めて検討するように、デカルトには自然を幾何学化するという試み、あるいは知性的形式を現実のものとする試みがあるとしばしば言われることである。しかし、わたしたちに言わせれば〔このような発言に含まれる〕誤りは、これらの二つの観点をたがいに排他的なものと見なすこと、言い換えるなら、つねに姿を変えるモザイク――そこでは我《われ》-世界の関係性をめぐる問題のさまざまな論点をいくども考案しなおすことが目指される――を構成する小片としてこれらの観点を見なすことができていないこと、この点にある。つまりわたしが言いたいのは、ここでの誤りは、科学的〔学知的〕観点あるいは形式的観点を現実化することを目指す或る種の緊張状態を現実のものと見なすことよりも、この緊張状態を閉じたものと見なしてしまい、その結果、つねに開かれた問題設定プロセスの変数とは見なさないことのほうなのだ。最終的には、この我-世界の関係性をめぐる問題こそがデカルトの関心を特にひいたのである。わたしたちのこの主張を擁護するものと思われるのは、〔邦語では『カント「純粋理性批判」註解』（山本冬樹訳、行路社）を読むことができるイギリスの哲学者〕N・K・スミス〔Smith〕の著作 *New Studies in the Philosophy of Descartes. Descartes as Pioneer*, London–New York, 1952 である。この研究書は、多くの点で問題含みではあるが、デカルト思想に関する一枚岩的な捉え方、問題論的でない捉え方のいずれに対しても

厳しい「歴史学からの〔storiografico〕」攻撃を展開しているがゆえに、きわめて刺戟的なものとなっている。

(4) 反対に、J・ヴィユマンの論文 *Sur les propriétés formelles et matérielles de l'ordre cartésien des raisons*, in : *Études d'histoire de la philosophie en hommage à M. Guéroult*, Paris, 1964, pp. 43–58 のなかでゲルーの説を掘り下げながら主張されているところによれば、さまざまな根拠のデカルト的秩序〔順序〕が形式的秩序化(「幾つかの原初命題から演繹される命題の網目状の総体」として定義される秩序化)から区別されるのは、前者が「本質的に不可逆的であり、そして、原初命題が必然的に真として定立されたところで、原初命題が惹起する含意という関係性をもってしては、この原初命題から演繹された諸命題を原初命題に相当するものとして見なすことはできず、また、この秩序を反転させることもできないからである。つまりデカルトは、この秩序を絶対的と見なした」。ここでは、たとえヴィユマンの言うことが正しいはずだとしても——そう仮定することは必ずしも正しいわけではないのだが（少なくとも〔ヴィユマンの主張する〕このような絶対的に硬直した見方をしては）——、それは決定打ではないと指摘すれば事足りるだろう。根拠の秩序における不可逆性は、いかなる意味においてもその存在論的な実質〔sostanzialità〕を証左するものではない。確実な真理に基づいているとはいえ、世界はいまだ夢かもしれない〔つまり存在していないかもしれない〕のだ！　ようするにヴィユマンの仮説は、欺く神〔*Dieu trompeur*〕に直面すると崩れてしまうのである。

(5) AT VI 22–23〔『方法序説』第 3 部〕より。

(6) AT VI 24〔『方法序説』第 3 部〕より。

(7) AT VI 25〔『方法序説』第 3 部〕より。暫定的道徳のいわゆる「第四格律」については、アルキエが自身の編纂したデカルトの前掲〔第 1 章注 77〕『哲学的著作集』第 1 巻〔原文〕597 頁脚注 1 で述べたことを参照されたい。それによれば、この格律は一般的な適用というよりも個別的な適用の観点から特徴づけられており、したがってそれは〔暫定的道徳から〕削除されることになる。

(8) この点に関して言うなら、策略〔戦術〕に関連する事がらについてデカルトが観察によって得たところが道徳格律には多く含められていることは典型的な事例である。たとえば、第一格律がそうであるのは、いっさいが「つねに同じ状態」にとどまるわけではないような状況にあって、動かしがたいものと見なされる宗教的誓約と世俗社会の契約をめぐる拒否-容認の策略〔戦術〕的機能をこの格律が果たしているからである。第二格律がそうであるのは、蓋然性が称揚されるからであり、また、「心弱く動かされやすい人々」が槍玉に挙げられているからである。この称賛と非難は、目下の政治責任をしっかりと引き受けるという枠組みのもとでなされるのだが、この枠組みは、第三格律においてストア派的主題が独自に再論されることで強固なものとなるのである。

(9)〔1630 年 4 月 15 日付メルセンヌ宛書簡においてデカルトが述べているように〕「(前略) ちょうど王がその国において法律を制定するように、自然においてこれらの法則を制定したのは神です。さて、その法則について、もしわたしたちの精神がそのものの考察に立ち向かうならば、わたしたちが理解し得ないようなものはこれといって特に何もありません。それらの法則は全て「われわれ精神に生得的」なのです。それはちょうど、王が自分の法律をすべての臣民の心に、もしそのような権力をも実際にもっているのであれば、刻み付けるだろうというのと同様です。逆に、わたしたちは神の偉大さを知ってはいますが、それを〔包括的な仕方で〕理解することはできません。しかし、わたしたちが神の偉大さを理解不可能なものだと判断すること、このこと自体がわたしたちに神の偉大さをさらに尊敬させることになるのです。それはちょうど、王は自分の臣下からあまり親しく知られていないときに、よりいっそう威厳をもつのと同じです。とはいえそれは、臣下が王なしでも自分たちは存在し得るとは考えず、王〔が存在していること〕を決して疑わない程度に王を知っている場合に限りますが。人はあなたに、もし神がそれらの真理を設定したなら、神はそれらを、ちょうど王が自分の法律に対して行なうように、変えることもできるだろう、と言うでしょう（後略）」（AT I 145）。またさらに、数多くある具体例からひとつ挙げるなら、「他者の習慣を規制しようなどという企ては、主権者《スヴラン》あるいは主権者に許可された者に限られている」（AT V 87〔1647 年 11 月 20 日付シャニュ宛書簡〕）。〔本文の引用文「王が欲するところ、そのように法が欲す 」は、フランスの聖職者・政治家のシュジェ（Suger, c. 1081–1151）に帰せられる。シュジェは、サン・ドニ修道院院長、ルイ 6 世の顧問官、ルイ 7 世の摂政を務め、国王直轄領と王室財政の管理に手腕を発揮し、カペー王権強大化の道を開いた。その後、当時のフランスの慣習法に関する格言集として名高いアントワーヌ・ロワゼル（Antoine Loisel, 1536–1617）著『慣習法提要（*Institutes coutumières*)』（1607 年）に少し形を変えて掲載されている。〕

（10） このことは宗教問題においても同様である。よく知られているように宗教問題は、市民的服従に関する決疑論の弱点（*punctum dolens*）をなしていた。そして、デカルトにおいても同様であったということは疑う余地がない。カトリックの王が支配していない国々においてかれに忠誠を誓うべきだと考えることが犯罪的であるように、そして聖職者がそうしているからといってこのような考えを提唱することが反乱的であるように（AT VII 584〔ディネ神父宛書簡（邦訳、デカルト前掲書（第 1 章注 169 ）、25 頁）〕。ということは、もし正統な主権者が認めるなら、宗派の異なる人物と接触をもつことは構わないことになる（AT VIII–B 206〔同上邦訳、205 頁〕）。絶対的な主権者への服従原理は、いずれにせよデカルトにおいて論争の対象とはならない。17 世紀の〈法服貴族〉は、この点を懐疑に付すということがなかったのである。（『ビュルマンとの対話』（前掲〔第 2 章注 146〕したアダン校訂版〔原文〕16 頁）のなかで、デカルトが知性–記憶–意味の関係を論じるにあたり、この関係を「R – E – X という言葉が至高の権力を意味していることを聞き、そのことを記憶に委ね（後略）」というように具体的に説明している点を指摘しておくことは興味深く、またきわめて重要である。）さらに、AT IV 489〔1646 年 9

月のエリザベト宛書簡〕を参照されたい。

(11) たとえば、AT I 145〔1630年4月15日付メルセンヌ宛書簡〕、同 III 353〔1641年4月21日付のメルセンヌを介してホッブズに宛てられた書簡だが、該当箇所を参照しても関連する記述は見出しがたく、なぜネグリがこの箇所を参照しているのかは不明〕、同 VI 12-14〔『方法序説』第2部〕を参照されたい。絶対王政についての隠喩《メタファー》はそれとは別に神性の定義として機能するとしても、B・グレトゥイゼン〔Groethuysen〕の著作（*Le origini dello spirito borghese in Francia*, I, trad. it., Torino, 1949〔邦訳、ベルンハルト・グレトゥイゼン（野沢協訳）『ブルジョワ精神の起源――教会とブルジョワジー』法政大学出版局〕）において論じられ、T・グレゴリー（すでに〔第2章注39で〕参照した著作 *Gassendi* の〔原文〕64頁から65頁まで）によってそのイメージが再び論じられもした「制定する神〔dio costituzionalista〕」（一定の規則に基づいて命令をくだす）というものにここではかかずらわないことは注意されてよい。

(12) 慣習〔usage〕だけが歴史を作り（AT VI 12以下〔『方法序説』第2部〕）、言語（AT I 125-126〔1630年3月4日付メルセンヌ宛書簡〕）、そして学知（AT IX-B 18〔『哲学の原理』「仏訳者への書簡」〕）を完成させる。主権者だけに、慣習に基づいて法律を集大成することが委ねられるのである（AT VI 14〔『方法序説』第2部〕、61〔同第6部〕、同 V 87〔1647年11月20日付シャニュ宛書簡〕）。

(13) AT IV 78〔1644年1月8日付のポロ宛書簡〕における隠喩の使用には皮肉がこめられているが、「クーデター〔*coup d'État*〕」という流儀に忠実ではある。AT V 232-233〔1648年10月のエリザベト宛書簡〕における素晴らしい隠喩も参照されたい。それは、船乗りの生とそれを待ち受けている困難（難破を含む）という隠喩なのだが、それは主権者たちの生とかれらが挑む冒険の偉大さを描写するためのものである。とはいえ、これらはきわめてわずかな例示にすぎない。この点は、後に再び取りあげる。さらに、マキァヴェッリズムを活用することが正当化されていて興味深いのは、AT VIII-B 367〔『掲貼文書への覚書』〕である。

(14)「〔ユトレヒト市参事会宛〕弁明書簡」（AT VIII-B 224）には、「国《くに》と帝国を維持するのは正義〔裁き〕しかないように、正義への愛から人類の祖先は、町を建設するために、洞窟と森林を離れたのだ。そして、正義のみが自由を与え、これを支えるのだ。反対に、あらゆる政治家が指摘しているところによれば、いつの時代も国の崩壊の原因であった放恣が生じるのは、まさしく罪人を罰せず、そして無実の人々に有罪判決をくだすことからである（後略）」〔邦訳、デカルト前掲書（第1章注169）、219頁、訳文は変更〕と書かれている。ここでの修辞的な物言いは、理由があってのことである。デカルトは、ヴォエティウスが発端となった論争において赦免を求めているのである。ここで〈政治的（politique）〉と呼ぶに相応しい主題に注目することは興味深い。つまり、自然状態から市民社会へ移行すること、国《くに》というものの崩壊について議論すること（この点に関する素晴らしいくだり（AT IV 438〔1646年6月15日付ウィレム宛書簡〕）も参照のこと）、そしてなかでも、平和を維持するために権力〔potere〕の機能として正義を理解すること（ユトレヒト市側の「抵抗〔*mutination*〕」と「ヴォエティウスの対抗心〔*esprit rebelle de Voetius*〕」に関するくだり（AT IV 27〔1643年10月21日付ポロ宛書簡〕）も参照のこと）、これらに言及されているからである。

(15) たとえば、AT III 156〔1640年8月17日付ウィレム宛書簡〕（スタンピウン〔Stampioen〕とワーセナール〔Waessenaer〕の論争〔前者の著作『代数学あるいは新方法（*Algebra ofte nieuwe stel-regel*）』（1639年）に含まれる誤りを後者がデカルトの『幾何学』に依拠して指摘したことに起因する論争〕に関わる問題について）、158-159（〔ネグリの使用しているAT旧版では1640年8月とだけされているが、最新のデカルト研究の成果によれば同年同月27日付のホイヘンス宛書簡で、『法学提要（*Institutiones*）』等の編纂を命じた〕ユスティニアヌス〔1世〕が参照されている）。法律に関してデカルトが行なった研究についておおよそのところは、すでに〔第1章注166で〕参照したH・グイエの著作*Essais*の〔原文〕253頁以下を参照されたい。デカルトの法哲学的な思索に関する基本文献については、前掲〔第1章注62〕した*Congrès Descartes. Études cartésiennes*の第3巻に所収のアレッサンドロ・レーヴィ〔Alessandro Levi〕の論文*L'influence de l'esprit cartésien dans le droit. Ses avantages et ses limites*, pp. 49-54、G・ゴネッラ〔Gonella〕の論文*Cartesio giurista*, in : *Rivista internazionale di filosofia del diritto*, t. 18, 1938, pp. 440-445、そしてV・ジョルジアンニ〔Giorgianni〕の論文*Ripercussioni filosofico-giuridiche dello studio delle passioni in Cartesio e Intuizioni giuspolitiche di Renato Descartes*, in : *Sophia*, t. 17, 1949, pp. 254-258 e 334-350を参照されたい。ここに挙げた研究者は、法哲学へのデカルトの貢献を低く見積もっているが、それは正しい。

(16) AT VI 6〔『方法序説』第1部〕より。またAT VI 8-9〔『方法序説』第1部〕、および前掲〔第1章注4〕したE・ジルソン『注解』（〔原文〕119頁から120頁まで、139頁）も参照されたい。

(17) ゲームの規則として法を理解することについては、AT IV 438〔1646年6月15日付ウィレム宛書簡〕を参照されたい。フェルマと論争を展開するなかで、きわめて懐疑論的な一連の隠喩《メタファー》が法をめぐってデカルトの書簡のなかに現れる。AT II 321、335〔以上、1638年8月23日付メルセンヌ宛書簡〕、378〔1638年9月12日付某氏（おそらくドボーヌ）宛書簡〕を参照されたい。通常の見方にしたがいつつ、法律家の手腕、法的な誓約など、ようするに法は、正義の道具としてではなく、混乱の道具として考察されている。

(18)「〔ユトレヒト市参事会宛〕弁明書簡」（AT VIII-B〔AT版第8巻の下巻〕）は、遵法精神を称揚する記念碑的作品であり、とりわけ、法的手続きと法律に関するデカルトのきわめて抜け目ない理解を示している。たとえば〔当時エフモントに居住していた〕デカルトは〔ユトレヒト市参事会宛弁明書簡のなかで〕、自分自身がユトレヒト判事の司法権の管轄外にあることについてあいかわらず議論している（AT VIII-B 214-215〔邦訳、デカルト前掲書（第1章注169）、211頁から212

頁〕)。ようするに、当時の法学に共通の枠組みに基づいて、自分自身の弁護を根拠づけている。自分の言い分の正しさの根拠と敵側の不正義を指摘しているのである(AT VIII–B 202–203〔同上邦訳、201 頁から 202 頁〕)。ヴォエティウスは、デカルトにおける「明らかな罪〔*crimen certum*〕」を法律の要請に応じて証左するというよりは、「当てにならないことをめぐって収拾がつかなくなっている〔*vagari in invertum*〕」のを露呈してしまっているのだから、報復されてもしかたなく、だからデカルトは、敵対者を相手取って名誉毀損の告発をする(AT VIII–B 255〔同上邦訳、241 頁、訳文は変更〕)。さらに、かれを擁護する国際法へ訴える(「弁明書簡」諸所)といった手段にでる。法律を遵守する者としての自覚ならびに〈法服貴族〉の慣習をはっきりと見てとることができるくだりがある。それは、法的手続きに訴える決定的瞬間が見られると同時に、法律に通暁した者らしいきわめて洗練された物言いが認められるくだりとして、たとえば次のものがそうだ。「推定が証拠に対立するような事態においては、何かを決定する前に、われわれには十分に注意深くあらねばならない理由があるのです。とはいえ、この件において証拠はきわめて明晰で確実でありますから(中略)、推定は反対のことを述べていたとしても、この証拠を信じないわけにはいかないのです。それに〔本当のところ〕推定は、証拠と完全に一致しているのです(後略)」(AT VIII–B 264〔同上邦訳、249 頁、訳文は変更〕)。デカルトの強い法意識を示すその他のくだりとしては、「というのも裁判官たち個人には、あるいは流血を、あるいは名誉を、あるいは財産を自分たちの敵対者に要求してもよいなどという権利はまったくないのです。かれらは自分たちに可能な限りそれらを利益のうちに含めないだけで十分であり、残るところかれらに関係があるのは、個人ではなく、ただ公の事がらだけであり、それ以外ではまったくないのです」(AT VIII–B 225〔同上邦訳、219 頁、訳文は変更〕)を参照されたい。同様の指摘はディネ神父宛書簡(AT VII 602〔同上邦訳、41 頁〕)にも見出される。

(19) デカルトが王の司法当局においては当然と見なされる厳格さに抗って公正さに明示的に言及しているのは、殺人のかどで訴えられた農民に寛大な措置をとるよう求めるべく、1646 年の終りと 1647 年の始めに有力な友人たちに送った一連の書簡においてである(AT V 262–267〔最新のデカルト研究によれば 1646 年 1 月付だが、ネグリが参照している AT 旧版では 1648 年かとされているホイヘンス宛書簡〕と同 X 613–617〔1647 年 1 月 5 日付ファン・ホーレスト宛書簡〕)。この問題については、すでに〔第 1 章注 31 で〕参照した G・コーエンの著作 *Écrivains français* の〔原文〕589 頁から 590 頁まで、ならびに前掲〔本章注 15 参照〕した V・ジョルジアンニの論文 *Ripercussioni* を参照されたい。正義の執行に際して重要な契機となるのは何か、この点にデカルトが示す強い関心が明らかになったとはいえ、しかし、自然法の思潮のうちにデカルトを含めることは率直に言って無理である。A・レーヴィ〔本章注 15 参照〕は、ビシャル・タバー〔Bishära Tabbākh〕の論考(*Du heurt à l'harmonie des droits*, Paris, 1936, pp. 67–102)に異論を唱えつつ、もしデカルトの思索と自然法学説のあいだに関係があるとしても、この両者の結びつきは、個人主義的なものの考え方の共通性にとどまり、ア・プリオリな方法論にまで影響を及ぼすものだとは思われないとしている。この点に関しては、出典をひとつ付け加えれば事足りるだろう。つまり、「精神が、その思惟する機能とは別の或る何かである本有的な観念を必要とするなどと、わたしが書いたことも、そう判断したことも決してない」(『掲貼文書への覚書』(AT VIII-B 357))。

(20) デカルトが政治の世界に関して、また社会の諸問題に関して示したこの見解のうちに認められる決定的な特徴を強調したのは、K・T・ブッテンベルク〔Buddeberg〕の論文 *Descartes und der politische Absolutismus*, in : *Archiv für Rechts- und Sozialphilosophie*, t. 30, 1936 の〔原文〕541 頁以下、ならびに L・G・カスティーリャ〔Castiella〕の論文 *Las ideas politicas en Descartes*, in : *Homenaje en el tercer centenario del Discurso des Método*, Buenos Aires, 1937, vol. III, pp. 73-88 である。これらの研究は、その動機づけを異にするが、その結論において実質的に一致している。

(21) フェルマの他にもっとも著名な数学者だけを挙げるとすれば、エチエンヌ・パスカル〔Étienne Pascal, 1588-1651〕、〔クロード・〕ミドルジュ〔Claude Mydorge, 1585-1647〕、〔クロード・〕ハーディー〔Claude Hardy, 1604-1678〕、〔ジル・ド・〕ロベルヴァル〔Gilles de Roberval, 1602-1675〕、〔ジラール・〕デザルグ〔Girard Desargues, 1591-1661〕、〔本名はダニエル・エ・デュ・シャトレ(Daniel Hay du Chastelet)という〕シャンボン神父〔Abbé Chambon, 1596-1671〕、〔ピエール・〕プチ〔Pierre Petit, 1594-1677〕などが重要である。この論争のあいだに入って仲介役と進行役を買ってでたのは、いうまでもなくメルセンヌである。論争の出発点については、AT I 354-363〔1637 年 4 月ないし 5 月のフェルマからメルセンヌへの書簡〕、463-474〔おそらく 1637 年 11 月のフェルマからメルセンヌへの書簡〕を参照されたい。デカルトがパリの読者に対して 1638 年の初頭になっても見せ続けた嫌悪感については、「最後に、わたしが書いた事がらの意味を完全に受け止めてくれる人はいまだいないのではないかと十分に危惧されますが、しかしながらそれは、わたしの文章に混濁したところがあるからではなく、むしろ、それがあまりに簡単に見えてしまうがゆえに誰もこの文章に含まれているところをすべて考察しようと立ち止まることがないからだと判断しております」(AT I 502〔1638 年 1 月 25 日付メルセンヌ宛書簡〕)を参照されたい。

(22) 最初の論争(わたしたちの関心をひくもの)が示されている典拠として基本的には、AT II 1-33〔デカルトのロベルヴァルおよびエチエンヌ・パスカルに対する反論〕、81-196〔1638 年 3 月 31 日付メルセンヌ宛書簡から 1638 年 6 月 29 日付メルセンヌ宛書簡まで〕、253-282〔1638 年 7 月 27 日付メルセンヌ宛書簡〕、307-343〔1638 年 8 月 23 日付メルセンヌ宛書簡〕、352-362〔1638 年 9 月 12 日付メルセンヌ宛書簡〕、406-407〔1638 年 10 月 11 日付フェルマ宛書簡〕ならびに他所を参照せよ。

(23) AT II 25〔1638年3月1日付メルセンヌ宛書簡〕より。
(24) 1630年代の自然学の諸著作については本書第2章第3節を、『方法序説』第5部については第5節を参照されたい。
(25) AT II 142（1638年5月27日〔付メルセンヌ宛書簡〕）。
(26) AT II 268（1638年7月27日〔付メルセンヌ宛書簡〕）。デカルトはその同じ日に、メルセンヌの他に、フェルマに宛てて形式的な和解の書簡（AT II 280–282）を送る。とはいえ、この表明は和解にはなっていない。というのも、デカルトが自身の自然学の特徴をどのように自覚していたか、それを示すことが繰り返されているからである（たとえば、「(前略) さらに、わたしの全自然学が力学〔Mécanique〕以外の何ものでもないこと（後略）」（AT II 542〔1639年4月30日付ドボーヌ宛書簡〕）を参照されたい）。
(27) AT II 267（1638年7月27日〔付メルセンヌ宛書簡〕）。
(28) AT II 361–362（1638年9月12日〔付メルセンヌ宛書簡〕）。
(29) この38年から40年までの時期における形而上学的思索の重要性を指摘するF・アルキエの主張（これが強調されているのは、自身が編集したデカルトの前掲〔第1章注77〕『哲学的著作集』第2巻〔原文〕7頁において）と、その同時期における自然学の優位を唱えるE・ガレンの主張（それによればデカルトは「あたかも自分の自然学の正統性、あるいは少なくとも中立性を保証するためであるかのように」（*Opere* 第1巻〔原文〕cxiv 頁）形而上学を練り上げるのだが）の対立を過大視してはならないだろう。形而上学と自然学は、デカルトの探究がいったい何であったかを解明するうえで互い違いにひとつの役割を果たしている。
(30) デカルトの論敵たちの社会的な地位の高さについては、AT II 28〔1638年3月1日付メルセンヌ宛書簡〕を参照のこと。1600年代の知識層の生活、とりわけパリの知識層の生活について、ならびにこの知識層に見られた最高度の政治的・国家的統合については、R・ブレ〔Bray〕の著作 *La formation de la doctrine classique en France*, Paris, 1927、J・デ・ブール〔de Boer〕の論文 *Men's Literary Circles in Paris (1610–1660)*, in : *Modern Language Association of America, Publications*, t. 53, 1938, pp. 730–780、M・オーンスタイン〔Ornstein〕の著作 *The Role of the Scientific Societies in the Seventeenth Century*, Chicago, 1938、H・ビュソンの著作 *La religion des classiques (1660–1685)*, Paris, 1948、P・バリエール〔Barrière〕の著作 *La vie intellectuelle en France. Du XVIe siècle à l'époque contemporaine*, Paris, 1961 を参照されたい。また、興味深い注釈が散見されるのが、G・ボレム〔Bollème〕、J・エラール〔Ehrard〕、F・フュレ〔Furet〕、D・ロシュ〔Roche〕、J・ロジェ〔Roger〕の共著 *Livre et société dans la France du XVIIIe siècle*, Paris, Mouton et Cie, 1965 である。この論点については、繰り返して取りあげる機会があるだろう。
(31) この点に関する参考文献としては、前掲〔第1章注182〕の拙論 *Problemi di storia dello Stato moderno. Francia : 1610–1650* を再び参照されたい。ここで引用したくだりは、1652年のD・ド・プリエザック〔D. de Priezac, 1590–1662〕による

『政治論〔*Discours politiques*〕(1666年版、〔原文〕59頁)からである。
(32) おそよすべての魔女狩りにどこか芝居染みたところがあるように、1623年から1625年にかけて、薔薇十字会がパリに浸透しているという噂がたった。この「幕間劇」については、前掲〔第1章注39〕したR・ルノーブルの著作*Mersenne*(〔原文〕30頁から31頁)を参照されたい。これは、前掲〔第2章注32参照〕したH・ビュソンの著作*De Charron à Pascal*(〔原文〕110頁から113頁)によってすでに指摘されている。メルセンヌ自身が薔薇十字会に所属しているのではないかと疑われたとしたら、誤解も甚だしいと言わざるを得ない!
(33) 前掲〔第2章注32〕したJ・S・スピンクの著作*French Free-Thought*の〔原文〕3頁から7頁まで、そして43頁から47頁まで、ならびにA・アダンの著作*Les libertins*の〔原文〕7頁から31頁を参照のこと。
(34) 前掲したR・ルノーブルの著作*Mersenne*の〔原文〕83頁から163頁まで、そして168頁から199まで〔第1章注39参照〕、ならびにT・グレゴリーの著作*Gassendi*の〔原文〕52頁と諸所〔第2章注39参照〕(本書はフラッドとの論争にガッサンディがどのようにメルセンヌによって引き込まれたかを論じている。しかし、グレゴリーはこの論争の背景にある政治問題について十分に解明しているとは思われない)。
(35) AT VI 14-15〔『方法序説』第2部〕より。
(36) モンテーニュ『エセー』第3巻第9章(すでに〔第1章注25で〕参照したプレイヤッド版『全集』)。
(37)「〔聖職者と貴族に次ぐ身分としての〕第三身分〔*Tiers*〕」に関する宣言文は、〔フランソワ=アンドレ・〕イザンベール〔François-André Isambert〕編の*Recueil général des anciennes lois françaises*, Paris, 1829の第16巻〔原文〕54頁に収録されている〔通称『イザンベールの法令集』は、1821年から1833年にかけて刊行された全29巻で、420年から1789年までのフランスの法令を収録〕。この有名な宣言文は、フランス絶対王政の確立に帰着する政治交渉の重要な契機をなすものだが、これについてはイエズス会士P・ブレ〔Blet〕の論文*L'article du Tiers aux États Généraux de 1614*, in : *Revue d'histoire moderne et contemporaine*, t. 10, 1955, pp. 81-106(この論文は、イエズス会的な歴史叙述の好例であり、歴史的な実情を無視したものである。この解釈によれば、第三身分の条項は、市民階級《ブルジョアジー》によるイエズス会に対する陰謀以外の何ものでもなく、この陰謀を主導した人物のなかに〔、イエズス会と敵対関係にあった〕アルノーのような人物も含まれるというのだ!)を参照されたい。しかし、何よりもS・マステッローネ〔Mastellone〕の著作*La reggenza di Maria de' Medici*, Messina-Firenze, 1962の〔原文〕169頁から170頁(素晴らしい論考である)とR・ムーニエの著作*L'assassinat d'Henri IV, 14 mai 1610*, Paris, 1964の〔原文〕246頁以下を参照されたい。より一般的な観点からではあるが、護教論的立場を超えた点で今なお興味深いのは、A・ティエリ〔Thierry〕の著作*Essai sur l'histoire de la formation et des progrès du Tiers État*, 3ème éd., Paris, 1856の

第1巻第7章である。
(38) J・L・ゲ・ド・バルザック『全集〔*Œuvres*〕』第1巻、パリ、1665年、〔原文〕762頁と218頁。また、前掲したサトクリフ〔第1章注184で〕とR・フォン・アルベルティーニ〔第2章注36〕による研究書も参照されたい。当然のことながらバルザックについては、このような理念上の地平にある文章をさらに引用するとなると、選択の余地がありすぎて困るほどだろう。
(39) リシュリュー枢機卿『政治遺訓』(L・アンドレ〔André〕編、パリ、1947年)。この書物の執筆時期(1634年には開始された)と信憑性について長いあいだ議論されてきたが、この問題については、R・ムーニエの論文 *Le testament politique de Richelieu*, in : *Revue historique*, t. 201, 1949, pp. 55–71 とE・ハッシンガー〔Hassinger〕の論文 *Das politische Testament Richelieu*, in : *Historische Zeitschrift*, t. 173, 1952, pp. 485–503 によって決定的な寄与がもたらされた。リシュリューの思想に「マキァヴェッリ的」で漠然と自由思想家的なイメージ(「無原則的な日和見主義政治」)を与えてきた従来の解釈(〔下掲のマイネッケのもとでリシュリューに関する博士論文をベルリン大学で仕上げた〕W・モムゼン〔Mommsen〕の論文 *Richelieu als Staatsmann*, in : *Historische Zeitschrift*, t. 127, 1923, pp. 210–242 とW・アンドレアス〔Andreas〕の著作 *Richelieu*, Göttingen, 1958)に異議を申し立てている研究が多くある。ハッシンガーの他に、とりわけS・スカルヴァイト〔Skalweit〕の論文 *Richelieus Staatsidee*, in : *Geschichte in Wissenschaft und Unterricht*, t. 2, 1951, pp. 719–730〔簡単な内容紹介は、渡邊国広「ステフェン・スカルヴァイト リシュリューの国家観」慶應義塾経済学会編『三田学会雑誌』第46巻第5号所収(1953年、40(91)頁から406(92)頁)を参照〕であり、さらにきわめて重要な論考はF・ディックマン〔Dickmann〕の論文 *Rechtsgedanke und Machtpolitik bei Richelieu. Studien an neu entdeckten Quellen*, in : *Historische Zeitschrift*, t. 196, 1963, pp. 265–319 である。これらの論考が展開しているのは、リシュリューの著作は、国家意志すなわち国家権力を合理化=理想化し〔razionalizzare〕、国家それ自体を法律にしてしまおうという困難ではあるが巧妙な企てであったという主張——すでにマイネッケ〔Meinecke〕が *Ragion di stato*〔邦訳、フリードリヒ・マイネッケ(菊盛英夫・生松敬三訳)『近代史における国家理性の理念』みすず書房〕のなかでそれほど哲学的でない仕方で提示した——に他ならない。このような主張は、わたしたちの仮説によく呼応するものである。実際には国家権力を理性的なものにするこうした試みは、もっぱら否定的な仕方で展開されたのだが、この試みの起源はまさしく、絶対主義を体現する国家によって作り出される、階級の新しい均衡に求められる。このことは、自由と理性が国家を自らのものとすることができないところで、自由と理性との引き換えでなされる。そのような意味で、この試みは、自由思想家たちの極端で非合理的な、しかも逃避的な国家権力観と比べて、それ以上の何か、そしてとりわけそれとは違った何かなのである。
(40) この観点からすれば、何にもましてM・ルロワの著作 *Philosophe au masque*

〔仮面をつけた哲学者（第2章注45参照）〕、さらに *Descartes social*〔社会的デカルト〕（パリ、1931年刊）――そこでは陰謀者というイメージがサン＝シモン主義的技術者のそれと結びつけられている――などに描き出されているデカルト像は斥けられねばならない。デカルトはひとりの〈法服貴族〉であり、1600年代の人間であり、そしてそれ以外ではないのである。

(41) 第1章の注166以下を参照されたい。デカルト家は父方と母方の双方にブルターニュ高等法院の評定官がいたことに注意すべきである。このブルターニュ高等法院を拠点とするのがまさしくリシュリュー家であり、そして何よりもリシュリュー枢機卿本人であった。

(42) リシュリュー本人とその一族〔たとえば、姪のデギュイヨン公爵夫人〕に対して（AT I 500–501〔1638年1月25日付メルセンヌ宛書簡〕、同 II 151〔1638年5月27日付メルセンヌ宛書簡〕、同 III 388〔1641年6月23日付メルセンヌ宛書簡〕）、〔1635年より晩年まで、ルイ13世と14世の両王のもとで大法官を務め、リシュリューの協力者として活躍、39年には国王政府代表としてノルマンディーの〈ニュ＝ピエ（裸足）の乱〉を鎮圧、フロンドの乱ではマザランに与したピエール・〕セギエ〔Pierre Séguier, 1588–1672〕に対して（AT I 364〔1637年4月27日付メルセンヌ宛書簡〕）など幾つかの例を挙げるにとどめよう。さらに書簡から判明するように、デカルトは、当時の政治的な出来事についてしばしば冷静を保っていたが、それでもかなり詳しかった。AT III 582〔1642年10月13日付メルセンヌ宛書簡〕、同 IV 528〔1646年10月12日付メルセンヌ宛書簡〕、同 V 47–48〔1647年5月のエリザベトからデカルトへの書簡〕、183–184〔1648年5月のシャニュ宛書簡〕、282以下〔1649年2月22日付エリザベト宛書簡〕を参照されたい。とりわけオランダ滞在末期には、外交官ブラセ〔Brasset〕との友情のおかげで、デカルトは政治的な出来事についてより幅広い情報を得ることができるようになるだろう。それにもかかわらず、デカルトがこれら政治的な出来事にくだした数少ない評価は、しばしば平凡でつねに順応主義的な考察を示すものである。

(43) デカルトは、高位にあった〈法服〉の官僚たちと友情を育んだことはほとんどなかった。そのわずかな例外として、たとえば、AT IV 396〔1646年4月20日付メルセンヌ宛書簡〕を参照されたい。デカルトの晩年には、そうした友人関係は徐々に広がりと深まりを見せることになるだろう。

(44) デカルトがとりわけ文化教養面で取り結んだ友情関係について――実際にこのような友情関係を他の友情関係から区別することが可能だとして（しかし、〈法服貴族〉的な文化が強いというこの階層の特徴に鑑みるなら、そのようなことは不可能である）――、それもまた、きわめて広範囲に及んだことは確かである。バルザック、シヨン、ホイヘンスは――デカルトの同時代において厳密な意味での「教養人」のなかから幾人かを列挙するにとどめるなら――、程度の差こそあれ途切れることなくデカルトと連絡を取り合った。しかしまた、ソルボンヌのなかに友人がいなかったわけでもない。例をひとつ挙げるとするなら、AT III 283–284〔1641

年1月22日付メルセンヌ宛書簡〕を参照されたい。イエズス会（この修道会を代表する人物たちとデカルトは血縁関係で結ばれていた）との関係もさまざまな事情があるにせよ、途切れることがなかったことも注意すべきである。
(45) すでに見たように、〔1628年10月、つまりラ・ロシェル包囲戦の終結時にデカルトはその場にいたという、ピエール・〕ボレルの〔信憑性に欠ける〕証言は、AT X 35で言及されている。
(46) 前掲〔第1章注39〕したR・ルノーブルの著作 *Mersenne*（〔原文〕366頁以下)。また、同書で挙げられている参考文献も参照されたい。
(47) 前掲〔第1章注39〕したR・ルノーブルの著作 *Mersenne*（〔原文〕346頁から364頁)。かれの見解に反するものとしては、前掲〔第1章注4〕したE・ジルソンの『注解』(〔原文〕40頁から46頁）を参照されたい。
(48) T・グレゴリーは、前掲〔第2章注39〕したその著作 *Gassendi* 第1部の諸所、とりわけ〔原文〕121頁から128頁まで（まとめるなら、ここでグレゴリーは、博識なる〔自由思想家たちの〕伝統的な懐疑論に比べて、ガッサンディのそれがいかに学知をめぐる問いとして読み替えられるかを示しつつ、ガッサンディの思索における経験論と懐疑論の内在的な結びつきをかなり巧く特徴づけている)、ならびに181頁から182頁まで（ここでは懐疑論が経験論に対していかなる実証主義的な哲学的帰結をも禁止することで経験論に与えた機能について説明している）を参照されたい。ガッサンディに特有な経験論に関しては、前掲〔第1章注39〕したR・ルノーブルの著作 *Mersenne*（〔原文〕328頁から329頁)、J・S・スピンクの著作 *French Free-Thought*（〔原文〕85頁から102頁〔第2章注32〕)、ならびにR・H・ポプキンの著作 *The History of Scepticism*（〔原文〕102頁から110頁、143頁から149頁〔邦訳、ポプキン前掲書（第2章注32)、128頁から138頁、181頁から188頁〕）を参照されたい。
(49) ポプキンは、これらの著者のうちに懐疑主義的傾向の認められることを強調しているが、それは間違っていない。また、ルネサンス的自然主義をなす要素がこれらの著者のうちに明示的であれそうでなかれどれほど残っているか、スピンクは指摘しているが、その点も誤っているわけではない（スピンクはガッサンディについて、物活論的自然観を指摘している)。
(50) 前掲〔第1章注39〕したR・ルノーブルの著作 *Mersenne*（〔原文〕547頁から551頁)。先に引用した文章は、〔フランスの歴史家で王室歴史編纂官を務めたアンドレ・〕デュシェーヌ〔André Duchesne, 1584-1640〕の『フランス王朝の偉大と尊厳の由来と研究〔*Les Antiquitez et recherches de la grandeur et majesté des roys de France*〕』(パリ、1609年、〔原文〕126頁）からのものである。
(51) ガッサンディの政治思想については、前掲〔第1章注182〕の拙論 *Problemi di storia dello Stato moderno. Francia : 1610-1650* で展開した考察とそこに挙げた参考文献を参照されたい。
(52)〔王権神授説を採り、フランスの絶対王政の理論的支柱となった〕カルダン・

ル・ブレ〔Cardin Le Bret, 1558-1655〕の『国王の主権について〔*De la souveraineté du Roy*〕』（パリ、1632 年、〔原文〕71 頁）を参照せよ。

(53)「統治契約〔*Herrschaftsvertrag*〕」と「社会契約〔*Gesellschaftsvertrag*〕」の根源的な関係については、W・ネフ〔Näf〕の著作 *Staat und Staatsgedanke. Vorträge zur neueren Geschichte*, Bern, 1935 を参照されたい。当時の政治思想について一般的には、この点に関する基本文献となる前掲〔第 2 章注 36〕のアルベルティーニの研究書の他に、あまり掘り下げられていない（しかもしばしば不正確でもある）けれどもやはり有益ではあるZ・J・スタンキエヴィッチ〔Stankiewicz〕の研究書 *Politics and Religion in Seventeenth-Century France : A Study of Political Ideas from the Monarchomachs to Bayle, as Reflected in the Toleration Controversy*, Berkeley-Los Angeles, 1960 を参照されたい。

(54) 機械装置としての国家という新形態に関する研究文献全般については、前掲〔第 1 章注 182〕の拙論 *Problemi di storia dello Stato moderno. Francia : 1610-1650* を参照されたい（特に〔邦語では『ルネサンス・イタリアの「国家」・国家観』（須藤祐孝編訳、無限社（岡崎））を読むことができるイタリアの歴史家フェデリーコ・〕シャボー〔Federico Chabod〕、〔前注で参照した〕ネフ、ムーニエ、〔邦語では『伝統社会と近代国家』（成瀬治編訳、岩波書店）を読むことができるドイツ近代国制史家のフリッツ・〕ハルトゥング〔Hartung〕らの基本的諸見解に関して）。また、H・ルバズ〔Lubasz〕の著作 *The Development of the Modern State*, New York-London, 1964 に収録された諸論文も参照されたい。より具体的に、いまここで論じている時代に特有の統治形態については、J・キング〔King〕の著作 *Science and Rationalism in the Government of Louis XIV, 1661-1683*, Baltimore, 1949、R・ムーニエの著作 *Les Règlements du Conseil du Roi sous Louis XIII*, Paris, 1949、O・A・ラナム〔Ranum〕の著作 *Richelieu and the Councillors of Louis XIII : A Study of the Secretaries of State and Superintendents of Finance in the Ministry of Richelieu (1635-1642)*, Oxford, 1963 を参照されたい。R・ムーニエは諸所で、しかしとりわけ論文 *Comment les Français voyaient la France au XVIIe siècle*, in : *XVIIe siècle*, t. 25-26, 1955 のなかで、国家の合理化〔理性的なものにすること（razionalizzazione)〕に関する考察においてかれが極端な見解と見なしているものに注意を喚起している。つまり、かれによれば、国家の合理化は一般にそう思われているよりもはるかに限定的で、かつ、はるかに長いプロセスの一端なのである。したがってキングの仕事は国家の合理化に関する考察においてありがちな誤りの好例ということになる。それゆえ何らかの限定が必要であることは明らかだが、ムーニエによって提案された限定がおそらく過剰であることもまた確かなのである。というのも、ラナムが述べているように、わたしたちがここで直面しているのは、「諸制度の根源的な変化」なのであり、また、R・マスペチオル〔Maspétiol〕（*Les deux aspects de la raison d'État et son apologie au début du XVIIe siècle*, in : *Archives de philosophie du droit*, t. 10, 1965, pp. 209-220）によって指摘されているように、おそらくわたしたちはこの事実をはっきりと意識しなければならないからだ。

(55) この点を巧みに論じているのは、すでに〔第1章注185で〕参照したフランツ・ボルケナウの *Der Übergang vom feudalen zum bürgerlichen Weltbild*〔邦訳、ボルケナウ前掲書〕とR・シュヌールの著作 *Individualismus und Absolutismus* の諸所〔第2章注53参照〕である。しかしながらシュヌールに関しては、市民階級《ブルジョアジー》を襲った危機を正確に捉えているが、この危機の時代に同じ市民階級が体現したようなイデオロギー的に多産であったことの固有の意味は捉え損ねている点は指摘しなければならない。このような限界は前掲〔第2章注36〕のR・フォン・アルベルティーニの著作 *Das politische Denken* にも認められる。とはいえ、市民階級を襲った危機の内実とその帰結に関して模範的な研究書であることには変わりない。「市民階級は、自分たちが弱い存在に他ならないとわかっており、貴族階級の混迷と下からの反乱とから自分たちを保護してくれるような強い国家権力を何よりもまず希求していた。手工業《マニュファクチュア》と商業を国家が支援するためにもこの力が要請されたのである」(〔原文〕198頁)。また、自由に価値がおかれるのは、この自由が国家の営みのうちに含まれる限りにおいてであり、「自由ではなく秩序こそが決定的な価値なのだ」(〔原文〕204頁)。

(56) 前掲したR・フォン・アルベルティーニ〔第2章注36参照〕によれば、「フランス絶対王政の理論的な確立に、したがって、より広義には、17世紀における国家意識の確立にボダンの果たした役割は、きわめて重要なものである」(〔原文〕35頁から36頁)。アルベルティーニが〔原文〕85頁から91頁にかけて付け加えていることにも注目されたい。つまり、17世紀初頭における平和への希求は、抵抗運動《レジスタンス》に訴える権利を押さえ込むことにもつながったのである。ボダンはすでに(その『国家論』序文において)、「最強の専制政治」のほうが「無秩序な無政府状態」よりも好ましいと述べており、ボダンのこのような教えは17世紀には広く受け入れられていた。ボダンの思索がこのような主張——つまり、政治的価値の意味づけの換骨奪胎、ならびにその理論化——に必然的に行き着いたのは、ラムス主義から受け継いだノミナリズム的論理学を媒介にしたからに違いないということにも注意しなければならない。K・D・マクレー〔McRae〕の論文 *Ramist Tendencies in the Thought of Jean Bodin*, in : *Journal of the History of Ideas*, t. 16, 1955, pp. 306-323を参照されたい。機械論者の諸見解のうちノミナリズム-懐疑主義という組み合わせと懐疑主義-政治における相対主義という組み合わせのあいだには、その文化的由来は異なるにもかかわらず、類似関係があるのだ。

(57) デカルトはオランダに移住する前に、ジャン・ド・シヨン〔Jean de Silhon, c. 1596-1667〕と頻繁に会っていたと思われる。オランダに移住してからシヨンの名前がデカルトの書簡に出てくることは滅多にない(AT I 5-13〔1628年の某氏宛書簡〕、132〔1630年3月18日付メルセンヌ宛書簡〕、200〔バルザックからデカルトへの1631年4月25日付書簡〕、352〔1637年3月の某氏宛書簡〕、同II 97〔1638年3月31日付メルセンヌ宛書簡〕)。しかし、両者が没交渉になったと信じさせるものは何もない。そのあいだシヨンは、政治的・文化的成功を収めていった。リシュリューの秘書、アカデミー〔・フランセーズ〕の会員、国務評定官〔conseiller d'État〕を務めたのみならず、報償、年金、そして恩給の決定者になったという具合である。
(58) シヨンの思索が深まりをみせたのは、1626 年から 1634 年にかけてのことである。1626 年には、ほとんど自由思想家《リベルタン》的でありかつ理神論的と言っても過言でない傾向の書物『二つの真理〔*Les deux vérités*〕』が出版された。1634 年は、『魂の不死性について〔*De l'immortalité de l'âme*〕』と『宰相論〔*Ministre d'État*〕』という 2 冊の書物が出版された。前者には極端なまでにプラトン的な神秘主義が、後者にはリシュリューが目指す絶対王政の弁護が、それぞれ見出される。シヨンの思索については、前掲〔第 2 章注 32 参照〕したH・ビュソンの著作 *De Charron à Pascal* の〔原文〕55 頁、68 頁、92 頁から 94 頁、139 頁、141 頁、151 頁、221 頁、541 頁から 545 頁、ならびにすでに〔第 1 章注 135 で〕参照したE・ジルソンの著作 *Études sur le rôle* の〔原文〕36 頁から 39 頁を参照されたい。シヨンの思索がデカルトに及ぼした影響は、むしろ限定的であったと思われる。シヨンの思索と似通っているものとして、かなり後になってからだが、ゲ・ド・バルザックがたどった軌跡が挙げられる。ゲ・ド・バルザックが 1651 年に公刊した『キリスト者ソクラテス〔*Socrate chrétien*〕』は、〔シヨンと同様の〕結論に達している（H・ビュソンがその研究書 *De Charron à Pascal* の〔原文〕268 頁で述べているところによれば、それは「完全かつ無垢な信仰主義」である）。
(59)〔邦語では『歴史とデカダンス』（大谷尚文訳、法政大学出版局）などを読むことができるフランスの歴史家ピエール・〕ショーニュ〔Pierre Chaunu〕の論文 *Le XVII*^{e} *siècle religieux. Réflexions préalables*, in : *Annales* (*ESC*), t. 22, 1967, pp. 279-302 を参照されたい。ここでの主要な論点をまとめる枠組みと技量の面で、わたしたちはこの素晴らしい論考に多くを負うている。しかしながら、ショーニュの研究における方法論的側面については重大な疑義を抱いている。ショーニュは、宗教的経験はそれ自体で十分に解明されるとしているように思われるからである。アンリ 4 世の即位からルイ 14 世の死去まで（1589 年から 1715 年まで）のフランスにおける宗教的生活に関する網羅的な参考文献は、R・タヴノー〔Tavenaux〕によって *Bulletin de la Société des professeurs d'histoire et de géographie de l'enseignement public*, t. 200, 1960, pp. 119-130 のなかに列挙されている。
(60) 17 世紀を通じて宗教的危機が回避される兆しは、民衆のあいだにひろまった無神論という極端な形態においても、また宗教的無関心という形態に至ってはなおさらのこと、なかったのである。敬虔な集団の活動そのものは、文化的に見ればきわめて豊穣であったかもしれないが、基本的には細々と続けられていた。すでに何度か参照しているH・ビュソンの研究（〔原文〕5 頁以降、89 頁以降〔第 2 章注 32 参照〕）に加えて、R・マンドルーの論文 *Spiritualité et pratique catholique au XVII*^{e} *siècle*, in : *Annales* (*ESC*), t. 16, 1961, pp. 136-146、G・ル・ブラ〔Le Bras〕の著

作 *Études de sociologie religieuse*, vol. I, Paris, 1955 の〔原文〕39 頁以下、シャルル・シェノー（ジュリアン＝エイマール・ダンジェ）〔Charles Chesneau（Julien-Eymard d'Angers)〕の著作 *Le père Yves de Paris et son temps* (*1590–1678*), vol. I, Paris, 1946 を参照されたい。〔カトリックに見られたのと〕同様の衰退、挫折、あるいは少なくとも矛盾をはらんだ展開が 17 世紀フランスにおけるプロテスタント派にも見られたことには注意されたい。この点は、〔邦語では『フランスの智慧』（森有正ほか訳、岩波書店）などを読むことができるフランスの文学者で批評家のフォルテュナ・〕ストロウスキー〔Fortunat Strowski〕の著作 *Pascal et son temps*, Paris, 1907 の第 1 巻〔原文〕1 頁以下において指摘されている。また、E・G・レオナール〔Léonard〕の論文 *Le protestantisme français au XVIIe siècle*, in : *Revue historique*, t. 72, 1948, pp. 153–179 によっても、いつものことながら巧みな仕方で明らかにされている。しかし、これは何ら驚くべきことではない。というのも、P・ショーニュが言うように「プロテスタントの改革とカトリックの改革はひとつの連続体のうちに位置づけられ」、「両者はまったく同じ関心事に応えようとし、同じ程度の権益を〔di una stessa ricchezza〕手にしており、したがって対立関係において見るよりも隣り合わせに見たほうがよりよく理解される」（〔原文〕284 頁〔本章注59〕）ということが正しければ、両者のこのような結びつきがより深い次元においてひとつの歴史的問題をなしているということもまた確かだからである。最後に付け加えるなら、一般的に言って宗教的刷新がもたらした立場は、政治においてはもっとも保守反動的な立場をとる。リシュリューがしばしば相手をしなければならなかったのは、このような保守反動主義である。このことが説明するところは——さほど的外れな説明ではない——、保守反動主義が神秘的な絶対者に向かって逃走しようとするあまり、その時代に何が真の問題だったのかを捉え損ねたということだろう。

(61) このような見解は、『省察』に対する「第二反論」のなかでもとりわけ AT VII 122–123、125–126 に見られるものである。

(62) この点に関しては、A・テネンティの論文 *La polemica sulla religione di Epicuro nella prima metà del Seicento*, in : *Studi storici*, t. 1, 1959–1960, pp. 227–243 における素晴らしい分析を参照されたい。この論考は、1500 年代に始まったエピクロス哲学の再評価というプロセスからの連続性のみならず、1600 年代に入ってからこの再評価に付け加わった新たな特徴の両方を捉えている。1600 年代におけるエピクロス哲学の復興については、前掲〔第 2 章注 32 参照〕したH・ビュソンの著作 *De Charron à Pascal* の〔原文〕418 頁から 427 頁までを参照されたい。また、1500 年代に始まった再評価の動きについては、S・フレス〔Fraisse〕の著作 *L'influence de Lucrèce en France au seizième siècle*, Paris, 1962、そして前掲〔第 2 章注 39〕したT・グレゴリーの著作 *Gassendi* の〔原文〕239 頁から 242 頁、さらには、もう古くなってしまったが有益であることには変わりない J・R・シャルボネル〔Charbonnel〕の著作 *La pensée italienne au XVIe siècle et le courant libertin*, Paris,

1919の〔原文〕714頁以下を参照されたい。
(63) AT IX-B 6〔『哲学の原理』「仏訳者への書簡」〕を参照のこと。また、AT IV 269〔エリザベトからデカルトへの1645年8月16日付書簡〕、275〔1645年8月18日付エリザベト宛書簡〕、279-280〔エリザベトからデカルトへの1645年8月の書簡〕、同V 83〔1647年11月20日付クリスティナ宛書簡〕を参照されたい。
(64) 1600年代における自然観、少なくとも知識層において支配的であったそれには、さまざまな要素が共存しているというのが一般的な見解である。スコラ学の最新の成果、1500年代の自然主義が及ぼした影響の残滓、エピクロス的な原子論の復興、機械論などである。この点は、前掲〔第2章注32〕したJ・S・スピンクの著作 *French Free-Thought* の〔原文〕75頁から84頁まで、108頁から109頁まで、188頁から189頁まで（デカルトの哲学もガッサンディのそれも「少数派」に属している。知識層と大学における「多数派」は、さまざまな自然主義的思潮を寄せ集めた混合物を支持していた)、ならびにH・キルキネン〔Kirkinen〕の著作 *Les origines de la conception de l'homme machine. Le problème de l'âme en France à la fin du règne de Louis XIV* (*1670-1715*), Helsinki, 1960の〔原文〕27頁以下において巧みに論じられている。このような自然観の解明を目指した論考としては、すでに〔第1章注135で〕参照したE・ジルソンの著作 *Études sur le rôle* の〔原文〕155頁から156頁まで、すでに〔第2章注36で〕参照したH・ビュソンの著作 *Le rationalisme* の〔原文〕361頁以下と603頁、そして すでに〔第2章注32で〕参照したR・H・ポプキンの著作 *The History of Scepticism* の〔原文〕121頁から131頁まで〔邦訳、ポプキン前掲書、153頁から165頁〕、さらにT・グレゴリーの論文 *Studi sull'atomismo del Seicento, I*, in : *Giornale critico della filosofia italiana*, t. 43, 1964, pp. 43-44を参照されたい。
(65) 道徳的長所としての「適正さ〔*decorum*〕」(エピクロス倫理学における主要な論点)、ならびにそれと連関するものとして「従順さ〔conformità〕」に始まり、「適切さ〔convenienza〕」、「高潔さ〔giustizia〕」という概念——「適正さ」という観念はこれら三つの概念のもとで首尾一貫して展開される——に至るまで、以上の諸概念に関するJ・S・スピンクの前掲書における分析（〔原文〕133頁以下〔第2章注32参照〕）は、非常に重要である。17世紀思想におけるさまざまな思潮の共存を改めて強調することを目指したA・テネンティの論考 *Il libero pensiero francese del Seicento e la nascita dell'homme machine*, in : *Rivista storica italiana*, t. 74, 1962, pp. 562-571における指摘は、したがってこの点では——少なくともわたしたちの問題構制に関する限り——慎重に取り扱われるべきである。
(66) この点についてR・シュヌールは、前掲〔第2章注53〕したその著作 *Individualismus und Absolutismus* のなかで（とりわけ〔原文〕56頁から75頁まで)、〔邦訳では『迷宮としての世界——マニエリスム美術』(種村季弘ほか訳、美術出版社などを読むことができる〕G・R・ホッケ〔Hocke〕の論文 *Das 17. Jahrhundert*, in : *Lukrez in Frankreich*, Köln, 1935の〔原文〕67頁以下によって提示された見解を繰り返しつつ、巧みに論じている。シュヌールによれば、マニエリスム（あるいはむしろ「マニエリスム的な秩序の試み〔*manieristische Ordnungsversuch*〕」）とは、宗教戦争という危機が引き金となって17世紀フランスの文化に全般的に押し付けられていた慣習的かつ形式的な秩序のイデオロギーに対する「内在的な」対抗勢力であり、とりわけ個人主義の残滓を擁護することを目指すものであった。この主張を象徴するような言葉として、ヴァレリーの「疑いの先にあるのは、型にはめることだ」という素晴らしい一節をひいている（〔原文〕67頁）。

(67) ここでも参考文献として挙げられるのは、すでに〔本章注30で〕参照したR・ブレの著作 *La formation de la doctrine classique en France* である。この主題は再論する。

(68) 前掲〔第1章注39〕したR・ルノーブルの著作 *Mersenne*（〔原文〕256頁以下、547頁以下）。

(69) ここで言われている英雄がフランスの年代記が伝承する「ガリアのヘラクレス」であろうと（すでに〔第1章注71で〕言及したC・ヴィヴァンティの著作 *Lotta politica e pace religiosa*）、「黄金の帝国」を敷くドイツの英雄であろうと（H・J・C・グリンメルスハウゼン〔Grimmelshausen〕の著作 *Simplicissimus*, trad. A. Treves, Milano, 1928の〔原文〕144頁以下〔邦訳、グリンメルスハウゼン（望月市恵訳）『阿呆物語』岩波文庫〕）、あるいは単にミニム会修道士メルセンヌが希望を託した「学識者たちの共同体〔société savante〕」であろうと、それはさほど問題ではない。〔邦語では『自由と国家権力』（千代田寛訳、未來社）を読むことができるドイツの歴史家〕クルト・フォン・ラウマー〔Kurt von Raumer〕の著作 *König Heinrich IV. Friedensidee und Machtpolitik im Kampf um die Erneuerung Frankreichs*, Iserlohn, 1947を参照されたい〔ガリアのヘラクレスとは、フランスのアンリ4世のこと。宗教戦争という国難に立ち向かったアンリ4世は、ギリシア神話の12功業の英雄ヘラクレスに喩えられることがある。フランシス・A・イエイツ『星の処女神とガリアのヘラクレス――十六世紀における帝国の主題』（西沢竜生・正木晃訳、東海大学出版会、1983年）を参照されたい〕。

(70)〈ポリティーク派〉が掲げる平和主義については、二種類の傾向、あるいはもしそう言ってよければ、二種類の適用領域のあることに注意しなければならない。すなわち、宗教的場面における和協神学〔キリスト教各派間の平和を促進する神学〕と、多かれ少なかれ恒久的な平和を創出しようとする政治的企てとである。和協神学――この問題はエキュメニズムや寛容の問題と密接に関連している――については、何よりもグロティウスの主義主張（すでに〔第1章注162で〕言及したJ・ルクレールの著作 *Histoire de la tolérance* の第2巻〔原文〕276頁以下、A・コルサーロ〔Corsaro〕の著作 *Grozio*, Bari, 1948の〔原文〕224頁以下と281頁以下、G・アンブロゼッティ〔Ambrosetti〕の著作 *I presupposti teologici e speculativi delle concezioni giuridiche di Grozio*, Bologna, 1955の〔原文〕67頁以下、ならびに、より一般的なものとしては、「エラストス主義」〔国家権力が教会に優先するとする説〕という名のもとで展開された思想運動に関してR・ヴェーゼル＝ロート〔Wesel-Roth〕の著作 *Thomas Erastus : ein Beitrag zur Geschichte der reformierten Kirche und zur Lehre von der Staatssouveränität*, Lahr-Baden, 1954 を参照のこと）を念頭に置かなければならない。永久平和という政治的ユートピアに関しては、何よりも〔アンリ4世にもっとも信頼された臣下〕シュリー公〔マクシミリアン・ド・ベテュヌ（Maximilien de Béthune, duc de Sully, 1560–1641)〕と〔1623年に発表した『新キニアス論（*Nouveau Cynée*)』において現代の用語で言えば世界連邦制度を提唱したフランスの聖職者エメリック・〕クルーセ〔Émeric Crucé, c.1590–1648〕の「構想《プラン》」が検討されなければならない。ただし、ジョゼフ神父とリシュリュー本人は、この論争に参加していないことは留意すべきである（すでに〔第2章注36で〕参照したルドルフ・フォン・アルベルティーニの著作 *Das politische Denken* の〔原文〕159頁から174頁、K・v・ラウマーの論文 *Zur Problematik des werdenden Machtstaates*, in : *Historische Zeitschrift*, t. 174, 1952, pp. 71–79、K・v・ラウマーの論文 *Sully, Crucé und das Problem des allgemeinen Friedens*, in : *Historische Zeitschrift*, t. 175, 1953, pp. 1–39)。

(71) すでに〔本章注64で〕参照したH・キルキネンの著作 *Les origines* の〔原文〕45頁を参照のこと。

(72) T・グレゴリーは、前掲〔第2章注39〕したその著作 *Gassendi* の〔原文〕82頁において「ガッサンディは、デカルトとの論争を懐疑主義-独断主義という対立の図式に還元することで、自らの論敵〔デカルトのこと〕をアリストテレス-スコラ主義的な形而上学の伝統のうちに位置づけることになった」と述べている（〔原文〕93頁、117頁から118頁も参照のこと)。B・ロショ〔Rochot〕は、その論文 *Les vérités éternelles dans la querelle entre Descartes et Gassendi*, in : *Revue philosophique de la France et de l'étranger*, t. 141, 1951, pp. 288–298 において同様の立場をとりながらも、デカルトと機械論の相違を見落とすという危険を冒している。つまり、ロショが考えるところによると、デカルトの二元論は、少なくとも機械論的な二元論と同程度に厳密なものであり、また、真理の機械論的な解釈は、真理の絶対的な存在を形式的に肯定することを妨げるほどに偏狭なものではない。ならば両者の相違はどこにあるのか。わたしたちに言わせれば、それは、二元論的な観点から実在というものを定義することが問題なのではなく、むしろ〔精神と物体の〕両極の性格規定のほうが問題なのだという事実に存する。つまり、デカルトにとって精神という極限は、産出と創造の契機なのだが、機械論者はそのようなことをけっして受け入れることがないのである。

(73) このような常套句は、機械論、つまり端的に言うなら革新的契機としての新しい学知を称揚しようと全力で試みる歴史学の「誰にでも開かれた」流儀のうちにも、再び見出されることになる。少なくともこれは、フォイエルバッハの今となっては古典的な解釈以来のことである。

(74) AT III 102より。出典は、1640年7月31日付ホイヘンス宛書簡である。

(75) AT VII 8〔『省察』「読者への序言」〕より。また、AT III 76〔1640 年 6 月 11 日付メルセンヌ宛書簡〕も参照されたい。
(76) デカルトは、「第一省察」に関するガッサンディの反論に答弁するのを機会に、この概念について解明することになった（AT VII 348-350〔「第五答弁」〕）。ガッサンディが啓蒙主義的な観点から非難するところによれば、デカルトは懐疑と批判という主題に取り組むにあたって、あまりに多くの予防線を張り、かつ、屁理屈をこねているわけだが（単に理性〔を働かせる〕だけでは不十分なのか）、これに対してデカルトは「〔それではまるで〕幼少の頃からわたしたちに染みついているあらゆる過誤から自分を解放することがきわめて簡単であるかのようだ」（*Opere* 第 1 巻〔原文〕519 頁）と言い返している。こうした理性の歴史〔時間〕的な〔storico〕厚みについては、とりわけ記憶の問題との関連で明らかにされるわけだが、十分に注意しておく必要がある。また、「感覚を通じて知る」ということの「歴史〔時間〕的な」意味については、『ビュルマンとの対話』（前掲〔第 2 章注 146〕したアダン校訂版〔原文〕2 頁から 5 頁）も参照されたい。
(77) AT VII 18-19〔「第一省察」〕を参照のこと。「第一省察」に関してホッブズから寄せられた反論（感覚を懐疑に付すという根拠は、プラトンと同じくらい古くさい！）に対して、「懐疑理由」は「読者の心をして知性的な事物を考察し、これを物体的な事物から区別するように準備させるために」（AT VII 171-172（*Opere* 第 1 巻〔原文〕344 頁〔「第三反論」〕））提示されたと答弁することは、デカルトにとって困難なことではないだろう。
(78) AT VII 23〔「第二省察」〕より（〔ここでは省略した〕イタリア語訳は *Opere* 第 1 巻〔原文〕204 頁を参照のこと〔以下の注 82、83、92、96、99-103、106-110、112 も同様にイタリア語訳が掲げられているが、省略する〕）。
(79)『省察』の本文の前に掲載されている「ソルボンヌ〔つまりパリ神学部〕宛書簡」（AT VII 1-6）のなかで、『省察』は、その目指すところが護教論的であり、基本的には自由思想に対抗するための書物として紹介されている。このような発言は、「体制《エタブリスマン》」向けのものであって、自由思想家《リベルタン》に対しては、すでに見たように、また、後でも見るように、デカルトの観点ははるかに複雑なものである。
(80) AT VII 22〔「第二省察」〕より。
(81) デカルトは、「第一省察」に関するガッサンディの反論に対する〔第五〕答弁の末尾において（AT VII 349-350）、真理が果たす役割――それは、虚構、逆説、そして「偽なるものを真なるものと見なすこと」という方式と相関関係にある――を端的に救い出そうとしている〔デカルトは「このように、真理を光り輝かすのに、偽なるものを真なるものと見なすのは有効である、ということがしばしばある」と述べている（第 1 章注 27 参照）〕。この点に関して議論は「ガッサンディの『再抗弁』に対するフランス語の書簡」〔1646 年 1 月 12 日付クレルスリエ宛書簡のこと〕（とりわけ AT IX-A 203-205）において深められるのだが、この書簡によれば、理性の正しい使用を通じて偏見から解放されるという実践的〔empirista〕・啓蒙的〔il-

luministico〕な方法に対して、憶説と虚構が果たす役割が強調されることになる。しかし、デカルトは問う、このような試みはいったい可能なのか、それは悪無限〔ヘーゲルの用語で、果てしない進行を繰り返す変化のこと〕の餌食にはならないのか、と。啓蒙しようとする意図は、批判的能力が予め完全に自立したものであることが受け入れられなければ、そして、懐疑に付されるべき事物の果てしない変化からこの批判的能力が救い出されなければ、決断力を欠くことになりかねないのである。

(82) AT VII 22-23〔「第二省察」〕より(〔ここでは省略した〕イタリア語訳は *Opere* 第1巻〔原文〕203頁から204頁を参照のこと)。

(83) AT VII 23-24〔「第二省察」〕より(〔ここでは省略した〕イタリア語訳は *Opere* 第1巻〔原文〕205頁を参照のこと)。

(84) H・グイエの論文 *Pour une histoire des Méditations métaphysiques*, in : *Revue des sciences humaines*, t. 61, 1951, pp. 5-29 を参照されたい。また、AT版第7巻〔原文〕i頁から xviii 頁に収録されている「緒言」、ならびに AT II 625〔1639年12月3日付のレギウスからデカルトへの書簡〕、629〔1639年12月25日付メルセンヌ宛書簡〕、同 III 35〔1640年3月11日付メルセンヌ宛書簡〕、126〔1640年7月30日付メルセンヌ宛書簡〕、150以下〔1640年8月14日付のホイヘンスからデカルトへの書簡〕、175〔1640年9月15日付メルセンヌ宛書簡〕、235、239〔以上、1640年11月11日付メルセンヌ宛書簡〕、436〔1641年9月のメルセンヌ宛書簡〕も参照のこと。

(85) AT II 37〔最新のデカルト研究によれば1638年4月または5月のレネリを介したポロ宛書簡だが、ネグリが参照しているAT旧版では1638年3月某氏宛とされている書簡〕を参照のこと。ここに引用するくだり(1638年4月または5月に執筆された書簡より〔ネグリ自身、AT旧版の日付を訂正〕)は、『方法序説』に対する反論(AT I 511-517〔最新のデカルト研究によれば1638年2月のレネリを介したポロからデカルトへの書簡だが、ネグリが参照しているAT旧版では差出人名と仲介人名を欠いている書簡〕)への答弁をなしている。

(86)『ビュルマンとの対話』(前掲〔第2章注146〕したアダン校訂版〔原文〕6頁)より。細心の注意力を働かせること――そうすることで、実存的決断がもたらすこのうえない安堵感が最終的には獲得される――がはっきりと述べられているのは、『ビュルマンとの対話』(前掲校訂版〔原文〕18頁から23頁)のなかでも「第二省察」について論じられた箇所であり、それがこの箇所の特徴をなしている。ただし、一般的に言って「わたし自身を少しずつわたしにとっていっそう知られたもの、いっそう馴染み深いものとするように努めることにしよう」(AT VII 34〔「第三省察」冒頭〕)という主題は『省察』全体に認められるものである。

(87) AT VII 25〔「第二省察」〕より。

(88) AT VII 25〔「第二省察」〕より。この点に関してJ・マリタンは、前掲〔第1章注62〕した *Congrès Descartes. Études cartésiennes* の第1巻に所収のその論考 *Le*

conflit de l'essence et de l'existence dans la philosophie cartésienne, pp. 38–45 のなかで「存在の実力行使〔coup de force existentiel〕」について論じている。つまりいっさいの証明なしに、〔思惟という〕本質の提示から存在の肯定へ移行がなされるというのである。しかし、ここで核心的なのはむしろ実存的な抵抗〔opposizione esistenziale〕である。マリタンの主張を敷衍するなら、ここに見出されるのは「本質の実力行使」である、つまり、本質が対立関係のもとでその本性を顕現するのにわたしたちは立ち会っている、と言うほうがよいと思われる。また、「天使主義」という非難——マリタンはデカルトの思想について諸所で（*Tre riformatori, Lutero, Cartesio, Rousseau*, trad. it., Brescia, 1964 の〔原文〕93 頁以下〔邦訳、ジャック・マリタン（麻生宗由訳）『三人の改革者——ルター・デカルト・ルソー』彌生書房、77 頁以降〕のなかで）そのように非難している——はなおさら有効ではない。その反対にここでは、実存的決断〔determinazione〕のうちに本質が全面的に包含されている。本質の肯定が完璧になされるなどという夢物語はない。むしろ、本質は実存的決断〔determinatezza〕がくだされるその度ごとにつねに再定義されるのだ。

(89) とりわけ「第二省察」に関する「第二反論」に対する〔第二〕答弁（AT VII 129–133、142–146）において、本質と存在の関係性を対立軸のもとで捉えようとする試みが展開される。このようにしてデカルトは、自身の省察的な手続きの特徴を掘り下げるのみならず、説得的かつ才気を感じさせる仕方で「第二反論」に支配的な、機械論〔meccanicismo〕か唯心論〔spiritualismo〕かという二者択一を掘り崩し（本章注 61 を参照のこと）、また、まさしく機械論による抵抗のなかから精神的なもの〔spiritualità〕がもっとも強力に要請されるのはどのようにしてかを示しているのである。

(90) AT VII 27〔「第二省察」〕より。

(91) 精神の肯定が抽象という推論の形式の産物ではあり得ないことは、アルノーが「第四反論」で主張している通りである。デカルトの〔第四〕答弁（AT VII 219–231）は、もっとも強力な存在論〔ontologismo〕を断言しているという点で典型的なものである。

(92) AT VII 28〔「第二省察」〕より（〔ここでは省略した〕イタリア語訳は *Opere* 第 1 巻〔原文〕209 頁を参照のこと）。

(93) AT VII 25〔「第二省察」〕より。

(94) この点を論じるにあたりデカルトが還元主義的な観点を正当なものと見なすのは、事物〔cosa〕の次元に専心するのではなく、物質〔materia〕の次元を考慮すべきであるという要請による。AT III 263–266〔1640 年 12 月 24 日付メルセンヌ宛書簡〕と 272〔1640 年 12 月 31 日付メルセンヌ宛書簡〕を参照されたい。

(95) 存在者が内包する産出力〔produttività dell'essere〕に関するもっとも広範な証明は、ガッサンディに反論する「第五答弁」のうちに見出される。AT VII 350–361〔「第五答弁」〕と同 IX–A 205–209〔ガッサンディの『再抗弁』に対してデカルトがクレルスリエに 1646 年 1 月 12 日付で宛てたフランス語の書簡〕を参照されたい。
(96) AT VII 32〔「第二省察」〕より（〔ここでは省略した〕イタリア語訳は *Opere* 第1巻〔原文〕212頁を参照のこと）。
(97)「この道を歩むこと」はすでに書簡のなかで指摘されている。AT II 435〔1638年11月15日付メルセンヌ宛書簡〕、同 III 181〔1640年9月15日付メルセンヌ宛書簡〕、191-192〔1640年9月30日付メルセンヌ宛書簡〕、212〔1640年10月28日付メルセンヌ宛書簡〕を参照されたい。
(98) AT VII 102より。これは「第三省察」に関する「第一反論」(AT VII 91-97) に対する答弁 (AT VII 102-107) からの引用である。この答弁のなかでデカルトは、スコラ主義にとって因果律は或る種の複写保存《ミラーリング》のようなものだが、自分にとって因果律は産出のことだと認めている。このような主張は、観念は反射像ではなくて産出物だということから導かれる。観念は、魂の活力が有機的かつ絶えず動的な仕方で機能することとして理解されるべきなのだ。そしてこの力は、産出的な表出において停止するということがない。この「魂の活力〔vita dell'anima〕」と真理の産出性については、AT II 596-599〔1639年10月16日付メルセンヌ宛書簡〕、同 III 181〔1640年9月15日付メルセンヌ宛書簡〕、382〔ネグリが参照している AT 旧版では1641年5月27日付メルセンヌ宛だが、最新のデカルト研究では1645年2月9日付メラン宛書簡〕、391-397〔1641年7月のメルセンヌ宛書簡〕、474-479〔1642年1月19日付ジビュー宛書簡〕を参照されたい。
(99) AT VII 40〔「第三省察」〕より（〔ここでは省略した〕イタリア語訳は *Opere* 第1巻〔原文〕220頁を参照のこと）。
(100) AT VII 45-46〔「第三省察」〕より（〔ここでは省略した〕イタリア語訳は *Opere* 第1巻〔原文〕225頁を参照のこと）。「第三省察」に関する「第四反論と答弁」(〔「神について」という副題のつけられたアルノーによる「反論」は〕AT VII 206-214〔を参照〕、〔それに対するデカルトの「答弁」は同巻〕231-247〔を参照〕）において、否定神学がそっくりそのまま意識の産出力〔produttività della coscienza〕の内的な表現へと読み替えられているが、これこそデカルトの思索における決定的な瞬間である。
(101) AT VII 47〔「第三省察」〕より（〔ここでは省略した〕イタリア語訳は *Opere* 第1巻〔原文〕225頁を参照のこと）。
(102) AT VII 48〔「第三省察」〕より（〔ここでは省略した〕イタリア語訳は *Opere* 第1巻〔原文〕227頁を参照のこと）。また、AT III 544〔1642年3月のメルセンヌ宛書簡〕も参照されたい。
(103) AT VII 51〔「第三省察」〕より（〔ここでは省略した〕イタリア語訳は *Opere* 第1巻〔原文〕230頁を参照のこと）。
(104) すでに見たように、ジャン＝ポール・サルトルの論考「デカルトの自由」では、産出力〔produttività〕が発動したことのサインとして神性〔divinità〕を見なす、主体によって神性について構想されたこのような考えが、はっきりと打ち出されている。しかしかれによれば、このことは意志の次元においてのみ通用する。その場合、産出力としての意志〔神が体現している自由で、世界や真理（観念）を創造する意志作用のこと〕は、デカルト的観念論のうちに閉じ込められた意志〔人間が体現している自由で、或る観念に同意したり拒否したりする意志作用のこと〕に対立することになるだろう。イデア論的な客観主義から解き放たれることで、デカルトはようやく神の観念に到達するというのである。このようなサルトルの見解に反論するなら、神性に向かって、かつ、神性のうちにおいて主体の自由〔libertà〕を放出するというプロセスは観念の次元において生じるが、〔人間が体現している〕意志の次元においても生じるのだということが指摘されるべきである。このことは、とりわけ無限の観念——観念一般を「解放〔libertà〕」する観念としての、つまり、その産出力が最大限に発動される観念としての——に関するデカルトの考察によって示されたところである。

(105) AT VII 53〔「第四省察」〕より。

(106) AT VII 54〔「第四省察」〕より（〔ここでは省略した〕イタリア語訳は *Opere* 第1巻〔原文〕233頁を参照のこと）。

(107) AT VII 54-55〔「第四省察」〕より（〔ここでは省略した〕イタリア語訳は *Opere* 第1巻〔原文〕233頁から234頁を参照のこと）。

(108) AT VII 56以降〔「第四省察」〕を参照のこと。しかし意志の特徴全般については以下を参照されたい。AT II 628〔1639年12月25日付メルセンヌ宛書簡〕、同 III 248-249〔1640年12月3日付メルセンヌ宛書簡〕、295〔1641年1月28日付メルセンヌ宛書簡〕、360〔1641年4月21日付メルセンヌ宛書簡〕、378-382〔ネグリが参照しているAT旧版では1641年5月27日付メルセンヌ宛だが、最新のデカルト研究では1645年2月9日付メラン宛書簡〕、同 IV 111以降〔1644年5月2日付メラン宛書簡〕、632〔1647年4月19日付ヘーレボールト宛書簡〕、さらに『ビュルマンとの対話』（前掲〔第2章注146〕したアダン校訂版〔原文〕48頁から51頁）。

(109) AT VII 57〔「第四省察」〕より（〔ここでは省略した〕イタリア語訳は *Opere* 第1巻〔原文〕235頁から236頁を参照のこと）。

(110) AT VII 58〔「第四省察」〕より（〔ここでは省略した〕イタリア語訳は *Opere* 第1巻〔原文〕236頁から237頁を参照のこと）。

(111)「第四省察」をめぐる（ガッサンディによる）「第五反論と〔デカルトの〕答弁」を参照されたい（AT VII 307-318、374-379）。

(112) AT VII 65〔「第五省察」〕より（〔ここでは省略した〕イタリア語訳は *Opere* 第1巻〔原文〕243頁を参照のこと）。

(113) とりわけ「第五省察」をめぐる「第二反論と答弁」を参照されたい（AT VII 124-125、127、140-142、149-152）。

(114)〔「第三省察」における神の通称ア・ポステリオリな存在証明である〕因果律を根拠とした証明（あるいは完全性を根拠とした証明）と、〔「第五省察」における通称ア・プリオリな証明である〕存在論的証明（AT VII 67）の相違は当然のことながら強調されてしかるべきである。というのも、前者は主体の本質的なあり方に基づいたものであるのに対して、後者は思惟と存在の内的な分析に基づいたものだからである。『ビュルマンとの対話』（前掲〔第2章注146〕したアダン校訂版〔原文〕26頁から29頁、30頁から33頁）とAT V 111以降を参照されたい。
(115)「第五省察」をめぐる「第一反論と答弁」を参照されたい（AT VII 95-100、112-120）。
(116)「第三省察」をめぐる「第五反論と答弁」を参照されたい（AT VII 277-307、361-374）。
(117) AT VII 71以降〔「第六省察」〕を参照されたい。
(118)「第六省察」をめぐる「第五反論と答弁」を参照されたい（AT VII 328-346、384-390）。
(119) 市民階級《ブルジョアジー》による生産活動の特徴、ならびに市民階級という社会的な存在をめぐって『省察』のなかで暗示されていることについて、わたしたちはあまり論じてこなかった。しかし、この論点については、デカルト思想において「技術への期待」がいかに再定義されているかを考察する際に再論することにしよう。いずれにせよ、ここで詳論するつもりはないが、我-世界の関係性全体がいかに『省察』においてとりわけ市民階級の観点から特徴づけられているかに注意しなければならない。たとえば、世界についてもたれるさまざまな生得観念が幾何学的かつ手工業《マニュファクチュア》型モデルに依拠した仕方で例示されること、あるいは技術を用いた生産の操作可能性の典型的形象である蜜蝋という事例が特徴的に論じられていることなどである。すでに〔第1章注185で〕言及したボルケナウの著書の諸所を参照されたい。
(120) デカルトとホッブズの関係全般については、C・アダンの論文 *Descartes et ses correspondants anglais*, in : *Revue de littérature comparée*, t. 17, 1937, pp. 437-460、ならびに前掲したJ・レールの論文 *L'influence de Descartes*〔第2章注100〕とR・ルノーブルの著作 *Mersenne*〔第1章注39〕を参照されたい。
(121) AT III 275〔1640年12月31日付メルセンヌ宛書簡〕を参照のこと。
(122) AT III 283〔1641年1月21日付メルセンヌ宛書簡〕（デカルトはホッブズの書簡を読みはしたが、それにきちんと応えようとは望まなかった。というのも、その価値がないと思ったからである。デカルトはメルセンヌに対して、もし機会があれば使うようにと短い所信を送った。しかしこの時点ですでにデカルトは、自然を形状と運動の観点から捉えていること以外に自分とホッブズのあいだに共通するところは何もない、むしろホッブズはこの正しい前提から誤った帰結を導いているのだと主張している）、293〔1641年1月2 8日付メルセンヌ宛書簡〕、338〔1641年3月18日付メルセンヌ宛書簡〕（ここでも多かれ少なかれ〔ホッブズに対するデカルトの〕同様の苛立ちが示されている）。
(123) AT III 287-292〔メルセンヌを介してホッブズに宛てた1641年1月21日付書簡〕、300-313〔ホッブズからメルセンヌを介してデカルトに宛てた1641年2月

7日付書簡〕、313-318〔メルセンヌを介してホッブズに宛てた1641年2月18日付書簡〕、320-327〔1641年3月4日付メルセンヌ宛書簡〕、341-348〔ホッブズからメルセンヌを介してデカルトに宛てた1641年3月30日付書簡〕、353-357〔メルセンヌを介してホッブズに宛てた1641年4月21日付書簡〕を参照のこと。
(124) AT版第7巻。だが「わたしは、あのイギリス人〔ホッブズ〕に対して行なった答弁よりも話を広げる義務をまったく感じなかったのです。と申しますのも、かれの反論に本当らしいところはほとんどないとわたしには思われたからで、それは、長々と答弁してしまってはその価値を不当に高めてしまうほどなのです」(AT III 360〔1641年4月21日付メルセンヌ宛書簡〕)というテクストにも注目しなければならない。
(125) たとえば、AT III 633〔1643年2月23日付メルセンヌ宛書簡〕を参照されたい。「このイギリス人の書いたものに目を通したいとは思いません」とデカルトが述べているのは1643年〔のこの書簡において〕である。
(126) AT IV 67〔1643年の某氏宛書簡〕より〔ホッブズ『市民論』出版は1642年4月のこと〕。
(127)〔邦語では『キェルケゴールの生涯と作品』(北田勝巳ほか訳、法律文化社)などを読むことができるデンマークの哲学者フリチオフ・〕ブラント〔Frithiof Brandt〕の著作 *Thomas Hobbes' mechanical conception of nature*, Copenhagen-London, 1928の〔原文〕129頁からの引用。
(128) 1648年には、デカルト、ホッブズそしてガッサンディのあいだで関係修復の会談があったようである。H・ハーヴィ〔Hervey〕の論文 *Hobbes and Descartes in the Light of Some Unpublished Letters of the Correspondence between Sir Charles Cavendish and Dr. John Pell*, in : *Osiris*, t. 10, 1952, pp. 67-90を参照されたい。三者の仲を取りなし近づけさせるメルセンヌの今回の試みは(この点については、前掲〔第1章注39〕したR・ルノーブルの研究書の〔原文〕582頁を参照のこと)、成功したようである。しかし、それを疑わせる材料もある。実際に会談がもたれたとしても、関係修復はあくまでも形式的なものでしかあり得ない。1647年12月の時点になってもエリザベトはいまだにホッブズの反論をもっとも非合理的なもの、ガッサンディの反論よりはるかに非合理的なものと見なされるべきだと考えていた。このようなエリザベトの見解に対してデカルトが抱いていた共感がいかばかりであったかはよく知られているからだ(エリザベトからデカルトに対して寄せられた共感も含めて)。
(129) すでに〔本章注127で〕参照したF・ブラントの研究書は——ホッブズとデカルトの関係に関する解釈はいくつかの点で決定的なものである——、両者の論争を支えた動機を「心理的なもの」と見なすべきだと考察している。とりわけ、デカルトはホッブズを「剽窃家」と見なす傾向があったとブラントには映っている(〔原文〕129頁から142頁)。
(130) ホッブズに宛てた最初(あるいは最初の二つ)の書簡は失われている。この点については、すでに〔本章注127で〕参照したF・ブラントの研究書（〔原文〕86頁から99頁まで）による、広範囲に及ぶきわめて充実した論証を参照されたい。

(131) AT III 287-288〔メルセンヌを介してホッブズに宛てた1641年1月21日付書簡〕、301-303〔ホッブズからメルセンヌを介してデカルトに宛てた1641年2月7日付書簡〕、321-322〔1641年3月4日付メルセンヌ宛書簡〕、354-355〔メルセンヌを介してホッブズに宛てた1641年4月21日付書簡〕のテクストからわかるように、議論は長引いた。

(132) たとえば、AT III 302〔ホッブズからメルセンヌを介してデカルトに宛てた1641年2月7日付書簡〕ならびに321-322〔1641年3月4日付メルセンヌ宛書簡〕を参照されたい。

(133) さしあたり、J・レールの前掲論文（〔原文〕241頁〔第2章注100〕）を参照されたい。なお、F・ブラントによれば、いずれにしてもデカルトとの論争がホッブズの思索の展開に及ぼした重要性は計り知れないものがある〔本章注127参照〕。ホッブズの思索の展開に光学が果たした中心的役割については、F・アレッシオ〔Alessio〕の論文 *"De Homine" e "A Minute or First Draught of The Optiques" di Th. Hobbes*, in : *Rivista critica di storia della filosofia*, t. 17, 1962, pp. 393-410を参照されたい。

(134) 運動の力《ポテンツァ》と運動を方向づける力《ポテンツァ》の相違については、『屈折光学』第2講〔「屈折について」〕の冒頭〔「玉に運動を続けさせる力《ピュイサンス》」と「この玉を或る一定の方向へと動かして他の方向へは動かぬように決める力《ピュイサンス》」の相違（AT VI 94）〕と『世界論』〔「運動する力《ピュイサンス》と、運動がどの方向になされねばならないかを決定する力《ピュイサンス》は、まったく異なる二つのものであり（後略）」〕（AT XI 8-9）を参照されたい。この論点全体については、すでに〔本章注127で〕参照したF・ブラントの研究書*Hobbes*の〔原文〕110頁から141頁においてきわめて適切な仕方で論じられている。

(135) A・パッキ〔Pacchi〕の論文 *Cinquant'anni di studi hobbesiani*, in : *Rivista di filosofia*, t. 57, 1966, pp. 306-335を参照のこと。さらに同論文の注では、「わたしたちの見解によればワトキンス（J. W. N. Watkins, *Hobbes' System of Ideas*, London, 1965〔邦訳、J・W・N・ワトキンス（田中浩・高野清弘訳）『ホッブズ――その思想体系』未來社〕の〔原文〕45頁以降）は、方法に関してホッブズがベイコンかデカルトかという二者択一に進むよりは、それ以前の伝統つまりパドヴァ学派的アリストテレス主義に立ち返っていると強調するとき、問題の核心をつかんでいる」（〔原文〕315頁）と述べられている。この指摘は方法に関してだけ当てはまるのではないと付け加えても無駄ではないだろう。この観点からすれば、ホッブズ思想は、自然主義-エピクロス主義-機械論からなる混合体と顕著な類似点を有していたと思われる。この混合体については、すでに見たように、当時のフランスの哲学界における主流をなしていた。いっぽうで、F・ブラントは、すでに〔本章注127

で〕参照したその著書 *Hobbes* において、機械論的主題がホッブズ哲学における本質的特徴をなすと主張する。純粋に哲学的な観点から見ただけでも、ホッブズは唯物論を単なる運動論へと押しやっているというのである。つまり、物質というものは消滅する傾向にあり、核心的なのは運動だけだということになる。

(136) バイエ（第2巻〔原文〕120頁）によれば、「大ブリテン島〔イギリス〕を襲った混乱のためにホッブズは1640年末にフランスに戻ってこざるを得なかった。そして、パリで平静と安全とを見出した。これはかれが自分の哲学をじっくりと構築するために探し求めていたものである。さらにホッブズは、今まで以上にメルセンヌ神父とガッサンディ氏との交流を深めたのだ。かれらはホッブズにとって研究を進めるうえで主だった助言者であり同伴者であった」。また、ホッブズとデュピィ〔Dupuy〕兄弟周辺の人物との関係については、〔邦語では『ゲマインシャフトとゲゼルシャフト——純粋社会学の基本概念』（上下、杉之原寿一訳、岩波文庫）などを読むことができるドイツの社会学者フェルディナンド・〕テンニェス〔Ferdinand Tönnies〕の著作 *Hobbes, der Mann und der Denker*, Stuttgart, 1912 の〔原文〕15頁、前掲〔第1章注39〕したR・ルノーブルの研究書 *Mersenne* の〔原文〕xxviii頁、xxxviii頁、l頁からli頁、308頁、576頁から578頁（ホッブズとその思想のフランスにおける受容と変遷に関する豊富な情報と書誌上の注釈を含む）、そして最後に、きわめて一般的な観点から論じているが、前掲〔第2章注53〕したR・シュヌールの著作 *Individualismus und Absolutismus* の諸所も参照されたい。

(137) 一般的に、形而上学と新たな学知の密接な連関を再確認する（言い換えるなら、形而上学に論戦を挑むものとして新たな学知の誕生を捉えるような考察を問題視する）ものとしては、そしてとりわけデカルトとホッブズの思索に関するものとしては、〔アメリカ合衆国の哲学者でその博士論文をもとにした〕E・A・バート〔Burtt〕の著作 *The Metaphysical Foundations of Modern Physical Science : A Historical and Critical Essay*, 3 ed., New York, 1954（とりわけ第4・5章〔邦訳、エドウィン・アーサー・バート（市場泰男訳）『近代科学の形而上学的基礎——コペルニクスからニュートンへ』平凡社〕）を参照されたい。この研究書に近いものとして、A・コイレの著作 *From the Closed World to the Infinite Universe*, Baltimore-London, 1957〔邦訳、アレクサンドル・コイレ（野沢協訳）『コスモスの崩壊——閉ざされた世界から無限の宇宙へ』白水社〕が基本書として検討されるべきである。

(138) ホッブズとデカルトの哲学は「形式を別とすれば」完全に類似していると考え、この点は証明し得たとさえ主張した者がいる。カール・シュミット〔Carl Schmitt〕の論文 *Der Staat als Mechanismus bei Hobbes und Descartes*, in : *Archiv für Rechts- und Sozialphilosophie*, t. 30, 1936-1937, pp. 622-632〔邦訳、「ホッブズと全体主義」、カール・シュミット（長尾龍一訳）『リヴァイアサン——近代国家の生成と挫折』所収、福村出版〕を参照されたい〔実際にシュミットによれば「ホッブズは、「霊魂を持った機械」というデカルト的人間観を「巨人」たる国家に転用し、国家を主権的・代表的人格という霊魂をもった機械となした」（原文624頁、邦訳

10 頁)〕。
(139) すでに〔本章注 127 で〕参照したブラントの著作 *Hobbes*（167 頁）と、C・ロバートソン〔Robertson〕の著作 *Hobbes*（ロンドン、1910 年、55 頁から 56 頁まで）を参照のこと。
(140) この見解は、テンニェス〔本章注 136 参照〕、ディルタイ〔Dilthey〕、レーヴィ〔本章注 15 参照〕、そしてルビンスキー〔Lubienski〕によって提示されたものである。すでに〔本章注 135 で〕参照したA・パッキの論文 *Cinqunat'anni* を参照されたい。自然学上の思索と習俗〔道徳〕に関する思索は根本的に異質であると見なすことで、このような見解に異論を唱えるのは、ロバートソン〔本章注 139〕、レール〔第 2 章注 100〕、そして〔本章注 142 で改めて言及される〕シュトラウス〔Strauss〕である。
(141) このテーマに関してそうした方向を示す研究は、R・ポラン〔Polin〕の著作 *Politique et philosophie chez Thomas Hobbes*, Paris, 1953 とその論文 *Justice et raison chez Hobbes*, in : *Rivista critica di storia della filosofia*, t. 17, 1962, pp. 450–469 である。ポランは後者の論考において、ホッブズ哲学の展開の全過程に照らしてホッブズにおける政治的責務を個別的で自律した契機と見なそうとした解釈者たちに対して、辛辣かつ巧妙な議論を行なっている。この反論が念頭に置いているのは、とりわけH・ウォレンダー〔Warrender〕の著作 *The Political Philosophy of Hobbes : His Theory of Obligation*, Oxford, 1957、ならびにその論文 *Hobbes's Conception of Morality*, in : *Rivista critica di storia della filosofia*, t. 17, 1962, pp. 434–449、M・オークショット〔Oakeshott〕の論文 *The Moral Life in the Writings of Thomas Hobbes*, in : *Rationalism in Politics*, London, 1962, pp. 248–300〔邦訳、マイケル・オークショット（森村進訳）「ホッブズの著作における道徳的生」、オークショット（島津格ほか訳）増補版『政治における合理主義』所収、勁草書房〕といった研究である。ポランがとりわけ強調するのは、責務〔obbligazione〕という用語をカント的な観点で捉えることはできないという点である。その反対に、この用語は自然哲学に全面的に内在しており、したがって自然哲学を根拠に首尾一貫して展開されるものなのである。〔邦語では『ホッブズの哲学体系――「生命の安全」と「平和主義」』（中村勝己ほか訳、未來社）などを読むことができるイタリアの哲学者ノルベルト・〕ボッビオ〔Norberto Bobbio〕の論文 *Hobbes e il giusnaturalismo*, in : *Rivista critica di storia della filosofia*, t. 17, 1962, pp. 470–485 を参照されたい〔その後、前掲ボッビオ邦訳書に第 5 章「ホッブズと自然法論」として所収〕。
(142) A・パッキは、道徳哲学から自然哲学を分離するのに無理をしたシュトラウスの解釈に異議を申し立て、すでに〔本章注 135 で〕参照したその論考 *Cinquant'anni* の〔原文〕318 頁において、シュトラウスが自身の主張を保持するためにホッブズの『〔第一原理についての〕小稿〔*A Short Tract on First Principle*〕』を無視しなければならなかったことを正しく指摘している。ホッブズの『小稿』における「初期の機械論的思考は、“自由な行為者〔libero agente〕”に関する決定論的な概念化を通じて、道徳（論）と密接な関係をすでに示したものとなっている」。ホッブズにおける道徳哲学と自然哲学の結びつきに関する議論のなかでもっとも均衡のとれた包括的な観点というのは、おそらく、C・B・マクファーソン〔Macpherson〕の著作 *The Political Theory of Possessive Individualism : Hobbes to Locke*, Oxford, 1964 のうちとりわけ〔原文〕29 頁から 46 頁にかけて提示されたものである〔邦訳、クロフォード・ブラウ・マクファーソン（藤野渉ほか訳）『所有的個人主義の政治理論』合同出版、41 頁から 58 頁〕。ホッブズ思想における二つの太い幹〔道徳哲学と自然哲学〕の関係性は「必然〔nesessità〕」なのか否かという論争には介入せずに、その代わりに、両者の結びつきは非-機械論的なものであるという解釈を受け入れつつ（「別の」――心理学的・倫理学的・神学的――要素が確かにホッブズ政治学の枠組みを形づくるべく入り込んでいる）、マクファーソンはそれでもなおこの結びつきの有効性を強調している。この結びつきは、社会と政治を構成する決定論的範型《モデル》により支えられもし、また、この範型を明らかにするものでもある。ホッブズ思想の連続性とは、内的な必然性によるものではない。それは政治的必然性によるものだ。ホッブズ思想が機械論の文化に根づいたことを示す形象そのものなのであり、絶対主義に向かうひとつの選択なのだ。

(143) 先に注記したように、T・グレゴリー（すでに〔第 2 章注 39 で〕参照した著作 *Gassendi* の〔原文〕236 頁から 237 頁）は、このような変化がガッサンディの思索において有する重要性を強調し、かつ、当時の知識層にこの主題が浸透していたことを指摘している。

(144) マルクスとエンゲルス〔の『聖家族』〕（*La Sacra Famiglia*, trad. it., Roma, 1954）がベイコンの場合と比較しながら、いかに唯物論の革命的意義がホッブズにおいては曖昧なものになっているかを強調していることに注意されたい。ベイコンにおいて唯物論は、自らにそなわっている力に対する強烈な感覚とともに生成する（「感官は誤まることのないものであり、すべての知識の源泉である」とか、物質は量的本質、運動、そして数学的構造だけでなく「衝動〔impulso〕、生気〔spinta vitale〕」でもあるとか言われる。ベイコンにおいて「物質は、詩的な＝感性的なかがやきにつつまれて人間の全体に頬笑みかけている」）のに対し、ホッブズにおいて物質という概念は、かなりゆがめられている。「感覚はそのはなやかさを失い、幾何学者の抽象的感覚になる。肉体的な運動は、力学的または数学的運動の犠牲にされる。幾何学が、主要な科学であると宣言される。こうして唯物論は人間ぎらいとなる」（イタリア語版〔原文〕139 頁〔邦訳、フリードリヒ・エンゲルス、カール・マルクス（石堂清倫訳）『聖家族』、『マルクス・エンゲルス全集』第 2 巻所収、大月書店、133 頁から 134 頁、訳文は変更〕）と述べられている通りである。

(145) ホッブズにおいて理性という概念が有することになる規約主義的な〔convenzionalistico〕性格と、無効化として機能する仮説（それは懐疑のことか）の破壊的な影響力の両者については、A・パッキの著作 *Convenzione e ipotesi nella filosofia naturale di Thomas Hobbes*, Firenze, 1965 の諸所と〔原文〕70 頁以降を参照されたい。したがってこの観点からすれば、ホッブズが懐疑主義の復興に及ぼした効果に関するR・H・ポプキンの主張に訂正を施さなければならない。この論点全般については、すでに〔第2章注107で〕参照したG・D・ネーリの著作 *Prassi e conoscenza*（〔原文〕34頁以降）において巧みな仕方で論じられている。
(146) AT VII 194（*Opere* 第1巻〔原文〕365頁〔「第三反論」反論14〕）より。
(147) この点については、「第二省察」をめぐる「第三反論と答弁」（AT VII 172-176、177、177-179）を参照されたい。
(148) AT VII 171（*Opere* 第1巻〔原文〕344頁〔「第三反論」反論1〕）より。
(149)「第四省察」に対する「第三反論」〔反論12とそれについてのデカルトの答弁〕（AT VII 190-191）を参照されたい。
(150) AT VII 180（*Opere* 第1巻〔原文〕352頁〔「第三反論」反論5〕）より。
(151) AT VII 181（*Opere* 第1巻〔原文〕352頁〔「第三反論」反論5への答弁〕）より。
(152)「第三省察」をめぐる「第三反論と答弁」（AT VII 179-189）を参照されたい。
(153) J・V・シャール〔Schall〕の論文 *Cartesianism and Political Theory*, in : *The Review of Politics*, t. 24, 1962, pp. 260-282などによって提示された見解によれば、デカルトは権力〔potere〕のさまざまな現象を考察するにあたり精密科学に要請される基準の活用を提案することで、「政治学にとって新しく革命的な基盤を導入した」（〔原文〕272頁）という。このような見解は、率直に言えば支持しがたい。デカルトの政治学を基礎づけるのは、機械論的二元論ではなくて、イデオロギー——つまり、二元論を克服しようと「見せかける」試み——なのである。シャールは、L・ラベルトニエール〔Laberthonnière〕の主張（*Œuvres de Laberthonnière*, vol. II, *Études sur Descartes*, Paris, 1935, pp. 102-116）、そしてとりわけA・デル・ノーチェのそれ〔*Cartesio e la politica*, in : *Rivista di filosofia*, t. 41, 1950, pp. 3-30〕を肯定的に参照していることに注意されたい。
(154) この観点からすれば、デカルトの道徳論と政治学は、魔法にかけられた〔現実性のない〕世界つまり自然学的な世界を支配する諸根拠の秩序の外に完全に位置しているというゲルーの主張の正しさを疑う余地はない（下記を参照されたい）。しかしゲルーは、デカルト思想における政治学の位置づけ、あるいはより正確に言うなら政治的なものの形象を積極的に突き止めようとはしていない。最近のドイツ人研究者の解釈においては（M・ベンゼ〔Bense〕の著作 *Descartes und die Folgen. Ein aktueller Traktat*, 2 ed., Krefeld, 1955と、〔邦語では『主体性と存在——自己の存在論的性格について』（長谷川晃訳、理想社）などを読むことができるゲルハルト・〕シュミット〔Gerhart Schmidt〕の著作 *Aufklärung und Metaphysik. Die Neubegründung des Wissens durch Descartes*, Tübingen, 1965）、デカルト思想に支配的であるが、いまだ解明されていないこの多義性——歴史的には〔デカルト思想における〕危機によって示されている——の意味が適切に捉えられていることが多い（たとえ、これらの研究に見られる思弁的な解釈はきわめて問題含みであるとしても）。
(155) 機械論的科学に基づいたアプローチそれ自体がデカルトにあってはしばしば「イデオロギー的な」ものになることを改めて指摘するのは無駄ではない。つまり、或るときには科学的な説明がなされる過程で誤解のもととなる否定的な帰結がもたらされ、また或るときには産出的な想像力の重視から肯定的な帰結がもたらされ、さらには肯定的かつ否定的な帰結がもたらされるのである。これについては一例を挙げれば十分だろう。つまり、カッシーラーがその著作 *Storia della filosofia moderna*〔邦訳、カッシーラー前掲書（第1章注85参照)〕においてあいかわらず巧みに鋭い考察を行なっているように、デカルトにおける「仕事（量)」〔デカルトの仏語原文では force（力)、カッシーラーの独語原文では Arbeit（仕事)、ネグリの参照するその伊語訳では lavoro（仕事)〕の概念についてである（イタリア語版〔原文〕512頁以下〔邦訳、420頁以下〕)。機械論的科学――新たな結果《エフェッティ》を産出する活動的存在《アニマート》の力《フォルツァ》を仕事〔量〕のうちに曖昧に逃げることなく《ノン・ミスティフィカータ》認める――から推測されるところとは異なり、デカルトは曖昧に《ミスティフィカータ》も、仕事（量）を〔それ自体は〕自己完結的な体系のなかに完全に位置づけられる「能力〔作用〕」〔デカルト自身の仏語では action、ネグリの参照するカッシーラーの伊語訳では azione〕のことと見なしているからだ。ここでわたしたちはいったい何を強調しようというのか。つまり、デカルトにおいて仕事〔量〕が曖昧に捉えられていることは――そのために「「仕事量」という概念が「普遍数学」に特有の純粋な成果」〔邦訳、421頁〕として理解されるのだが（カッシーラーは、デカルトの〔1637年10月5日付ホイヘンス宛書簡に収録されている〕機械に関する論考（AT I 435以下）を参照している）――、その精確な機械論的定義よりもはるかに、あるいは少なくともそれと同程度に、市民階級《ブルジョアジー》の本質的な部分が現実に果たす役割〔を説明するの〕に対応しているということである。デカルトの形而上学的な説明が実際は、市民階級が自分たちの再起の必然性について抱いていた幻想を色濃いものにするのに対して、機械論的科学による説明はむしろ、市民階級が喫した敗北をただ追認するだけなのだ。そうだとしたらデカルトのイデオロギーは機械論的科学よりも、ブルジョアジーという階級の特徴にいっそう合致するものと結論づけ得るのだろうか。
(156)『真理の探究』はいつ執筆されたのか。ここではC・アダンによる「推測」（AT X 528–532）のひとつに依拠しよう。つまり、当時エンデヘースト〔Endegeest〕城に実際に滞在していたデカルト（〔登場人物の〕ユードクス）とその友人であるデバロー〔Desbarreaux〕（ポリアンドル）とピコ神父（エピステモン）のあいだでもたれた一連の議論を経て、〔『真理の探究』という〕対話篇は1641年の夏に当地で執筆された。これと『省察』のあいだに認められる類似という実質的な根拠からこの推測は支持し得る。同じ観点に立つ最新のものとして、F・アルキエは自身が編集したデカルトの前掲〔第1章注77〕『哲学的著作集』第2巻の〔原文〕1101頁から1104頁までの〔『真理の探究』に関する〕解題のなかで〔、この論点について〕考察している。『省察』との類似を示す要素についてはこの後で追い追い言及することになろうが（アルキエは「もっとも重要であり、かつ、もっとも多くのことを解明してくれる比較は、『真理の探究』と『省察』の比較である」と述べている）、さらに加えて、人文主義的な智慧とこの世界における真理の探究はスコラ的な衒学に対立することが述べられている「ヴォエティウス宛書簡」のテクスト（AT VIII-B 39-55〔邦訳、デカルト前掲書（第1章注169）、78頁から93頁まで〕）が想起に値するだろう。『真理の探究』の執筆時期に関するその他の仮説については、本節末を参照されたい〔本章の注166を参照のこと〕。
(157) AT X 496〔『真理の探究』〕より。
(158) AT X 498〔『真理の探究』〕より。
(159) 未完成の著作『真理の探究』は、AT版第10巻〔原文〕495頁から514頁（フランス語のテクスト）とAT版第10巻〔原文〕514頁から527頁（ラテン語による続き）に収録されている。この著作がたどった変遷とその校訂作業については、AT版第10巻〔原文〕491頁から494頁を参照されたい。
(160) G・カントコール〔Cantecor〕の論文 *À quelle date Descartes a-t-il écrit la Recherche de la vérité ?*, in : *Revue d'histoire de la philosophie*, t. 2, 1928, pp. 254-289によれば、『真理の探究』は1628年あたりに位置づけられるべきであるとされる。その文体は確かに、このような見解を要求すると思われる。E・ガレンは、自身が編集した『デカルト著作集』第1巻の序文（〔原文〕cxxxiv頁からcxxxviii頁）のなかで、文体（シヨンやバルザックの文体との呼応関係をガレンは認めている）と内容（おそらく最初のオランダ滞在のあいだに取り組まれた、デカルト初期の探究の枠組みのもとにある。そして「探究《ルシェルシュ》」は、デカルトの同時代人がその完成を待ち望んでいた「〔デカルトの精神の〕歴史＝生涯《イストワール》」という自伝を構成するものと考えられる）の両方の根拠を強調しつつ、カントコールの主張を採用している。
(161) この対話篇の正式な題名を想起すれば事足りる。つまり、「自然の光による真理の探究」という文言に「自然の光というのは、宗教の助けも哲学の助けも借りることなく、ただそれだけで、分別ある人《オネットム》がその思考を占め得るすべての事物について、有すべきところの意見《オピニオン》を決定するものであり、かつまた、きわめて難解な学知の秘密を究明するものである」と続く。
(162) AT X 497〔『真理の探究』〕より〔従来は、passant（通りがかりの人）と解されたきたが、ここはpaysan（農夫）と読むべきというのが最新のデカルト研究の傾向である〕。
(163) AT X 496-497〔『真理の探究』〕より。しかし、AT X 503〔『真理の探究』〕ほか諸所も参照されたい。
(164) しかし、『精神指導の規則』の単なる言い換えではない。『プレアンビュラ〔*Preambula*〕』や『方法序説』などへの参照も幅広く認められる。
(165) AT X 500〔『真理の探究』〕より。
(166) H・グイエ（*Sur la date de la Recherche de la vérité de Descartes*, in : *Revue d'histoire de la philosophie*, t. 3, 1929, pp. 296-320）とE・カッシーラー（*La place*

de la "Recherche de la vérité par la lumière naturelle" dans l'œuvre de Descartes, in : *Revue philosophique de la France et de l'étranger*, t. 127, 1939, pp. 261–300）にとっても『真理の探究』はデカルト初期の著作だと思われない。かれらは、それぞれ執筆時期を 1648 年あるいはデカルトがスウェーデンに滞在していた頃〔1649 年から 1650 年にかけて〕と見なそうとしている。また、G・ロディス＝レヴィスの論文 *Cinquante ans d'études cartésiennes*, in : *Revue philosophique de la France et de l'étranger*, t. 141, 1951, p. 254（カッシーラーの提案に惹かれつつも、最終的にはグイエの提案を受け入れている）と、すでに〔第 1 章注 163 で〕言及した A・ヴァルタニアンの著作 *Diderot e Descartes* の〔原文〕35 頁を参照されたい。わたしに関して言えば、アダンとアルキエの提案のほうを採用したいものの、『真理の探究』が 1641 年以降に執筆されたと見なされるべきであることを阻むものは何もないと思う。ただしそれは、この著作の原動力となるものが『省察』のうちに見出される限りにおいてである。『真理の探究』の執筆時期に関して注釈されてきたところをまとめるなら、前掲〔第 1 章注 1〕した G・セッバの *Bibliographia cartesiana* の〔原文〕77 頁から 78 頁における次のコメントが参照に値する。「カントコールの主張は力強く、グイエのそれは確固としたものであり、カッシーラーのそれは精巧である。〔しかし〕これら三者の主張は、同じ不治の病を患っている。すなわち事実の欠如である」。

(167) AT X 500 と 504–505〔『真理の探究』〕を参照のこと。確かにこれらの箇所には他の箇所と同様に、若き日のデカルトが行なった論争のさまざまな主題が見出される。とりわけ、エピステモンが手練《アルティフィス》、幽霊《スペクトル》そして幻影《イリュジオン》に関する学知について教示を求めているあたりがとりわけそうである（これが「奇跡に関する学知」という問題構制に関わることは疑いがない！）。また、たとえば副題には「難解な学知《キュリユーズ》」という表現も改めて用いられている。このように〔デカルトの初期における議論の再登場に関して〕いくらでも例示を続けることはできるだろう。しかし、これらの議論が〔ルネサンスの〕普遍主義に対抗するために持ちだされていることには注意すべきである。すなわち、これらの議論の由来――それは控え目に言っても曖昧なものだが――を特に念頭に置くなら、それらの議論にはとりわけひねりが効いているのだ。

(168) AT X 511–513 を参照のこと。『真理の探究』のこの箇所は、『省察』からの引用に――そう言ってもよいだろう――満ちている。

(169) AT X 512〔『真理の探究』〕より。

(170) AT X 518 以降〔『真理の探究』〕を参照されたい。

(171) このようなデカルトにおける探究に見られる二律背反、多義性、そして逆説的な律動を一貫して強調しているという意味で、わたしは前掲〔本章注 154〕の G・シュミットの著作 *Aufklärung und Metaphysik* の解釈を推す。

(172) AT X 496〔『真理の探究』〕より。

(173) AT X 501〔『真理の探究』〕より。

(174) AT X 509〔『真理の探究』〕より。
(175) AT X 509〔『真理の探究』〕より。
(176) 本書の第1章第5節、第2章第1節ほか諸所を参照されたい。
(177) AT III 472〔1642年1月19日付ジビュー宛書簡〕より。
(178) すでに論じてきたことに加えて、AT II 25〔1638年3月1日付メルセンヌ宛書簡〕、97〔1638年3月31日付メルセンヌ宛書簡〕、147〔1638年5月27日付メルセンヌ宛書簡〕、同III 184〔1640年9月30日付メルセンヌ宛書簡〕、236-238〔1640年11月11日付ジビュー宛書簡〕、276〔1640年12月31日付メルセンヌ宛書簡〕、360〔1641年4月21日付メルセンヌ宛書簡〕、386、388〔以上、1641年6月23日付メルセンヌ宛書簡〕、472-480〔1642年1月19日付ジビュー宛書簡〕を参照されたい。とりわけ重要なのは、ソルボンヌがとった措置に言及した箇所、ならびにジビュー〔Gibieuf〕の『自由について《デ・リベルターテ》』を参照することで自身の自由に関する理説を正当化しようとするデカルト本人の試みが見てとれる箇所である。
(179) AT III 19〔1640年1月29日付メイソニエ宛書簡〕より。また、デカルト自身〔メルセンヌに1636年3月に宛てた〕その書簡(AT I 339)において強調しているように、『方法序説』の結論がこの企てによって明白に裏付けられていることを想起されたい。
(180) AT IV 378〔1646年3月6日付シャニュ宛書簡〕より。
(181) これらの論点についてはすべて次の第四章で詳細に再論するつもりである。
(182) これこそ、ヨーロッパとりわけ英国におけるマキァヴェッリ思想の影響に関するフェリックス・ラーブ〔Felix Raab〕の解釈(*The English Face of Machiavelli : A Changing Interpretation, 1500-1700*, London-Tronto, 1964)を牽引する主張である。この研究書では、1649年における市民革命《ブルジョア》ならびに〔ジェイムズ・〕ハリントンの著作とマキァヴェッリとを結びつける直接的な縫い糸が何であるかが明らかにされている。ラーブの解釈について言い添えておきたいのは、前掲〔第1章注168〕したG・プロカッチの著作 *Studi sulla fortuna di Machiavelli* がこの解釈を補完するものとして重要だということである。
(183) ユストゥス・リプシウス〔Justus Lipsius〕が『政治論〔*Politica*〕』の冒頭で注記しているように。いずれにしてもマキァヴェッリは、フランス思想界において〈ポリティーク派〉にならって現実主義を標榜する思想家として取りあげられた。それはまったくの誤解であるのだが。単なる現実主義者として見なされないときは、権力〔potere〕の邪悪について論じた悪魔のような著者として見られた(A・シェレル〔Cherel〕の著作 *La pensée de Machiavel en France*, Paris, 1935、R・デ・マッテーイ〔de Mattei〕の論文 *Origini e fortuna della locuzione "ragion di stato"*, in : *Rivista internazionale di filosofia del diritto*, t. 26, 1949, pp. 187-202、H・ルッツ〔Lutz〕の著作 *Ragione di stato und christliche Staatsethik in 16. Jahrhundert*, Münster, 1961、A・M・バッティスタ〔Battista〕の著作 *Alle origini del pensiero politico libertino. Montaigne e Charron*, Milano, 1966)。フランスにおける〈ポリティーク派〉

によるマキァヴェッリ思想の誤解に関する浩瀚かつ整然とした説明は、前注で参照したG・プロカッチの著作 *Studi*（〔原文〕77 頁から 106 頁まで）によるものだが、それによれば、この誤解は、カルダーノ（ならびにその占星術的悲観主義）がマキァヴェッリの文化面での仲介役を果たしたことが原因とされる。いずれにせよ、マキァヴェッリ思想がフランスにこのような形でいったん紹介されると、マキァヴェッリを上述のように解釈しようとした〈ポリティーク派〉にとってさえマキァヴェッリがほぼ理解不能な思想家と見なされるようになってしまう。この点を指摘しておくのは興味深く、E・ガレンの注釈（*Giornale critico della filosofia italiana*, t. 29, 1950, pp. 383–384）を参照されたい。ガレンは『ソルベリアーナ――サミュエル・ソルビエール語録〔*Sorberiana, sive excerpta ex ore Samuelis Sorbière*〕』〔Samuel Sorbière は 1615 年生まれ。フランスの医者・哲学者。1670 年歿。ホッブズ哲学の紹介に努めた。『ソルベリアーナ』は 1691 年にトゥールーズで出版された〕から次のような一節を引用している――「マキァヴェッリは、ラテン語でもフランス語でも悪く語られている。ラテン語では、『君主論』は読まれないことによって得をしている（*cujus libri minuit lectura famam*）と宣告されている。フランス語では、似たようなことがホッブズとの関連で言われている。つまり、「マキァヴェッリの政治論とホッブズ氏の政治論とのあいだに横たわる違いは、大理石の臼のなかで大蒜《にんにく》と混ぜ合わさった砂糖と別の臼のなかで竜涎香《りゅうぜんこう》と混ぜ合わさった砂糖とのあいだに存する違いと同程度のものである。前者のものの考え方は、野生的で非人間的な精神によるものである。後者のそれは、優しくて善良な、しかも慈しみに満ちた魂によるものである。後者はつねに例外なく、しぶりながら悪事をなすオネットム〔honnête homme〕、悪性の肉片を取り除くためにしかたなく血の通った身体を切開する腕のいい外科医と自覚している。前者は、通りすがりの人から奪い取る盗賊、人に負わせた傷口のなかで剣を掻き回す復讐者と自覚している」（後略）」と。フランス文化におけるマキァヴェッリの受容に関して一般的には、前掲〔第 2 章注 32 参照〕したH・ビュソンの著作 *De Charron à Pascal* の〔原文〕520 頁以下、R・ルノーブルの著作 *Mersenne* の〔原文〕176 頁以下〔第 1 章注 39〕、F・マイネッケの著作 *L'idea della ragion di stato*, vol. I〔邦訳、マイネッケ前掲書（本章注 39)〕、そしてとりわけ、すでに〔第 2 章注 36 で〕言及したルドルフ・フォン・アルベルティーニの著作 *Das politische Denken* の〔原文〕175 頁から 195 頁までを参照されたい。フォン・アルベルティーニの論考は、あいかわらずの明晰さで問題の要点を押さえている。

第４章　時代とイデオロギー

(1) この点に関して、〈法服貴族〉のあいだで国家に関する歴史学が欠けているという不満が繰り返し見られたことは意義深い。この論点については、すでに〔第1章注25で〕参照したM・ヤルドニの論文 *La conception*（〔原文〕109頁）を参照されたい。また、人を喜ばせるだけの歴史物語を研究することの無駄に関するデカルト自身の議論は、歴史学を精査すべきだという要求の受け皿となっているように思われる（『方法序説』〔第1部〕(AT VI 5) と前掲〔第1章注4〕のE・ジルソン『注解』の〔原文〕112頁を参照のこと)。

(2) L・ゴルドマン（*Le Dieu caché. Étude sur la vision tragique dans les Pensées de Pascal et dans le théâtre de Racine*, Paris, 1955〔邦訳、リュシアン・ゴルドマン（山形頼洋・名田丈夫訳)『隠れたる神』社会思想社〕）は、絶対主義の政治的展開に強烈に反対したジャンセニストの動向をはっきりと主張した研究者である。しかも、ゴルドマンは正しかった。というのも、この対立関係の基本的な特徴はいかなる場合も過小評価されてはならないからだ。ゴルドマンは、この対立関係へと至る全般的な過程のみならず、この過程に方向性を与え、これを決定的なものとするような個々の出来事をも強調している。「ジャンセニズムに関しては、1637-1638年のあたりのその発生は、君主絶対主義の決定的な推進期に位置づけられる。というのも、それは、すべての専制政治に不可欠な、官僚機構そのものを創出することに成功し(中略)。1635-1640年の年々は、この長く続く過程のなかで、危機的な時期を、限定されてはいるけれども中央権力と高等法院階層との間の諸関係において特に尖鋭化した一種の危機をつくりだす（後略)」〔邦訳、上巻、142頁〕と述べられている通りである。しかし、この危機の原因は何であったのか。ここで〔第1章注71で参照した〕C・ヴィヴァンティがその著作 *Lotta politica e pace religiosa*（〔原文〕355頁）で述べていることを想起したい。「[〈法服貴族たち〔*robins*〕〉] は、社会機構の結晶化によって特徴づけられる時期にあって、つまり、16世紀に自分たちの階層が全体的に力をつけ、また、文化的に特別な時代が開花することを可能にした地平が閉ざされる時期にあって、権力〔potere〕の側に就く必要があった。しかしかれらは、統治諸集団の発展を知的な次元で推し進め豊かにするための政治綱領を練りあげるまでには至らなかった。実際にも、当時の情勢下では、統治諸集団と手を切ることは自分たちが積み上げてきたものを無駄にする危険があった。〈法服貴族〉は、多くのことを達成するよりはむしろ自らのもっとも高い野望と結びついた文化的、道徳的な地位を、もちろん一定の限度内ではあれ諦めることを強いられており、自分たちには手の届かなかった堅固な政治諸制度に従属することになった。

しかし、それ以外の道としては、自由思想家的な逃避しか残されていなかった」。つまり、自分の身を守りたかったら、主権者権力〔potere sovrano〕によって定められた規範——それはここでの場合なら王室の〈役人《やくにん》〉が定めるものだが——を受け入れなければならないのだ。〈法服貴族〉の果たした役割の変化（市民階級《ブルジョアジー》を自由に代弁することから主権者の〈役人〉としての職務を果たすことへの移行）を考察している理論家は、この変化について「（前略）〈役人（officiers）〉の権力は、君主の権力の投影図に他ならない（後略）」（〔17 世紀フランスを代表する法学者であり、法の実務家であった〕シャルル・ロワゾー〔Charles Loyseau, 1564–1627〕『官職論〔*Traité du droit des offices*〕』第 2 巻第 2 章〔原文〕621 頁）と認めている。このことは、チュルケ・ド・マイエルヌの断言していたところとどれほど異なっていることか！　それによれば、主権者自身が行政の長である。また、その臣民に対する誓約と契約を義務づけられる。さらに行政の長と〈役人〉は、王にではなく王冠に従属する（すでに〔第 1 章注 25 で〕参照したＲ・ムーニエの論文 *L'opposition politique* の〔原文〕17 頁）。今やすべてが変わってしまった。高等法院の〈役人〉の姿は、危機のただなかで、そして危機の結果として、主権者が任命する地方長官〔intendant〕特任官僚〔commissaire〕のそれへと変貌した。実際のところ、これは「ひとつの新しい制度」の創出なのだ。言い換えるならば、高等法院を拠点とした市民階級《ブルジョアジー》の危機はその頂点に達したのである。Ｒ・ムーニエの論文 *État et Commissaire. Recherches sur la création des Intendants des Provinces (1634–1648)*, in : *Forschungen zu Staat und Verfassung. Festgabe für Fritz Hartung*, Berlin, 1958, pp. 325–344 と、1633 年から 1649 年までの『大法官セギエへの報告書〔*Lettres et mémoires adressés au Chancelier Séguier*〕』の校訂版（パリ、1964 年）へのムーニエの序文（第 1 巻〔原文〕7 頁から 192 頁）を参照されたい（ここでとりわけ強調されるべきは、新しい制度のもとで明確になった独自の文化的要素、つまり法解釈における合理主義的傾向と法の効力に関する普遍主義的概念化である）。そして、〔ムーニエの論文〕*La participation des gouvernés à l'activité des gouvernants dans la France du XVIIe et du XVIIIe siècles*, in : *Études suisses d'histoire générale*, t. 20, 1962–1963, pp. 200–229、さらに古い研究ではあるが、より包括的なものとして〔ムーニエの著作〕*La vénalité des offices sous Henri IV et Louis XIII*, Rouen, 1945、そして *Le XVIe et XVIIe siècles*, Paris, 1954 も参照されたい。1630 年代後半における危機の特徴について、ゴルドマンはそれが基本的には、官職〔売買〕の値段がさらに低下していくこと——その結果、高等法院を拠点とする市民階級《ブルジョアジー》がさらなる競争に晒されること——にあると的確に強調している。つまり、高等法院の職に就いた市民階級《ブルジョアジー》が統制され敗北したのは、〈役人〉として主権者権力に全面的に従属するようになったからだけでなく、採用が幅広く行なわれるようになったからでもあるのだ。

(3)　ゴルドマンによって着手された研究をさらに推し進めたＧ・ナメール〔Namer〕（*L'abée Le Roy et ses amis. Essai sur le jansénisme extrémiste intramondain*, Paris, 1964）は、高等法院の貴族をも巻き込んだ危機に際してかれらがどのような反応を見せたかを分析している。この枠組みによりナメールは、王政の非合理性を承認すると同時に抵抗のための宣伝活動《プロパガンダ》を基本とするイデオロギーと実践からなる一潮流——まさしく「内世界的〔世俗的〕過激派〔estremista intramondana〕」と呼称される——が何であるか、それを突き止めている。それは、勝利の希望にではなく、抵抗活動それ自体を盲目的に信奉することに根差していた。ナメールは、ジャンセニズムにおける過激な諸思潮の特徴を「敗北の神学〔teologia della disfatta〕」として論じている。わたしたちの考えでは、このようなイデオロギーこそジャンセニズム全体を貫く底流だと思われる。「この世界は、永遠の戦闘が繰り広げられる場であり、かつ、神が永遠に勝利する場である。神は臨在しており、人間が敗北するまで神を賛美し続ける者たちによってその真理のうちに生きられていることは言うまでもない。神の勝利は、戦闘に加わらない者の眼だけに隠されている」と述べられている通りである。したがってこれは証言〔testimonianza〕の神学なのだが、その使命という点で悲劇的であると同時に、その目標についてはこれを確信している〔証言の神学とは、神の勝利の徴を有する（と考える）者たちが、そうではない者に証言する構造をとる神学。証言の相手（戦闘に加わらない者、あるいは神の選びにより戦闘に加わらないよう定められている者）には決して理解されないので、悲劇的。しかし、目標はかれらに対する証言以外にあり得ない〕。現存する力関係は抵抗活動にとっては決定的に不利であるが、そのことを尊重することが、対決を絶望的なまでに要求するという態度——これはいずれにせよ神学上の肯定的な効果を産み出す——に変化する。敗北の場として今の時代を低く評価することが、永遠性にとっては意義のあるものとして敗北を称揚することに対応するのである。

(4) この主題をめぐってなされた歴史学上の議論に関する網羅的な考察としては、前掲〔第1章注182〕の拙論 *Problemi di storia dello Stato moderno. Francia : 1610–1650* を再び参照されたい。

(5) この出会いは、1647年のパリ旅行のあいだのことである。AT V 68 と AT V 71–73 における注を参照されたい。

(6) パスカル『真空に関する新実験〔*Expériences nouvelles touchant le vide*〕』（前掲〔第2章注113〕のJ・シュヴァリエ編『全集』〔原文〕362頁以降）〔邦訳、ブレーズ・パスカル（松浪信三郎訳）『科学論文集』岩波文庫〕。デカルトが〔この実験に関してくだした〕最初の評価は、1647年12月13日付〔メルセンヌ宛〕書簡（AT V 98–100）におけるものである。AT版第5巻〔原文〕100頁から106頁に収録されている長文の注も参照されたい。この実験に関する重要な資料をすべて猟歩しており、パスカルの独自性を高く評価するものとなっている。

(7) AT V 98〔1647年12月13日付メルセンヌ宛書簡〕を参照のこと。L・ブランシュヴィックは、その論文 *Descartes et Pascal*, in : *Écrits philosophiques*, vol. I : *L'humanisme de l'occident. Descartes, Spinoza, Kant*, Paris, 1951 のなかで、「デカルトとパスカルのあいだに漠然とした平行関係を打ち立てることが問題なのではない。

わたしたちは、二人の人間が実際に出会って、そして仲違いしたその現場に立ち会っているのである」(〔原文〕92頁）と指摘している。

(8) 実際にデカルトはすでに何度か個別的には真空の問題に、そして一般的には流体の力学に関心を示し、取り組んでいた。なお、液体の力学は、ガリレオの周辺にいた人物、とりわけトリチェッリの研究領域であった。このことは早くても1643年以降のことである。AT III 617以下〔最新のデカルト研究によれば1643年2月18日付だが、ネグリが参照しているAT旧版では同年同月18日ないし19日付とされているホイヘンス宛書簡〕を参照されたい。

(9) AT V 116（1648年1月31日付〔メルセンヌ宛〕書簡)。この問題に関連すると思われる資料については、注（AT V 117-118）を参照されたい。

(10) AT V 118-121〔1648年2月7日付メルセンヌ宛書簡〕を参照のこと。ノエル神父に反論するパスカルのテクストについては、前掲〔第2章注113〕した『全集』の〔原文〕370頁以下（1438頁以下における補注も合わせて）を参照されたい。いずれにしても、A・コイレの論文 *Pascal savant*, in : *Études d'histoire de la pensée scientifique*, p. 347における評価を参照しておくことは無駄ではない。「パスカルは、実施したかあるいは構想したか定かでない実験について詳細を包み隠さず話していない。そして、このことはノエル神父との論争に関してわずかながら光を投げかけてくれるのみならず、自分の非を認めない先験主義者というデカルト像と伝統的に対比されてきた、聡明かつ慎重な実験者というパスカル像に、大きく修正を迫るものだ。しかしパスカル〔1623年生〕は、ベイコン〔1626年歿〕の忠実な学徒でもないし、〔自然哲学上の〕ボイル〔1627年生〕の最初の追従者でもない」。いずれにしても、このことは今わたしたちが取りあげているテーマからすればあまり重要なことではない。

(11) AT V 141-142（1648年4月4日付〔メルセンヌ宛〕書簡)。AT V 143-144における注を参照されたい。

(12) AT V 366（1649年6月11日付〔カルカヴィ宛〕書簡)。また、AT V 370〔カルカヴィからデカルトへの1649年7月9日付書簡〕、391-392〔1649年8月17日付カルカヴィ宛書簡〕、ならびに――デカルトがストックホルムに赴いたのちも続けられた真空の問題に関する実験については――AT V 448-449における注も参照されたい。〔パスカルが〕ピュイ・ド・ドームで行なった実験をめぐる問題について、とりわけデカルトがくだした評価との関わりでは、C・アダンの著作 *Vie & œuvres de Descartes*〔第1章注31参照〕、その論文 *Pascal et Descartes. Les expériences du vide (1645-1651)*, in : *Revue philosophique de la France et de l'étranger*, 1887, pp. 612-624, 1888, pp. 65-90、C・デ・ワールトの著作 *L'expérience barométrique, ses antécédents et ses explications*, Thouars, 1936、E・J・ディクステルホイスの論文 *Descartes, Pascal en de proef op de Puy-de-Dôme*, in : *Euclides*, t. 25, 1950, pp. 265-270 、R・デュガ〔Dugas〕の著作 *De Descartes à Newton par l'école anglaise*, Alençon, 1953を参照されたい。

(13)『省察』への「第四反論」において。

(14) AT V 190〔1648年6月3日付でデカルトに宛てられたアルノーの書簡〕を、また、この議論の続きについては、AT V 194〔1648年6月4日付アルノー宛書簡〕、215〔アルノーからデカルトへの1648年7月の書簡〕、223-224〔1648年7月29日付アルノー宛書簡〕を参照されたい。

(15) AT II 628〔1639年12月25日付メルセンヌ宛書簡〕を参照のこと。すでに何度か言及したように、ジャン=ポール・サルトルはきわめて適切な仕方で、人間(人間の自由)と神性(神の自由)のあいだにおける類比の重要性について強調している。

(16) AT V 223-224〔1648年7月29日付アルノー宛書簡〕より。

(17) A・グーネル〔Gounelle〕は、最近刊行された〔パスカルの〕『ド・サシ氏との対話』(パリ、1966年)のためにきわめて重要な序文を執筆しているが、そのなかで、モンテーニュからデカルト、パスカルにかけて懐疑というものが有していた重要性について、その系譜を描いている。この主題については、前掲〔第1章注62〕した *Congrès Descartes. Études cartésiennes* の第1巻に所収のK・レーヴィット〔Löwith〕の論文 *Descartes' vernünftiger Zweifel und Kierkegaards Leidenschaft der Verzweiflung*, pp. 74-79 を参照されたい。

(18) ジャンセニズムの生成に関する歴史学によれば、人文主義の関与が強調されてきた。とりわけ、すでに〔第2章注18で〕言及したJ・ダジャンの著作 *Bérulle* の〔原文〕8頁、J・オルシバルの論文 *Le premier Port-Royal : Réforme ou Contre-Réforme ?*, in : *La nouvelle Clio*, t. 1-2, 1949-1950, pp. 238-280 を参照されたい。より一般的な観点としては、J・オルシバルの一連の研究を参照されたい。すなわち、*Les origines du Jansénisme*, Paris, 1948、*Louis XIV et les protestants*, Paris, 1951、*Néo-platonisme et jansénisme : du De Libertate de P. Gibieuf à l'Augustinus*, in : *Nuove ricerche storiche sul giansenismo*, Roma, 1954 の〔原文〕33頁以降、そして *Les origines du jansénisme d'après les récentes publications du R. P. Lucien Ceyssens*, in : *Revue d'histoire ecclésiastique*, t. 53, 1958 の〔原文〕336頁以降である。

(19) デカルトのアルノーに対する関係は、たとえ全面的にではなくとも肯定的であり、否定的でなかったことは押さえておくべきである。デカルトとアルノーは、「我《われ》」の出現とその産出力について実質的には合意しているのであり、アルノーは異なった結論に到達しただけなのである。したがってわたしとしては、G・ロディス=レヴィスの論文 *Augustinisme et cartésianisme à Port-Royal*, in : *Descartes et le cartésianisme hollandais*, cit., pp. 131-182 における議論が正しいのか問題にしたい。G・ロディス=レヴィスによれば、デカルト主義とジャンセニズムを接近させた要素は、何よりもまず思弁的神学の拒否であった(「あらゆる種類の思弁的神学に対するジャンセニストの疑義は、自然の光と超自然の光〔恩寵のこと〕の混同を拒否するデカルト主義に近いところがある」(〔原文〕136頁))。その一方で、主体の産出力と創造力をめぐる評価に伴う限界の先にジャンセニズムによって提示された他の選択肢の有効性を排除してしまうことはできない。その意味で、E・ブルダン〔Bourdin〕の著作 *Pascal et Descartes*, Neuchâtel, 1946 によって提示された「パスカルの過ちは、ポール・ロワイヤル派〔カトリックのシトー会系ポール・ロワイヤル女子修道院を中心に、聖職者、神学者、隠士たちから形成された霊性・神学・文学運動のことで、ジャンセニズムを奉じた〕に対して従順であったことだ」という主張は、率直に言って馬鹿げている。

(20) 前注で言及したG・ロディス＝レヴィスの論文 *Augustinisme et cartésianisme* の〔原文〕136 頁を参照のこと。したがって、機械論者のうちに認められる真空論に対する動機づけもまたきわめて多様である。この点に関する議論全般は、P・ガッサンディの『全集〔*Opera omnia*〕』(第 1 巻、リヨン、1658 年、〔原文〕185 頁から 216 頁) を参照されたい (ならびに、ガッサンディにおける真空の問題に関するB・ロショによる注釈 *P. Gassendi, le philosophe* (Centre International de Synthèse 編集の *Gassendi* (パリ、1955 年) の〔原文〕88 頁から 93 頁に所収) も参照のこと)。ガッサンディ的かつ機械論的な真空概念全般に対立するものとして、前掲した〔アルノーとニコルによる〕『ポール・ロワイヤル論理学』の〔原文〕251 頁から 253 頁における辛辣な批判を参照されたい。

(21) E・ガレン (*Scienza e vita civile*〔邦訳、ガレン前掲書 (第 1 章注 21)〕の〔原文〕168 頁) は、いつもながらの鋭さと巧みさで、いかにして人文主義を襲った危機が「直接的な」「無媒介的な」「個人的な」敗北の理由として経験され、悲劇的事態の発生を規定することになったかを論じている。この観点からすれば、ガリレオはパスカルに近い。

(22) パスカル『全集』〔第 2 章注 113 参照〕の〔原文〕600 頁〔『幾何学的精神について』〕。この点については、すでに〔本章注 7 で〕言及したL・ブランシュヴィックの論文 *Descartes et Pascal* の〔原文〕94 頁を参照されたい。

(23) シュヴァリエ編集のパスカル『全集』〔第 2 章注 113 参照〕の〔原文〕1137 頁〔『パンセ』(邦訳、パスカル (塩川徹也訳)『パンセ』岩波文庫) より。『パンセ』は、パスカル自身が大小さまざまな形の紙に断片的に残した文章を後代の人々がそれぞれの方針のもと編集したもので、本人のプランを再構成しようとしたのがシュヴァリエ版である〕。

(24) パスカル『全集』〔第 2 章注 113 参照〕の〔原文〕1137 頁〔『パンセ』〕。しかし、「学問を深く究めすぎる人々に反対して書くこと。デカルト」と述べる他の断章《パンセ》も参照されたい (〔原文〕1137 頁)。

(25) 前掲した論文のなかでL・ブランシュヴィック (〔原文〕97 頁以降〔本章注 7 参照〕) とA・コイレ (〔原文〕327 頁以降〔本章注 10 参照〕) は、その手法は相違しているにもかかわらず、この点をともに強調している。

(26) パスカルの思索における形而上学的前提の重要性は——しかも、形而上学的前提は科学的な根拠に優先しさえする——、A・コイレの前掲論文 (〔原文〕344 頁以降〔本章注 10 参照〕) において認定されている。この論点に関しては、J・

ダジャンの論文 *La sagesse, suivant Descartes et suivant Pascal*, in : *Studia catholica*, t. 1, 1924–1925, pp. 225–240 も参照されたい。

(27) J・ヴィユマンは、すでに〔第3章注3で〕参照したその著作 *Mathématiques et métaphysique chez Descartes* において、すでに指摘したように幾つかの限界があるにもかかわらず、それ以上には望めないほどの鋭さで、デカルト的世界における算術の決定的役割〔determinatezza algebrica〕をつかみとっている。おもに〔原文〕29頁から35頁まで、また139頁から140頁まで参照されたい。

(28) パスカル『全集』〔第2章注113参照〕の〔原文〕60頁から63頁まで。

(29) AT II 628以下(1639年12月25日付〔メルセンヌ宛〕書簡)。しかし、AT III 40〔1640年3月11日付メルセンヌ宛書簡〕、47〔1640年4月1日付メルセンヌ宛書簡〕も参照されたい。そこでデカルトは、パスカルの独自性に疑義を挟んでいる。つまり、パスカルの仕事のうちに何よりもその師であるデザルグの痕跡を見てとっているのである。この点(「デザルグの優秀な弟子」)については、A・コイレの前掲論文(〔原文〕329頁以降〔本章注10参照〕)およびR・タトン〔Taton〕の論文 *L'essai pour les coniques de Pascal*, in : *Revue d'histoire des sciences*, t. 8, 1951, pp. 1–18 によって強調されている。他方で、AT版第3巻〔原文〕53頁から59頁に収録されている長い注は、パスカルの試みの独自性を強調している。

(30) ゲルーの提示した解釈を引き継ぎつつ、すでに〔第3章注3で〕参照したJ・ヴィユマン(〔原文〕140頁)は、無限のデカルト的概念と世界の分析のあいだには間隙のあることを的確に指摘している。「解析幾何学についてデカルトが設定した限界を数学者たちが受け入れることは決してなかった。幾人かの数学者たちは、新しい知的原理、つまり連続性〔という概念〕によって、わたしは考えるということの諸機能のうちに無限の概念を導入することが正当化されるように要請した。他の数学者たちは、この連続性〔という概念〕をわたしたちの知性とは関係ないが、わたしたちの感性〔sensibilité〕に結びつけられた性質と見なすようになる。数学者のあいだにみられるこの対立は、その根拠は支持しがたいものだが、デカルト以降の哲学的体系における原動力になるものである(中略)。(しかし)デカルトは、結果による〔神の〕存在証明のために使われる因果律を正当化する必要から、アルノーに対して限度を超えて答弁しなければならないときはおそらく別として、この論争の外側にとどまり続けた。いずれにしてもデカルトの形而上学はライプニッツの形而上学と何の関係もないのである。たとえデカルトにおいて無限は有限よりも順序関係が先だとしても、それは観念上のことであって、方法上のことではなく、実在〔présence〕の次元においてであって、力能〔puissance〕の次元においてではない。この点に関して、デカルト主義は懐古的であって、将来を切り開くものではない。わたし〔moi〕は、創造的な権能〔pouvoir〕を欠いた、秩序化の能力として自らを見出すのである」。しかし、すでに何度か述べたように、このような結論はまったく受け入れがたい。

(31) パスカル『全集』〔第2章注113参照〕の〔原文〕1137頁〔『パンセ』〕。

(32) パスカル『全集』〔第2章注113参照〕の〔原文〕539頁〔『愛の情念について』〕。しかし、同書〔原文〕540頁から543頁までも参照されたい。
(33) ゴルドマンとナメールの解釈は、わたしたちのここでの考察にとって道案内として役立った。しかし、1965年にパリで刊行された卓越した論文集 *Jansénisme et politique* 所収のR・タヴノーによる素晴らしい序文も参照されたい(とりわけ、詳細に論証され、また、ジャンセニズムに関するここでのわたしたちの考察に非常に近い次の二つの主張が参照に値する。ひとつは「ジャンセニズムはアウグスティヌス的神学の一派としてのみならず、反対勢力〔partito〕として登場した」(〔原文〕16頁)というものであり、もうひとつは「ジャンセニズムが内包していた反対の形式は、いずれも市民階級《ブルジョアジー》の個人主義と直接的にせよ間接的にせよ何らかの仕方で結びついていた」(〔原文〕19頁)というものである)。このような新しい解釈軸を念頭に置くなら、P・ベニシューの著作 *Morales du Grand Siècle* の〔原文〕77頁から130頁にかけて提示された仮説(とりわけ「ポール=ロワイヤルは、貴族的理想主義と宗教とを公けに角逐させながら、中世以来受け継がれた、さまざまな理想を崩壊させることに貢献した」(〔原文〕81頁〔邦訳、ベニシュー前掲書、102頁(第2章注103)〕))はどうしても色あせて見えてしまう。E・アウエルバッハ〔Auerbach〕の論文 *La teoria politica di Pascal*, in : *Studi francesi*, 1957, pp. 26–42も参照されたい。
(34) パスカル『全集』〔第2章注113参照〕の〔原文〕1137頁〔『パンセ』〕。
(35) 前掲〔本章注33〕の *Jansénisme et politique* の〔原文〕15頁以降。
(36) 特にメルセンヌはパスカル一家と友好関係を結んだ。とりわけ父〔エチエンヌ・パスカル〕との関係は友好的なものであり、メルセンヌはエチエンヌにその『普遍的調和〔*Harmonie universelle*〕』第6巻を献呈している。前掲〔第1章注39〕したR・ルノーブルの著作 *Mersenne*(〔原文〕436頁から437頁)を参照されたい。しかし、本文での主張が実証されるのは、単なる交流関係を追跡することによってではない。というのも、ここでわたしたちが関わっているのは、社会的に高い地位を有する人々が織りなす交流関係のなかでも、まさしく〈法服貴族〉という階層だからだ。また、デカルトの対話者たちが行政機構のなかで高い地位にあったということを改めて想起する必要もない。というのも、それは、自由思想家が問題にされるのであれ、機械論者あるいはジャンセニストが問題にされるのであれ、この時代におけるフランス哲学の展開を追っていくなら必ず認められる特徴に他ならないからだ。おそらく、ジャンセニストは、少なくともその活動の初期において、どちらかというと権力に近いところにいた集団であった、つまり、社会的に高い地位を有する人々のなかでももっとも高い階層〔*couche*〕であったと言い添えるべきだろう。アルノー兄弟のことを想起すれば十分だ。1600年頃にカトリックに改宗し、ジャンセニズムが誇る人材となる以前、かれらはプロテスタントであり、シュリー公〔マクシミリアン・ド・ベテュヌのこと。アンリ4世がカトリックに再改宗したのはシュリーの助言によるが、シュリー自身は生涯プロテスタントのままであった〕

の協力者だったのだ。このことは、善かれ悪しかれ、高位の〈役人〉というものは、権力者の動勢に振り回される宿命にあったことを如実に示している！
(37) 行政官と王の政策に対する抵抗が〈法服貴族〉階層にもたらした劇的な展開のことをデカルトは知っていた。たとえば、アルノーに対する攻撃〔condanna〕を知り（AT IV 103-104〔1644 年 4 月 1 日付ピコ宛書簡〕)〔1643 年に公刊されたアルノーの『頻繁な聖体拝領について（*De la fréquente communion*)』は知識層のあいだに物議をかもした〕、身を隠していたアルノーにその後パリで面会している(AT 版第 5 巻)。すでに 1638 年には、機械論を奉じるパリの幾何学者のあいだで行なわれていた論争——この論争は政治的事件のために突如中断させられた——にエチエンヌ・パスカルが参戦するのを見聞していた（パスカルはこの事件のためにパリを離れたのだろうか——AT II 114〔1638 年 4 月のデカルトへのロベルヴァルの反論〕とバイエ、第 1 巻〔原文〕339 頁を参照のこと)。
(38) パスカル『全集』〔第 2 章注 113 参照〕の〔原文〕1162 頁から 1163 頁〔『パンセ』〕。
(39) パスカル『全集』〔第 2 章注 113 参照〕の〔原文〕1163 頁〔『パンセ』〕。
(40) わたしたちは「デカルト、仮面をつけた哲学者〔*le philosophe au masque*〕」というイメージ〔第 2 章注 45 参照〕に対してここでもう一度異議を申し立てなければならない。このようなイメージは、フリーメーソンの観点からであれ、カトリックの観点からであれ（ここで両者に言及するのは極端な事例を挙げるためである)、あまりに頻繁に繰り返されている。デカルトの思索のこの段階においてすら——政治的な危機にかれ自身もっとも晒された時期であることは確かだ——、かれを、仮面をかぶって歩む哲学者と見なすのを正当化し得るものは何もないのだ。その反対に、もしかれに落ち度があるとしたなら、それはおそらくかれの物言いにはあまりに率直なところがあるからであり、つまり、そのような問題にかれが取り組むさいにあまりに素朴だからである。しかしながら、かれがとどまるところを知らないほどに攻撃的であり、かつ、多くの敏腕政治家たちに対してあまりに無礼なのは、まさしくこのような率直さ、素朴さによるものなのではないか。
(41) AT VIII-B 206〔邦訳、デカルト前掲書（第 1 章注 169)、205 頁、訳文は改変〕より。
(42) AT VIII-B 23〔デカルトがヴォエティウスに宛てた書簡で引用する後者の発言（邦訳、デカルト前掲書（第 1 章注 169)、64 頁、訳文は改変)〕より。
(43) AT VIII-B 221〔ユトレヒト市参事会宛弁明書簡（邦訳、デカルト前掲書（第 1 章注 169)、217 頁、訳文は改変)〕より。いずれにしてもデカルトは、自分のイエズス会士に対する思慕は、真理探究の願望を妨げるものではなかった、それはヴォエティウスに対して〔真理探究のために〕辛辣な仕方で論争したように、イエズス会士であるブルダン神父とも科学上の問題について論争するくらいなのだ、と言い続けることになる。
(44) この交流関係は、書簡の交換が何度も行なわれたり著作のなかで頻繁に言及されたりしていることからも確かめられる。前掲〔第1章注4〕したE・ジルソン『注解』〔原文〕101頁から108頁、117頁から119頁、125頁から130頁ほか諸所における引用文を参照されたい。さらに、ラ・フレーシュと当時のイエズス会的な文化については、C・ダニエル〔Daniel〕の著作 *Les Jésuites instituteurs de la jeunesse française au XVIIe et au XVIIIe siècle*, Paris, 1880、C・ド・ロシュモンテクス〔de Rochemonteix〕の著作 *Un collège de Jésuites aux XVIIe et XVIIIe siècles : le collège Henri IV de La Flèche*, Le Mans, 1889（とりわけ第4巻〔原文〕4頁以下）、A・ド・バッケル〔de Backer〕の著作 *Bibliothèque de la Compagnie de Jésus*, Paris–Bruxelles, 1890–、A・シャンベール〔Schimberg〕の著作 *L'éducation morale dans les collèges de la Compagnie de Jésus en France sous l'ancien régime*, Paris, 1913、F・ド・ダンヴィル〔de Dainville〕の論文 *L'enseignement des mathématiques dans les collèges jésuites de France du XVIe au XVIIIe siècle*, in : *Revue d'histoire des sciences*, t. 7, 1954, pp. 6–21を参照されたい。デカルトが述懐している箇所でもっとも重要なもののうち、次のテクストを想起されたい。「哲学で教えられることは福音と同様すべて真実であると考えるわけではありませんが、哲学は他の学問の鍵ですから、それ相応の学者となるためには、精神を生半可の状態からさらに高めようと企てるに先立って、イエズス会の学校で行なわれているように、一通り哲学を研究しておくことが必要であると考えます。そして、ラ・フレーシュの学校ほど哲学の教授が立派に行なわれているところはないと考えるのですが、その名誉は小生の教わった教師たちに帰さなければなりません」(AT II 378〔1638年9月12日付某氏（おそらくドボーヌ）宛書簡〕)。このテクストは注目すべきである。というのも、ここには政治的主題が幾つか見出されるからだが、この主題はイエズス会との交流と論争を通じて、再び取りあげられることになる。また、AT III 97以下〔イエズス会士ヘイヌーヴに宛てた1640年7月22日付書簡〕とAT IV 139〔1644年10月のイエズス会士シャルレ宛書簡〕を参照されたい。

(45) 再びジルソンならびに先に列挙した研究者を参照されたい。また、AT III 97以下〔イエズス会士ヘイヌーヴに宛てた1640年7月22日付書簡〕、591〔ヴァチエ神父からの手紙に言及するメルセンヌに宛てた1642年11月17日付書簡〕、594〔ヴァチエ神父に宛てた1642年11月17日付書簡〕、それからとりわけAT版第4巻に収録されている一連のメラン宛書簡を参照されたい。メラン宛書簡は最後の書簡まで参照されたいが、そのなかでデカルトは〔ネグリの記述では〕インド諸国〔AT版4巻原文345頁の注記によれば現カナダであるが、最新の研究では現コロンビアと考えられている〕に出発する同胞メランに対して惜別の念を表している。その意味でこの〔1645年ないし1646年の〕書簡は、他の書簡にくらべてはるかに個人的かつ感動的なものとなっている（AT版4巻のとりわけ〔原文〕345頁から346頁）。

(46) H・グイエは、前掲〔第1章注65〕したその著作 *La pensée religieuse de Descartes*（〔原文〕114頁から137頁）のなかで、この点を正しく強調している。

(47) AT I 383〔1637年6月14日付ノエル宛書簡〕より。
(48) AT I 455-456〔最新のデカルト研究によれば1637年10月3日付だが、ネグリが参照しているAT旧版では1637年10月とだけされているノエル宛書簡〕より。また、AT I 456-458〔最新のデカルト研究によれば1638年2月22日付ドリエンヌ宛書簡だが、ネグリが参照しているAT旧版では1637年10月の某氏宛とされている書簡〕、477〔1637年12月20日付プレンピウス宛書簡〕、508以降〔ホイヘンスからデカルトへの1638年2月2日付書簡〕、同II 28〔1638年3月1日付メルセンヌ宛書簡〕、267-268〔1638年7月27日付メルセンヌ宛書簡〕、345〔最新のデカルト研究によればホーヘランデ宛書簡だが、ネグリが参照しているAT旧版では某氏宛とされている1638年8月の書簡〕ほか諸所も参照されたい。
(49) AT VII 574-582（ディネ神父宛書簡〔邦訳、デカルト前掲書（第1章注169）、15頁から23頁〕）。
(50) AT IV 176〔1645年2月9日付ピコ宛書簡〕、ならびに同IV 156-161〔1645年2月9日付シャルレ宛書簡、同日ディネ宛書簡、同日ブルダン宛書簡〕も参照されたい。
(51) AT II 25〔1638年3月1日付メルセンヌ宛書簡〕、50〔最新のデカルト研究によれば1638年3月9日付だが、ネグリが参照しているAT旧版では1638年3月とだけされているホイヘンス宛書簡〕、同VII 563-566〔ディネ宛書簡（邦訳、デカルト前掲書（第1章注169）、5頁から8頁）〕を参照のこと。
(52) AT III 185〔1640年9月30日付メルセンヌ宛書簡〕と255〔1640年12月のメルセンヌ宛書簡〕を参照のこと。
(53) AT III 276〔1640年12月31日付メルセンヌ宛書簡〕、232-234〔1640年11月11日付メルセンヌ宛書簡〕、269-271〔ネグリが参照しているAT旧版では1640年12月だが、最新のデカルト研究では1646年8月と考えられているシャルレ宛書簡〕を参照のこと。
(54) AT III 470〔1641年12月22日付メルセンヌ宛書簡〕、480-481〔1642年1月19日付メルセンヌ宛書簡〕、同IV 141〔1644年10月のシャルレ宛書簡〕、再び同III 464-468〔1641年12月22日付メルセンヌ宛書簡〕、564〔ホイヘンスからデカルトへの1642年5月26日付書簡〕、638-639〔1643年3月23日付メルセンヌ宛書簡〕を参照されたい。
(55) AT III 523〔1642年1月31日付ホイヘンス宛書簡〕を参照のこと。
(56) AT IV 225〔ネグリが参照しているAT旧版ではホイヘンス宛だが、最新のデカルト研究では宛先不明と考えられている1645年6月の書簡〕、341〔1645年12月29日付ピコ宛書簡〕、498〔1646年9月7日付メルセンヌ宛書簡〕、554〔1646年11月2日付メルセンヌ宛書簡〕を参照のこと。
(57) AT IV 591〔1646年12月のエリザベト宛書簡〕を参照のこと〔デカルトは「多くの人たちがわたしを攻撃しようと待ち構えていることは確かでも、論戦の土俵に上がってきた者はまだ誰もいないということに慰められております。わたしはイエズス会の神父様たちの賛辞に与っておりますが、かれらは新しい哲学の公表にもっとも興味を動かされる人たちであると同時に、何か非難できる理由があると見るやわたしをもっとも容赦しない人たちでもあるとは常日頃から思っていることです。／殿下が、ヴォルフェンビュッテルにおられるブラウンシュヴァイク公爵に、わたしの作品を所蔵するよう約束されたことについて感謝しています。と申しますのも、殿下がその土地にお出ましになるまでは、わたしは当地の人に知られる光栄に浴さなかったのは確かだからです」などと書き送っている〕。デカルト自身の哲学は、それに内在的な影響力に基づいて交流関係を築くことを目指すものであり、この力がなければ自分の哲学は損なわれてしまうというわけである。

(58) F・アルキエは、すでに〔第1章注 53 で〕参照したその著作 *La découverte métaphysique de l'homme* の第1章に関する参考文献のなかで、この立場をとる研究者の見解を引用している。一般的にイエズス会の教義が及ぼした甚大な影響力について、個別的にはイグナティウス〔・デ・ロヨラ〕の思想のそれについて、L・リヴァイユ〔Rivaille〕の著作 *Les débuts de P. Corneille*, Paris, 1936, pp. 465–559 において述べられていることを参照されたい。また、O・ナダル〔Nadal〕の著作 *Le sentiment de l'amour dans l'œuvre de Pierre Corneille*, Paris, 1948 を参照することも有益である。

(59) 本章第3節を参照されたい。

(60) G・ヴァイゼの著作は、すでに〔第1章注 66 で〕参照したその著作 *L'ideale eroico del Rinascimento* の第2巻の諸所で、しかしとりわけ〔原文〕61 頁、82 頁、133 頁、そして 177 頁において、イエズス会士が 1500 年代と 1600 年代に人文主義者の感情と市民階級《ブルジョアジー》のそれをつなぐ仲介役を果たしたことを強調している。また、前掲したR・パンタールの著作 *Le libertinage* の〔原文〕52 頁〔第2章注 32 参照〕の他に、F＝E・サトクリフの著作 *Guez de Balzac* の〔原文〕103 頁〔第1章注 184 参照〕、H・ブレモン〔Brémond〕の著作 *Histoire littéraire du sentiment religieux en France*, Paris, 1916 の第1巻〔原文〕15 頁、F・ド・ダンヴィルの論文 *Foyers de culture scientifique dans la France méditerranéenne du XVIe au XVIIIe siècle*, in : *Revue d'histoire des sciences*, t. 1, 1948 の〔原文〕289 頁から 300 頁までも参照されたい。

(61) 前掲したE・ガレンの著作 *L'educazione in Europa*〔邦訳、ガレン前掲書（第2章注 140)〕の〔原文〕212 頁以下、ならびにE・デュルケーム〔Durkheim〕の著作 *L'évolution pédagogique en France*, Paris, 1938〔邦訳、エミール・デュルケーム（小関藤一郎訳）『フランス教育思想史』行路社〕の〔原文〕69 頁から 133 頁までを参照されたい。

(62) ブルダン神父との論争に関しては、『省察』に対するブルダンの反論とデカルトの答弁の他に、「ディネ神父宛書簡」(AT 版第7巻に収録、とりわけ〔原文〕566 頁から 574 頁まで〔邦訳、デカルト前掲書（第1章注 169)、8 頁から 16 頁まで〕参照のこと)、さらには AT III 94–96〔1640 年7月 22 日付メルセンヌ宛書簡〕、

103〔最新のデカルト研究によれば1640年7月31日付だが、ネグリが参照している AT 旧版では1640年7月とだけされているホイヘンス宛書簡〕、117〔メルセンヌを介してブルダンに宛てた1640年7月29日付書簡〕、126〔1640年7月30日付メルセンヌ宛書簡〕、160-162〔1640年8月30日付メルセンヌ宛書簡〕、168-174〔最新のデカルト研究によればメルセンヌを介して某氏に当てられた書簡だが、ネグリが参照している AT 旧版ではメルセンヌ宛とされている1640年8月30日付書簡〕、178〔1640年9月15日付メルセンヌ宛書簡〕、205-207〔1640年10月28日付メルセンヌ宛書簡〕、221-228〔1640年10月28日付メルセンヌ宛書簡〕、244〔1640年11月18日付メルセンヌ宛書簡〕、543〔1642年3月のメルセンヌ宛書簡〕、575-577〔1642年9月7日付ブルダン宛書簡〕ほか諸所を参照されたい。また、AT VII 21〔「第一省察」〕における注も参照されたい。この事例をもとに、デカルトがイエズス会に対してどのように論争に至ったかを再び確認することができる。つまり、あれこれと手法を変え、挑発から防戦へと進み、論争の進展をきわめて巧みに仕切ったわけである。

(63)「ヴォエティウス宛書簡」第8部（AT VIII-B 136-168〔邦訳、デカルト前掲書（第1章注169）、158頁から177頁まで〕）の諸所、ならびに AT VIII-B 174、207、210、254〔同上邦訳、181頁、206頁、208頁、241頁〕を参照されたい。

(64) AT VIII-B 170〔デカルトがヴォエティウスに宛てた書簡で引用する後者の発言（邦訳、デカルト前掲書（第1章注169）、178頁、訳文は変更)〕より。

(65) AT VIII-B 174〔デカルトがヴォエティウスに宛てた書簡で引用する後者の発言（邦訳、デカルト前掲書（第1章注169）、181頁)〕より。

(66) AT VIII-B 188-189〔デカルトがヴォエティウスに宛てた書簡で引用する後者の発言（邦訳、デカルト前掲書（第1章注169）、194頁、訳文は変更)〕より。

(67) AT I 205-209〔1631年6月2日付レネリ宛書簡〕、300-302〔1634年7月2日付レネリ宛書簡〕、同 II 306-307〔1638年8月20日付レネリ宛書簡〕、528-529〔レギウスとエミリウスからデカルトに宛てた1639年3月19日付書簡〕、同 III 1-4〔レギウスとエミリウスからデカルトに宛てた1640年1月の書簡〕を参照のこと。

(68) スタンピウンとの友情とその後の「仲違い〔*affaire*〕」については、AT I 275-280〔1633年末のスタンピウン宛書簡〕、同 II 578、581-582〔以上、1639年9月のスホーテン宛書簡〕、600-615〔ネグリが参照している AT 旧版では1639年10月のおそらくホイヘンスへの書簡だが、最新のデカルト研究によれば1638年末から翌年初めにかけてのスホーテンへの書簡〕、616-617〔1639年10月から11月にかけてのレギウスからデカルトへの書簡〕、639、642〔以上、ホイヘンスからデカルトへの1639年12月28日付書簡〕、同 III 5-7〔1640年1月29日付メルセンヌ宛書簡〕、16-17、69-70〔1640年5月24日付レギウス宛書簡〕ほか諸所を参照されたい。

(69) デカルトとレギウスのあいだに結ばれた友情関係の最初期のことについては、

AT II 305-306〔レギウスからデカルトへの1638年8月18日付書簡〕、334〔1638年8月23日付メルセンヌ宛書簡〕、526-527〔レギウスからデカルトへの1639年3月9日付書簡〕、548-549〔レギウスからデカルトへの1639年5月17日付書簡〕、568-569（最初の小さなすれ違い〔レギウスからデカルトへの1639年7月14日付書簡〕）、582-583〔レギウスからデカルトへの1639年9月半ばの書簡〕、616-617〔1639年10月から11月にかけてのレギウスからデカルトへの書簡〕、624-625〔レギウスからデカルトへの1639年12月3日付書簡〕を参照されたい。スタンピウンとワーセナールの〔数学をめぐる〕論争がデカルトの精神に与えた影響の大きさには注目すべきである（この論争に先立ってやはり明らかな影響を与えたフェルマとの論争、そしてその後のブルダンとの論争と同様に）。デカルトはその結果、レギウスと議論を開始するようになったのである。スタンピウンの一件をめぐる論争を通じてデカルトは、自分が純粋に科学的な次元で行なわれている議論を有益な形で前進させることは不可能だと痛感するようになった。その代わりに、科学から哲学を解き放つことで包括的な企てが展開されなければならない。つまり、科学の実践が世界を説明するのであり、形而上学はその青写真を描くというのである。そしてレギウスは〔デカルトにとって〕、この課題に対して用意ができていると映った対話者なのである。
(70) AT III 60-61〔レギウスからデカルトへの1640年5月5日付書簡〕を参照のこと。
(71) J・ルクレールは、前掲〔第1章注162〕したその著作 *Histoire de la tolérance* の第2巻（〔原文〕257頁から279頁まで）のなかで、北海に臨むヨーロッパ西部の低地諸国〔オランダ〕に1619年から1620年にかけて生じ、文化と政治の展開に影響を及ぼした重大な危機について、これを〔厳格なカルヴァン主義との見解の相違を明らかにしたアルミニウスの考えを採る〕レモンストラント派の制圧と結びつけつつ、的確に強調している。ルクレールの主張は、17世紀のオランダについてもたれている神話的イメージを脱神話化するのに役立つ。このイメージは、とりわけ市民階級《ブルジョアジー》を擁護する言説に多く見られるものであり、すでに〔第1章注34で〕参照したヨハン・ホイジンガの著作 *La civiltà olandese del Seicento* でさえ例外ではない。最近では、E・H・コスマン〔Kossmann〕の著作 *Politieke theorie in het zeventiende-eeuwse Nederland*, Amsterdam, 1960において、17世紀前半における「自由至上主義的な〔libertaria〕」思潮の興隆について強調されているが、この「共和主義〔repubblicanesimo〕」が学知の次元と政治の次元において意義を有するようになるのは17世紀後半のことにすぎないと主張されている（このような主張は、のちに見るように、わたしたちの見解に一致すると考えられる）。
(72) 本書第1章第5節を参照されたい。さらに、AT VI 31〔『方法序説』第3部〕、同V 25-26〔1647年5月12日付セルヴィアン宛書簡〕、同VIII-B 212、223〔ユトレヒト市参事会宛弁明書簡（邦訳、デカルト前掲書（第1章注169）、210頁、218頁）〕も参照されたい。北海に臨むヨーロッパ西部の低地諸国についてデカルトが最後まで抱き続けた評価のなかに、オランダ的自由という強烈なイメージ（しかし、このイメージは今となってはあまりに修辞的、文学的なのではないか）が繰り返し出てくることは疑う余地がない。

(73) AT III 551〔ネグリが参照しているAT旧版では1642年3月ポロ（？）宛とされているが、最初のデカルト研究の成果によれば、1643年9月15日から23日にかけて某氏へ宛てられた書簡〕より。P・ディボン〔Dibon〕の著作 *La philosophie néerlandaise au siècle d'or* の第1巻 *L'enseignement philosophique dans les universités à l'époque précartésienne, 1575–1650*, Amsterdam, 1954 は、当時の情勢について護教論的な立場から評価する観点をあいかわらずとっている。ディボンは、オランダにおける大学人の活動を市民階級《ブルジョアジー》にとって有益な学知の牙城と見なしている。これは、弁証法〔という学術上の手続き〕に関してのみ正しいと言える。実際にディボンは、逍遥学派が大勢を占めていること、そして弁証法を駆使した体系学の影響が強いことを認めており、17世紀初頭に人文主義が衰退し逍遥学派が否定されたこと、しかもそれは一次的なものとはいえ激しくなかったわけでも抑圧的で深刻なものでなかったわけでもないことに注意を促している（その代わりに17世紀後半になると、デカルト主義がはっきりと前景に出てくるようになる）。初期の人文主義の使命は、より堅固なものとして生まれ変わるには逍遥学派の否定を経験しなければならなかった。しかし、まさしく人文主義の衰退というこの時期に——衰退は抑圧的な反動として姿を見せるがゆえに、その程度はかえって深刻なものとなる——、デカルトは自らの分別のあるイデオロギーの真価を試すことになるのである。

(74) AT III 369–370〔1641年5月のレギウス宛書簡〕、370–375〔1641年5月のレギウス宛書簡〕、440–442〔1641年11月のレギウス宛書簡〕、443–447〔1641年11月のレギウス宛書簡〕、454–456〔1641年12月のレギウス宛書簡〕ほか諸所を参照されたい。

(75) AT IV 248–250〔1645年7月のレギウス宛書簡〕、254–256〔レギウスからデカルトへの1645年7月23日付書簡〕、256–258〔1645年7月のレギウス宛書簡〕を参照のこと。

(76) AT III 460〔1641年12月中頃のレギウス宛書簡〕より。E・ジルソン（すでに〔第1章注135で〕参照した *Études sur le rôle* の〔原文〕246頁以降）は自身の解釈に忠実に、「デカルト的理説の前提から必然的に導き出されることとして、人間は「偶有的存在〔*ens per accidens*〕」であるとレギウスは平然と認める」と述べている。人間は偶有的存在であるということがデカルトの諸前提に暗に含まれているというのは、控え目に言っても疑わしい！

(77) AT IV 250〔1645年7月のレギウス宛書簡〕より。

(78) AT VIII-B 358と361より。ここに引用した文章は『掲貼文書への覚書』からのものである。G・ロディス＝レヴィスは、自身の編訳による *Lettres à Régius et remarques sur l'explication de l'esprit humain*, Paris, 1959 の「序文」のなかで、レギ

ウスの思索における機械論的性格を非常にはっきりと強調している。一方でP・シュペヒトは、前掲〔第1章注136〕したその著作 *Commercium mentis et corporis* の〔原文〕72頁から82頁のなかで、レギウスの思索の別の側面つまり現象論的性格を強調しているが、わたしたちに言わせればそれは〔ロディス＝レヴィスの指摘と〕相互補完的である。デカルトとの交流の初期段階からレギウスのうちにこのような思弁的要素が認められることに注意しておくのは重要である（たとえばAT III 63-71〔1640年5月24日付レギウス宛書簡〕を参照のこと）。これらのことに鑑みるなら、なぜデカルトはレギウスにおけるこのような思弁的要素を最初から見抜かなかったのかという問題が生じる。あくまでオランダの大学に接近するための最初の一歩だとしても、やはりそのための足がかりとしてレギウスとの交流を絶ちたくないという願望から——そしてそれは願望というよりほとんど懇願に近かった——、デカルトはレギウスにおけるこのような思弁的要素に見て見ぬふりをしたのではなかったのか。

(79) AT III 678〔ホイヘンスからデカルトへの1643年6月6日付書簡〕より。ヴォエティウスは、デカルト哲学との「軋轢〔*troubles*〕」を引き起こすのに成功している（AT III 456-464〔最新のデカルト研究によれば1641年12月中頃だが、ネグリが参照しているAT旧版では1641年12月？とされているレギウス宛書簡〕、485-520〔1642年1月にデカルトとレギウスの交わした往復書簡〕、525-542〔レギウスからデカルトへの1642年2月2日付書簡〕、557-574〔レギウスからデカルトへの1642年3月31日付書簡から、1642年夏まで続いたデカルトとレギウスの往復書簡〕)。G・コーエンは、すでに〔第1章注31で〕参照したその著作 *Écrivains français* のなかで（〔原文〕535頁以降)、ヴォエティウスとの論争の顚末を外側からも内側からも詳細に分析している。

(80) AT III 71-72〔レギウスからデカルトへの1640年5月30日付書簡〕、202-204〔レギウスからデカルトへの1640年10月7日付書簡〕、231〔1640年11月11日付メルセンヌ宛書簡〕、365-369〔レギウスからデカルトへの1641年5月1日付書簡〕を参照のこと。もちろん、「ヴォエティウス宛書簡」と「ユトレヒト市参事会宛弁明書簡」(AT版第8巻下に収録)、ならびに「ディネ神父宛書簡」(AT版第7巻に収録）のこの事件〔*affaire*〕に関係する個所を参照されたい。

(81) AT IV 96-97〔レギウスからデカルトへの1644年2月9日ないし19日付書簡〕、123-126〔レギウスからデカルトへの1644年6月4日付書簡〕、148-150〔レギウスからデカルトへの1644年11月18日付書簡〕、235〔レギウスからデカルトへの1645年6月23日付書簡〕、239-240〔1645年7月のレギウス宛書簡〕、241-242〔レギウスからデカルトへの1645年7月6日付書簡〕、248-250〔1645年7月のレギウス宛書簡〕、254-256〔レギウスからデカルトへの1645年7月23日付書簡〕、256-258〔1645年7月のレギウス宛書簡〕、同IX-B 19-20〔『哲学の原理』「仏訳者への書簡」〕を参照のこと。

(82)『掲貼文書への覚書』は、1647年末のものである（AT VIII-B 337-369)。

(83) この時期のデカルトの書簡にはパリの知識層のことがよく言及されているが、とりわけロベルヴァルとの論争（今や長期に渡るものとなった）が再燃したために、その言及が頻繁なものとなっている（AT III 362 以降〔1641 年 4 月 21 日付メルセンヌ宛書簡〕、396 以降〔1641 年 7 月のメルセンヌ宛書簡〕、502 以降〔1642 年 1 月レギウス宛書簡〕、543 以降〔1642 年 3 月メルセンヌ宛書簡〕など）。
(84) このことは、すでに〔第 3 章注 30 で〕参照したR・ブレの著作 *La formation de la doctrine classique en France* とP・バリエールの著作 *La vie intellectuelle en France* によって強調されている。
(85) AT III 610〔1643 年 1 月 4 日付メルセンヌ宛書簡〕より〔「枢機卿」とは、フランス王国宰相リシュリューのこと。リシュリューは、この手紙が書かれた前年の 12 月 4 日に世を去った〕。しかしまた、重箱の隅をつつく喧嘩好きな貴族層に反感を示す手紙（AT III 590〔1642 年 10 月 20 日付メルセンヌ宛書簡〕）も参照されたい。さらには、結局デカルトがパリのフロンドの乱について判断をいっさい示さなかったことはよく知られている。パリの混乱に驚いたデカルトは、パリから「逃げ出し」、この種の混乱を批判しないような評価をすべて軽蔑した（AT V 131〔1648 年 2 月 21 日付シャニュ宛書簡〕、183〔1648 年 5 月のシャニュ宛書簡〕、198〔1648 年 6 月ないし 7 月のエリザベト宛書簡〕、232〔1648 年 10 月のエリザベト宛書簡〕、292、293〔以上、1649 年 2 月 26 日付シャニュ宛書簡〕、328-329〔1649 年 3 月 31 日付シャニュ宛書簡〕、332〔1649 年 3 月 31 日付ブラッセ宛書簡〕、350〔1649 年 4 月 23 日付ブラッセ宛書簡〕、同 XII 473-475〔アダンが 1910 年にパリで公刊した *Vie & œuvres de Descartes*〕）。
(86) したがって、デカルトのスウェーデン訪問は、危機的な雰囲気のなかでなされたことになる。フランスではフロンドの乱がおこり、オランダでは神学者たちとの厄介できわめて危険な論争があった。この論点については、すでに〔第 1 章注 166 で〕参照したH・グイエの著作 *Essais* とE・カッシーラーの著作 *Descartes, Corneille, Christine de Suède*, Paris, 1942〔邦訳、エルンスト・カッシーラー（朝倉剛・羽賀賢二訳）『デカルト、コルネーユ、スウェーデン女王クリスティナ――17 世紀の英雄的精神と至高善の探求』工作舎〕において巧みに論じられている。しかし、デカルトがスウェーデンへ出発したのには他の理由もあった。なかでも、シャニュ〔在スウェーデンのフランス大使〕との友情に加えて、スウェーデンにおけるフランス人社会の存在ならびに政治的・文化的状況に関する評価がきわめて重要な要因であったと思われる（すでに〔第 2 章注 32 で〕参照したR・パンタールの *Le libertinage érudit* の第 1 巻〔原文〕389 頁以下を参照のこと）。
(87) この点に関して、たとえばすでに〔第 1 章注 161 で〕言及したP＝M・シュールの論文 *Un souvenir cartésien*、ならびにP・ディボンの論文 *Une lettre inédite de Descartes à Constantin Huygens*, in : *Descartes et le cartésianisme hollandais*, pp. 71-85 を参照されたい。デカルトがクリスティナに対して日増しに本心からの感服を強めていったことは否定しようがない。これに対してデカルトがスウェーデン女王の宮廷で快適な環境にあったかどうかについては疑わしい。概して宮廷が文化的に不毛であることに関して『哲学の原理』に付されたエリザベトへの献辞（AT 版第 8 巻上に収録）のなかでデカルトが述べているところは、デカルトの一時的な意見だとは決して思われない。いずれにしても、デカルト-シャニュ-クリスティナを取り結ぶ関係の変化については、AT III 546〔1642 年 3 月メルセンヌ宛書簡〕、同 IV 144-145〔1645 年 10 月 15 日の某氏宛書簡〕、300〔1645 年 9 月 29 日付ウィレム宛書簡〕、318-320〔1645 年 10 月のブルダン宛書簡〕、396〔1646 年 4 月 20 日付メルセンヌ宛書簡〕、同 V 129-132〔1648 年 2 月 21 日付シャニュ宛書簡〕、182-184〔1648 年 5 月のシャニュ宛書簡〕、251-254〔クリスティナからデカルトへの 1648 年 12 月 12 日付書簡〕、289-293〔1649 年 2 月 26 日付シャニュ宛書簡〕、293-294〔1649 年 2 月 26 日付クリスティナ宛書簡〕、295〔シャニュからデカルトへの 1649 年 2 月 27 日付書簡〕、317-318〔シャニュからデカルトへの 1649 年 3 月 6 日付書簡〕、322-329〔シャニュからデカルトへの 1649 年 3 月 27 日付書簡〕、351-352〔1649 年 4 月 23 日付シャニュ宛書簡〕を参照されたい。

(88) 言い換えるなら、スウェーデンもまた 17 世紀半ばにおいて、それ以外のヨーロッパの主要な君主国と同様に、社会情勢の変化というヨーロッパ全体を巻き込んだ危機の影響をまぬがれなかったということである。M・ロバーツ〔Roberts〕の論文 *Queen Christina and the General Crisis of the Seventeenth Century*, in : *Crisis in Europe*, cit., pp. 195-221 を参照されたい。社会情勢をめぐる深刻な危機——わたしたちはこれについてしばしば論じてきた——はスウェーデンにおいて、まさしく立憲主義的な政体のあり方をめぐって一連の重大な影響を実際に及ぼしたのである。N・ルンビ〔Runeby〕の著作 *Monarchia mixta*, Stockholm, 1962 を参照されたい。

(89) AT XI 663-665〔『ストックホルム・アカデミーの企画』（邦訳、デカルト前掲書（第 1 章注 18 ）、237 頁から 239 頁)〕を参照のこと。

(90) 1644 年刊行のラテン語版は、AT 版第 8 巻上に「緒言」（〔原文〕x 頁から xviii 頁）とともに収録されている。1647 年刊行のフランス語版は、AT 版第 9 巻下に「緒言」（〔原文〕iii 頁から xx 頁）とともに収録されている。

(91) AT IV 527〔1646 年 10 月 12 日付メルセンヌ宛書簡〕より。

(92) AT XI 635-639〔『キルヒャー神父の「磁石論」摘要』（邦訳、デカルト前掲書（第 1 章注 18 ）、229 頁から 230 頁)〕と同 X 308-310〔『数学摘要』（同上邦訳、196 頁から 198 頁)〕を参照のこと。

(93)『ビュルマンとの対話』は、1648 年 4 月 16 日にエフモント〔Egmond〕で行なわれものだが、デカルト思想の最後の境地を非常に際立たせている。それはとりわけ『哲学の原理』に関する〔デカルト自身の〕注釈（前掲〔第 2 章注 146〕した C・アダンによる『ビュルマンとの対話』校訂版（パリ、1937 年）で言えば〔原文〕78 頁から 115 頁）についてあてはまる。そのなかで示される技術への依拠と公衆への呼びかけは、実際に〔デカルトに〕特徴的なものであり、非常に醒めた調子で語られている。

(94) *Opere* 第2巻〔原文〕32頁（AT VIII-A 10-12および同IX-B 31-34〔引用は『哲学の原理』第1部第14項〕）より。本文での引用にはイタリア語訳を掲げた。というのも、『哲学の原理』のテクストは異文（ラテン語版とフランス語版）が錯綜し食い違っているので、原文の正確なモデルにしたがうことが必ずしも容易ではないと思われるからである。信頼できるイタリア語訳を使うほうが良い。
(95) AT VIII-A 14-15および同IX-B 36-37〔『哲学の原理』第1部第26項と27項〕を参照のこと。
(96)『ビュルマンとの対話』（前掲〔第2章注146〕したアダン校訂版〔原文〕82頁から83頁）より。また、メランに宛てられた〔1644年5月2日付の〕著名な書簡（AT IV 110以下）も参照されたい。
(97) スピノザからライプニッツまで、カントからヘーゲルまで、無際限〔indefinito〕と無限〔infinito〕の関係をめぐる問題に関する考究は、哲学的思弁における中心的かつ決定的な論点をなすだろう。わたしたちとしては、この問題構制《プロブレマーティカ》がデカルトによって十全な仕方で提示されていることをここで強調したいと思う。この意味においてデカルトは、一見そう思われている以上に、合理主義哲学の展開をめぐる可能性と困難についておそらくはっきりといっそうの理解を示していたのである。
(98) *Opere* 第2巻〔原文〕51頁（AT VIII-A 24および同IX-B 46-47〔『哲学の原理』第1部第51項〕）より。
(99) AT VIII-A 35-39および同IX-B 58-62〔『哲学の原理』第1部第71項から76項〕を参照のこと。
(100) AT I 82（1629年〔11月20日付〕の〔メルセンヌ宛〕書簡）より。
(101) とりわけデカルトのコメニウスの仕事に対する評価（AT II 345-348〔最新のデカルト研究によればホーヘランデ宛書簡だが、ネグリが参照しているAT旧版では某氏宛とされている1638年8月の書簡〕、AT *Supplément* 97-102〔1639年末から翌年始のホーヘランデ宛書簡（新版ではAT II 651-656に掲載）〕）を参照されたい。
(102) 前掲〔第1章注39〕のR・ルノーブルの著作 *Mersenne*（〔原文〕518頁注4）を参照されたい。
(103) AT *Supplément* 2-3〔1640年2月8日のホーヘランデ宛書簡（新版ではAT III 721-726に掲載）〕を参照のこと。
(104)〔ラテン語原文は〕AT VIII-A 40-79に、〔フランス語訳は〕同IX-B 63-102に収録。
(105) AT VIII-A 41-42および同IX-B 64-65〔『哲学の原理』第2部第3項〕を参照のこと。
(106) AT VIII-A 52-78および同IX-B 75-101〔『哲学の原理』第2部第22項から第63項〕を参照のこと。〔邦語では『科学史・科学哲学研究』（金森修訳、法政大学出版局）などを読むことができるフランスの哲学者ジョルジュ・〕カンギレム〔Geroges Canguilhem〕は（前掲〔第1章注62〕した *Congrès Descartes* の第2巻に

所収の論文 *Descartes et la technique* の〔原文〕77 頁以降)、「『哲学の原理』における幾つかのテクストに鑑みるなら、デカルト自然学の有効性はその客観性に関する問いを未然に封じ込めているところにあると示唆してさえいるように思われる」と的確に指摘している。多かれ少なかれ同じ傾向にあるのは、R・プレヴォ〔Prévost〕の論文 *L'humanisme économique de Descartes*, in *Revue d'histoire économique et sociale*, t. 29, no. 2, 1951, p. 134 である。

(107) この方向で自説を明確にしているものとしては、前注で参照したG・カンギレムの論文とJ・スゴン〔Segond〕の著作 *La sagesse cartésienne et l'idéal de la science*, Paris, 1932 における諸所（「デカルト的智慧は、古代における智慧のアンチテーゼとしてわたしたちには映る」）が挙げられる。

(108) AT I 14〔1629 年 6 月 18 日付フェリエ宛書簡〕、32–38〔1629 年 10 月 8 日付フェリエ宛書簡〕、38–52〔フェリエからデカルトへの 1629 年 10 月 26 日付書簡〕、53–69〔1629 年 10 月 13 日付フェリエ宛書簡〕、170〔1630 年 11 月 4 日付メルセンヌ宛書簡〕、177〔1630 年 11 月 25 日付メルセンヌ宛書簡〕、183–187〔1630 年 12 月 2 日付フェリエ宛書簡〕、500–501〔1638 年 1 月 25 日付メルセンヌ宛書簡〕、504–505〔最新のデカルト研究によれば 1638 年 2 月だが、ネグリが参照している AT 旧版では同年 1 月 25 日付のホイヘンス宛書簡〕、同 II 373–376〔1638 年 9 月のフェリエ宛書簡〕、451–455〔最新のデカルト研究によればドボーヌ宛だが、ネグリが参照している AT 旧版では某氏宛の 1638 年 11 月から 12 月の書簡〕、同 III 585〔最新のデカルト研究によれば 1642 年 8 月から 9 月だが、ネグリが参照している AT 旧版では 1642 年？とされているメルセンヌ宛書簡〕ほか諸所を参照されたい。『屈折光学』〔第 1 講〕(AT VI 82–83) も参照されたい。

(109) AT I 215–216〔1631 年夏の書簡〕より。また、AT III 598〔1642 年 12 月 7 日付メルセンヌ宛書簡〕と同 IV 57〔1643 年 12 月 11 日付メルセンヌ宛書簡〕(前掲〔第 1 章注 4〕のE・ジルソン『注解』〔原文〕464 頁を参照のこと）における素晴らしいくだりも参照されたい。

(110) 魔法をかけられた〔人を魅了する〕庭園、素晴らしい競技がなされる庭園……という隠喩は、人文主義者の用いた隠喩に近いが、しかしすでに後者〔機械論的隠喩〕へと移行しつつあることが示され、より確固とした技術的な意味合いがそのうちには認められるのである。AT I 24〔1629 年 10 月 8 日付メルセンヌ宛書簡〕、同 II 39–41〔最新のデカルト研究によれば 1638 年 4 月または 5 月のレネリを介したポロ宛書簡だが、ネグリが参照している AT 旧版では 1638 年 3 月某氏宛とされている書簡〕、同 III 504–505〔最新のデカルト研究によれば 1642 年 1 月末だが、ネグリが参照している AT 旧版では 1642 年 1 月とだけされているレギウス宛書簡〕、同 VI 55–57〔『方法序説』第 5 部〕、165〔『屈折光学』第 8 講末尾と第 9 講冒頭〕、343–344〔『気象学』第 8 講〕、同 VII 326〔『省察』「第五反論」〕、同 X 216–219、231–232〔以上、『思索私記』(邦訳、デカルト前掲書（第 1 章注 18)、82 頁から 85 頁、96 頁)〕、504–505〔『真理の探究』〕、同 XI 120〔『人間論』〕、669〔補遺〕、そしてさらにAT X 397〔『精神指導の規則』第8規則〕、401〔同第9規則〕、404〔同第10規則〕、同XI 120、130-131、163-164、201-202、212-215〔以上、『人間論』〕を参照されたい。

(111) この移行は正確に理解されなければならない。魔法の庭園というイメージから出発して、デカルトの隠喩的思考は、真に技術的な隠喩へ移行するわけだが、これについては〔単なる隠喩としてではなく〕技術上の実例としておそらくは取りあげるべきである。AT IV 575〔1646年11月23日付ニューキャッスル侯宛書簡〕、同VI 59〔『方法序説』第5部〕、同VII 84-85〔「第六省察」〕、同VIII-A 326〔『哲学の原理』第4部第203項〕、同X 229〔『思索私記』(邦訳、デカルト前掲書(第1章注18)、93頁)〕、同XI 120、202〔以上、『人間論』〕、同III 504-505〔最新のデカルト研究によれば1642年1月末だが、ネグリが参照しているAT旧版では1642年1月とだけされているレギウス宛書簡〕、同VI 9〔『方法序説』第1部〕、55-57〔同第5部〕、62、77〔以上、同第6部〕(前掲〔第1章注4〕したE・ジルソン『注解』〔原文〕145頁から146頁、420頁から426頁)、同XI 226、233、245〔以上、『人体の記述』(邦訳、デカルト前掲書(第1章注2)、148頁から149頁、154頁、165頁から166頁)〕を参照されたい。

(112) AT X 404-405〔『精神指導の規則』第10規則〕、同XI 331〔『情念論』第6項と第7項〕、339〔同第13項〕、341-342〔同第16項〕、354〔同第34項〕、同VII 26、32〔以上、『省察』「第二省察」〕、51〔「第三省察」〕、55〔「第四省察」〕、85〔「第六省察」〕、134-135、137〔以上、「第二答弁」〕を参照のこと。

(113) この時期にデカルトが抱いていた「工芸学校を設立する計画」(AT XI 659-660)は、公衆に対する呼びかけに帰着するような物言いのもと、ものづくりに対する関心からあまりに素朴な仕方で描き出されたものにすぎない。

(114) R・プレヴォは、前掲〔本章注106〕したその論文*L'humanisme économique*において「〔デカルトにとって〕アリストテレス的自然観から残存するものは何もない。この自然観のもとで技術が意識的反省の対象とされることはなかったが、このような〔無自覚的な〕技術に、製作という自覚的な活動がとってかわった。デカルトは、しばしば自然と人間の技術とを比較している(中略)。〔人間〕知性が把握し得る限りでのこの大規模な機構すなわち自然は、人間の活動をして、自らのうちに巧妙に、しかも呵責なしに侵入することを許すが、それは、いかなる運動もそれに固有な合目的性を内包していないからである」(〔原文〕132頁から133頁)と述べている。

(115) 前掲〔本章注106〕したR・プレヴォの論文*L'humanisme économique*, p. 143とE・ドレアン〔Dolléans〕の論文*À propos de Descartes : la technique soumise à la générosité*, in : *Revue d'histoire économique et sociale*, t. 29, no. 2, 1951, pp. 124-129を参照のこと。

(116) AT VIII-B 360〔『掲貼文書への覚書』〕より。

(117) この考えがルネサンス期に確立されたことの射程については、A・サポーリ〔Sapori〕の論文 *Il pensiero sul lavoro dal mondo antico al cinquecento*, in : *Studi di storia economica*, vol. III, Firenze, 1967, pp. 487–514 のうちに見出される。

(118) すでに参照した「機械に関する論考」(AT I 435 以下)、ならびにE・カッシーラーの著作 *Storia della filosofia moderna* の〔第1巻原文〕512 頁から 513 頁〔邦訳、カッシーラー前掲書（第1章注 85)、420 頁から 422 頁〕における素晴らしい注釈を参照されたい。

(119) AT IV 243〔1645 年 7 月 7 日付のホイヘンスからデカルトへの書簡〕より。この点に関しては、ここでもう一度〔第1章注 185 で言及した〕F・ボルケナウの古典的研究（ならびにL・フェーヴルの注釈）を参照せざるを得ない。

(120) ヴォエティウスとの論争がどれほど厳しいものであったかについて、さらにこの論争全般の推移については、デカルトのうちに見てとることができるし、また、デカルトが書き残したもののうちにも示されている。たとえば、AT V 1–15〔1647 年 5 月 4 日付ライデン大学評議員会宛書簡〕、15–19〔1647 年 5 月 10 日付エリザベト宛書簡〕、22–23〔最新のデカルト研究の成果によれば 1647 年 5 月 4 日付だが、ネグリが参照している AT 旧版では 1647 年 5 月とだけされているライデン大学評議員会宛書簡〕、24–27〔1647 年 5 月 4 日付セルヴィアン宛書簡〕、41–45〔1647 年 5 月 27 日付ウィレム宛書簡〕を参照されたい。

(121) 倫理学の立案者としてのデカルトの適性〔vocazione〕に関するテクストは、整合的ではなく、また、それ自体では、なぜデカルトが倫理学に関心を示したかを説明するには不十分である。〔この点は〕AT IV 441〔1646 年 6 月 5 日付シャニュ宛書簡〕、473–474（同 X 601–604)〔1646 年 8 月 25 日付のシャニュからデカルトへの書簡〕、同 V 86–87〔1647 年 11 月 20 日付シャニュ宛書簡〕を比較すれば十分に理解されるだろう。『ビュルマンとの対話』(前掲〔第 2 章注 146〕したアダン校訂版〔原文〕124 頁から 125 頁）のなかで「備えとしての道徳」について「著者は率先して倫理《エチカ》を書いているのではなくて、教育者やそのような人々のためにこれらの規則を書き加えるように強いられたのです。なぜならそうしないとかれらは、著者が宗教も信仰ももたず、自分の方法によってそれらを覆そうとしていると言うでしょうから」とデカルトが述べているのを参照するなら、事態はいっそう複雑になる。

(122) このような主張は、おもにH・グイエ（とりわけ、すでに〔第1章注 166 で〕参照した *Essais* のうちデカルトの倫理学について割かれた〔原文〕197 頁から 252 頁まで〔邦訳、グイエ前掲書、174 頁から 220 頁〕）によって提唱されたものだが、グイエによれば、デカルト倫理学はその立案者の個々の主張に加えて、実際に現実を生きる人間についての哲学、〔つまり〕デカルトにおける「すべて〔tutto〕」を規定するような密度の濃い倫理的唯心論〔spiritualismo etico〕を再構成するものである。グイエの解釈はつねに念頭に置かれるべきだ。というのもおそらくこの解釈は、デカルト思想に関する伝統的な解釈のうちもっとも整合性のとれた模範と言えるからだ。それは、もっとも「新しい〔moderne〕」文献学的手法でもって「古いもの〔il vecchio〕」を学術的に考察することで、この「古いもの」を何としても手放さないようにしようとする試みなのだ。

(123) これまでしばしば引き合いに出される『精神指導の規則』においてのみならず、道徳は「この方法から導き出された」と述べられている『方法序説』〔冒頭〕の梗概（AT VI 1）の示唆において。

(124) AT IX–B 14〔『哲学の原理』「仏訳者への書簡」〕より。

(125) この特徴の内実については、AT VI 22–28〔『方法序説』第 3 部〕（前掲〔第 1 章注 4〕のE・ジルソン『注解』〔原文〕229 頁から 264 頁）、同 VII 149〔『省察』「第二答弁」〕、同 VIII–A 5（同 IX–B 26〔『哲学の原理』第 1 部第 3 項〕）を参照されたい。また、『哲学の原理』「仏訳者への書簡」（同 IX–B 13）も参照されたい。

(126) J・ラポルト（*Le rationalisme de Descartes*, Paris, 2e éd., 1950）とG・ロディス＝レヴィス（*La morale de Descartes*, Paris, 1957）はともに、デカルトの倫理学が実質的な面からも宗教的な面からも展開される場としての内在的な網の目を巧みに捉え、かつ、詳らかにした研究者である。この網の目とは、〔デカルト哲学という〕体系が孕むありとあらゆる内在的な矛盾、とりわけ人間の自由と神の自由のあいだに認められる矛盾の産物である。このような解釈に逆説的なところがあるからといって、デカルトの体系が晩年の倫理学において〔それまでのデカルトとは〕矛盾した仕方で展開されることを捉え損ねているわけではない。ラポルトとロディス＝レヴィスの解釈を歴史的解釈という正しい方向へ推し進めるなら、それらは確固としたものとなり、それらのうちに逆説的なところがあるということそれ自体も説明される。

(127) デカルトとエリザベトの関係については、AT III 351–353〔に掲載の注〕、前注で言及したG・ロディス＝レヴィスの著作 *La morale de Descartes* の〔原文〕57 頁から 61 頁、すでに〔第 1 章注 31 で〕言及したG・コーエンの著作 *Écrivains français* の〔原文〕603 頁から 636 頁、641 頁から 643 頁、そしてとりわけM・ネール〔Néel〕の著作 *Descartes et la princesse Élisabeth*, Paris, 1946（デカルトとエリザベトの関係を分析することから出発して――この分析は、ところどころ軽薄だが、それでも説得力がある――、デカルト倫理学に関するきわめてラポルト的な解釈へと進んでいる。全般的に言えば、この研究は、デカルトとエリザベトの関係のみならずデカルトの最終的な倫理学的考察を解釈するうえできわめて貴重なものである）を参照されたい。デカルトは、友人である貴族のポロ〔Pollot〕を介して、亡命していたボヘミアの王族たちの宮廷を 1642 年に参内していることも想起されたい（AT III 577〔1642 年 10 月 6 日付ポロ宛書簡〕）。エリザベトからの最初の手紙は、1643 年 5 月〔6 日／ 16 日〕のことである（AT III 660–662）。その他のテクストとしては、AT IV 37–50〔1643 年 11 月のエリザベト宛書簡、同年 11 月のポロ宛書簡、同年 11 月 21 日付のエリザベトからデカルトへの書簡、（最新のデカルト研究の成果によれば同年 11 月 29 日付だが、ネグリが参照している AT 旧版では）同年 11 月のエリザベトへの書簡〕、131–138〔1644 年 8 月 1 日付のエリザベトからデカルトへの書簡、同年8月のエリザベト宛書簡〕、201〔1645年5月18日付エリザベト宛書簡〕、207-213〔1645年5月24日付のエリザベトからデカルトへの書簡〕、335-341〔1645年11月30日付のエリザベトからデカルトへの書簡、同年12月27日付のエリザベトからデカルトへの書簡〕、447〔1646年7月のエリザベトからデカルトへの書簡〕、617-620〔1647年2月21日のエリザベトからデカルトへの書簡〕、624-631〔1647年3月のエリザベト宛書簡、同年4月11日付のエリザベトからデカルトへの書簡〕、同V 15-19〔1647年5月10日付エリザベト宛書簡〕、46-50〔エリザベトからデカルトへの1647年5月の書簡〕、59-73〔1647年6月6日付エリザベト宛書簡、同年7月のエリザベト宛書簡〕、89-92〔1647年11月20日付エリザベト宛書簡〕、96-97〔エリザベトからデカルトへの1647年12月5日付書簡〕、111-114〔1648年1月31日付エリザベト宛書簡〕、194-202〔エリザベトからデカルトへの1648年6月30日付書簡〕、209-211〔エリザベトからデカルトへの1648年7月の書簡〕、224-227〔エリザベトからデカルトへの1648年8月23日付書簡〕、231-234〔1647年10月のエリザベト宛書簡〕、280-289〔1649年2月22日付エリザベト宛書簡〕、330-331〔1649年3月31日付エリザベト宛書簡〕、359-360〔1649年6月のエリザベト宛書簡〕、429-431〔1649年10月9日付エリザベト宛書簡〕、451-453〔エリザベトからデカルトへの1649年12月4日付書簡〕を参照されたい。

(128) AT III 661〔1643年5月6日／16日のエリザベトからデカルトへの書簡〕より。

(129) AT III 664-665〔1643年5月21日エリザベト宛書簡〕を参照のこと。

(130) AT III 685〔1643年6月10日ないし20日のエリザベトからデカルトへの書簡〕を参照のこと。

(131) AT III 691-692〔1643年6月28日エリザベト宛書簡〕より。

(132) これはあまりに人を狼狽させる、取り付く島もない主張であるために、エリザベトとの対話までもがAT IV 1-3〔1643年7月1日付のエリザベトからデカルトへの書簡〕と、218-222〔1645年5月ないし6月のエリザベト宛書簡〕と233-235〔1645年6月22日付のエリザベトからデカルトへの書簡〕とのあいだで中断している。1644年に書簡のやりとりがこのように中断したことについては、前掲〔本章注127〕したM・ネールの著作 *Descartes et la princesse Élisabeth* の〔原文〕52頁から59頁を参照されたい。

(133) AT IV 237〔1645年6月のエリザベト宛書簡〕より。

(134) この点に関しては、1641年1月中旬にポロに宛てて書かれた印象的な書簡(AT III 278-280）を参照されたい。この書簡では、デカルトの倫理学に認められるとされるストア主義が完全に破棄されていることは明らかである。信——人間としての結びつきに対する何ものをも媒介させることのない評価と感情の触れ合いが有する人間的な意味の知覚——が倫理的な振る舞いの核心となるとき、ストア的な克己〔ascetismo〕は（キリスト教的な克己と同様に）全面的にわきに追いやられるのである。このことは、すでに強調したように、実質的にストア主義的な立場が初期のデカルトには認められないということを意味するものではない。ここで信とは、必然性の受忍、生活の節制、自己犠牲のことである。ストア主義的な立場へと立ち返ることは、デカルトの思索が成熟の域に達してもなお行なわれることである。しかし、このような立ち返りは、新しい哲学的な枠組みに何らかの変更を迫るようなものではなく、単なる文化的なものでしかない。

(135) 何よりもまず AT IV 263–268〔1645 年 8 月 4 日付エリザベト宛書簡〕を参照されたい。これはセネカの『幸福な生について』に関する注釈となっているが、デカルトはこの書物をエリザベトとともに読んでいたのである。また、251–252〔1645 年 7 月 22 日付エリザベト宛書簡〕、268–270〔1645 年 8 月 16 日付のエリザベトからデカルトへの書簡〕、271–278〔1645 年 8 月 18 日付エリザベト宛書簡〕、280–287〔1645 年 9 月 1 日付エリザベト宛書簡〕、287–290〔1645 年 9 月 13 日付のエリザベトからデカルトへの書簡〕も参照されたい。

(136) AT IV 287〔1645 年 9 月 1 日付エリザベト宛書簡〕より。

(137)『情念論』の執筆過程については、細心の注意をもって考察しなければならないのだが（残念ながら本書でこの点を論じることはできない。いずれの機会に取り組みたい）、それはこの論点によって、〔デカルトが〕改めて提示した形而上学的要請――それは、深遠な、もしそう言ってよければ濃厚な人文主義〔に依拠する〕――が、実際に展開され、また、実験によってもたらされた非常に多くの題材を取り扱うことで、どのようにデカルトの思索のうちに再び姿を現すのか、このことが明確に示され得るからである。いずれにしても、文献学的分析によれば、『情念論』は、エリザベトとの文通と議論を契機とする内在的かつ外在的な帰結であるということには注意しなければならない。それに加えて、〔第 1 章注 130 で参照した 1645 年 10 月のニューキャッスル侯宛書簡において言及されている『動物発生論』のことと考えられている〕『動物論〔*Le traité des animaux*〕』に関連する仕事によって『情念論』が中断されたこと（AT IV 310）、ならびに一般的な次元にとどまっていた生理学上の分析から個別的な倫理学上の分析へと移行することが AT IV 313 で述べられているということにも注意しなければならない〔以上、1645 年 10 月 16 日付エリザベト宛書簡〕。ただしこの『動物論』に関連する研究は継続されても、再び言及されることはない。デカルトは 1645 年 11 月に、情念の数と順番について考察していることが知られている（AT IV 332)。1646 年 3 月ないし 4 月には、エリザベトに『情念論』初稿を送付している。おそらく『情念論』第 1 部と第 2 部だけだと思われる（AT IV 404)。5 月には出版のために初稿を推敲することを約束しているが（AT IV 407)、6 月になると、シャニュ宛の書簡のなかで、これを出版するつもりがないと述べている（AT IV 442)。『情念論』は 1649 年に出版される。『情念論』の執筆過程に関して一般的には、AT 版所収の「緒言」（AT XI 293–300）を参照されたい。『情念論』は、AT 版第 11 巻〔原文〕327 頁から 488 頁に収録されている。

(138) AT 版第 11 巻の『情念論』第 1 項から第 30 項。
(139) AT 版第 11 巻の〔『情念論』〕第 31 項から第 50 項。
(140) このことは、まさしく J・ラポルトと G・ロディス＝レヴィスが行なっている。
(141) 再び前掲の M・ネールの研究書〔本章注 127 参照〕、そしてとりわけ J・リュシエ〔Russier〕の著作 *Sagesse cartésienne et religion. Essais sur la connaissance de l'immortalité de l'âme selon Descartes*, Paris, 1958 を参照されたい。
(142) P・コマルネスコ〔Comarnesco〕は、前掲〔第 1 章注 62〕した *Congrès Descartes. Études cartésiennes* の第 2 巻に所収のその論文 *Les normes de la vie sociale chez Descartes*, pp. 86–94 のなかで、デカルト的な個人における「横溢〔straripante〕」というあり方を強調している。倫理的・社会的な生活に到達することは、個人的なものと社会的なものが規範の面で連続していることのうちにおいてよりは、この過剰さのもとで実現されるのである。とはいえ、この規範的な連続性は、主体の精神的な力能《ポテンツァ》を現実化しようとする個人の衝動によって根拠づけられ、かつ、堅固なものにされるのである。
(143) AT 版第 11 巻の〔『情念論』〕第 53 項から第 55 項まで。
(144) AT 版第 11 巻の〔『情念論』〕第 70 項。
(145) AT 版第 11 巻の〔『情念論』〕第 71 項。
(146) AT 版第 11 巻の〔『情念論』〕第 72 項。
(147) AT 版第 11 巻の〔『情念論』〕第 77 項。
(148) AT 版第 11 巻の〔『情念論』〕第 75 項。
(149) AT 版第 11 巻の〔『情念論』〕第 56 項、第 79 項から第 85 項。
(150) 1647 年 2 月 1 日付シャニュ宛書簡（AT IV 601–617）を参照されたい。
(151) AT 版第 11 巻の〔『情念論』〕第 80 項。
(152) AT 版第 11 巻の〔『情念論』〕第 85 項から第 95 項。また、それに先立つ第 57 項から第 67 項まで参照されたい。
(153) デカルトの『情念論』はこれらの観点のもとで展開されている。さらに付け加えるべきは、この世紀に情念が主題化されること、とりわけ愛のそれが主題化されることは、これら二者の循環においてである、ということである。前掲〔本章注 58〕した O・ナダルの著作 *Le sentiment de l'amour* を参照されたい。
(154) たとえば、AT V 82〔1647 年 11 月 20 日付クリスティナ宛書簡〕を参照されたい。
(155) AT IV 530〔1646 年 11 月のエリザベト宛書簡〕より。
(156) バイエの証言（第 2 巻〔原文〕408 頁）によれば、「またかれらは、わたしたちに『ソクラテスの神について〔*De Deo Socratis*〕』という題名のつけられたデカルトの他の論考について話してくれた。この論考のなかでデカルトは、ソクラテスの「守護霊〔*esprit familier*〕」がいったい何なのか、を検証したらしい。これは、数世紀にわたって大変な関心を集めた主題なのである。しかし、デカルトは、スウェーデンに旅立った頃にはすでにこの論考から遠ざかったものと思われる。それゆえこの論考は、デカルトの死に際して作成された目録のなかに、他のものと一緒に含められることがなかったのである。おそらく、この論考はクレルスリエ以外の人物に渡ったのだろう」。

(157) これは 1647 年に執筆され、『哲学の原理』をフランス語に訳したピコに送られた。AT IV 147〔1644 年 11 月 8 日付ピコ宛書簡〕、175〔1645 年 2 月 9 日付ピコ宛書簡〕、181〔1645 年 2 月 17 日付ピコ宛書簡〕、222〔1645 年 6 月 1 日付ピコ宛書簡〕、同 V 66〔1647 年 7 月のエリザベト宛書簡〕、78-79〔に掲載の注〕、111-112〔1648 年 1 月 31 日付ピコ宛書簡〕を参照されたい。正式な題名は、「著者からこの書物を翻訳した者に宛てられた書簡、ここでは序文としての役割を果たす」というものである。この書簡は、AT 版第 9 巻下〔原文〕1 頁から 20 頁に収録されている。

(158) AT IX-B 2〔『哲学の原理』「仏訳者への書簡」〕より。

(159) AT IX-B 9〔『哲学の原理』「仏訳者への書簡」〕より。

(160) AT IX-B 10 と同 14〔『哲学の原理』「仏訳者への書簡」〕より。

(161) AT IX-B 17〔『哲学の原理』「仏訳者への書簡」〕より。

(162) AT IX-B 17〔『哲学の原理』「仏訳者への書簡」〕より。

(163) AT IX-B 18〔『哲学の原理』「仏訳者への書簡」〕より。

(164) AT XI 301-326 を参照のこと。つまり、デカルトに宛てられた二つの書簡とそれに対する返答である。最初の書簡は、差出人が不明であり、かつ、デカルト研究において〔、長文であると同時に粗雑な言葉遣いもあって、デカルト本人の返答に用いられている言葉を引き継いで〕「偉大な書簡」と皮肉を込めて通称されているもので、日付は 1648 年 11 月 6 日、パリで執筆された。デカルトの返答は、1648 年 12 月 4 日付である。二回目のやりとりは、1649 年の 7 月から 8 月のあいだに行なわれた。

(165) AT XI 301-321 ほか諸所を参照されたい。

(166) AT XI 326 を参照のこと。

(167) この時期の政治的な出来事に関するデカルトのそうした判断の多くは、市民階級《ブルジョアジー》が将来的には興隆するだろうという期待に支えられている。とはいえそうした態度は、当時の政治的な出来事に認められる、はるかに危険で、まさしく 17 世紀的かつバロック的な側面に対するデカルトの或る種の苛立ちから切り離されたものではない。この点に関して典型的なのは、フロンドの乱にうんざりしたデカルトの態度である。なお、〔フロンドの乱に限らず〕全般的には、AT IV 290-296〔1645 年 9 月 15 日付エリザベト宛書簡〕、301-304〔1645 年 9 月 30 日付のエリザベトからデカルトへの書簡〕、304-317〔1645 年 10 月 6 日付エリザベト宛書簡〕、324〔1645 年 10 月 28 日付のエリザベトからデカルトへの書簡〕、356-357〔1646 年 1 月エリザベト宛書簡〕、405-406〔1646 年 4 月 25 日付のエリザベトからデカルトへの書簡〕、412〔1646 年 5 月のエリザベト宛書簡〕、485-494〔1646 年 9 月のエリザベト宛書簡〕、519–525〔1646年10月10日付のエリザベトからデカルトへの書簡〕、531〔1646年11月のエリザベト宛書簡〕、580〔1646年11月29日付のエリザベトからデカルトへの書簡〕、同V 197–202〔1648年6月ないし7月のエリザベト宛書簡〕、231–234〔1648年10月のエリザベト宛書簡〕、280–289〔1649年2月22日付エリザベト宛書簡〕を参照されたい。
(168) E・カッシーラーは、前掲の著作 *Descartes, Corneille, Christine de Suède*, Paris, 1942〔邦訳、カッシーラー前掲書（本章注86)〕において、デカルトの倫理学を特徴づける価値考量的現実主義〔realismo valutativo〕と倫理的行動主義〔attivismo etico〕を強調している。したがってそれは、デカルト的倫理学をストア主義的な伝統への逆戻りと見なす解釈に逆らうものである。デカルトの倫理学をストア主義的に解釈するもののうち、とりわけV・ブロシャール〔Brochard〕の論文 *Descartes stoïcien*, ora in : *Études de philosophie ancienne et de philosophie moderne*, Paris, 1954, pp. 320–326（しかし〔原文〕327頁から331頁も参照のこと）を想起すべきである。
(169) ここは、1600年代における（そして、すでに1500年代には復興していた）ストア主義の普及＝評判《フォルトゥーナ》に関する資料を披瀝する場ではない。他所でわたしたちはすでに、ゲルハルト・エストライヒ〔第1章注168〕とジュリアン＝エイマール・ダンジェ〔第3章注60〕の研究を参照した。ここでは、E・カッシーラー〔の前掲書『デカルト、コルネーユ、スウェーデン女王クリスティナ』（本章注86)〕を改めて参照すれば事足りるだろう。「ストア主義のモラルでは、意志の自己充足や自律が主張されはしたが、現実には受動性（消極性）の域を脱し得なかった。このモラルは、賢者として生に打ち克つことを学び、それによっていかに生を耐え抜くかを教え諭したのである。近代のストア主義にも、なおこの根本的な見識は確認された。苦しみを耐え抜くことが最高の美徳とされた」（〔原文〕26頁〔邦訳、37頁〕）。この時代におけるもうひとつの重要な思潮である古典主義についても同様のことが言われるはずである。しかし、この点に関してもまた、ゲオルグ・ヴァイゼ〔第1章注66参照〕とルネ・ブレ〔第3章注30参照〕の研究書においてすでになされた浩瀚な議論を参照するにとどめたい。
(170) 近代における偉大な市民《ブルジョア》哲学の展開にあってデカルト思想の受容がいかに変遷したかを研究するには、イヴォン・ベラヴァル〔Yvon Belaval〕の著作 *Leibniz critique de Descartes*, Paris, 1960〔邦訳、イヴォン・ベラヴァル（岡部英男・伊豆藏好美訳）『ライプニッツのデカルト批判』法政大学出版局〕による概説が特筆されるべきである。
(171) G・W・F・ヘーゲル〔Hegel〕の著作 *Rechtsphilosophie, Vorrede*〔序言〕のイタリア語訳〔原文〕16頁〔邦訳、ヘーゲル（上妻精・佐藤康邦・山田忠彰訳）『法の哲学』上巻、岩波書店、20–21頁〕。

デカルト・ポリティコ

アントニオ・ネグリ 著
中村勝己・津崎良典 訳

――政治的存在論について

青土社

デカルト・ポリティコ　目次

第1章　隠喩と記憶　9
第2章　哲学と時代情況　71
第3章　政治学なのか、あるいは分別のあるイデオロギーなのか　129
第4章　時代とイデオロギー　191
訳者あとがき　245
原注　1

凡例

一、本書は、一九七〇年にフェルトゥリネッリから刊行された Antonio Negri, *Descartes politico o della ragionevole ideologia*, Feltrinelli, 1970. の全訳である。

一、本書は二〇〇七年にヴァーソからペーパーバック版で英訳が出ており、イタリアでは、復刻版が二〇〇七年にマニフェストリーブリから再刊されている。どちらにも「二〇〇四年四月ローマ」という日付のついた著者ネグリの序文がついている。また、二〇〇八年にはスペイン語訳がマドリッドにあるエディシオネス・アカルからペーパーバック版で出ている。邦訳に際してこの三冊を参照した。

一、著者が引用した文献について、日本語訳のあるものは適宜参照し、書誌情報と頁数を必要に応じて明示する。その引用に際しては、変更を施した場合もあるが、逐一明示することはしない。なおデカルトについては、白水社から二〇〇一年に刊行された『増補版デカルト著作集』全四巻ならびに、知泉書館より二〇一二年から二〇一六年にかけて刊行された『デカルト全書簡集』全八巻を主に参照しつつも、訳者がすべて新たに訳出した。

一、本文中のラテン語について、それがキーワードとして何度も使われている際には、訳語を〈 〉でくくり、その章あるいはその節の初出の場合のみ原語も示した。たとえば〈根幹からして新しい学知〔*scientiam penitus novam*〕〉。それがキーワードとしてよりも事実上の引用文として使われている際には、「 」でくくり引用文であることを明示するか、代わりに強調の傍点を打って初出の際に原語も示した。

一、デカルトからの引用文がイタリア語訳あるいはフランス語であり、そこに引用者ネグリによりラテン語の句が挿入されている場合は、ラテン語の句を残し、その邦訳文に強調の傍点をつけた。たとえば「それ自身の原理にそって〔*justa sua propria principia*〕」。引用文の大半がラテン語である場合には、読みづらくなるので強調の傍点を打つことはしなかったが、ラテン語の句は残した。引用文の全文がラテン語である場合は、強調の傍点を打つことはせず、ラテン語句も残さなかった。また、デカルト自身がフランス語中心の文章のなかでラテン語を用いている場合も同様である。

一、フランス語などの俗語が地の文に引用されている場合、キーワードとして何度も出てくるなら〈 〉でくくり、その章あるいはその節の初出の場合のみ原語も示した。一度だけ、おそらく強調や慣用表現として使われている場合は、強調の傍点を打ち、原語を併記した。

一、原著の引用符≪ ≫は「 」で表記する。（ ）はそのまま表示する。

一、原著のイタリック体による強調は傍点で、同字体による書名は『 』で示す。

一、本文中の訳者による補足は〔 〕で囲んで挿入する。適宜イタリア語などの原語を示すためにも用いる。

一、本書第三章の抄訳として、『現代思想』（青土社）一九九〇年五月号に掲載されたアントニオ・ネグリ「デカルト・ポリティコ」（伊藤公雄・柱本元彦訳）がある。これは第三章第四節・第五節の本文の全訳と原注の抜粋訳であり参照した。

一、読みやすさを考慮して、原書よりも改行を増やした。

デカルト・ポリティコ　政治的存在論について

マリーノとミルタへ

わたしは実のところ、作為によるカルテジウスという名ではなく、デカルトの名で呼ばれることを好んでいるのです（AT III 68）。

第1章　隠喩と記憶

もろもろの事物の内部においては、ただひとつの作用力――つまり、愛《アモル》、慈愛《カリタス》、調和《ハルモニア》――が存する（AT X 218）。

一

探究の「道」をデカルト[1]とともに歩むこと。真理の「土台」を確かなものにすることに、かれと一緒に着手すること。世界という「工房」、世界という「機械」のなかを理性に恃んで進んでいくこと。[2]こうした無数の隠喩的なテーマは、読者に強い印象を与える。それらは、絶え間なく反復され、継続的に姿を現す。それら隠喩の意味は、一見したところ不確かである。確かなことは、これらのテーマの単独性と持続性がデカルトの著作全体を通じて、偶然ではない或る性格と複雑なひとつの形象を明らかにしているということだけである。これらのテーマの解釈はさまざまである。或る人々は言う。これは時代の表徴であり、バロック期の論法だ！　と。さて、どうだろう。最初の分析的アプローチを試みよう。そのためには、当時、慣用されてはいたが、古臭さの否めない隠喩のことは脇にのけておこう。[3]〔むしろ〕精彩を放っていた隠喩のほうに研究を深めるならば、デカルトにおけるそれらの使用法は、バロッ

ク期の人間が隠喩を用いる際の独特の使用法とは異なっていることにわたしたちは気づく。デカルトに欠けているのは、詩的隠喩であり、神話となるイメージであり、神性となる言葉である。すなわちデカルトにおける隠喩は「星を散りばめた空間」の啓示などではなく、論証による合理的な比較の手段であり、「一貫した構成の理念」の提示なのである。目くらましなどではなく、〔論証上の〕関連性や確実性なのである。(4) 曲がりくねった道や、人を寄せつけない森林という危険な落とし穴を避けながら、まっすぐな道を歩むこと。家は砂の上にではなく、岩の上に建てられるものだと確信すること。時計職人が自分の作品を見ることができるように、あるいは噴水職人が十七世紀の庭園の幻想的な仕掛けを考案できるように、構成要素が機能的に節合されたものとして世界を見ること。これらはすべて、慎重な推論規則に基づくものなのであって、しかもこの規則は、存在レベルでの媒介〔medietà esistenziale〕を例のように（バロック時代の想像力がつねに要求してきたように）切断することとは無縁なのである。それゆえ、デカルトの隠喩とバロック時代の隠喩とのあいだの区別は、正しくも次のように表象されてきた。分析的な性格をもつ前者、デカルトの隠喩は、ＣがＢに対するような形でＡがＢに対することを求めている。これに対して正真正銘の隠喩、すなわちバロック時代の隠喩は、ふたつの分母を前提とし、ＡのＢに対する関係がＣのＤに対する関係であることを求める。このことを強調した論者は、こう付け加えている。第二の類型の隠喩において働いているのは、存在についての二元論的で相似を重視する観念であり、第一の類型において働いているのは、一義的な存在観である、と(5)。

それならば、この一義的な存在観は、デカルトによる隠喩の使用法を補強するものなのだろうか。その論法上の特殊性、文芸上の特殊性は、形而上学的な位置づけに直結するものなのだろうか。その答えを出すのはまだ早すぎる。そうした読解は、デカルト哲学の伝統的な解釈総体について根本的《ラディカーレ》＝急進的

な懐疑を引き起こすことになるだろうし、体系には還元不可能な独自の形而上学的な〔諸議論の〕脈絡〔spaccato〕を——すなわち体系とは対照的な、隠喩によってのみ総合可能なものを——顕わにすることになるであろうから、なおさら早すぎるのである。存在の一義性が存在の多義性に還元不可能であり、一元論が二元論に還元不可能なように。いまのところ確実であると思われることは、デカルトの隠喩が直接に暗示しているのが学知の理想であるということ、そしてこの学知の理想はその必要な構成要素を、道の確実さや土台の堅牢さや諸根拠の固い連結により体現されているということだけである。

ところが——ここから仮説を再開したいのだが——デカルトの隠喩、すなわちあの一義的な隠喩は、或る決定的な機能と、単に方法論的なもの以上の或る強度を時折もつように思われるのである。実際にも、道、家、機械に加えられる他の隠喩のテーマを考察してみよう。それは、「樹」というテーマであり、それに伴う植物の隠喩である。理由〔根拠〕の順序における確実性、安定性、一貫性は、真理の伝播の地平に向けて打ち返される。諸根拠からなる、機械の動きのような一本調子の順序に取って代わるのが、自然の流れであり、躍動感ある順序である。真理とは、豊穣の王国である。すなわち、自然を順序づけられた仕方で探究する者の飢えと渇きを癒す果実と清流に富んだ土地である。——不毛な荒野と人の住めない山岳は、方法にしたがって探究しない者の居場所である。(6) 順序〔にしたがうこと〕は、ここで豊富さとなる。すなわち、諸事物の現実に内在する生きた生産〔産出〕となる。世界は、その機械的運動においてさえも、自然の力を伴ってあふれ出す。——すなわちそれは、桶のうちで発酵する葡萄の搾り汁であり、発酵して湯気を立てる干草の山であり、荒々しく流れる細い川が無数に走る様子であり、「川の水と一緒に転がる砂粒や砂利のように」(7) 全面的で連続的な運動なのである。

こうして学知における順序それ自体も「樹」として表され、生命の統一性と循環は、知識の一体性と

伝播に投影される。「したがって哲学のすべては一本の樹のようなものであって、その根は形而上学であり、その幹は自然学であり、この幹から出ている枝は他のもろもろの学知であり、これらは三つの主要な学知、すなわち医学、機械学、そして道徳に帰着します。ここにいう道徳は、もっとも高次でもっとも完成された道徳のことであり、それ以外の学知の全てにわたる認識を前提にした、智慧の最終的な段階なのです」。[8] ここには、存在と真理がどれほど満ちていることか！　この章句を読めば、デカルトの隠喩についてのもう一方の諸解釈を斥けたくなるのは避けられないように思われる。すなわち、デカルトの隠喩に寓意的で暗示的、道具的な機能を見てとる諸解釈を、である。実際にも、仮にデカルトの隠喩のバロック的解釈が可能でないのに対して、デカルトの描く〔樹の〕イメージにむしろ逆に、もっぱら文学的な価値だけを与えること、デカルトの論証手続きにおける「イグナティウス的」な起源と限界を強調すること、したがってデカルトの隠喩に対してただ道具的な有用性だけを認めることは、これもやはり、率直に言って不十分であるように思われる。[9] というのも、この場合、イメージは存在のリズムを実際に追いかけ、表現しているからである。イメージは、自らがうちに含んでいる真理の発見をただ促すだけなのではなく、それ自体が真理であるように思われる。すなわち、イメージが真理の客体的秩序であるのは、真理がその秩序にしたがって理性へと組織されるからであり、イメージが真理の主体的秩序であるのは、その秩序にしたがって智慧の探究が体系化〔節合〕されるからである。したがって、この最初のアプローチから帰結することとは、一方でデカルトの隠喩はバロック型の類推手続きには還元不可能であるように思われるということであり、他方で――少なくともこの一事例では――デカルトの隠喩が或る内容を現実に示し、独自の形而上学的地平を解釈しているということである。

　さて、デカルトの隠喩の堂々たる歩みが含意する形而上学的地平についてのこの最初の仮説は、もう

ひとつの一連のテーマによって、説得力の厚みを獲得するように思われる。実際のところ、熟した果実としての真理が葉の生い茂った学知の樹から摘み取られるのだとしても、それでもやはり真理は、萌芽的なものとして存在しているものもそのうちに含んでいるのである。「確かに人間精神〔*humana mens*〕は、何かわからないが神的なもの〔*nescio quid divini*〕をもっていて、そのなかに有益な思想の最初の種子〔*semina*〕が蒔かれており、この種子はというと、どれほど手入れをされていなくとも、また、歪んだ研究によってどんなに押しつぶされようとも、自然に果実を結ぶ〔*spontaneam frugem producant*〕ことがしばしばある」[10]。自然に果実を結ぶ種子！ 真理を生み出す産出的存在への〈人間精神〉の根づき！ デカルトの隠喩が根を下ろす地平を、この裂け目を通して垣間見ることが可能だろうか。デカルトの隠喩は、一義的な存在観を前提しているからといって、はたして本当に一義的な存在の述語として現れているだろうか。実際にも、デカルトの隠喩は、存在者を直接無媒介に指し示す創出的で根源的な象徴的表現法〔simbolismo〕を前にして、人文主義的語法のなかに完全にとどまってそのなかを動いているように思われる[11]。ましてや、明らかに人文主義的な諸テーマがすぐに顔を出すようになるのであるから、なおさらである。あらためて言えば、真理は、芽の状態から始まって学知の樹へと伸長し、〔論証上の〕理由の順序と同時に方法の連続的行使からなる連鎖と節合されるのである。さらに、真理が展開していくときの躍動感ある順序は、推論の合理的な順序へと構成されるのである[12]。これは、ルネサンス的範型主義〔esemplarismo〕の影響であり、ルルスの諸テーマであると言われてきた[13]。それはその通りなのだ。とはいえ、そこには何かそれ以上のものもある。それはひとつの経験であり、ひとつの忠誠なのである。この隠喩は、手段ではなくて、或る経験に固有の形式であり、仄めかしではなくて、役に立つ導きなのである。それはアリアドネーの糸〔問題解決の糸口〕なのであって、ジュピターの頭から躍り出るミネ

ルヴァ〔智慧の象徴〕ではない。デカルトの隠喩は、存在の構造を明らかにするその瞬間に、存在の内部へとわたしたちを導く。一義的な隠喩とは、存在と真理の一義的な地平なのだ。

しかしながら、もしそれが本当であるならば、冒頭で言及したあの隠喩の数々のなかにも、すなわち成熟したデカルトの議論の純粋に方法論的で体系的な筆致にいっそうふさわしいものに思われたあの隠喩の数々のなかにも、よりいっそう中身があり、よりいっそう意義深い原初的な脈絡の、せめて記憶ぐらいは取り出すことが可能ではないのか。もちろん可能である。あらためて「道」「家」「機械」といった隠喩は、諸根拠の連鎖のおかげで探究のプロセスに確実さと本当の意味での基礎づけがもたらされるような順序のことを暗示している。しかしながら、これらの隠喩のテーマのなかには、探究の方法論面での展開への言及以上の何かを見出すこと、すなわち世界についてのルネサンス的イメージへの、そしてこのイメージが指し示す存在の一義的な次元への同様の言及以上の何かを見出すことが可能であるように思われる。ようするに隠喩のテーマには世界についての人文主義的経験の記憶を見出すことが可能であるように思われるのだ。その経験の記憶とは、肉体となり、生きられた経験となるようなひとつの記憶であり、フルート奏者の技芸が手のひらの神経叢においてそうであるように、この現実の存在の物質性のうちに行き渡っているのだ[14]。

「わたしは次のように確信している――わたしたちが日々さまざまな誤謬を数多く読んだり聞いたりするためにわたしたちのうちで押しつぶされてしまっている、真理の、自然によって人間の知能《インゲニウム》のうちに植えつけられた最初のいくつかの種子は、かの未開で無垢の古代にあっては〔*in rudi ista et pura antiquitate*〕きわめて大きな力を有しており、そのため古代の人々は、なぜそうなのかを知らずに、快楽よりも美徳を、また利得よりも潔癖を重視すべきであると考えていたのだが、それと同じ精神の光によって、

哲学と数学とについてもまた、たとえこれらの学知そのものを完全に把握することはかれらには無理だったとしても、それらについて真の観念を認識していたのだ。そして実に、この真の数学の痕跡のいくつかが、最初の時代でないにしても、わたしたちの時代よりは数世紀も前に生きていたパッポスやディオファントスにおいてはいまだ見受けられるとわたしには思われるのだ」。(15)

わたしたちより数世紀も前なのか。いや、そうした経験は大昔のものではない。あの「古代人の智慧」は、近世の希望が変貌したものだったのだ。(16) 実際にも、これまで見てきた隠喩の諸テーマは、その文化的な瑞々しさを否認することが難しいほどの形象と意義を帯びている。再検討してみよう。「機械」。これは理解の仕組みであり、現実のうちに隠された節合なのだが、世界を再生産し、技術的に所有するための図式でもある。樹は機械になる。まずは機械化された庭園、ルネサンス期の魔術師の手品として。(17) 次いで、現実を理解するための仕組みとして。そしてついには、能動的で産出的な図式として。(18) 中断されることのない連続性からなる一本の糸がこれらさまざまな経験を結びつけており、これらの経験は、それゆえ、学知を魔術から解放するという要求が魔術的経験の内部から生まれるのを目にするのである。(19) これは、もしそう呼びたければ矛盾に満ちた経験ではあるが、充実しており複雑な経験なのであって、世界とのほとんど直接無媒介な形での物理的な接触なのである。世界を所有し、変化させるという熱狂的で英雄的な希望なのだ。

「家」。ここでも隠喩は、明らかに人文主義的な含意をますます手にする形で展開されている。この隠喩は、当初は或る土台の必要性、すなわち探究を確実なものにし解体させないための或る方法の必要性を示すものであった。しかしながら、この確実さの切迫性と並んで、それとまったく同程度に、デカルトの隠喩は理性による批判的過程に巻き込まれてもいる。受け入れられた認識がどれも「土台のしっか

りしていない、建てつけの悪い家」のように、不十分なものであることがわかってしまった場合には、「こういう家を修繕するには、それをすっかり取り壊したうえで、新しい家を建てるのが良策だと思います。（中略）このような取り壊しという仕事に取りかかっているあいだ、わたしたちは同時に、自分たちの計画に役立つはずの土台を掘り下げ、そこを埋めるのに必要な、もっとも上質でもっとも堅固な材料を用意できるでしょう」。[20] 基礎を分析する過程は、構築の批判的過程へと開かれてゆき、デカルトの隠喩は、この土台の再構築の展望と合体することによって、拡張されるのである。それは確実さの探究からその実質的な側面における新しい順序の探究への拡張である。また家の堅固さから新しい都市の設計へ、さらには探究手続きのイメージ喚起の形式における新しい都市の実現というユートピア的な渇望への拡張である。かくして隠喩は、革新への抑えがたい情念を掻き立て、そして、確実さの漠然とした必要性を徐々に表現するというよりも、そこに帰属させることの可能な中身のすべてをそなえた新しい秩序の神話を表現するのである。[21]

しかしながら、隠喩がもはやいかなる制限もなしに、人文主義の呼びかけに応え得るほどまでに解放されるのは、「道」のテーマをめぐってなのである。道が確実なものになるのは、その確実さが達成され、この世界が勇気をもって走査され、世界のうちに知の確実さが確立されるときである。確実さは、制限された理想ではない。確実さは、知が自らに固有の土台を世界のうちで把握するにしたがって、堅固なものになる。さまざまなイメージが、世界のうちで獲得されたこうした確実さの意味を与える。そしてさまざまなイメージがつねに表現しているのは、世界への参入の意味なのである。――たとえば、非常に深い淵に潜ること、激しく流れる川の水のなかにひとつの浅瀬を確保すること……などである。[22] いまや獲得された道の確実さが朗らかに感じ取られ、真なるもののこうした所有に基づいて、ダンスに

おけるように、ステップが繰り返されるのである。[23] したがって、世界への深く持続的な参入によってのみ、確実さを獲得する可能性は生じるのだ。というのも、世界は読まれるべき一冊の〈大いなる書物〔*grand livre*〕〉であり、全面的に生きられるべき経験であり、制限のない認識への刺戟とその土台なのであるから。[24] この〔世界という書物の〕テーマ――第一級の人文主義的テーマである――をデカルトは、モンテーニュから引き出したのだが、わたしたちはそれがあらゆるところに普及しているのを見出すことができる。新しい学知において、すなわちベイコンとガリレイにおいて、そして「革命家」チュルケや「地理学者」ポプリニエールにおいても。[25] 実際にもこのテーマは、隠喩であるというよりもこの世紀の標語であり、この世紀の意識の内実、集団的な課題なのである。この課題と関連して、デカルトの隠喩がはっきりと明らかにしているのは、その文化的言及対象、すなわち人文主義の世界であり、それ自身の原理にそって〔*iuxta sua propria principia*〕世界を所有するという新たな希望なのである。[26]

わたしたちはさらに話を進めるべきだろうか。それならばこう言おう。明確となった隠喩という道具は、それ自体で学知的探究の鍵なのである。隠喩という道具が鍵であるというのは、知が世界と十全にして内的に密着している状態にあることを隠喩が示すからである。もし世界が〈寓話〔*fable*〕〉として現れるとするならば、隠喩は均質な台地のなかを掘り進み、現実をその真実の姿において発見するほどまでに、現実に食い込むのである。〈真なるものとして偽なるもの〔*falsa pro veris*〕〉を引き受けること、思考と現実との対応への信頼のうちに、しかも「哲学者としての公明さ」を保ちつつ仮説を生み出すこと。そうすることで探究は真理を光り輝かす〔*ad veritatem illustrandam*〕ところにまで到達するのである。[27] この方法は、デカルトが自らの探究によって触れたもっともデリケートな題材においても隠喩の妥当性を強く主張するところまで深化した。すなわちそれは神学であって、そこでもデカルトは、この世界に

対する神の行為の効果を表象するために、神の行為についての隠喩が他のあらゆる例示にもまして十全にして実質をそなえ、効果的となることを求めたのである[28]。真理を発見すること、それを覆う仮面を剝ぎ取ること。とはいえ、世界についての仮説の内側から、つねに仮面をつけて歩み出ること。この世界と真理の探究がともにその材料となるような、こうした崇高な〈寓話〉あるいは〈芝居〔*comédie*〕〉における自らの役割を隠すこと。〈寓話〉と現実とのあいだにある演劇的関係が、哲学の内的運動それ自体を形成し、対立しているように見えながらも対立していないものをつねに新たに巻き込んでいくようになるまで[29]。

まとめよう。ようするにデカルトの隠喩は、時代の表徴ではない。というのも、それはバロック的なものではなく、アナロジーによる陶酔に対して開かれてもおらず、むしろ一義的な論理の観点により構築されているからである。他方では、寓意画《エンブレーマ》や単なる文学的な暗示でもない。というのも、デカルトの隠喩は、形而上学的連続体の現出により、また真理の生きた伝播の経験によりつくられているからだ。むしろデカルトの隠喩は、実質をもった隠喩であり、この世界との直接無媒介の関係の指標であり、人文主義的な意味で学知の経験となるように思われる隠喩なのであって、しかもルネサンス人の全情熱を指し示し自らのうちに含み込むように思われる隠喩なのである。しかしながら、右に述べたことは、形而上学上の断絶を方法的に提案することを主旨としていた、体系として完成されたデカルトの地平、それを見えなくさせる無茶苦茶ではないのか。確実に言えることは、或るパラドキシカルな脈絡が、この最初のアプローチによって、すなわちデカルトの隠喩世界のこうした最初の分析によって明示されたということである。これに対して、ひとつの世界、すなわち成熟期デカルトが忌避し闘ったルネサンス期の世界は、かれの著作を通じて、一種の自己表現的で体系的な連鎖を——自己自身のうちに、自らの連

続性のうちに――つくり出す一連の隠喩的な言語使用により明らかにされているように思われる。それでは、こう問うてみよう。この見かけの背後には、現実の経験が存在しているのであろうか。隠喩の背後には、デカルトの歴史＝物語《ストーリア》が存在しているのか。隠喩にはデカルトの記憶が含まれているのか。もっと一般化して問うならば、人文主義の世界の記憶とデカルトの体系的な成熟とのあいだにあるもしあるとするならば――衝突にはどのような意義があるのか。そして、ひょっとするとこの衝突は、あの世紀の変遷を表しているのではないのか、と。

二

わたしたちが示唆した仮説は、デカルトによる隠喩の使用により明らかとなった形而上学の筋道が人文主義の世界についてのデカルトの記憶を明らかにしているのではないかということだった。まだ問うべきことが残っている。デカルトの成熟期の著作が記憶における隠喩の世界から距離を取り、この記憶を批判の俎上に載せる以前には、デカルトが人文主義の記憶の世界を生きていたのかどうか、言い換えるならば、そうした人文主義の世界への追憶が、隠喩へと身を委ねつつ、自己保存のために体系に無理強いするように思われる以前には、デカルトがこの世界を生きていたのかどうかである。つまり、問われるべきなのは、デカルトが人文主義を経験したのかどうかである。

「ポワトゥから来たこの若者は、多くのイエズス会士、他の学者たちおよび学識ある人々とつきあってきたようだ。にもかかわらずかれは、かつてわたしの他にはこうした仕方で研究を進め、自然学を数学

と注意深く結びつけた人に出会ったことがないと言明した。わたしにしても、かれ以外の誰ともこの研究について話したことがない」[30]。このようにして、イサーク・ベークマンは、一六一八年のブレダにおけるデカルトとの出会いを描いている[31]。二人の若き学者のつきあいは、およそ二ヶ月にわたり、日常的と見なしても良いくらい頻繁なものになった。二人の共同研究活動の計画は、正確に次のように定義された。注意深く自然学を数学と結びつけること［*accurate cum Mathematica Physicam jungere*］。わたしたちは、この企てを証明するために、残されている諸文献にすぐ後で立ち戻ることにしよう[32]。しかしながら、若きデカルトの学問活動のこの最初の記録を前にすると、次のような本質的な疑問がすぐに提起される。デカルトの「自然－数学的」活動は、どのような展望のもとで、いかなる地平において、展開されるのかと。というのも、デカルトの企ての次元と性質について確定するためには、デカルトの数学への関心の優位を、あるいは幾何学の著作[33]についてのすでに明確となっていた計画のことを考慮に入れるだけでは十分ではないからである。そうした諸研究は、ルネサンスの終幕において、応用された方法論の点からも、またとりわけそうした諸研究を支えていた哲学的基礎の点からも、均質なものではなかったのだから。ましてや、当時デカルトが住んでいたあの北方世界においてはなおさらである。北方世界では、人文主義の爆発的普及の相対的な遅れに伴って、根本からの激しい革命が進展しており、それが方法的にも哲学的にも異質で不均質な諸層の蓄積をより可視化するような、しかし他方ではそれらの安定的な共存を可能にするような結果をもたらしたからである[34]。実際、ここにこそ、安宿に暮らしルルスやアグリッパについて論じる「自然－数学者」デカルトがいるのだ。たとえかれが討論を続けたドルトレヒトの年老いたルルス主義者がデカルトにはただのお喋り屋かペテン師に見えたとしても、それでもかれはベークマンにルルスの弁証法の鍵についての情報を求めたのである[35]。しかしながら、それと同時期に新

しい機械学の概要もデカルトの知るところとなり、その概要に基づいてベークマンと一緒に仕事をし、旅路についているあいだもその概要について考えたのである。「もし、わたしが望んでいるように、どこかに身を落ち着けることになれば、そのときには、「機械学」あるいは「幾何学」をすぐに片付けるべくこれに取りかかることをあなたに約束しましょう。そして、わたしの研究を後押ししてくれると同時に、その生みの親としてあなたに敬意を表することでしょう」。——デカルトは、こうベークマンに書き送っている。[36] 他方で、こうした状況において異質で不均質な文化的諸要素の絡まりがどのように生じ得るのかを見るには、一六一八年一月一日の前日〔*pridie Calendas Januarias, Anno 1618*〕にデカルトからベークマンに捧げられた『音楽提要〔*Compendium musica*〕』を見れば十分である。そこでは、量的機械学と質的機械学、自然主義的感性論と主観主義的感性論とが、相互に重なり合い、それぞれの特徴を区別できないほどに共存しているのである。[37]

デカルトは、一方で次のように述べている。協和音の数学的関係についての精密な研究に関して「もしあなたが、わたしの音楽論〔『音楽提要』のこと〕の残りの部分とともに、この点〔『音楽提要』で不協和音について論じられているところ〕を入念に検討するならば、わたしが協和音の音程、単位音程《グラドゥス》のそれ、そして不協和音のそれについて注記したことのすべてが数学的に証明されているのがわかるでしょう」。[38] しかしながら他方では、こうも言っているのだ。「ただ、人間の声はわたしたちにとってもっとも快いと思われる、なぜならば、それがあらゆるもののなかでもっともわたしたちの精気《スピリトゥス》〔気息〕に適合しているからだ。そのようにして、おそらく敵の声よりもっとも親しい友の声のほうが快いのも、情念《アフェクトゥス》が共感するか否かということからであって、それはちょうど、太鼓に張られた羊の皮は、別の太鼓に張られた狼の皮が鳴り響いていると、叩かれても共鳴しないと言われる〔*ut aiunt*〕のと同じ理由なのであ

る」[39]。しかしながら、このように異質で不均質な諸要素、無邪気さ、そして「伝聞」との寄せ集めの背後には、またその寄せ集めを通してでも、それでもやはり、デカルトの立場を統一し、すでに独創的なものにする企てが存在していた。当の著者自身が、自らの進める数学的探究について、またもやベークマンに宛ててそのことを明らかにしている。「なるほどわたしの計画を包み隠さず話すなら、わたしが公表したいと思っているのは、ルルスの『アルス・ブレヴィス〔小さき術〕』のようなものではなく、根幹からして新しいひとつの学知〔*scientia penitus nova*〕なのです。この学知によって、連続的なものであれ離散的なものであれ、いかなる種類の量に関しても提示され得る問題のすべてを一般的《ゲネラリテル》に解決することができるのです。しかし、各問題は、それぞれの本性にしたがって〔*unaquæque juxta suam naturam*〕〔たとえば算術においては、或る種の問題は有理数によって、他のは無理数によってでしか解けないのです〕」。そしてこう付け加えている。「わたしは、いかなる種類の問題があれこれのやり方で解け、他のやり方では解けないということを示したいと願っているのです。そうすれば、幾何学において考案すべきところはほとんど何もないということになるでしょう〔*adeo ut pene nihil in Geometria supersit inveniendum*〕。もちろんそれは、果てしない仕事であり、しかも一人の人間だけのものでもありません〔*Infinitum quidem opus est, nec unius*〕。これは、信じられないほど野心的な企てなのです。ところがわたしは、この新しい学知の混沌とした闇の向こうに、どのようなものか定かではないのですが、一条の光を見つけたのです。この光の力を借りれば、どれほど厚い暗雲でも払うことできるように思われます〔*nescio quid luminis per obscurum hujus scientiæ chaos aspexi, cujus auxilio densissimas quasque tenebras discuti posse existimo*〕」[40]。

それでは前の問いに戻ろう。この〈根幹からして新しい学知〉の内容とは、どのようなものなのか。「自然－数学者」の企てとは、どのようなものなのだろうか。おそらくは、特殊な内容によって規定さ

れているのと同じくらいその動機において抽象的であるような、専門的な企てのことでないのか。〔先に見たデカルトのベークマン宛書簡における〕発言の文脈は、機械学的かつ幾何学的な作業目的と、そして〔この書簡の〕冒頭から提起された算術の具体例——その起源はベークマンとの専門的な議論にさかのぼることができる——とに緊密に結びついたものであるが、そのことがここに述べたことを証明しているように思われる。実際にも、後にわたしたちは、こうした核心の周囲にデカルトの実証的な探究の中心軸が構成されるのを見ることになるだろう。[41] しかしながら、そうした認識にとどまることは、深刻な限界に突き当たるのではないだろうか。というのも、デカルトの企ての普遍的次元がその企ての数学的性格規定をどれだけ凌駕していたか、すぐに明らかになることだからである。〈根幹からして新しい学知〉によって「学知の混沌とした闇」に光を照らすこと。そうなのだ、〈根幹からして新しい学知〉は、個別の問題の例示などではなく、より広範な問題構制《プロブレマーティカ》の示唆であり、より正確に言えば——その暗闇と複雑さにおいてつかまれた——世界を、研究の対象として特定することを示唆しているのだ。デカルトが自らの企てを規定した際に見せた熱狂は、その企ての字義的定義よりも、この点ではるかに雄弁である。この熱狂が示しているのは、デカルトがあの世界に——すなわち、かれの学的企てが一体化したがっている当の世界、つまり生と形而上学とが無区別な世界に、全面的に巻き込まれているということである。〈根幹からして新しい学知〉は、それ自身の原理にそって〔*juxta sua propria principia*〕世界と自然を捉え尽くす学問なのであり、そこでは世界の発見と再構成と根本的な革新への人文主義的な信頼がすべて示されるのである。この学知は、宇宙の新たな秩序づけを求めているのだ。

　デカルトの企図をはっきりさせようとする試みに伴う苦悩の最中に執筆されたいわゆる『思索私記〔*Cogitationes privatae*〕』は、おそらくこの問題についての最良の証言である。[42] 本書による学知的企ての主

題化は、第一に、学知とは英雄であるという規定を明らかにし、第二に、この世界と学知における探究者の「目を瞠る」ほどの位置づけを、さらには自然を再構成する可能性を強調し、そして第三に、探究の形而上学的性格を特徴づけることでなされている。『プラエアンブラ〔*Præambula*〕』、『エクスペリメンタ〔*Experimenta*〕』、『オリュンピカ〔*Olympica*〕』。これらの著述は——継続して執筆されたのではなく、むしろ或る時期に同時に執筆された——、議論の深化とデカルト自身の職業《ヴォカツィオーネ》＝使命の内容を確定することへの、またそれと同時に、智慧の理想の内容と次元を定義することへの、かれの衝動の高まりの三段階なのである。

「神を畏れることは智慧の始まり〔*Initium sapientiæ timor Domini*〕」という、旧約聖書『詩篇』からの書き写しで『プラエアンブラ』は始まる。[43] 強調点は、〈始まり〔*initium*〕〉というテーマに集中しており、このテーマは、探究者を巻き込みその者の孤独を示す、宗教との関連性において聖なるものとされ、この枠組みのもとでの探究が智慧と学知の基礎の定義に与える根源的《ラディカーレ》＝急進的な性格によって特権的なものになる。実際にも、ここで基礎というテーマ設定が、探究者の孤独とその研究対象の根源的《ラディカーレ》＝急進的な性格とのあいだの緊張関係としてただちに形づくられる。『プラエアンブラ』の諸所には、すべてそのことが刻印されている。「出番を告げられた役者たちが、顔に恥じらい〔*pudor*〕の現れないように、仮面《ペルソナ》をつけるのと同じく、わたしは世界という舞台〔*mundi theatrum*〕に登場するにあたり、これまで観客として過ごしてきたが、覆面して進み出ることにしよう〔*larvatus prodeo*〕」。「年少の頃、創意に富み工夫を凝らした考案〔*ingeniosis inventis*〕を示されたわたしは、その作者の説明を読まずに自分の力で同じものを案出できるかどうか、自問することにしていた。そこからわたしは少しずつ、自分が一種独特の諸規則を行使しているということに気付いていった《アニマトウェルティ》」。「学知〔*Scientia*〕は女のようなものである。

一人の男のもとで慎ましやかにしていれば敬《うやま》われるが、誰にでも身を任せるとくだらないものになる」[44]。学知の探究は、英雄の獲得物なのであり、探究者が発見しこの世界のうちで体験する衝動の関数なのである。〈世界という舞台＝世界劇場〔*theatrum mundi*〕〉がその覆いを剥ぎ取られるとき、この衝動は沈静するのではなく高揚するのである。「学知は現在その面《おもて》を覆われている〔*larvatæ nunc scientiæ sunt*〕。ひとたび覆いが取り除かれると、その最《いと》も美しい姿が現れ出ることだろう。学知の連鎖〔*catenam scientiarum*〕を見通す人には、学知を心のうちに留めることは、数列を記憶するよりも難しいとは思われなくなるだろう」[45]。それならば、〈考案する〔*invenire*〕〉とはどういうことか。それは個物と宇宙の合致を獲得する可能性の肯定であり、宇宙の全体的な理解の鍵を手に入れる方法によって、しかもこの宇宙と均質な方法によって、〈徳〔*virtus*〕〉を極限にまで高めることなのである。疑い、懐疑論、危機の感覚、二元論、これらはこの地平においては、いまだに自らの座を見出さないのである。たとえ懐疑の動機が生じるとしても[46]、すなわち、たとえ真理を汲み出す人間の普遍的能力に対して不信の念が表明されるとしても[47]、それはルネサンス期の学知の理想の空虚さの証明として提示されたのではなくて、むしろ智慧を獲得する過程の英雄的で個別的な性質を識別するものとして提示されたのである。

『エクスペリメンタ』にしても、探究の衝動を鎮静化させるのではなく、むしろ、もはや個物と全体とのあいだの関係によって定義されることのないより上位の水準へとその衝動を変容させ、再開させるのである。ここで衝動は全体性の内部に生じるのであり、そのとき〈魂の病〔*morbos animi*〕〉[48]——個体性との関係という重荷——は克服されたのであり、一種の無邪気な〈歓喜〔*lætitia*〕〉が存在と十全に密着することで活動的になるのである[49]。この衝動は、自然現象を創造的に再生産することができる世界所有に由来するものであり、言い換えるならば、目を瞠るべきものに固有の衝動なのである。もしルネサン

ス期の魔術師たちが〈独特で驚嘆すべき作品〔*singulare ac mirabile artificium*〕〉を生み出すことのできる〈驚嘆すべき術〔*ars mirabilis*〕〉を身につけていたとするならば、デカルト自身もここではルネサンス期の魔術師なのである——世界との関係というもっとも重要な問題を独立した自己意識のうちに解消した魔術師なのだ。そしていまこの関係性は世界の再構成へと展開する。目を瞠るべきものは、〈考案〉の規則を手に入れた者の英雄的なプロメテウス的精神の表現として示される。そしてここにこそ、幻影遊びを実験するデカルトがいる、自動機械の構築に没頭するあのデカルトが。〈目を瞠る巧みさ〔*mira machina, merveilleux artifice*〕〉というテーマは、初期デカルトに長いあいだ残り続けることになり、そのテーマが隠喩へと変容するのを追跡することが可能となるだろう。したがって、世界の目を瞠るべき再構築は、個物と宇宙との関係の問題の決着であると同時に超克なのである。「我、人生のいかなる道にぞしたがわん〔*Quod vitae sectabor iter ?*〕」というあの一六一九年の問いは、ここに結論を見出す。「一六二〇年、わたしは驚嘆すべき考案の基礎を知解し始めた〔*anno 1620, intelligere coepi fundamentum inventi mirabilis*〕」と。
[50] [51] [52] [53] [54]

『オリュンピカ』において〈考案〉は、よりいっそうの、そして決定的な性格規定を手に入れる。当初は主観的な英雄精神との熱狂的な結びつきであったものが、次いでは目を瞠るものの宇宙的で普遍志向の衝動との熱狂的な結びつきとなり、今やひとつの全面的に形而上学的な次元をひきうける。〈根幹からして新しい学知〉が、形而上学の秩序に向かって逆流する。すでにわたしたちが論じてきた秩序、すなわちルネサンス期の範型主義というテーマを反復していたあの秩序が、ここでは抑えがたいほどにその姿を現す。〈考案〉が宇宙との全関係を再確立するという仮説は『プラエアンブラ』において提示されたものだが、この仮説が『エクスペリメンタ』において肯定的に論証されたことで、哲学者デカルト

は、ここで最高位の形而上学的自覚に到達する。学問は〈知〔*sapientia*〕〉となり、〈考案〉は存在に浸透し、こうして今や意識は内部へと移動し、整序された世界の意味のつながりを内部から再構成する。存在が稠密であり、物体的になっているのは、〈考案〉の衝動を生み出したミクロコスモスがそれだけ稠密であり物体的だったからである。

「超越的《オリュンピカ》なものを表すのに適した感覚的なもの〔*Sensibilia apta concipiendis Olympicis*〕。つまり、風は霊《スピリトゥス》を、時間を伴った運動は生命を、光は認識を、熱は愛を、瞬間的な活動は創造を表している。物体的な形相はすべて調和によって働く〔*omnis forma corporea agit per harmoniam*〕。乾いたものよりも湿ったもののほうが〔世界には〕多く、熱いものよりも冷たいもののほうが多い。というのも、そうでなければ、活動的なものはあまりにも早く勝利を得て、世界は長くは続かなかっただろうから」[55]。

分解し相互に緊張関係のうちにあったかもしれないあらゆる諸要素は、再統一する。感覚と想像力[56]、想像力と知性[57]、熱狂と理性[58]、これらは宇宙を調和的な形で横断することができる。マクロコスモスにおいてミクロコスモスが反復される。「もろもろの事物の内部においては、ただひとつの作用力――つまり、愛《アモル》、慈愛《カリタス》、調和《ハルモニア》――が存する〔*Una est in rebus activa vis, amor, charitas, harmonia*〕」[59]。そして自然の秩序から神の秩序への直接的な投影もなくなってはいない。「神は、三つの驚嘆すべきもの〔*tria mirabilia*〕を創造された。無からの事物〔創造のこと〕、自由な裁断力〔自由意志のこと〕、そして神人〔イエス・キリストのこと〕」[60]。宇宙を構成する諸元素の循環と交換が十全な形で存在している。ルネサンス期の世界観の礼賛にわたしたちは立ち会っているのだ。この礼賛のうちで哲学者デカルトの若き衝動全体が高揚している。「一六一九年十一月十日、わたしは神徠《しんらい》の熱狂的感激によって満たされ、驚嘆すべき学知の基礎を見出しつつあった〔*X Novembris 1619, cum plenus forem Enthousiasmo et mirabilis scientiæ fundamenta*

reperirem …〕」。(61)

したがって、ルネサンスの世界にデカルトが帰属していたことを否定する者は、デカルトのこの最初の哲学的経験の光に照らしてみれば、自らの主張を維持できるようには思えない。デカルトが薔薇十字会に加盟したと疑われ、これに反駁したという事実でさえも、デカルトがルネサンス世界の住人であったことの程度を和らげることにはなり得ない。そのことを今は付言しておきたい。(62) 一六一九年十一月十日、〔ドナウ河のほとり〕ウルム近郊の小村で過ごした夜に見た「夢」(63)は、ライプニッツによって収集された断片的な〔デカルトの〕文章から抽出された哲学的核心に圧縮されることにより解釈されるべきだということ。したがってまた、「夢」を物語る際の特徴的形式が薔薇十字会の規律に言及しているというよりはむしろ、よりいっそう広範な文化的枠組みに言及するものであるということ。これらはすべて正しいと思われる。しかしながら、この時期のデカルトの経験が人文主義的なルネサンス文化との接触を遮られていたなどということにはまったくならない。というのも、デカルトの経験が、少なくともこの接触関係を宗派への入会という非本質的な事がらによって媒介されたわけではない直接かつ内面的な関係として示している限り、むしろデカルトがルネサンス世界の住人であることを確認し深めるものなのであるから。とはいえ、こう付け加える者もいよう。デカルト思想の発展は、薔薇十字会から独立しているだけではなく、むしろ薔薇十字会への論駁に参加した論争的なものだったと。それはおそらく正しい。〈驚嘆〔*mirabilia*〕〉の哲学者は〈奇跡〔*miracula*〕〉と論争したのであるから。しかしどのような意味で、何のためにか。

「『ポリュビウス・コスモポリタヌス〔デカルトが当時書こうとしていた書物のための偽作者名のことか〕』の数学宝典。そこでは、この学問のあらゆる難問を解くための真の手段〔*vera media*〕が伝えられ、かつ

それらの難問に関して、人間の理知能力〔*humano ingenio*〕によってそれ以上は何も達成され得ないということが論証される。本書は、あらゆる学知において新たな奇跡を見せようと約束する人々に向かって、かれらにためらいを呼び起こし、また、かれらの無思慮を暴露するために、さらには、この学知のゴルディアスの結び目〔解けない問題のこと〕と日夜格闘して理知能力の油を無駄に消費する多くの人々の痛ましい労苦を軽減するために、全世界の博学な方々に、とりわけG.（ゲルマニア）におけるまことに著名なF. C. R.〔薔薇十字会の兄弟たち〕に、あらためて捧げられる』〔以上全体が書名と解される〕」(64)。

デカルトが薔薇十字会に対して論争的態度をとったという事実を引き出すために依拠される文書がこれであるとするならば、確認すべきことは、デカルトの論争的態度には明らかな限界があって、結局のところその限界は、デカルトが人文主義の文化に実際に帰属していることを否定するよりはむしろ再確認するものだということである。というのも、デカルトはここで〈考案〉と宇宙とのあいだの分裂を超克する必要性をまさに強調しているからである。ここに見てとれるのは、新しい奇跡の約束や永遠の無謀さの繰り返しや、取るに足らないものについての探究への無益な誘惑ではなく、〈考案〉を存在へと健全に順応させることであり、世界を経験することへと開かれた人間の、放棄できない宝としての〈真の手段〉の称賛なのである。〈奇跡〉に対置されるのは、ここでも人文主義の理想であり、ポリュビウス・コスモポリタヌスの確実さと自由であり、世界を再構成するかれの驚くべき能力である。右で見た一節にはアイロニーが一切ない。デカルトは、薔薇十字会に対して友愛に満ちた好意的な批判を繰り返す。〈奇跡〉ではなく学知を！　と。ここでいう学知とは何か、わたしたちはすでに見てきた。したがって、わたしたちはそこに、共通の運命への、存在の全体性に根を下ろした実証的学知への、そして

この存在のうちにある普遍的で革命的な〈驚嘆すべき〔*mirabilis*〕〉学知への、情熱的な言及を見出すのである。ありがちな二者択一、すなわち薔薇十字会か反ルネサンスかという二者択一は、学知についての人文主義的な理想の実証性と具体的な複雑性を把握することに――この二者択一を主張する者が――根本的に不向きであるということを示しさえすれば、崩れ去ってしまう。というのも、ルネサンス人のプロメテウス的精神は、宇宙の制覇であって奇想ではなく、秩序の再構成であって狂気ではないからである。[65]

したがって、これこそが成熟期デカルトの記憶の内容なのだ！　その内容は、隠喩の形式で提示され得る。というのも、人間性との関係についての記憶および人間性の神話についての記憶こそが、世界――人間の構想の提示としてそれ自体が隠喩的な世界――の獲得において自由なものとして発見され企てられるからである。[66]したがって、こうした熱狂的な無区別においても、結局、世界の合理的な意味は失われることがない。実際にもあらゆる〈考案〉は、ものごとをそれ自身の原理にそって、実質的かつ合理的に追い求めるのである。最高の熱狂の瞬間にも、最高の明晰さがある。「一六一九年十一月十日、わたしは神徠《しんらい》の熱狂的感激によって満たされ、驚嘆すべき学知の基礎を見出しつつあった」。したがって、熱狂であると同時に学知でもある〈驚嘆すべきもの〉へと、世界の人文主義的な〈革新〉の意味、すなわちルネサンス人の経験のあらゆる側面を貫いているあの〈革新〉の意味が、全面的に流れ込むのだ。人文主義者たちにとってもデカルトにとっても、「わたしたちの時代は、これまでのどんな時代にも劣らず華々しく栄え、また、すぐれた精神の持ち主に富んでいるように思われたのです」[67]。そしてこの感覚は、デカルトのみならず広く共有されていた。「わたしたちの時代は全宇宙的な運動をつかさどる父なのです」ということが繰り返し言われていた時代である。[68]というのも、人間は、大いなる中世が

人間に課した形而上学的足かせを破壊して、こんにちまで人間が耐えてきた自然の猛威をコントロールする力を自らに与えることで、世界の主人になったのであるから。こうした情熱のただなかで、伝統的な諸要素が生き残ることはないと、そして異質な諸契機が存続することもないと、どうして主張できるのであろうか。人間存在の古い地平を切り崩すのは、人間の新しい感覚、すなわち人間が世界と関係を結ぶ際の新しい感覚である。こんにちもなお、学知の衝動が自己を完全に解放することができず、それどころか古い諸形式をひきずっているとしても、何が問題なのであろうか。もし学知の衝動が新プラトン主義的・ヘルメス教的・占星術的な図式によって捉えられているとしても——いやそれどころか、そうした図式が新しい学知のこの黎明期において、それらの図式の余波を強調しているように思われるとしても、何が問題なのであろうか[69]。古い形式が新しい内容を圧倒することはなく、新しい内容によってひっくり返されるのである[70]。ところで、もしも新しい内容が神話の——哲学的、学知的、政治的神話の——形式を一掃することはないとするならば、そして神話のなかに伝統の多くの要素を取り戻し再造形するとするならば、それが可能となるのは、その内容が完全に根づいているからであり、この世界における人間の企ての提示とその実現のあいだの直接無媒介の合致への信頼が限りないものだからなのである。すなわち新しい意識は、神話の形式で自己を表現することで過去を変形させ、過去が現在に存在していることを称揚するのである[71]。

したがって、冒頭で提示した問い——デカルトは人文主義的世界を直接に経験したか否かという問い——は、肯定的に解決される。〈炉部屋〔*poele*〕〉——このテーマ自体が人文主義的なのだ[72]——においてデカルトは、実現すべきルネサンス的な企ての緊急性を体験し、これに熱狂し、魅了されたのである。すなわち、〈驚嘆すべき学知〔*scientia mirabilis*〕〉としての〈根幹からして新しい学知〉、世俗的〈革新

〈renovatio〉〉の学としての基礎的学知。こうして成熟期デカルトにとって記憶となるであろうものが構成される。それは恒常的に対決すべきテーマとなり、その都度その都度分裂あるいは再構成の表徴となるのである。

三

初期デカルトによる世界評価の一般的地平――したがってそれは、世界と成熟したデカルトの記憶との関係が位置づけられる枠組みとしての地平でもある――だけが人文主義的なのではない。人文主義の世界には、「自然‐数学的」なものを実証的に探究するという特殊なテーマもまた根づいているのである。実際、生まれたばかりの新しい学知は、隠喩の世界のうちに自らの生命の始まりを経験するのであり、そこに自らが発展するための養分と同時に障壁をも見出すのである。とはいえ、初期デカルトはとりわけ養分を見出したのである。

「わたしが公表したいと思っているのは、あらゆる問題を一般的に解決することができる、根幹からして新しいひとつの学知なのです」[73]。デカルトは、いまだにルルス思想の世界と類似した世界のうちにいるのだということがこれまでも正しく指摘されてきた[74]。実際、ここでのデカルトの探究は、〈根幹からして新しい学知〔scientia penitus nova〕〉により、知の統一のための形式的な連関を特定するだけではなく、普遍数学化の規則を発見するだけでもなく、他の諸学の源泉であるような、すなわち学知の樹のあらゆる枝葉を統一する根のようなひとつの学知を特定することをめざすものである。〈根幹からして新

しい学知〉だけが、若きデカルトの思想をルルス思想のようなあの文化風土のうちに位置づけるのではない。むしろ、すでに考察したテーマ以外にも、似たようなテーマが『精神指導の規則』[75]や『良識論』[76]のみならず、成熟期の諸著作[77]のそこかしこにも顔を出すのをわたしたちは後に見ることになるだろう。かくして人文主義の直観から生じた衝動、すなわち宇宙の存在連関を貫こうとするあの衝動がデカルトの展望において姿を現し、拡張されるのである。しかしながら、デカルトはこの文化環境を生きているまさにそのときに、そこから身を引き剝がすように見える。ベークマンに宛てた手紙でルルスについての情報を求めたり[78]ルルス思想に言及する際には、批判の辛辣さがますます明確となる。この姿勢は――ルルスの『アルス・ブレヴィス〔小さき術〕』に対置された――〈根幹からして新しい学知〉の定義において、そしてとりわけシェンケルの記憶術に関する注記[79]において明確にされている。

さて、デカルトが〔文化環境から〕身を引き剝がしたとはどういう意味だろうか。さきに言及されたテクストは、デカルトが何をきっぱりと拒絶したかをわたしたちに示してくれている。すなわち、ルルスにおける方法のこれ見よがしの提示、その宣伝文句に含まれたいかさま臭さである。デカルトがすぐ後でその意味を説明してくれているように、こうした手練手管は「ものを学ぶためより、〔中略〕知らない事がらについて、何ら判断をくだすことなく、ただ喋《しゃべ》るために役立つ〔だけ〕」[80]なのである。こうした事例では、自然の普遍的象徴主義は、単にその外側から把握されているにすぎない。そして書物を通じて得た文化が世界という大きな書物の読解作業に取って代わることになってしまう。学知は奇想あるいは魔術にさえもその地位を奪われる。ここから生じたのが、人文主義の感受性の前提そのもの、すなわち人文主義的な〈驚嘆すべき学知〔*scientia mirabilis*〕〉の教えとは矛盾する静態的で疎外された世界である。これはルネサンス思想の消尽と危機の最初の兆候なのだろうか。おそらくそうである。とはい

うものの、準拠枠〔quadro di riferimento〕全体をひっくり返し、人文主義者たちの探究の推進力の批判までをも含意するほどのものではない。というのも、この推進力は批判によってむしろ強化されるのであるから。こうしてルルスの奇想を斥けたデカルトの直接の動機の背後に、わたしたちは或る使命感と区分を見出すのである。すなわち、宇宙の真の秩序をくぐり抜けんとする使命感《ヴォカツィオーネ》であり、学知という自らの天職《ヴォカツィオーネ》をルルスの奇想から区別するということである。デカルトの〈真の術〔*vera ars*〕〉は、すでにシェンケルに対する批判において主張されていたように、「かれのどうしようもない術とは明らかに対立する〔*illius nebulonis arti plane contraria*〕」だろう。[81] そしてもし、たとえばデカルトがルルスの術に対置する〈新しい術〔*ars nova*〕〉が普遍言語の基礎をつくることになり得るとするならば、すなわち「数のあいだには自然にもうけられた順序があるように、人間精神のうちに取り入れられる思考のすべてについて順序をもうける」ことにより、普遍言語が基礎づけられ得るとするならば――「そのような〔普遍的な〕言語の考案は、真の〝哲学〟に依存する」のである。すなわちこの世界をその構成諸要素の複雑性から単純性に至るまで踏破し、新しい言語によってかくも驚くべき仕方で世界を革新する能力に〔普遍言語の考案は〕依存するのであって、――「「秘訣《アルカヌム》」という自分の商品を売り込む」連中であるルルス主義者たちの不毛なお遊びによるものではない。そもそも「どこかの命題に「秘訣《アルカヌム》」という言葉を見ただけで、わたしはすぐさまそれに嫌悪感を覚えてしまう」のだから。[82] したがって、ルルス思想をデカルトが否定したことは、かれが人間理性をよりいっそう深く信頼しているということ、人文主義の契機をルルスの奇想から救い出すことを示しているのだ。

　しかしながら、方法に関するルネサンス期の人文主義的なテーマ設定に、より広範な仕方で言及することをせずに、デカルトのルルス思想との関係だけを考察するならば、それは間違いだろう。というの

も、デカルトはルルス思想との両義的な関係において、この〔人文主義という〕文化傾向全体との最初の対決を実際に行なっているからである。この対決は――再度言うならば――天職の発見であり不純な要素の分離である。この天職は、認識にまつわる諸問題の解決のための合理的で一般的な方法に対する信頼を含む。十五世紀と十六世紀のヨーロッパ文化に沈殿した革命的な人文主義の契機のもっとも深遠でもっとも本質的な形象が、おそらくそこに見出されるだろう。[83] とはいえ、分離――すなわち哲学発展のルネサンス的形態が方法というテーマ設定に刻印した単に修辞学的で抽象的に文献学的なものからの分離――の側面が重要ではないということではない。[84]「新しい学知」においてと同様にデカルトにおいても、方法への信頼は哲学発展のうちの不純な要素から分離されるや、ほとんど神話の地位を獲得し、プロメテウス的な力を身に帯びて――その姿を完成させるための学知の検証への献身において――一種の英雄的で本源的な純真さとして自らを示すのである。「デカルトが近代哲学の創始者であるのは、かれが方法という思想を極端にまで推し進めたからではなく、かれがその思想のなかでひとつの新しい課題をつかみ取ったからである。デカルトは、ただ単に形式的な分類だけでなく、〝純粋〟認識の内容全体をも根源的な方法原理から獲得し、完璧な推論によって導き出そうとした」[85] のである。したがって、方法というテーマ設定は、隠喩の世界を鼓舞し特徴づける諸契機を拒否することからではなく、それらを――たとえ分離させながらではあっても――受け入れ深め称賛することから生じるのだ。

デカルトには人文主義の息づかいがあることに疑問の余地がないのと同じくらい、方法上のテーマ設定をかれが説明するのを可能にしているもの、すなわち「自然‐数学者」としてのかれの活動についても疑問の余地はない。「数日前にわたしは、きわめて鋭敏な人と親しく話す機会をもった（後略）」[86]、こうしてわたしたちはベークマンとの出会いの場面、すなわちデカルトの生涯における決定的な転換点へ

と戻る。「というのも、実際あなただけがわたしを無為から救い出し（後略）」たからである。[87] この二人の思想家が議論したテーマはよく知られている。重量のある物体の自由落下の問題[88]、音楽の諸テーマ[89]、流体力学に関する諸問題[90]、幾何学にまつわる諸問題[91]などである。方法についてのデカルトの最初のアイデアは、これらの論点についての掘り下げと議論によって明確に構成された。そのアイデアは、まさに知の構築についての人文主義によるモデル全般を洗練するものであり、その洗練はこのモデルを実用可能にし、世界に向き合わせ世界との関係において検証せんとする意志から引き出されたものであった。この企ての実現は、人文主義的英雄精神、すなわちこの企ての神話的本源性を取り戻すことによって初めて可能となったのだ！　この企てへの意志は、デカルトが放浪を続けた歳月[92]、わたしたちが『思索私記』を読むことで確認できる形而上学的研究と自然科学的研究の解きほぐしがたい絡み合いにおいて掘り下げられ明確になる。それでは、方法についてのデカルトの最初のアイデアはどのように形成されるのか。

方法という理念——これまでもやはりデカルト思想の一要素であり続けたもの——が完成され、今まで展開されてきた諸要素を言わば体系的形態において提示するようになるためには、わたしたちは『精神指導の規則』へと向かわねばならない[93]。デカルトにより遂行された思索の経験から帰結した通り、最初に特権的な扱いを受ける要素は、方法の数学的基礎づけに関連するものである。実際、わたしたちが確実で疑う余地のない知を求めることができるのは、数論と幾何学に対してだけである。「それゆえに、こういった蓋然的な意見しかもたれない事がらについてはいずれも、完全な知識《スキエンチア》を得ることは不可能と思われる。なぜなら、他の人々が成し遂げた以上のことをわたしたち自身に期待するなど、無謀に陥るのでなければ許されないからである。そこで、わたしたちの見通しが正しいとするなら、すでに考案さ

れた学知のうち〔*ex scientijs jam inventis*〕、この規則〔『精神指導の規則』第二規則〕を守る限りわたしたちが行き着くところは、〝数論〟と〝幾何学〟しか残らないのである」[94]。さらに、否定的表現としては次のものがある。「真理への正道を探究する者は、数論や幾何学の論証に匹敵する確実性をもち得ないようないかなる対象にも携わってはならない」[95]。しかしそれにしても、あらゆる学知のうちでなぜこれら〔数論と幾何学〕だけがわたしたちに確実性を、したがってまた知への正しい道を保証してくれるのか。精神が自らのうちにある基礎を確かなものにするために自由に使うことのできる二つの根本的な手段は、これら〔数論と幾何学〕のうちに、その十全な表現と展開を見出すからである。二つの根本的手段とは、すなわち現実に作用している理性的な光としての直観であり、〔もうひとつは〕現実の連鎖的な運動の把握としての演繹である。「直観《イントゥイトゥス》ということでわたしが意味しているのは、感覚のもたらす、不動とは言えない証拠でもなく、虚構的な想像力のくだす偽りの判断でもなくて、純粋で注意深い精神《メンス》による抱懐《コンケプトゥス》、しかもわたしたちが知解《インテリゲレ》するところについては懐疑の余地をまったく残さないほど容易で判明な抱懐である。言い換えれば、ただ理性の光のみから〔*a sola rationis luce*〕生まれる、純粋で注意深い精神による不可疑の抱懐である」[96]。「演繹《デドゥクチオ》とは、それによってわたしたちが、確実に認識された或る別の事がらから必然的に帰結するすべてを知解するところのものである。（中略）多くの事物は、たとえそれ自身は明証的でなくても、ひとつひとつを明瞭に直観していく思惟の、連続的で決して中断されることのない運動によって〔*per continuum et nullibi interruptum cogitationis motum*〕、真であり、かつすでに知られている諸原理から演繹されさえすれば、確実に知られるのだ。それはちょうど、長い鎖の最後の環が最初の環につながっていることを認めるのに、たとえその鎖をなしている中間の環をすべて一目で見渡さなくても、それらの環を次から次へとたどったことがあって、初めから終わりまでそれぞれの環がす

ぐ隣の環に結びついていることを思い出しさえすればよいのと同じである」[97]。

それにしてもこれでは、数学的基礎づけが、よりいっそう堅固で深遠な形而上学的基礎づけのための単なる機会とされていないか。確かにそうである[98]。数学の観点からすれば、存在の秩序と真理の秩序、そして存在論の地平と認識論の地平は、若きデカルトの探究のこうした集成《スンマ》において統一されている。認識論上の道具立て、すなわち直観は――その自らに固有の強度において――現実と存在の統一を反復するのである。したがって、直観によって規定されている世界観が普遍的な相互浸透を含意するのに対して、演繹は、空間と時間において直観的な確実性を反復し、真理の秩序を現実の連鎖において把握する。こうして『精神指導の規則』の企てそれ自体が認識論の用具と形而上学の順序との関係において、次のようにいっそう明確になる。すなわち、学知をその産出的〔生産的〕核心において定義すること、そして存在に対する学知の関係という真理を表現すること。かくしてデカルトは次のように書く。「すべての学知は互いに結びついているのだから、他の学知からただひとつの学知を切り離すよりは、すべてを一度に学ぶほうがはるかに容易であることを心得ねばならない。したがって、誰かが事物の真理を真面目に探究しようと望むなら、或る特定の学知を選ぶべきでない。すべての学知は互いに結びついており、また、互いに他に依存しているからである。むしろ、〔……〕理性《ラチオ》に本来そなわっている光をただ増すことに専心すべきである」[99]。存在に対する学知のこの関係は、『精神指導の規則』においては緊密に構造化されたもの、すなわち理性と現実の全面的な対応と見なされるということが想起されるべきである。学知は、存在をその秩序と複雑性において貫くのである。したがって、学知が自らを〈考案〔*invenire*〕〉という卓越した術として提示するまさにその瞬間、学知は存在の構造に内在するひとつの規範となり、存在の秩序それ自体により規定されている運動と、場合によってはその限界についての自覚と

なるのである。かくして或る者がこの明確な方法にしたがっても解決できない困難に直面するとき、このことが生じる理由は次のように明らかだ。すなわち「それ〔求めている知識を見出せないこと〕は、自己の知能《インゲニウム》の過失によるのではなく、むしろ問題《ディフィキュルタス》そのものの性質《ナトゥラ》、あるいは人間のおかれた状態《コンディチオ》が妨げている〔*obstat*〕のである。そしてこの点を認識することは、事物そのものの本性を示す認識に劣らない知識である〔*quæ cognitio non minor scientia est, quam illa quæ rei ipsius naturam exhibet*〕。したがって、このうえさらに好奇心を拡げるような人は、健全な精神の持ち主とは思われないだろう」[100]。つまり〈考案〉は、存在についての学知であり、存在の構造を確実性（これを関係が形相的に基礎づける）においてたどり直し、さらには「その」限界（存在の秩序に対する妥当性によって質料的に課される）においてたどり直すことなのだ。ここに現れているような懐疑を示唆するものからはそうすることができないように、認識の限界についてのこのような自覚からは、デカルト思想の別の成熟段階あるいはより高い成熟段階へと向かう、いかなる推定も引き出すことができない。ここで言われている限界とは、確実性の裏返しであり、対象の本性についての、つまり、この対象をそれに固有の、実際の秩序のうちに位置づけることについての、認識上の相関物なのである。したがって限界とは、危機の感覚ではなくてデカルトの人文主義の息づかいの本質的な確認であり、さらにはかれの最初の根本問題である「宇宙」との関係[101]についての証明なのである。

当時のデカルトの議論のもうひとつの側面は、これらの論点に基づいて組織し直される。それは、奇想に対する論難であり、言い換えるならば知に対する人文主義の英雄的な要求と、この要求がその後に到達する非生産的な形態とのあいだの区別である。この論争は二つの水準で展開される。第一に、存在としっかり結合していないような論理の非実在性に抗して（その点で論争はスコラ哲学のみならず、当時

の最新の諸学芸をも対象にしている）。第二に、存在を再構築できないような哲学の非生産的な性格に抗して。後にわたしたちが立ち戻ることになる第一の論争は、哲学からいかなる種類の修辞をも排除することを目的としている。〈奇跡〔*miracula*〕〉に対する〔第二の〕論争について言えば、学知と存在との秩序ある合致の称賛が、〈驚嘆すべきもの〔*mirabilis*〕〉の観念と、その驚くべきものが学知に付与した機能をむしろ強化する。したがって存在論的な制約の意味と存在の秩序の定義は、ここで技術的に可能なものの意味と定義として反転され再構成されるに至る。世界の秩序の再肯定には、まさにそうした秩序の反復であると同時に改造としての〈人間の技術〔*hominum artificia*〕〉の称揚が伴う。「知能《インゲニウム》が明敏となるためには、すでに他人が考案したものの探究において訓練を積み、かつ、方法をもって、人間のどんな些細な技術でも通覧しなければならない。とはいえ別けても順序を明示しあるいはそれを前提にしている技術を通覧しなければならない」[102]。わたしたちは、この指示のつつましさに騙されてはならない。この指示は、その単純さによってとてつもなく革新的な価値を示しているのだ！　人文主義文化の揺籃期のテーマがそれとは相容れない帰結に対置されているだけではなく、そのテーマはそのあらゆる創造的な強度において再提起されているのであり、さらにはこの目的へと向けられているのが方法なのである。神話的な純真さ――それは『オリュンピカ』以来、絶えず繰り返されている――は、次のような形で再獲得される。「ほとんど戯れながら、〔いつも〕事物の最奥の真理にまで貫き入ること〔*quasi ludentes ad intimam rerum veritatem penetrare*〕」。さらにデカルトによれば、世界はたとえ覆われてはいても秩序をもっているのだ。「見知らぬ文字で覆われた文書〔*scripturam ignotis characteribus velatam*〕」とその文書の背後にある秩序を喜びとともに新たに発見するために、この聖域に貫き入ること。その秩序を再生産すること。

したがって、この段階でのデカルト思想において、方法は方法が位置づけられる形而上学的地平から切り離すことができない。方法は産婆術〔発見術〕の機能と再生産の機能をもち、しかもこれらの機能は存在と節合されている。方法が練り上げられることで提示されるに至った〈普遍数学〔*universalis mathesis*〕〉とは、現実の宇宙のことである。方法により整序された歩みが順序立っているのは、その歩みが存在の順序をたどり直しているからである。「事物の真理を探究するためには方法が必要である〔*Necessaria est Methodus ad rerum veritatem investigandam*〕」[103]。この方法とは、事物の秩序を着実に追跡し、徐々に覆いを剥ぎ取るものであり、この秩序の覆いを剥ぎ取る際には知の主体と対象とのあいだの関係を、〈真理の種子〔*semina veritatis*〕〉という「何かわからぬ神的なもの」の統一体において特定するものであり[104]、あらゆる知の源泉である学知を普遍〈数学〔*mathesis*〕〉において基礎づけるものである[105]。

さらに言えば、もし方法の節合があるとするならば、それは現実の節合であるはずだ。直観と演繹の関係に対応するのは、絶対的なものと一連の見かけの諸事物との関係であろう。デカルトによれば「すべての技術《アルス》の奥義は、あらゆる事がらのうちに、その絶対的なところをもっとも高い次元において注意深く看取することに存する」[106]。ここでデカルトが、かの関係の明晰な評定と存在論的関連の明確な特定とを非常に困難にするような一連の考察を持ち出している、ということは事実である。かれは、はっきりとこう述べている。「認識すべき事物の個々の本性ではなく、その系列〔*rerum cognoscendarum series, non uniuscujusque naturam*〕〔を認識すべきである〕」[107]。さらには「この規則〔『精神指導の規則』第六規則〕が注意するように、事物はいずれも何らかの系列に配置され得るのだが、このことは、哲学者たちが自ら〔設定する〕範疇《カテゴリアエ》で事物を分けたように、事物が存在の類《ゲヌス・エンチス》に関係される限りにおいてではなく、一方の事物が他方から認識され得る限りにおいてなのである」[108]。しかしながらこのような発言にもかかわらず、

基礎となる絶対的なものの〔諸事物の〕外観との関係、すなわち直接的な直観に対応している単純な現実との関係は否定されていない。絶対的なものとこの〔諸事物の〕外観の関係は、他のいかなる理由よりもおそらく反スコラ哲学的な論争上の機能のゆえに[109]、ここではそれだけで独立して提示されている現象主義的な認識上の評価と共存している。とはいえこの関係は、すぐにそうした共存をのりこえ、人文主義の観点がもっている内容豊かではあるが多義的な総体を再検討に付す。〈驚嘆すべき学知〉の順序、〈考案〉の機能こそが、〔諸事物の〕外観をのりこえて真理へと到達するのだ。方法によって確立された関係は、外観と実在との連関に自らを内在化し、実在的なものの多様性と統一性とのあいだにある実際の緊張関係として自らを示すのである。まさにこの時点でデカルトが帰納と枚挙を〈考案〉のリズムのうちに組み入れ、それらを直観のもとに集約して編成したことは、偶然ではない[110]。すなわち直観はここで、一連の既知の諸事物の連関を特定し証明し、統一化として作用する直観における〔それら諸事物の〕関係の一般的性格を確立するために、それら諸事物に貫き入る際に、超越論的な想像〔構想〕力となるのである。直観と帰納とのこの関係は、直観と演繹の関係よりも特権視さえされている。というのも、後者の関係においてはいまだ静態的であったものが、ここ〔前者の関係〕ではのりこえられているからである。想像〔構想〕力は、直観と帰納〔枚挙〕とのあいだに位置づけられることで、〈人間精神〔humana mens〕〉の全産出力〔生産性〕を明らかにする。想像〔構想〕力は、その持続的で中断のない運動において、すでに直観によって覆いを剥ぎ取られた存在論的基礎づけという力を明らかにする。

それでは直観の話題に戻ろう。直観は、数学の妥当性にとっての基礎である。直観は、この世界の内的な骨組みを引き出すことを可能にする。これがすなわち〈普遍数学〉である。演繹やその正当化に関して言うと、直観は同時的な普遍〈数学〉である。すなわち「全体を同時に直観する〔*rem totam simul*

intueri]」[111]のである。普遍〈数学〉は、帰納や枚挙、そしてそれらの正当化に関して言えば空間的には拡散しており存在論的には節合されている（「知能のすべての力をきわめて微細でもっとも容易な事物に向けるべきである。そして、われわれが判明かつ明瞭に真理を直観するのに慣れるまで、長くそこにとどまるべきである」）[112]。そして直観は、世界を所有することの根源的な可能性であり、世界を所有し再創造するために、存在の全体性へと向かう人間の力能《ポテンツァ》である。——この力能は、世界を統一するために世界を増殖させることができ、世界を実現するために世界を模写することができる[113]。後にデカルトが付け加えるように、世界を再創造するために世界を否定すること。そしてここにこそ、かれの思想の創造的移行があるのだ。今やかれは、自らの人文主義的方法の肯定的地平において、方法の規定を次のようにまとめている。「人間の有する知識《スキエンチア》はいずれも、これら単純本性が時を同じに結集して他の事物を複合するのはどのようにしてなのか、これを判明に見るという点にのみ存する」[114]。

　わたしたちは、デカルトの初期の定式化における方法の内容と形象全般について検討したので、今やデカルトの文化環境を考察し、デカルトの方法が練り上げられていった場としての理念上の回路を再検討しなければならない。——その文化環境とは、「新しい学知」の背景であり、「多くのイエズス会士、他の学者たちおよび学識ある人々」と「自然-数学者」デカルトとの関係の背景である。わたしたちがこの問題に立ち戻らねばならないのは、デカルトの方法——新しい学知の準拠枠と手続きの枠組みとしての——が実現される際の状況のいくつかの側面を解明するためにである。この状況は、刺戟的でもあり、いくぶん厄介でもある。というのも、当時の新しい学知の方法と枠組みが、形而上学的な諸テーマからなる非常に複雑な結び目に巻き込まれているからである。しかしながら、デカルトの立場は、この点でとくに独創的であるようには見えない。世界についての認識とその技術的実現とを媒介することは

形而上学的であり得るしそうでなければならないとか、探究の方法全体が関連づけられるべき地平は形而上学の地平以外にはあり得ないといった立場は、少なくとも新しい学知が生成する初期段階においては、そしてこの学知の主要な創始者たちのあいだでは、とても広く普及していたものである。新しい学知が確立される際の二つの源泉——すなわち、技術的労働の深化という源泉と非常に高度な数学的抽象という源泉——のしばしば矛盾を含んだ諸側面を統一するものは、世界の所有と変容について数学化を通じて考察するまさに英雄的な形而上学の企てなのである。(115)数学による図式は、それにより現実が所有されればされるほど、現実そのものとなる。それとは対照的に、技術によって獲得された現実の側も、技術により覆いを剥ぎ取られ称揚された必然性についての観想によって支配されるようになる。(116)したがって、この段階でのデカルトの立場の特徴は、重要な文化地平全般と関連づけることができる。しかしこのことは、単に概括的な仕方で理解されるべきではないことに注意されたい。デカルトは、学芸復興の他の「創始者たち」との対話を欠かさなかった。ベイコンとの、そしてとりわけガリレオとの対話である。実際、デカルトはベイコンから、後に自分が行なう議論に採用することになる実に多くの個別的テーマを引き出している。デカルトは、世界を所有する学知として理解された限りでの方法が、学知的な認識と技術的実践との媒介として自らのことを措定するあの領域において、ベイコンと出会うのである。(117)

しかしながら、とりわけガリレオ－デカルトの関係こそが、このフィレンツェ人〔ガリレオ〕への有罪宣告に先立つ時期のデカルトの著作において、デカルト思想の初期の発展のいくつかのきわめて特徴的な契機を把握し強調することを可能にする。それというのも、当時この著作家たちは、ガリレオにせよデカルトにせよ、〈考案〉という同じ人文主義的情熱を、また〈根幹からして新しい学知〉の存在論

的な相関物への同じ形而上学的信頼を、そして〈驚嘆すべき学知〉という同じ英雄的な技術の企てを経験しているのだから。一六一一年以降、つまり〔ガリレオの〕『星界の報告《シデレウス・ヌンキウス》』刊行直後にあらゆる知的サークルを包んだ大きな興奮から、デカルトが刺戟を受けなかったとは考えられない。デカルトが放浪生活を続けるなかで、『偽金鑑識官《サッジャトーレ》』について語られるのを聞いたということもまた、ありそうな話である。確かなことは、デカルトの学問方法論が言及している地平は、ガリレオが現実の構造を数学的に説明したことによって、根本的に特徴づけられているということだ。二人とも、哲学的動機こそわずかに異なっているとしても（一方のプラトニズムに対応するのは、他方のより漠然とした人文主義と生得説である）、宇宙を数学的に定義することの自己正当性を主張する道を進んだ。この道は、〈数学〉の普遍的意義の形而上学的で存在論的な基礎づけへと通じるものである。また、直観と演繹に認識の根本的な用具としての特権的地位を与えることへと通じるものである。さらには、思想の直観的な展開において根本を占める必然性という図式のうちに帰納を還元することへと通じるものである。[118] デカルトとガリレオが選んだ道の深い親近性あるいは隣接関係についての、背理法的ではあるがそれでもやはり説得力のある証明としてわたしたちが思い起こすべきなのは、こうした思想的、文化的環境の内部でわたしたちがデカルトにおいて出会ったのと同じように異種混交的な要素の結び目を――あの〔人文主義の〕型の形而上学の厚みから引き出されたものとして――ガリレオにも見出すということである。――しかもその結び目とは形而上学的、方法論的、学知的な諸テーマからなるものだけではなく、より深いところに隠された諸テーマからも成り立っているのだ。すなわち、光の形而上学であり、神秘的な自然主義である。これらは伝統的なテーマであり、外観を変えて革新され、神話的で活動的な展望へと自らを置き換えながら、しかしなおそうしたテーマの初期の定義がもつ内実のある性格を維持している。[119] さらに言えば、

実在するものの数学的構造に対するデカルトのまさに形而上学的な信頼こそが、逆説的にもベークマンによるもっとも正確で実証的なアプローチよりも、自然学の根本法則の説明においてデカルトをはるかに前進させた。それがどの程度のものなのかを知るためには、ベークマンとの出会いと共同研究によって示されるデカルト思想の確立期の根本的な結び目に立ち返れば十分である。[120]

以上のことについて何を言うべきか。ガリレオ同様デカルトにおいても、新しい学知において働いているのは、一般的な哲学の地平であり、今や革新された本質的に人文主義的な息づかいと世界観なのである。さきにわたしたちはこの地平を隠喩的と呼んだ。わたしたちは今こそこのことを再確認し、より正確にこの概念〔隠喩的地平〕を定義することができる。[121] というのも、もし隠喩が問題となっているのであれば、ここでの隠喩の役割は、宇宙のあらゆる部分が位置づけられるべきひとつの象徴秩序を明示することにあるというよりも（というのも、隠喩のこの定義は議論の出発点を単に記しただけだったのだから）、むしろ宇宙の諸部分の普遍的等価性を示すこと、すなわちこの〔隠喩の〕地平がもたらす認識と操作の関連の全体性を明らかにすることにあるからだ。今やわたしたちは、このイデオロギー的世界を解釈するための仮説を提起することができる。後で力強く姿を現すことになるその仮説とは、この文化地平を、世界をひとつの新しい階級が掌握するのを指導するイデオロギー的地平として考察するものである。この新しい階級は、〔宇宙の諸部分の〕まさに普遍的等価性のうちに、自らの前進の前提条件、役割の普遍的互換性の前提条件、そして自らの成長にとってのあらゆる障害を破壊する可能性を見出す。さらにこの新しい階級は、自らの新しい社会的存在と自らの活動力の実際がこの宇宙の数学的形式に反映されているのを見出す。そしてついには、この〔宇宙の数学的再構成という〕企ての全体主義《トタリターリア》的な〔totalitaria〕形象において自らの課題がもつ革命的絶対性を提起する。[122] こうしてデカルトによる新しい

方法の探究と定義が姿を現す場としてのあの文化世界は、普遍的活動力の理想とすぐに相関するようになる。この活動力は、とりわけ学問的でありながら同時にまた政治的でもあり、広く言えば文明的なものとなる。だからこそベークマンは、デカルトがヴェネツィアの聖母マリア下僕会のパウロ神父と深い共通性を示していることを感じ取ったのであった。[123] そしてチュルケ・ド・マイエルヌは、この新しい階級の子弟教育について次のように言う。「そして、この神聖な智慧——適切な統治の模範はそのうちに見てとられなければならない——へと向けて然るべき段階をのぼっていく手助けとして、数学という教科《ディシプリン》においてかれら（新しい階級の子弟〔i figli della nuova classe——ネグリの注〕）を教導するのがよい。ただそれは、かれらを皮相な仕方で大地《テール》と物質《マチエール》に執着させるためではなく、かれらをしてこの教科の隠されたところ——それは深大なものである——に沈潜させるためである。なぜなら、正義と中庸《タンペランス》の基礎と根源は、この教科を熟考することのうちに見出されるからだ。正義ならびに中庸とは、数字、単位、比例、調和からなるのであり、これらはいずれも、高度でありかつ自由《リベラル》学芸に由来する学知《シアンス》〔数学のこと〕に固有な主題である。そして、この学知においては、どの段階に進んでも理論に実践が伴っており、しかもその初歩の段階からしてそうなのである」。[124]『精神指導の規則』におけるデカルトの議論の含意と前提の明快な先取りにして深遠な解明として、これ以上のものがあるだろうか。学知的手続きによって採用され独占される以前に、新しい階級の存在に政治的にふさわしいものとして受け入れられたひとつの方法のあからさまな適用として、これ以上のものがあるだろうか。

このように、デカルトが当初は人文主義の世界に深く関わっていたことが、再度、しかも強い説得力をもって確認された。この関わりがデカルトの一種独創的な思想の基礎を構成するのであり、しかもかれの成熟期の哲学はこの基礎のうえに立って、批判、拒絶、昇華の企て——その都度、試みられた——

を通じて展開することになるのだ。

四

もしこれまで論じてきたことがルネサンスの形而上学的内容にデカルト思想が深く根差していたことを論証するには不十分であると見なされるならば、さらなる一連の論拠を——豊富に〔ad abundantiam〕——提示できる。デカルトの体系が他の目的へと向き変わった後でさえも、つまりテーマ上の地平全体が変化した後でさえも、デカルトの若い時代の諸テーマが異なった体系の現実のなかで生き残り、抵抗を続けているのをわたしたちは後で確認することになる——しかもこのことは、成熟期デカルトの学知的関心のうちの制約された周辺的な領域だけにとどまるものではない。〈驚嘆すべき学知〔*scientia mirabilis*〕〉が成熟期の体系の編み目のうちにも生き残っているもっとも興味深い例は、もちろん解剖学と医学の探究のうちに見出すことができる。——それというのも、これらの探究の基礎にある動機は、他の研究領域から影響を受けたものであり、後には逆に影響を与えることになるものだからである。

良く知られているように、デカルトはその生涯を通じてつねに解剖学研究に没頭し、医学の諸問題に広く関心を示し続けた。かれの活動のこの側面を強調したことで、注解者のいく人かはデカルトを薔薇十字会のメンバーだと見なすことになった。というのも、死に対する勝利〔不死〕への願望があの宗派の宣伝活動における本質的動機であったとする——事実そう思われる——ならば、それは間違いなくデカルトの医学研究におけるものでもあったからだ。「今以上に自分自身をいたわろうとしたことは一度

もありませんでした。そして、かつてそう考えたように、死によってわたしは多くて三十年か四十年しか生きられないのではなく、向後は、一世紀以上も生きられる望みがあるとしてもわたしは何ら驚かないでしょう」[125]。死を克服すること、寿命を延ばすこと。十七世紀の恐るべき儚さ《プレカリエタ》〔precarietà〕に浸っていた当時の人間にとって、この計画がどれほど大きな意義をもったことか[126]！　こんなことを手紙で確言しているような人物がどうして「魔術師」に見えないはずがあろうか。かれが遂行している研究の並はずれた性格にどうして本人自身が気づかないはずがあろうか。自らの研究対象を発見するやいなや、かれは自らの〈工房〔*fabrica*〕〉にこもって生命の驚くべき光景を前にすることになるのだからなおさらである。かれの学知はこの分野に集中し、それにより明らかとなる連関の秩序から遠からず偉大な成果が手に入るという確信を引き出した。はやくも一六三〇年一月、デカルトはメルセンヌに宛てて次のように書く。「不過謬な論証に基づく医学を考案する術があるかどうかわかるまで、あなた様におかれては、どうかご自愛くださいますよう。小生は目下のところ、このような医学を探究しているところなのです」[127]。不可謬な論証とはすなわち、すぐに成果を上げることができるはずの、生命体の治療であった。医学の研究計画は、その始まり以来、ひとつの〈驚嘆すべき学知〉である。というのも医学研究は、若きデカルトの、実質を十分にそなえた形而上学の絶対性に与っており、かれはそこからこの世界が再生産され得るという希望を直ちに引き出したからである。

それでは、デカルトにおける医学研究の形而上学的基礎づけは、どのように描かれるのかを見てみよう。一六三〇年頃、デカルトは解剖学研究を開始した。「今は化学〔ただし今日的なそれとは違うことには留意されたい〕と解剖学をまとめて研究しているのですが、書物のうちには見出されない事がらを学ぶ毎日です」[128]。解剖学を研究するということは、まず何よりも〔生き物を〕切開し解剖するということ

を意味する（「わたしは毎日のように肉屋の店へ〔出かけて行き〕（後略）」）。[129] 解剖学研究が意味した二点目のことは、宇宙を支える一般規則の枠組みのなかで、動物の生命の一般的な在り方を再構築することであった。さらに言えば、わたしたちは〈根幹からして新しい学知〔*scientiam penitus novam*〕〉の二つの側面を目の当たりにしているのであり、そこではその原理にしたがった〔*iuxta suum principium*〕事物の追究には〈普遍的な解決策〔*generaliter solvi*〕〉が伴うのである。この時期のデカルト思想の独自性——他方でそれはかれをルネサンス期のテーマ設定に緊密に結びつけ直すものでもあるのだが——は、この二つの側面を分離するのではなく相互に作用させ合い、そうすることで、普遍性の契機が事物のなかに残り続け、〈原理〔*principium*〕〉として承認されることが可能となるように、普遍性の契機を具体化し特定するのである。普遍的なものを単純なもののうちに見つけ出し、〈原理的なもの〔*principium*〕〉を〈特徴的なもの〔*proprium*〕〉のうちに追跡すること、これこそ、デカルトが記述的解剖学から機械論的生理学へ、また機械論的生理学から発生学へと連続的に歩んでいった道程を追いかけることを可能にする鍵なのである。この道程は、あたかもデカルトがなめらかに表面を滑走しているかのような印象をわたしたちに与える。説明は〔生命の〕発生の問題にたどりつくことになり、〈動物の発生〔*generatio animalium*〕〉の問題が根本的なものとなると同時に、他の問題を基礎づけることになる。[130] そしてついにここで還元手続きは終わり、ひとつの動力、普遍的であると同時に具体的でもあるひとつの本源的なダイナミズムの発見に至る。すなわち心臓であり、本源的な熱であり、心臓の火である。そしてすぐに付け加えなければならないことは、たとえこの生物学的なダイナミズムの中心が機械的な運動すなわちそのリズムが有機的かつ生理的機能に形を与える連続的な膨張ないし縮小の運動を生み出すとしても、生命の中核をなすこれは、その否定しようのない質的性格をも、そのはっきりとした自然主義的定義をも、

けっして失うことはないということである。「人間のうちには三つの火床に火がともされている。最初の火床は心臓のなかにあり、空気と血液によって火がともされている。第二の火床は脳のなかにあり、やはり空気と血液によって、しかし弱められた空気と血液によって、第三の火床は胃のなかにあり、食物と胃それ自体をなす物質《シュブスタンチア》によって〔それぞれ〕火がともされている。心臓のなかには、言わば渇いて固い材質《マテリア》からなる火があり、脳のなかには酒精〔を燃やしたような〕火が、そして胃のなかには生木〔を燃やしたような〕火が〔それぞれ〕ある。さらに胃のなかで食物は、何も付け加えられなくても、湿った干し草のようにおのずと腐り、熱を持ち始めるのだ、等々」。[131] この比喩は実に物体的であり、火というものの形而上学的意義は、科学的分析のテーマ上の構成と不可分である。奇想的な学に対するデカルトの繰り返しの批判にもかかわらず、医学研究において一連の奇妙なテーマが姿を現す。[132] 実際に、類推の普遍化による魔術的観念は、デカルトの発生学のうちに火の形而上学によって支えられる形で生き残っている。「しかしながら、血液と精気は心臓のなかで混ぜられて、そのなかで〔血液と精気のそれぞれの活動力が異なるために生じる〕かの争いを絶えず生じさせるのだが、動物の生命《ウィタ》はこの争いのうちに存するのであり、それはちょうどランプの生命が火のうちにあるのと同じである。（中略）そしてこの点において、動物は存在し始める〔*incipit*〕と〔言える〕のだ。というのも、生命の火が〔その〕心臓のなかでともされるからだ」。[133] この〈始まり〔*incipit*〕〉から人間発生の寓話が始まる。宇宙体系におけるのと同じように、動物の肉体組織においても熱が中心的な役割を果たしており、[134] したがってここから——すなわち分析が記述的解剖学から生理学へ、そして生理学から発生学へと下降するや——この寓話は逆方向の道を歩む。

　状況は明らかにいまだ『思索私記』の段階にある。とはいえ、こうした基礎づけ作業をルネサンス期

の宇宙起源論の勝利としてよりも、むしろスコラ哲学の追憶と見なした者もいた。[135] しかしそうした解釈が妥当かどうか、それは疑わしい。というのも、アリストテレスのテーマがいくつか現れている（とりわけ心臓の火の強調）のは事実だとしても、これらのテーマはこの時期のデカルトの展望においては姿を変えているからである。[136] デカルト的な自然観において、その推論を支えるメカニズムは、まったく新しいものである。生命過程の質的形式は、宇宙の量的調和を理解することと相関しており、宇宙の内部で、その構成上の動的な規則として作用する。他方で、量と質は調和的な仕方で互いに競合しあうものであり、或るひとつの統一体の諸機能なのである。たとえ生命組織を生み出す諸連関が〔最初から〕たどり直されたとしても、それら諸機能を改めて統一体として考察することができるのは科学だけなのである。したがって、初期デカルト形而上学の地平は、これら科学的諸論考においてはこれまで通りの姿で現れており、そのなかでは火の自然学的な賛美によって〔むしろ〕強められている。

わたしたちはここまで分析を進めてきて、一六三〇年頃の初期デカルトの解剖学と医学の研究における形而上学的アプローチの重要性を検証したけれども、もっとも興味深い問いがまだ提示されずに残っている。すなわち、デカルトの解剖学研究は、かれの体系の展望全般が——一六三〇年代半ばに——大きく変化するときに、形而上学的なテーマからくるこうした深い影響から自らを解き放つことができたのかどうか、そしてできたとしたら、どの程度できたのか、という問いである。[137] もしこの問いに否定的に答えることができるならば、その場合にのみ、デカルトの思弁経験の全行程（たとえそれが特殊な領域においてではあっても周辺的な領域においてなされたのではない）を通じて、〈驚嘆すべき学知〉、すなわち若きデカルトの形而上学的前提がその後も持続するというわたしたちの仮説が検証されたと考えることができるだろう。そして実際にも、事態はまさしくわたしたちが示唆した通りである。もちろん機械

論的な契機は、その後も続く解剖学の著述においてますます重要なものとなるだろう。しかし宇宙の形而上学的な火によって動的になった自然的調和の形而上学が演じる卓越した役割を、この〔機械論的契機の〕開示が覆い隠してしまうこともないであろう。

　以上のことが、人間機械を活性化する要素として特権的地位を与えられている動力としての火がこのうえない明快さで説明されている『人間論』において示されていることである。[138] 動物精気は、「風あるいは非常に微細な炎のようなもの」であり、いたるところに運動を伝えながら動き回るのである。[139] 同様に、『方法序説』第五部においては、「心臓のなかには身体の他のどの部分よりも多くの熱がつねにある」とされる。[140] この熱こそが――血液を膨張させながら――運動を生じさせるのである。ここでデカルトは、自らの形而上学的前提のために、より正確で良く知られてもいるハーヴェイの分析に賛同することができなくなってしまった。[141] 同じことは、計画されていた医学の『提要〔*Abregé*〕』の著述についても、また『方法序説』刊行に続いた、医学、解剖学研究と同時期に執筆された『動物発生論』の一部についても言える。[142] このことは、おそらくはフロモンドゥスとプレンピウス[143]によって開始された論争のために、デカルトがこれらの著述において肝臓と肺から出発して心臓にまで至る動物胎児の形成の理論を再定式化しようと試みた事実にもかかわらず、そうなのである。[144] やはり、運動の源泉についての形而上学的観念が弱まっているように見えるこれらの著述においてさえ、デカルトはこう結論づけているのである。「植物と動物の形成《フォルマチオ》は〔その端初において〕共通している。つまり、熱の力によって円形に回転する物質《マテリア》の粒子から生じるのだ。（後略）」[145]。百歩譲ってもデカルトは「心臓、すなわち熱と生命の中心」という還元図式を取り下げることができただけであって、それでもかれは世界がこのきめ細かく動的で遍在する元素により支えられ突き動かされているという形而上学的なイメージを捨て去ることはできなかった。

もう一点、デカルトが極端な心身二元論という台座から出発し、〔人体について〕分析的考察を行なううえで基本となる論争対象のひとつとしてあらゆる形式のアニミズムに対する論戦を提起していた(146)一六四〇年代の著述においてさえ、(147) わたしたちは次のような主張に出くわす。「火あるいは熱は、自然界においてわたしたちの知っているもののなかでももっとも強力な要因《アジャン》である」(148)。デカルトは、『人体の記述』の第二部全体を血液循環と心臓の理論にあて、ハーヴェイに対する論戦に新たに挑み、さらに先鋭なものにした(149)。かれは、栄養摂取の現象を研究する第三部においてもさらに続けて、動物精気は分泌腺の刺戟を受けるが心臓の熱により生気を与えられることで――小川のように――全生命機構を通り、その内部を流れるとした(150)。

したがって、ここにあるのは形而上学の根源的《ラディカーレ》＝急進的な基礎づけなのであり、わたしたちはその形而上学がどのような形をとるのかを見てきたのである(151)。しかしながら、解剖学理論の形而上学によるこのような根源的基礎づけは、果たして本当にデカルトの学的経験の全体のうちに一貫して続く形而上学上の少なくともひとつの基本的主題をなしているのだろうか。この問いに対しては肯定的な答えを与えることができそうだ。しかしながら、言い添えておかなければならないのは、解剖学研究はデカルトの科学的議論のあくまで一側面に過ぎないということ、そして解剖学研究に関するわたしたちの分析もあくまで実例としてなされたに過ぎないということである。以上を踏まえるならば、デカルト思想の他の領域においても、あの独創的な形而上学的直観と合致する諸テーマの発展を追跡することも難しくないだろうし、もっと成熟した機械論的アプローチによって始まった論証《ディアレッティカ》のうちにその発展とよく似た結果を確認することも困難なことではないだろう。そうした分析作業は、たとえば『世界論』から一六三七年の『三試論』、そして後年の『哲学の原理』に至るまでのデカルト自然学のさまざまな定式

化の段階を考察できるだろうし、これらの諸テーマがまずは優勢となりその後も持続することを強調できるだろう。[152] 同じように意義深く、しかもさらに有益であり得るのが、デカルトが青年時代以来、明示的に、そしてほぼ完全に解明した諸テーマ――たとえば音楽研究――の進展についての研究であろう。そこでのデカルトは、自然幾何学の定義を堅固な自然主義的感性論と結びつける自然主義の前提から距離を取れていない。そうした構えは、自らのより後期の学知上の体系的発見と全面的に矛盾するときも変わらなかった。[153] これについてはさらに論拠を挙げることができよう。

成熟期のデカルトには、太陽の形而上学およびルネサンス的な形而上学へのノスタルジアが残っていることを確認したうえで、わたしたちが検討すべきなのは、〈驚嘆すべき学知〉のもうひとつの側面――すなわち世俗世界の〈革新〔*renovatio*〕〉への人文主義的な信頼――もまた、かれの青年期の経験から成熟期の著作にまで続いているのかどうか、ということである。この問題については、後の章で詳細かつ何度でも立ち戻ることにしよう。というのも、この問題こそ、デカルトのあらゆる経験の結び目の中心であり、真の臨界点だからである。ここでは単に次のことを問うだけにする。すなわち、かれの〈学知〉の〈驚嘆すべき〉契機は、直接無媒介でしかもいくぶん吟味されていないやり方で繰り返されていないかどうかと。言い換えるならば、デカルトの経験における重要ではあるが限定されたいくつかの領域において、かれの若いころの理想が残り続けているのを観察できないのかどうか――しかもそうした理想が信頼と熱狂を秘めた任務、形而上学的で活動的な任務のすべてを伴いながら。たとえば、デカルトの自然学、とりわけ光学が形成された際の決定的瞬間をわたしたちが次のように目撃するときのように。「数学の一分野に〝奇跡《ミラクル》の学問〟〔光学〕とわたしが呼ぶものがあります。というのは、それは空気と光をうまく使うことを教えてくれるがゆえに、魔術師が悪魔《デモン》の助けを借りて出現させると言われ

る幻影とまったく同じものを見せることができるからです。わたしの知る限り、この学問はまったくの手付かずでしたが（中略）、かれ〔ジャン・フェリエ〕ならそうしたことに取り組むことができるでしょう」[154]。

これに比べれば、医学研究における形而上学理論と根本的〈革新〉の実践との関係のほうが、ずっと立証が容易である。この領域では、解剖学の理論図式を実践的企てへと反転させることが直接的な形で生じるのであり、一方の要素が他方におけるその対応物と補足物を構成するのである。〈驚嘆すべき学知〉の衝動が直接的で最大限のものになる。「健康をいかに維持するか、わたしはつねにこのことを研究の主要な目的としてきました。ですからわたしは疑わないのですが、医学について、いまだ知られていない多くの知識を獲得するための手段はあるのです」[155]。この企てはデカルト哲学にとり実にぴったりなものであるがゆえに、かれは医学研究に基づいて自らの体系全体の具体化を実践的な領域で試みたことさえあった。それは大きな成功をもたらさなかったが、と付け加えるべきだとしても。確かに機械論的傾向が極限にまで高まり、デカルトが道徳学さえも厳密な医科学の拡張として構築されるべきだと提起した時期[156]があったけれども、それは特別な時期に限られており、そうした科学主義的幻想はまったく長続きせずすぐに危機に直面したのである[157]。実際にも、解剖学研究それ自体も、デカルトがその折々に試みた治療実践[158]も、デカルトが提示しようと望んだ科学主義的で包括的な観点でこの企てを維持するには十分ではなかった。この労苦の帰結は、デカルト本人により次のような危機的＝批判的《クリティカメンテ》な形で表明される。「生命を維持する方法を見つける代わりに、わたしは他の、より簡単で確実な方法をひとつ見出しました。つまり、死を恐れないということです」[159]。しかし、よく留意されたい。この結論は、機械論の企てに危機的＝批判的《クリティカメンテ》な形で言及しているのであって、〈驚嘆すべき学知〉を断念したものではない。

この「死を恐れるな！」という要求は、自ら課した課題を達成するためのいかなる経路も踏破することのできない者、それゆえ精神の強さを単に禁欲的に説く立場へと退行するしかない者の諦めの吐露なのではない。それどころか、まさにここでこそ——つまりデカルトの成熟した体系の発展のただなかにおける危機においてこそ——永続的にその記憶が更新される、デカルトの経験における例の深遠な契機が再び姿を現しているのだ。すなわち、人間の学としての〈驚嘆すべき学知〉が。したがって「死を恐れるな」とは、生命は不屈である、そしてこの自覚は死に打ち勝ち得るとかれが考えているということだ。精神、すなわちルネサンス人がもった実のある輝かしい精神、つまり人間が、身体に勝利し得るのである。[160] 学知、すなわち体系が縮小するところでこそ、人間に生来のプロメテウス精神に関する初期デカルトの観念が丸ごと再び姿を現すのである。ここで再びわたしたちは、あの知られざるデカルト、あの「魔術師」、すなわち人間教の司祭たるデカルトを見出すのだ。[161]

ここでこそ、デカルトのイデオロギーの全地平が再び姿を現すのであり、かれの思想を貫く独自のものとして構築されるのである。医学は、ミクロコスモスとマクロコスモスの関係の指標、魂と身体と世界の関係の指標と見なされる。さらには、こうした関係の解釈および変容の可能性と見なされ、宇宙の諸部分の調和のとれた互換性の啓示と見なされる。これらはすべて、人文主義の最重要な考え方なのであり、それをわたしたちはコルッチョ・サルターティ〔イタリアの政治家、人文主義者（一三三一—一四〇六）〕にもピコ・デッラ・ミランドラにも、パラケルススにもグロティウスにも見出すのである。[162] しかしながら、こうした観念は、このうえなく革命的な契機でもある。すなわち、反抗しないではいられないような自然の宿命に抗して立ち上がる人間の姿をわたしたちに見せてくれるのであり、死に抗して登場する人間を全面的に讃美する。デカルトの思想においてこの主題が解き放つ衝動は、かれの成熟

期におけるもっとも洗練されもっとも骨の折れる思弁的仕事においてもはっきりわかるものになるであろうし、かれの分析の古典的な構成美や文章形式の完成度を絶えず高めることになろう。わたしたちは、このことを後に逐一、そして継続的に見ることができよう。今のところは、デカルトの哲学経験の枠組みのうちにこうした主題の本質的な姿が現れていることを確認すれば十分であろう。たとえ仮面をかぶって現れたり隠れたりしたままであったとしても、これは本質的な主題なのである。百科全書派やその後の一七八九年の革命家たちはデカルトをもっぱら「医師」として——すなわち「無数の疾病とおそらくは脆弱さおよび死をも」(163)除去するという課題を自らの学知的企ての究極目標に設定した人物として——顕彰し、かれの思想のうちに「自然が人間に服従する」(164)という理想が展開するのを見出すことになるが、しかしその際かれらは実際にはデカルトを人文主義者として顕彰したのであった。これは一面的で偏った解釈であろうか。もちろんそうだ！　しかしだからといって、この解釈がそれだけで真実でなくなるわけではない。というのも、かれら革命派は、しばしば見落とされてきた側面を再発見することで、デカルトに人文主義と市民《ブルジョア》革命の結合を見出したのであるから。

五

わたしたちは、隠喩と記憶について論じてきた。すなわち隠喩の世界の経験についての記憶である。見てきたように、隠喩の世界とは、特殊で文化的に規定された内容をもつ世界である。この地平にデカルト思想を浸すこと、かれのうちにこうした「前例」をつきとめること——この「前例」は、本来の意

味ではそうではなく、むしろ成熟期のデカルトにおいても見出すことのできるような、かれの体系の発展全体における本当の根であり、持続する衝動なのだ――こうしたことが哲学史的な観点でデカルト哲学と向き合う際に提起されている課題であるように思われる[165]。以上のことから、わたしたちは、デカルトの成熟期の思想が記憶に関するこうした内容の議論を通じて構成されるという仮説をこれから論証することになろう。その議論の帰結はどのようなものか。その帰結とは、記憶に関する内容を根源的かつ決定的に除去することなのか。あるいは、この内容を新しい歴史状況のうちで革新するという――批判的に考察され文化的に評価される――試みなのか。

わたしたちは、これらの問いに直接取りかかる前に、またデカルト思想の危機的《クリティコ》な過程をたどり直す前に、もうひとつの根本的要素を明らかにしなければならない。すなわち、これまで頻繁に示唆されてきたように、青年期デカルトにおける人文主義的世界観への批判的《クリティコ》な関与が帯びていた決然さである。この全面的にして批判的な受容を、そして自分を取り巻く現実の肯定的な評価ということの次元全般を、わたしたちは今のところ「政治的《ポリティコ》」と呼ぶ以外にない。とりわけ、理論的契機とそこに含まれている実践的展望とのあいだの内的弁証法を考慮に入れるならば。したがって、デカルトの議論の「政治性《ポリティチタ》」こそ、ここで浮き彫りにされなければならない。すなわち、自分が生きている社会の推移全体に参加しつつ、ルネサンスと十七世紀のあいだで文明人の丸ごとの姿を問いに付す《プロブレマティッザ》ひとつの思想の政治性を。デカルトは、哲学的で、宗教的で、学知的な人間であるが、政治的な人間でもある。それどころか、かれは何にもまして「政治的」な人間なのだ。というのも、この時代には――すなわち十六世紀から十七世紀にかけて、とりわけフランスでは――当時の歴史の推移に対する根源的な二律背反や非常に深い洞察が提起されている状況にあって、政治の契機こそが、他のあらゆる事がらに内的に意味《センソ》＝方向を与えよう

としていたからである。

　忘れないでおこう。デカルトは〈法服〔*robe*〕〉をまとって舞台に登場したということを。法務官の家系、イエズス会と法学の教育、そしてかれを取り巻く環境は、すべて、デュ・ペロンの若殿〔*sieur du Perron*〕を一人の法務官に、高等法院の評定官にするべく整えられていた。(166) デカルトは、一六二五年になってようやく、しかもおおいに迷った挙句、この〈法吏〔*officiers*〕〉の世界への進路から自分を解き放ち、〈法服の仕事〔*profession de robe*〕〉には入らないことを決心したように見える。(167) しかしながら、その代わりに選ばれた職業も同様に興味深い。兵士、旅人、年金生活者《ランティエ》、哲学者である。まずは兵士になった。これもやはり〈法服〉の〈仕事〉である。すなわち当時新たに高貴な地位の象徴となり、それゆえ直近の革命的動乱に対する市民階級《ブルジョアジー》の興奮が掻き立てられ新たにされるための栄光と冒険の理想となっていた仕事なのだ。(168) このことはオランダでは、すなわちその存在自体が自由の勝利と見なされ「民衆が領主に抵抗してできることとして、どの民衆にとっても記憶されるような事例を示す」(169) とされた国であるオランダでは、なおさらだった。第二に、こうした軍隊経験のうちにすでに、旅人、新しい聖職者《キエーリコ》＝知識人の経験が見てとれる。というのも、デカルトにとって旅とは、「帰ってくる頃には金銭的に苦しくなっていても、能力的には豊かになっていることに加えて、さまざまな問題について学び、世の中について知見を広め、そして新たな習慣を身につけること」(170) を意味するからである。したがってこれは、新しい認識への人文主義者の渇望の証し、世界という大いなる書物の前代未聞の魅力的な始まりなのであろうか。しかし舞台はすぐさま、もっと複雑になる。デカルトは、自分の若さと戦《いくさ》への愛着を思い起こしながら、当時の自分の落ち着きのなさを皮肉っぽく示唆している。「肝臓に熱をもっていたため、かつてわたしは軍隊に惹かれた」(171) と。実際にも、認識への渇望はすぐに困難に直面し不安《アンシャ》に見

舞われる。この不安は、恐るべきヨーロッパ戦争〔三十年戦争〕の重苦しい影によるものであり、旅行の道程さえもが不確かで不安定なものとなる。[172] こうして、外的な出来事がこの旅行計画の内的な明確さ、動機について疑いを抱かせる。新しい認識への人文主義者の渇望《アンシャ》に加えて、〈法服貴族〉の不安もまた、そこに見てとれるのではないか。この世界において自らを解放するという市民階級の使命に加えて、万人を例の劇的な歴史状況に巻き込む不満の爆発が今にも起こりそうだという新たな予感から逃げ出そうという試みもまた、そこにはあるのではないか。これらの問いには、後でくわしく立ち戻ることにしよう。さしあたりは、いかにこれらのテーマがお互いに区別のつかない状態で影響し合っているかを確認すれば十分であろう。これらのテーマに取り組むための先決条件は、経験への没入であり、この新しい現実を発見することである。あらゆる経験は人生の鑑《かがみ》である。戦闘においては「経験といつもながらの慎重さが才知《エスプリ》とともにあること」[173] のほうが、戦陣訓よりもはるかに役に立つ。しかし、それぞれの経験もまた、学知の鑑である。こうして、逆説的なことだが、世俗的な人物がフェンシングについて語る際にも、疲れを知らない学知への好奇心の反映がある――というのも、「背格好が同じで、体力も同じ、そして同じ武器をもった二人の男」[174] が存在すると仮定するかれの『剣術論〔*Art d'Escrime*〕』は、数学的に構想されたと見なすこともできるからである。学知・武器・哲学。例の毒舌家ヴォエティウスがこんな作り話をして憂さを晴らし、デカルトを中傷している。「(長くはない操練の後で) 大尉あるいは中尉に任命されるのを諦めたかれ〔デカルトのこと〕は (中略)〔軍事上の勝利ではなく〕別の勝利につながる道」を歩むために「新しい哲学を」確立したのだと。[175] それにしても、この興味関心の交錯ぶり、あらゆる経験をこうして疲れを知らずに関連させていく姿勢の何と意義深いことか！　ここにはまさにルネサンス人の一類型が見出せる。かれの哲学とは『思索私記』のそれであること、〈自然－数学者〔*physico-*

mathematicus〕〉が兵士と、世俗の人物が聖職者＝知識人と共存しており、音楽への関心が画法や建築術への関心と共存していること、[176]これらのことは何ら驚くべきことではない。さらに言えば、デカルトのことを、経験のこうした総体をヘルメス主義によって神聖化し、それにより自らの生の無規定的な形式を称賛する薔薇十字会員ではないかと疑う者が出てきても不思議ではない。[177]確かに、どのような観点から見ても、この人物、この環境は〈法服貴族たち〉のものである。

結局のところ、かれら〈法服貴族たち〉とは何者なのか。いやむしろ、そもそも法服貴族とは何者だったのか。或る歴史家によれば、[178]法服貴族とは「市民階級《ブルジョアジー》の攻勢的前衛」であって、十五、十六世紀の商業と資本主義の発展の最初の波により産み出された社会集団である。かれらは十六世紀になると高等法院や法廷を通じて、ようするに〈法服〉を身にまとう職業を通じて自らの権力を制度的に強化していったのである。[179]これはすでに、大きな重要性をもったひとつの歴史的推移である。すなわち、革命により規定されたひとつの政治的で文化的な推移なのであり、旧くて固定的な中世の世界が打ち砕かれ社会秩序が革新されたのである。ひとつの新しい階級が自由の発見により自らを承認するようになり、そうすることによって解放されたのだ。〈法服貴族たち〉は、イタリア都市国家の人文主義から始まってヨーロッパ全域を巻き込むに至る市民《ブルジョア》革命の普遍的意義がフランスにあてはまるものと解釈した。[180]かれらの文化は、個人主義的であると同時に合理主義的であった。それは、自由と革命衝動、政治的緊急性に彩られた世俗的情熱などを表現している。さらに言えば、〈法服貴族たち〉は、「傾向的にはコスモポリタンな人文主義の文化の内容を、国民国家形成の過程へと」流れ込ませる方向へと動くことに成功した。[181]それゆえフランスにおいては、かれらの文化を特徴づけている世俗的な情熱を政治的にも制度的にも明確にすることができたのである。こうして、革命的状況が要請した文化的全面介入は、ひとつの体

系へと組織された。つまり、政治的意志によりそのピークが構成されると同時にその諸関係が貫かれ、その諸要素が特徴づけられるような体系である。こうして価値と諸利害、文化的、物質的な必要性からなる一体系が――それらが直接的な姿で把握され――旧い生活様式に対置される。このことから〈法服貴族たち〉の経験の本質的に政治的な性格が生じるのであり、これらの諸価値を制度化する可能性が獲得されることによってかれらの政治的性格も洗練されるのである。市民社会と国家とのあいだの葛藤は、この枠組みのなかでその極点に達する。〈法服貴族たち〉は、前者に後者を従属させる必要性の観点からこの葛藤を捉えるのであり、この葛藤を、市民的《ブルジョア》自由が拡大し市民社会と国家との関係が世俗的目的に沿って刷新される機会と見なすのである。これこそ、市民的自由を至高の価値、歴史の生産的な鍵、社会全体の組織者と見なす根源的《ラディカーレ》＝急進的な革命なのである[182]。

しかしながら、このことは、デカルトの時代の〈法服貴族〉の世界の状況を反映するものではない、と言われるだろう。その通りだ。当時の状況がどうだったのかについては、もっと先で論じることにしよう[183]。それにもかかわらず、これらのことはいずれも、自分たちの階級の発展について〈法服貴族〉が保っていた記憶を構成しているのである。その記憶は、記憶の内容が実現されそうになるとつねに新たに生じる困難に見舞われるために理想化される傾向にある。この記憶の中身は、階級の自己同一性の象徴であると同時に、その現実性が疑われるにしたがって、神話の外観を呈するようになる活動的ユートピアである[184]。わたしたちがここまでその一般的な哲学的観点にしたがって再構成してきたデカルトの記憶は、この階級の記憶に属している。市民階級《ブルジョアジー》の記憶のうちに固定され理想化された過去を読解することこそ、デカルトが『思索私記』から『精神指導の規則』にかけて繰り返した操作に他ならない。その操作とは、『思索私記』においては宇宙の諸部分が驚くべき仕方で相互連関していること、そしてそう

した諸部分が相互に循環していることの記述である。『精神指導の規則』においては〈考案〔inuenire〕〉と〈普遍数学〔universalis mathesis〕〉のつながり、そして自由とその実現可能性のつながりに由来する再生産の連関の称賛である。これらの著作にあふれている驚嘆と熱狂は、ひとつの一般的な階級的次元を若くして再発見したことの表徴であり、自由と獲得すべき世界の新しい現実の人文主義的な発見の——自らが属する若い世代全体にわたる——純粋このうえない刷新の表徴である。

ただし言い添えるべきなのは、もしわたしたちが市民階級《ブルジョアジー》の記憶の意味全般に言及することで、若きデカルトの歩みの総合的な意義を特定できたとするならば、市民階級の現にある姿を特徴づける、市民階級の記憶の同じように根本的なさらに別の含意を若きデカルトの歩みは発見できたのだということである。階級としての市民階級の誕生には、実際にも近代的なマニュファクチュアの生産様式の誕生が伴っていたのである。この二つの次元は、同時発生的でありかつ競合的である。というのも、世界に対する人間の優越が世界を支配するための実践的手段の発見を促すのであり、また、その発見があってこそ、人間の優越も可能となるからである。さて、デカルトの『精神指導の規則』において、市民革命《ブルジョア》のイデオロギー的地平が読解されており、そこではいま行なったような規定が展開されている。その読解では、マニュファクチュア型の生産形態が擁護され、哲学的文脈へと移し替えられる。この哲学的文脈は、そのイデオロギー的な意味全般において重要であるが、新しい生産様式の一定の定義を包括するものでもある。[185] こうした包括的理解は、いかに表現されるのか。世界が分割されることから始まり、その世界が再構成される際には世界が豊かになっているような、世界の所有の企てを提案することによってである。また、分業を正当化し、世界を再統一する企ての再定義の行為において、分業に〔生産力を〕増加させる機能を見出すことによってである。『精神指導の規則』は、この問題を冒頭から提起し、実

用的諸学の分化という二律背反――とはいえ、それは必然的なものでもある――を問題にし、諸学の統一の方法論的再建を公準化する。学知的な認識と人間の智慧は、方法としての労働になる。言い換えるならば、分析による分割と生産による再構成の過程として現実を理解することが可能になるのだ(186)。こうして『精神指導の規則』における職人労働への度重なる言及は、デカルトが隠喩的言語に対して認めた不正確な意味においてでさえ、もはや比喩ではないということになる。実際にも職人の技術は、世界の節合を直接に再構成する限りで、認識を直接に促進し深めるのである(187)。「〔しかしながら、すべての人の知能《インゲニウム》が独力で事物の本質を探究するように生まれついているとは限らないので、〕この命題〔『精神指導の規則』第十規則〕が教えるのは、わたしたちはただちに労多き困難な事がらに取り組むべきではなく、まず何かきわめて些細で単純な技術《アルテス》、とりわけ、順序《オルド》というものがとりわけ偏重されているような技術を追求すべきであるということだ。たとえば、布や敷物を織る職人の技術、あるいは編物をしたりまたは限りなく多様な模様の刺繍をしたりする女性たちの技術。同様にまた数遊び、数論に関係するすべての事がら、および類似のものなどである。これらすべての技術は、もしその考案を他人に仰ぐことなく自分でなすなら、驚くほど知能を訓練するものである。実際それらのなかに秘められたものはひとつもなく、いずれの技術も人間の認識能力《コグニチオ》に適したものであるがゆえに、それらはわたしたちに無数の順序――すべて互いに異なりながらも規則性を失わないところの――をこのうえなく判明に示してくれる。そして、人間の知的鋭敏さ《サガシタス》とは、ほとんどそのすべてがこれらの順序を正しく守るところにのみ存するのだ」(188)。しかしそれだけではない。再構成〔ricostruzione〕とは、分割された諸部分の単なる再組成〔ricomposizione〕ではない。むしろそうした諸部分を、相互の均整をとりながら加速的に再組成することなのである。再構成とは、生産的な再組成であり、生産の技術的でマニュファクチュア型の説明であり、

謎に満ちた蓄積過程（とはいえ数学的かつ形而上学的には直観可能であり、驚くほど視覚的な過程）の透写なのである。再生産は、分割された諸要素の単なる集計（これを可能にしたのが諸要素の分割なのだが）以上の何かなのである。再生産は、まさにこのそれ以上の何かであり、加速であり、均整のとれた拡大である……。機械技術は、自らの技術的基礎を次のように構成し再生産する。「この方法は（中略）機械技術のなかでも、他の技術の助けを必要としないで、いかにその［技術のための］道具を作るべきかをそれ自らが教示するような技術に似ている。実際、もし誰かがこのような技術のなかのひとつ、たとえば鍛冶屋の技術を習得しようと思うも道具を何ももっていない場合、なるほどまずは、堅い石とか加工されていない鉄の塊とかを鉄床として用い、鎚《つい》の代わりに石塊を使い、木片を鋏《やっとこ》に作りかえ、この種の他のものを必要に応じて集めなければならないだろう。つぎに、これらが準備されたからといって、ただちに、刀剣や甲冑など鉄で作られるどんなものも他人の使用のために鍛造《たんぞう》しようとはせず、それよりもまず、鎚、鉄床、鋏など自分にとって有用な道具を製作するだろう」(189)。したがって、再構成された宇宙は所与の宇宙以上のものなのである。

こうしてわたしたちは、デカルトの記憶の核心にたどり着いたことになる。すなわち、市民階級《ブルジョアジー》の革命的成長の記憶であり、この階級の最初の飛躍《エソール》の生きられた経験である。この記憶は、市民階級の社会的活動の全領域とかれらの活動を支えていた諸価値にまで広がる限りで、政治的なものなのである。隠喩の世界は、現実の経験に基づいていることが再び明らかになる。隠喩の世界を構成するあらゆる要素は、例の歴史世界［ルネサンス］についてのデカルトの直観およびその世界へのかれの参加がもつ意味と同質的なそれからなるひとつの包括的な枠組みのうちへともちこまれ、固定されることになる。わたしたちの出発点であった仮説は、デカルトの思想にひとつの独自な脈絡が存在しており、それが歴史に

基礎をもつものである限り、形而上学的に明示されているというものであるが、これは論証されたと思われる。この独自の脈絡は、デカルトの成熟期の思想が読まれる際に念頭に置かれるべき背景であると同時に、かれの哲学の推移全体を劇的なものにする契機でもあるのだ。というのも、実際にもデカルト思想がその自律性と独創性、根源的な思弁的刷新力を獲得するのは、記憶に関わるこの内容が問題となる場合においてのみだからである。このように記憶が問題の焦点となることの原因と結果についての包括的な議論を始めるのは、ここでの課題ではない。それについては、これからの章で立ち戻ることにしよう。むしろ強調されるべきなのは、記憶が問題の焦点となることの根本的な重要性である。このように記憶を問題の焦点とすることこそが、デカルトの思想的発展に方向性＝意味《センス》を与えるのだ。デカルトは、例の神話的で英雄的な地平を放棄しても、その地平への持続的なノスタルジアを持ち続け、かれがその地平に巻き込まれていると感じるときはつねに、記憶の問題化の息せき切った実例を繰り返す。いずれにせよ、成熟期デカルトの思想が対照的にも対抗的にも発展し意味を獲得する場となったこの記憶の次元に、成熟期デカルトの思想は直観的かつ根本的につねに根づいているのである。

　まさに記憶のこうした問題化の時点に、つまりこの方向性に向けた最初の試みに、成熟期デカルトの思想の出発点を据えるべきであるように思われるということが重要なのである。実際、一六二〇年代の終わり頃、デカルトが自らの職業＝使命《ヴォカツィオーネ》を確信して最終的にオランダに居を構えたとき、ゲ・ド・バルザックから一通の手紙がかれのもとに届く。「さらにあなたの精神の歴史〔*L'histoire de votre esprit*〕〔に関する書物〕のことをどうか思い起こしてください。わたしたち友人はみなそれを待ち望んでいますし、あなたはそれを、本名ではド・ジェルサン氏とおっしゃるクリトフォン神父の前で約束されたのです。この地上や天上でのあなたのさまざまな冒険談を読み、学院の巨人たちを向こうに回してのあなたの武

勇伝、あなたがたどって来られた道、事物の真理においてあなたが遂げた進歩〔*le chemin que vous avez tenu, le progrès que vous avez fait dans la vérité des choses*〕などを目にするのは楽しいことでしょう」[190]。あなたの精神の歴史。その内容がどのようなものかをここで探ることにはあまり意味がない。『方法序説』の研究者たちはそれが『序説』の第一部の最初の草稿を指すと推測している[191]。むしろ、わたしたちは成熟期デカルトのこの最初の省察が現れた際の形式を強調すべきである。それは歴史的形式であり、記憶と直接的に向き合う形をとっている。ここでこそ、すなわち自覚的に参照点の中心とされたこの記憶の内部でこそ、〈法服貴族〉デカルトは、かれの世界すなわち発展と危機という自らの現実を再発見し、自らの問題へのひとつの回答を探すことになろう。かれは個人的な記憶に立ち戻ることによって、或る階級の記憶を問題とすることになろう。ところで、デカルトにこうした歴史を求めたのは誰だったのか。ゲ・ド・バルザック、すなわち、おそらくは同時代の他の誰よりもルネサンス世界の自由と革命へのノスタルジアを、洗練されてはいるが無邪気な形で見事に表現した著述家である[192]。デカルトとバルザックのあいだで交わされた手紙は、興味深い意見の一致を示しており、オランダへの称賛が途絶えることなく繰り返されている。バルザックは次のように書く。「わたしはもうあなたと同様にオランダ人になりました。その国の諸州の諸侯たちは、わたしよりも有能で、自由を渇望している市民に恵まれると言えるでしょうか」[193]。これにデカルトが応える。「制約のない自由を十分に享受でき、不安に苛まれることなく熟睡でき、わたしたちを守るために特別に編成された軍隊が常駐しており、毒殺、背信、誹謗がここよりも稀で、そして、わたしたちの祖父の純粋さがここよりも名残をとどめている国が他にあるでしょうか」[194]。二人とも、近代人のこうした実際の自由のうちに、新しい芸術、文体、言語にとってのモデルを見出している[195]。

あなたの精神の歴史。かくしてデカルトの返答の中身は、バルザックの要請の強さや調子とつりあうものになるだろう。かれらはどちらも時代の劇的な文化と政治のただなかに生きており、そこに自分たちの思考の基礎を据えていたのである。二人とも、あらゆる〈法服貴族たち〉がそうであるように、こうした時代の雰囲気のなかを生きていたのである――たとえばデカルト哲学の伝統的な聖人伝的叙述によればデカルトが哲学に打ち込むきっかけをつくったとされているベリュール枢機卿のように。実際にも「教皇大使の館に集まった高貴で学識に富んだ人々」との〈対話〔*entretien*〕〉は、教養人たちの出会い以上の何かを表している。[196] デカルトの伝記執筆者は、その注目すべき性格を指摘するために、何とラ・ロシェルの包囲戦のさなかにこの出会いが生じたとまで書くことで、この出会い以上の何かを無邪気に強調したのである。「ルペラ〔*Rupella*――ラテン語で岩を意味する *rupes* の指小辞であり、ラ・ロシェルの語源と考えられている〕の包囲に際して、かれは記憶されるべき偉業を果たした」。[197] しかし実際には、繰り返しになるが、あの〈対話〉は、隠喩の記憶を自らの文化の内部で刷新した〈法服貴族たち〉の世界にどれほどデカルトが深く関わっているかをわたしたちに教えてくれるのだ。すなわち、ベリュールの場合と同じように、隠喩の記憶を捉え直し、批判し、再提示して、この企てのうちへと、ノスタルジアと一緒に、当時のもっとも知的に活力ある人々を誘ったあの世界に。[198]

隠喩、記憶、そしてそれらの文化的、政治的な内容がもつ含蓄。人文主義の経験をデカルトが全面的に共有していること。これが本研究の第一章における結論である。わたしたちはここからのぼり直さなければならない。ただしデカルトがあの世界にこうして根源的な形で参与していたことをしっかりと念頭に置きながらであるが。こうした参与だけが、他のすべてに意味を与えるのだ。この参与によってのみ、これからわたしたちを導くことになる例の〈理性〔*raison*〕〉が実質をもつようになるのだ。

第2章

哲学と時代情況

人はあなたに、もし神がそれらの真理を設定したなら、神はそれらを、ちょうど王が自分の法に対して行なうように、変えることもできるだろう、と言うでしょう。それに対しては、然り、（……）と答えなければなりません（AT I 145-146）。

一

一六二九年。デカルトは決定的にオランダに居を構えた。「砂漠のなか」[1]のような孤独な生活。これは、請い願い大切にされた孤独であり、自らが隠棲する場所を詮索しないよう友人たちに繰り返し懇願してかなったものだ。したがってこれは、成熟期への入り口であり哲学を自らの使命＝職業《ヴォカツィオーネ》とするのを決定的に選んだことを示しているのだが、この世界からの分離《セパラツィオーネ》〔separazione〕の身ぶりでもある。なぜなのか[2]。

この新しい知的経験の第一の表徴は——わたしたちがすでに見たように——「自分自身の歴史」を回想する課題にあるように思われる。今やこの課題は、ついに問題として現れ、変化は切断となって現れる。「自分自身の歴史」は、それが記憶の問題とぶつかり、その問題の真の分水嶺を求めるがゆえに、

とりわけ問題構制的《プロブレマーティカ》なのである。記憶の問題とは、分離の問題として現れるのであろうか。『良識論』――おそらくこの時期に執筆された小論考である(3)――は、非生産的で人を惑わせる過去の知識による妨げに抗して、それから自由になって、まさに知的判断力の根本的な一貫性の基礎づけとして姿を現すのだ（これはルルス思想と薔薇十字会の奇想に対する再度の批判である！）(4)。この問題は、魂と知性を記憶の物質性〔つまり身体記憶〕と習慣から区別することで解決される。

「〔『方法序説』を参照するなら〕デカルトの記憶力と精神〔の働き〕のあいだには、非常に大きな隔たりがあった。〔とはいえ〕かれは、わたしたちが局所的と呼ぶ記憶について、とりわけこれを必要としているわけではなかった。おそらく、隠遁生活をおくっているあいだは、自分の習慣を保持するために何度も繰り返さなければならない修練によって身体的な記憶力を鍛えることを怠っていたからだろう。だからといって、かれが知的と形容する記憶――これは精神にのみ依存し（……）増加や減少の余地があるとは見なされない――について不満を述べる理由をもっているわけではなかった」(5)。

こうして純粋精神とその精神についての学知が記憶についての学知と経験から根本的《ラディカーレ》＝急進的に分離するという問題構制《プロブレマーティコ》の枠組みが形成される。

「〔『良識論』を参照するなら〕デカルトは、学知を三つの種類に区分していた。まず、基本的な学知と呼ばれるものだが、これはもっとも一般的なものだ。そして、ごく単純で、また人々にも良く知られた原理から演繹される。第二のものは、経験的な学知と呼ばれる。これは、その原理がどんな人にとっても明晰で確実なわけではなく、むしろ経験と観察とによってこの原理を学んだ人にとってのみそうだと言える。もっとももこの学知は、論証的な仕方で或る人たちには知られることもある。第三のものは自由と形容される学知である。これは真理の認識のみならず、何でもこなす精神を、あるいは修練を経て獲得

された習慣を少なくとも必要とする」。[6]
孤独、自己自身との邂逅、記憶という問題、記憶との対峙。しかしながら、記憶にまつわる理論的問題は、その歴史的内実の問題や、そのうちに銘記された経験の総体の問題と区別することができない。したがって、もし記憶が生きられた経験からなる習慣であり、デカルトが人文主義の冒険を共有したことの実質的な表徴であるならば、記憶との対峙は、そのままひとつの地平全般を意味することになるであろうし、この問題は直接に形而上学的な波及効果をもつことになろう。すなわち、〈良識〔*bona mentis*〕〉は、自らと分離することにより〔世界と〕自らの分離を全体的に明らかにすることを求める。今や世界を確実に所有しているという事実に基づき現実との直接無媒介な関係に基づいた智慧は、もはやここでは不可能となる。むしろ、「感覚から精神を引き離す〔*abducere mentem a sensibus*〕」ことが智慧へと向かう一本の道を新たに哲学的に提案することを可能とする。[7] 状況は分離から生じるのであり、必要なのは問題構制《プロブレマーティカ》上の前進力がこの分離から出発することである。かくして、こうした雰囲気のもとでこそ、あの『形而上学小論』が展開するように思われる。「これはわたしがフリジアにいたときに書き始めたものですが、その主要な論点は、神の存在を証明すること、そして身体から切り離された限りでのわたしたちの魂の存在を証明することです」[8]。この著作にデカルトは、オランダへの自発的亡命の最初の九カ月を費やしている[9]。すなわち、形而上学的探究が記憶の批判の担う根本的役割の発見と結合するのだ！　したがって形而上学の次元にこそ、あの分離が位置づけられるのであり、位置づけられなければならない！
分離状態《セパラツィオーネ》の形而上学。『形而上学小論』について、わたしたちが知っていることは実にわずかである。[10]
とはいえ、わたしたちが知っているそのわずかなことから、『小論』において求められていたのは、と

りわけ、直接無媒介性の批判であり、このことを補足するような、この世界の根本的な儚さ《プレカリエタ》の肯定だったということが明らかになる。ルネサンス期の宇宙は砕け散る。宇宙の連続性に宇宙の非連続性が取って代わる。ルネサンス世界の必然性の遍在に根本的な偶然性が取って代わる。これ以上完璧な反転はあり得ないだろう。「永遠と称される数学的真理は」——とデカルトはメルセンヌに宛てて書いている——「他のすべての被造物と同様に、神によって制定され、神に全面的に依存している」(11)。宇宙と全面的に相似で、これに適合していることが明らかであったあの理性は、今や全面的に外的で全面的に超越的なひとつの意志にすっかり従属していることが再発見される。真理は、宇宙ではなく、力《ポテーレ》〔potere〕であり、神の力能《ポテンツァ》〔potenza〕、したがって絶対的なひとつの分離の表徴である。

「「いかなる種類の因果性により、神は永遠真理を設定したのか」というご質問ですが、神はあらゆるものを「同じ種類の原因性によって」創造した、すなわち「作用的で全体的な原因によって」創造した、とわたしは答えます。というのも神は被造物の存在の作者であると同様に本質の作者でもあるということは確かだからです。ところで、この本質というのは永遠真理のことに他ならず、それをわたしは太陽の光のように神から流出するものとは決して理解していません。そうではなく、神はあらゆるものの作者であって、これらの真理は或るものであり、したがって神はそれらの真理の作者であるということをわたしは知っています。わたしはこのことを知ると言い、概念把握するとも〔包括的に〕理解するとも言いません。なぜなら、わたしたちの魂は有限なのですから、神を〔包括的に〕理解することも概念把握することもできないわけですが、人は神が無限であり全能であるということを知ることはできるからです。わたしたちは両手をもってひとつの山に触れることはできますが、一本の樹とかその他、何であろうとわたしたちの腕の大きさを凌駕しないものに対してするように、山を抱くことはできないのと同

様です。なぜなら、〔包括的に〕理解するとは思惟をもって包み込むことですが、ひとつのものを知るためには、思惟をもって触れれば足りるからです。また、何が神をして必然的にこれらの真理を創造せしめたのかというご質問ですが、神は自由に、世界を創造しないこともできたのと同様に、円の中心から円周に対して引かれた全ての直線は等しい、ということを真でないようにすることもできた、とわたしは答えます。そして、それらの真理がその他の被造物よりも神の本質にいっそう必然的に結びつけられているわけではないことは確かなのです。それらの真理を産出するために神はどのようなことをしたのかというご質問ですが、「神は、それらの真理がはるか昔から在ることを意志し、かつ知解したというそのこと自体によって、それらの真理を創造した」あるいは（もしあなたが「創造した」という語を事物の存在にしか該当させないのであるならば）「それらを設定し、作為した」とわたしは申します。なぜなら、神においては意志すること、知解することならびに創造することは「論理的にも」一方が他方に先行するということなしに、ひとつのことであるからです」[12]。

分離状態は、その強度の点で根本的であるほど、その拡がりにおいて全面的である。すなわち、神の意志に対して本質の偶然性を肯定することは、この世界からあらゆる実在性を取り去ることのように見える[13]。この点にはもっと後で立ち戻ることにしよう。今とりわけ強調しておくべきなのは、ここではあらゆる実在性が主体と現実との関係から取り去られるということである。その関係が生じる場合でも、それは一瞬のことであり、実在的なものの根本的な非連続性に基づいてほとんど宙づりにされている[14]。記憶としての過去との関係、すなわち、この世界の人文主義的な所有という展望下における現実との接触を内実とする経験としての過去との関係、とりわけこれが取り去られる。したがって記憶はそれ自身、現実についての表徴から〔現実についての〕非常に儚い《プレカリア》条件へと変化するのである[15]。『良識論』において

展開された、記憶の受動性についての批判は、次のような存在論的な基礎の上に確定された。その基礎とは、すなわち、記憶の意味を変化させ、記憶がもつ連続性という内的構造それ自体を破壊し、分離状態にあるこの世界との孤独な関係に起因するあらゆる危険に主体を晒すものである。理性により示された展望（すなわち「感覚から精神を引き離す」こと）も、何らかの意味で解決となり得たり、解決となることを望んだりはしない。それどころか、デカルトがここで行なっているのは、分離状態を克服するような新たな視点に関わる提示ではなく、むしろこの状態を十全に評価するそれである。このことから、二元論の前提条件たる分離状態は、解消できないものとして現れる。それと同時に、理性によるかの展望は、この事態を直接に自覚したことによって開かれる。それはまるでデカルトが、この世界からの離脱という神秘主義的な行動の形式を理性のメカニズムのうちにもちこみ、激化させているかのようである。こうしてわたしたちは、どうしてデカルトがこのとき〔カトリック教会の要職にあった〕ベリュールやジビューと同意見であると主張したのかがわかる。実際にも、『小論』の諸テーマは、この世紀の問題が丸ごと見出される精神状況との親近性から生じたものなのであり、したがって、次の〔書簡に見られる〕ような対峙において繰り返され深められ解決されることが望まれた議論から生じたものなのである。「わたしが書き始めている小論が終われば、あなたを煩わせることを差し控えます」。[16]「神の自由に関する事がらについては、あなたがジビュー神父によって説明されたところとして書き送ってくださった所説に、わたしは全く同意見です」。[17]しかし、それだけではない。これらどちらの手紙でも絶対者を包括的に理解すること、絶対者を理性によって把握することの可能性が否定されている。[18]そしてこの否定は、神秘主義的な緊張であると同時に、形而上学の肯定であり、ルネサンス期の記憶との歴史的な対峙である。[19]――この分離状態は、あらゆるレベルにわたり、当時の全体状況をまさに凝縮している。こうした

宗教的含意こそ、他の何にもましてデカルト思想がくぐりぬけた危機の総合的な波及効果の意味を見事に示している。というのもこの世紀にあって、生きられた経験を一般化しようとしたら、それはしばしば宗教感情の専制的な影響のもとに委ねられたのであるから。

　記憶についての自己批判は、〔この世界が安定した世界観の支えを失って〕全般的に儚いもの《プレカリエタ》であり、偶然性が遍在しており、あらゆるものが分離状態であるような状況を定義することへと至る。したがって、これが一六二〇年代終盤のデカルト思想の特殊な契機なのである。〈驚嘆すべき学知〔*scientia mirabilis*〕〉の地平、〈考案〔*invenire*〕〉のプロメテウス的な希望、〈革新〔*renovatio*〕〉の熱狂、これらははっきりとしない遠隔の先へと消え去っている。「どこかの命題に「秘訣《アルカヌム》」という言葉を見ただけで、わたしはすぐさまそれに嫌悪感を覚えてしまうのです」[20]。あの『小論』の諸テーマも、記憶によって明かりのもとに引き出されることはできない。というのも、記憶それ自体が、中断されない時間の繊細このうえない次元へと消え去ったのだから。これは、全面的ではっきりとした、容赦ない転換である。

　この転換を認識することが必要だが、それでは十分ではない。実際のところ、なぜこうした転換が生じたのか。その理由を特定することが、ここからの目的となろう。とはいえ、この論点を解明する前に、この論点が含意するものの豊かさをさらに強調しておくことには価値がある。記憶の批判から形而上学的展望の転換へ、ということが指摘された。しかしまた、逆の歩みもたどられた。——形而上学の秩序に固定された分離状態から歴史の秩序における分離状態への歩みが。神学の領域において発見された根本的な偶然性が歴史の領域にすぐさま影響を及ぼす。世俗社会においても偶然性のあの基本特性が繰り返されるのだ。これらはどれも驚くべきことではない。隠喩の世界では、経験のあらゆる側面が一種の統一的な密集状態、一種の凝縮へと至る事態が生じたことを〔前章で〕見た。今やあの宇宙が稠密にな

るのにしたがって、まさにその宇宙の危機は全般的なものとなる。この世界においても社会関係においても分離状態が同じような強度で確立される。宇宙の営みを偶然性と見なすための根本的な努力が確立される際の基礎としての、永遠真理創造説がどれほどすぐさま例示されるかを見られたい。すなわち、真理は法律が絶対的主権者〔絶対君主〕により措定されるように、神により措定される。法律の効力は、その法律を支える力能《ポテンツァ》に委ねられ、しかもこの力能はその起源と動機づけによっては理解不可能なのである。

「どうか、憚らずに断乎として、どこででも仰ってください、ちょうど王がその国において法律を制定するように、自然においてこれらの法則を制定したのは神であると。さて、その法則について、もしわたしたちの精神がそのものの考察に立ち向かうならば、わたしたちが理解し得ないようなものはこれといって特に何もありません。それらの法則は全て「われわれの精神に生得的」なのです。それはちょうど、王が自分の法律をすべての臣民の心に、もしそのような権力をも実際にもっているのであれば、刻み付けるだろうというのと同様です。逆に、わたしたちは神の偉大さを知ってはいますが、それを〔包括的な仕方で〕理解することはできません。しかし、わたしたちが神の偉大さを理解不可能なものだと判断すること、このこと自体がわたしたちに神の偉大さをさらに尊敬させることになるのです。それはちょうど、王は自分の臣下からあまり親しく知られていないときに、よりいっそう威厳をもつのと同じです。とはいえそれは、臣下が王なしでも自分たちは存在し得るとは考えず、王〔が存在していること〕を決して疑わない程度に王を知っている場合に限りますが。人はあなたに、もし神がそれらの真理を設定したなら、神はそれらを、ちょうど王が自分の法律に対して行なうように、変えることもできるだろう、と言うでしょう。それに対しては、然り、もし神の意志が変えることができるならば、と答えなけ

ればなりません。――しかしわたしは、それらの真理を永遠で不変のものと理解するのです。――そしてわたしはと言えば、神についても同様だと判断します。しかし神の意志は自由なのです。――そう、しかし、神の力能は理解不可能なのです。そして一般的にわたしたちは、神はわたしたちが理解できることはすべて行なうことができる、と十分に確信することができます。しかし、神はわたしたちが理解できないことは行ない得ないと確信することはできません。というのも、わたしたちの想像力が神の力能と同じだけの拡がりをもつなどと考えるのは無謀なことでしょうから」[21]。

　しかしながら、そうであるならば、結びつけようとするものは〔それもまた〕すべて、分離状態におかれた一要素であるということになり、超越性はそのような仕方で、主体とこの世界とのあらゆる関係を見なすのである。君主の理解不能な意志がぼんやりと立ち現れてくる幻《まぼろし》――それがこの世界なのだ。これこそ、デカルトがたどり着いた〔この世界の〕反転された姿なのだ！　そうであるならば、実在的なものと十全な関係が結ばれたときの〈歓喜〔*lætitia*〕〉は、実在的なものと主体との合致への信頼は、あるいは、主体と世界が相互作用する場としての本源的で必然的な一致への信頼は、いったいどこにいったのか。「自然は――とガリレオは書いている――君主や皇帝や王侯が定めた制度も政令も嘲笑する。かれらが求めたとてその法と定めとは露ほども変わりはしない」[22]。このとき人間の力量は、自然がいかなる媒介もなしに全面的に〔自らを〕現実化していることを見出している。デカルトも、もう少し前までならこうした主張に同意できたであろう。しかし、今や君主の恣意が諸事物にまで拡がり、権力が自然を嘲笑するのだ。

　しかし、この世界の喜ばしい獲得という市民階級《ブルジョアジー》の希望は、なぜ批判され打ち捨てられたのか。この世界の所有への人文主義の信頼は、なぜ破壊されたのか。こうした転換はなぜ生じたのか。

二

一六二〇年代終盤におけるデカルトの立場の転換は、その急進性＝徹底性《ラディカリタ》、その強度、そしてそれが含意することの包括性のゆえに、わたしたちを途方に暮れさせる。こうした変化は、デカルト思想のそれ以前の発展に照らせば根拠がない。すなわち、かれの思想の最初期の段階では、ルネサンス期のもっとも極端な立場に対する批判の手がかりが見てとれたのに、そうした批判は――すでに見た通り――あの同じくらいに極端な帰結を生み出した人文主義の契機を確定することに向けられ、結果としてこれを革新しついには称賛することになった。この哲学者は〈奇跡〔*miracula*〕〉に〈驚嘆すべき学知〔*scientia mirabilis*〕〉を対置したのだった。というのも、かれの哲学的直観はこの世界の確固とした所有に立脚し、そして智慧のほうは、学知と実在〔現実〕とが対応することへの信頼に、そしてルネサンス期の経験の、確信に満ちた体得に立脚していたのだから。理論的にはこの転換には根拠がない。それならば、この転換は歴史的に説明がつくのだろうか。この転換の形式的性格がすでにわたしたちにその問いについて考えることを可能にする。すなわち、この転換は突然に生じた非常に深甚な危機なのであり、言い換えるならばその転換をもたらした主体の側に原因があるのではなく、むしろ主体たちを根本から巻き込むようなひとつの災難の突発的な影響なのである。それぞれが抗しがたい強制力をもった諸要素が寄り集まってできたひとつの危機だけが、デカルトの転換を説明できるように思われるのだ！　いずれにせよ、こうしたデカルトの危機は、まさに、或る世紀の危機、集団的ドラマの個別的側面なのである。

　ずいぶん前からこの「偉大な世紀」は、もはや歴史学によって、或る種の護教的伝統が語ってきたよ

うな輝ける不動の時代として提示されることはなくなった。むしろ劇的な出来事や非常に深甚な闘争からなる多種多様な性格をそなえた世紀なのであり、そこでは政治的、文化的均衡はすべて危機へと至り、やっとのことで再建されたのであった。(23) しかしながら、この世紀のこうした儚さ《プレカリエタ》を強調するだけでは十分ではない。すなわち歴史学は、危機のもっとも特殊な諸契機、つまりこの世紀のもっとも特徴的でもっとも決定的な時代情況《コンジュントゥーラ》［congiuntura］をつきとめている。間違いなく一六一九年からの十年ほどの期間にこそ、その時代をもっとも意義深い出来事からなる時代情況として示すために注意関心が近年になり集中している。それどころか、その注意関心は、「世紀の切れ目」すなわちヨーロッパ人の歴史の画期としての一六〇〇年代の本格的な始まりが現れただけではなく、この世紀の典型的な「様式」が登場しもしたあの時代情況の中心点を示すためのものだったのだ。或る歴史家が述べるところでは、一六一九年から二二年にかけての経済危機において、十六世紀からの大いなる資本主義的希望が途絶え、ルネサンス期の商業活動の経済的、世俗文明的な拡大を見たあの長い時代がついに帰結を迎え終息したのであった。(24) ようするに、景気循環《コンジュントゥーラ》の後退局面だったのだが、それだけではない。というのも、そうした時代情況には十五、十六世紀の全発展のうちのもっとも深奥の諸要素の息吹が、経済活動からこの世界の英雄的な再構成までも貫く緊張に囚われながら、危機へと流れ込む様子が見てとれるからである。しかしまた、それはあの人文主義の希望が歴史的な実体に、すなわちヨーロッパ意識の発展における消しようのない要素になった後の話である。このことはけっして忘れるべきではない。ようするに、この危機は、人文主義の構造と連続性の内部で発展したのである。(25) だからといって、この危機が深刻でなかったとか深甚な影響を与えなかったとかいうわけではない。時代の様式こそが変化したのだ。それは敗北の感覚、言い換えれば、新しい人間が今やそこで生きることを強いられ、人文主義とルネサンスの

発展の革命的全盛期へのノスタルジアに浸るしかなく、しかし今や危機の必然性に巻き込まれているという分離状態についての感覚である。「バロック」的なものとは、ルネサンス期の挫折の——辛くて癒すことのできない——意識と、ルネサンス期の経験へのノスタルジアの絶えざる繰り返しとのあいだの緊張にあるのだと思われる。或る研究者は、そうした状況で確立し普及した心性をいみじくも「悲壮感に満ちた《パーティコ》」と形容している。また或る者は、この危機が文化と文明の営みのあらゆる側面にもたらした並外れた反響を強調しているが、これもまったく正しい。[26] いずれにせよ、連続性と断絶のこの関係こそが考慮されなければならない。すなわち、断絶が痛感されるほど、それだけますます連続性が意識され過去がノスタルジアを伴って想起されるのである。[27]

それにしても、この危機の原因は何なのか。それもとりわけ、この危機が一六二〇年代の時代情況において激しく炸裂した原因は何なのか。それはすでに指摘した通り、初期資本主義（もちろんその性格は主要に重商主義的なものである）の発展の危機であり、その発展とつながりのあるすべての政治的、文化的諸要素の危機である。言い換えるならば、かつてこの世界の再構成者として想定されていた市民階級《ブルジョアジー》の自由の危機である。かつては経済の世界も、宗教の世界も政治の世界も、あらゆるものが人間の次元に引き戻され、人間というミクロコスモスとの対比で質的に連続するマクロコスモスであった。今や個人の自由は危機を迎える。当初は英雄的で歴史的にも意義深い登場をした個体性〔個人〕が危機に直面するのである。その危機のなかで、すなわちその危機の包括的な展開のなかで、社会総体がまとめあげられ、社会の尺度としての個人の自由とともに総合的に革新されることが望まれたのである。〈革新〔*renovatio*〕〉の神秘家たちの範型主義〔esemplarismo〕も哲学者のそれも、技術的プロメテウス精神も学知の普遍主義も、この崇高な希望を体現していた。数学的世界観さえも、この理論的、実践的な

地平に属している。すなわち、数学的世界観はこの世界を理論的に読解しながら、その再生産を企てた。――マニュファクチュア的生産様式の登場である。[28] したがって、すべてが危機のうちで生じたのだが、それはすべてが旧い世界像と衝突し、この世界像の周囲に組織されていた諸力と衝突したからというよりも――いずれにせよ、それが決定的だったわけではなく――、自由が自らの発展それ自体の効果にして結果であるものとぶつかったからなのである。こうしたことが文化的、宗教的、世俗文明的な地平で生じたのである。逆説的なことにも、どの分野でも人文主義が提起した統一の要求は分裂に終わった。しかしながら、とりわけ経済の地平でこそ、つまり、貨幣経済――個人的行為が市場において社会化したことで生じた必然的形態――の発展があらゆる均衡を動揺させるメカニズムを通じて姿を現し、均整を保ちつつ個人性から集団性へと上昇する企てがユートピアに過ぎないことを示しているこの経済の地平でこそ分裂があらわとなったのだ。さらに言えば、とりわけ経済の地平でこそ、こうした恐るべき儚さが意識されることにより危機の全般的性格が刻印される。その危機とは、あからさまな幻想を放棄するように、社会の全般的利害を自己自身に包摂することを放棄しなければならなくなった市民階級の危機、したがってまた、社会総体に向けて権力を要求することを取り下げ諦めざるを得なくなった市民階級の危機なのである。それがどのような形態で生じるかをわたしたちは後で見ることになろう。今のところは、次のことをおさえておけば十分である。一六一九年に始まった危機は、資本主義的発展の危機についての自覚が深化する過程における終末期を示しているということ。そしてこの時期は、貨幣恐慌の継起的発生による疲弊と、当時始まった新たなヨーロッパ戦争〔三十年戦争〕への不安に満ちた関心のうちにあった。この時期の市民階級は、自らが生み出した発展が形成し再編した新しい諸階級の闘争により決定的に急き立てられていると感じていたために、この時期の疲弊と不安をとりわけ強く感じた

のだった。農民とプロレタリアによる反乱が相次いで発生し[29]、資本主義の発展とその持続的危機によって、また諸階級間の関係の全般的な再構築と、それらの階級を新しい秩序に押し込もうとする市民階級の企ての失敗によって規定された諸帰結のまさに広大さを明るみに出したのだった。というのも、状況はそれどころか、転覆の手前まで来ていたのだから。すなわち、市民階級が与えることができなかった新しい秩序、はるかに深刻なひとつの危機の反転として示されたあの新しい秩序を、今や他の者が要求し、新しい革命勢力が押しつけるのである。市民階級の当初の獲得物でさえも、この新しい状況では、あやうく破壊や危険に晒されそうになった。市民階級にとり安寧の追求が〔革命という〕旧い希望に取って代わったと言ったら言い過ぎであろうか。市民階級が自分の生み出した発展により引き起こされた危機に対応し、希求されたものの極端な帰結を否定し、むしろ獲得したものの保証を求めたとしたら[30]。したがって、これこそ一六二〇年代の——決定的で深刻な——危機の姿なのだ。それはすなわち、革命的な時代の終わりの自覚であり、時代の傾向の逆転であり、危機のあらゆる契機をこの世紀の構造に固定するために累積的な仕方で集約するような時代情況である。

　一六二〇年代の危機を簡潔ながら十分に際立たせるその特徴については、当時の文化面でも検証が可能である。これに関して言うなら、ヨーロッパの文化、宗教の満場一致的な一体性が解体したとき以来、批判的＝危機的《クリティコ》な状況の調整として繰り返されてきた懐疑論者と自由思想家《リベルタン》の諸テーマがこの時代には再形成され、ひとつの根本的な強度を帯びたのである。——伝統を超えてその向こうへといく質的な飛躍が確認できるようなひとつの契機が思想の歴史にあるとするならば、わたしたちがここで分析しているその契機こそそういうものだ[31]。このときルネサンス世界の終焉の経験は、集団的観点からすれば分離状態《セパラツィオーネ》についての感覚として生じ——歴史的宿命として感じ取られ受けとめられた。自由思想《リベルティニスム》は、そ

の懐疑論的で冒涜的な諸テーマによって、こうした新しい状況の最初の意義深い表現となるのである。[32]このとき、分離状態についての自覚は頂点に達している。ルネサンス期の生、人文主義の政治的、世俗文明的な希望、この世界を全体として包括的に理解したいという学知的な渇望、これらが消えていき、根本から批判に晒されるのだ。

しかしながら、そうした理念への渇望は、自由思想家《リベルタン》たちのあいだに生き残っていた。そのため、分離状態は悲劇的なものと受けとめられ、あらゆる理想が実現されていく際の内的過程を――その分離状態がその過程を――、この理想を非合理的なもの、達成不可能なものとしながら貫いていると見なされた。ルネサンス期の希望が失われてしまうと、この世界は何か途方もなく儚いものとなり、これに旧い理想への渇望――自覚的な渇望――がこの世界の儚さ《プレカリエタ》をまるで強調するためであるかのように対置される。こうした状況のもとでは、渇望からユートピアへの移行は難しいことではないだろう！　実際にも、こうした動きの諸帰結は、その動きのなかでずっと以前から暗黙に存在していたものを後にはっきりとわたしたちに示すことになる。[33]しかし、ここ、すなわち自由思想の発展における最初の段階では、「世界観の」変化において生み出された分離状態についての感覚がとくに見てとれた。すなわちそれは、生と学知についてのルネサンス期における、実質をそなえた密度の濃い構想からの分離であるが、世俗の営みからの主体の心理的な孤立でもあるのだ。もっと的確に言おう。こうした世俗の営みに浸ることもできたであろうが、判断が停止され、情熱が参加や対話に対置されることで孤立し、理想が――分離状態においてその理想が生きられ、その理想が実現不可能なユートピアと見なされることで――集団的理想になろうという誘惑から解放される。というのも、たとえ理想が集団的になったとしても、そんな理想は他の時代に経験されたあの破壊的な力《ポテンツァ》を新たに成長させることぐらいしかできなかっただろうか

らである。――敗北から立ち上がらないのであれば、立ち上がることなど試みないほうが良い[34]。これは、社会的順応主義と純粋な内面的自由としての智慧だ。「うちではお望みのように、外では習わしにそって〔*Foris ut moris, intus ut lubet*（パドヴァの哲学者チェーザレ・クレモニーニ（一五五〇－一六三一）の格言）〕」というわけだ！　シャロンの思想の見事な普及《フォルトゥーナ》が次のような助言と全面的に結合している。すなわち、実践の分野で普遍化を目指すあらゆる企て――理論の分野では革命的な企て――から智慧を分離させよという助言である[35]。

思想と実践に関する自由思想の諸テーマがついに組織され、危機の政治的反省の時期に激しく示された。このとき再度登場したのが分離状態の全般的な諸テーマだったのであり、この諸テーマはフランス社会の政治的発展において見出され、特殊な解決のうちに固定された。それ以外の分野、それ以外の経験においては、この拒絶、否定の選択が、否定性という形で保持されることができた。つまり、政治の分野ではそれができなかった。政治においては否定の選択がなされたとしても、社会に対して不可避的な規定力をもってしまうからである。したがって、分離状態についての自由思想の感覚、社会のなかで孤立するという使命《ヴォカツィオーネ》は、それ以外の反省のさまざまなモチーフに対して、象徴的な形で、極限的な強度を伴って、その発生的な動機を見出しながら提示されなければならなかった。したがってこのとき分離とは、市民社会の国家からの分離なのである――それは、一方の国家を他方の社会にあわせて再構成するという人文主義の企ての破産の記録なのだ。したがって、こうした〔社会と国家の〕分離状態を認めることから生じたのが、自由思想家たちが新しい政治的、国家的構造――新しい絶対主義――を、拒絶の積極的規定として受け入れることだった。というのも、今や絶対主義は、政治参加の断念により自由を孤立して享受することができる社会空間、つまり制限されてはいるが安心できる社会空間を保障す

るための唯一の条件だったからである。——これは、あらためてルネサンス期の夢が体制転覆のための集団的な手段になるかもしれないという思いからついに解放された狭いエリート諸集団によって孤独のうちに養われた、この夢へのノスタルジアなのだ。ボダンに正確な定式化を見出した宗教戦争についてのイデオロギー的な教えが今や再び取り上げられる。すなわち、理論は生となり、分離状態を生きる智慧となる。[36]

したがってこれこそ、デカルト思想が一六三〇年代初頭にたどり着いた希望のない分離状態の感覚が関連づけられなければならない時代環境や雰囲気なのである。デカルト哲学の地平の変化は、こうした歴史的な時代情況と決定的な仕方で結びついている。それならば、バロック人デカルトということなのか。「バロック」という言葉を「バロック時代」という、言葉のもっとも広い意味に取るなら、もちろんそうだ。すなわち、ルネサンス期の神話が挫折したことの自覚をめぐる反省の時代、極端な緊張の時代である。[37] さらに言うと、それならば自由思想家デカルトということになるのか。その場合、議論はずっと複雑になる。一方では、実際にも、まさに一六三〇年前後のこの時期のデカルトには自由思想家の世俗的禁欲主義の完璧な反復と思われる一連の諸テーマが、それもとりわけ生の様式が見てとれる。「評判というものは、それを得た人々の自由と閑暇を何らかの仕方でつねに損なってしまうものだと考えると、わたしはそれを望むというよりもむしろ怖れます。わたしはこの二つのものを過不足なくもっており、わたしからこれらを買い取ることができるほどに豊かな君主は世界に一人もいないと思うほど大事にしているのです」。[38] さらにはピュロン〔前三六五—二七五〕の影響による深く反人文主義的な懐疑論の諸テーマも見てとれる——そして、デカルトは人文主義から決定的に距離を取りながら、まさに人文主義の部隊の同志であったベークマンに宛てて、哲学に対する自らの不信の念を次のように表明する

必要を感じたのである。「プラトンは或ることを言い、アリストテレスやエピクロスは別のことを言っています。テレジオ、カンパネルラ、ブルーノ、バッソン、ヴァニーニ、すべての革新者もそれぞれ別のことを言います」。しかもそれは、古典哲学、伝統的な哲学に対する不信だけではなく、むしろ新しい哲学に対する不信の念でもある。「わたしは『バトラコミュオマキア〔*Batrachomyomachia*〕』から何も学ばなかったように、あなたの『数学的自然学〔*Mathematico-Physica*〕』の夢想からは何も学ばなかった」。[39]そしてとりわけ重要なことだが、この時期のデカルトには、批判的な急進主義《ラディカリズモ》と、神秘主義的であると同時に実証主義的な思潮とのあの混合〔*mélange*〕が見てとれる。ルネサンス世界は、これを通じて批判され、儚くてあらゆる必然性を欠いた地平に還元されたのであり、そこでは、規範的宇宙の実定性《ポジティヴィタ》につなぎとめられた粗野な倫理と社会的順応だけが可能となった。――これは、デカルトが表立って言及したシャロンにも、そしてギ・パタンやガブリエル・ノーデ、さらにはそれ以外の自由思想家たちにも見出せるのとまったく同じ態度である。[40] しかしながら、これは偶然とは言いがたい一致なのだが、分離状態の感覚が称賛され、儚さ《プレカリエタ》の劇的な状況がすべて明らかにされているまさにあれらの手紙において、自由思想の立場への最初の論難が始まるのである。すなわち、〔本章第一節で参照した〕一六三〇年四月十五日と五月六日〔さらに同月二十七日〕の手紙である。わたしたちは〔これらの書簡において〕、デカルトが永遠真理についての学説を定義する決定的瞬間に立ち会っていた。〔と同時に〕まさにこれらの手紙でデカルトは、メルセンヌの申し出に言及しつつ、或る「悪書〔*méchant livre*〕」と闘うことを受け入れているのだ。――ちなみにこの著作は、三十部から三十五部しか出回っておらず、当のデカルトもそれを読むのにその後一年以上待たねばならなかったものである。[41]――或る「悪書」(それはおそらくラ・モット・ル・ヴァイエの『神性についての対話』であろう)[42]においては、神の実在を論理的に証明する可能

性が否定されている。自由思想に対するデカルトの論難も、ここでとどまってはいない。つまり、かれの仕事の全行程に拡大するのだ――自由思想の立場がほとんど話題に上らなくなる頃には時宜を得ないものとなるほどに(43)。

こうした状況をどう解釈するべきか。少なくともラ・モットの著書への論駁の場合で言えば、デカルトがメルセンヌの唱えた自由思想批判の計画(44)に参画したのは実はうわべだけのことであり、それはおそらく自由思想にとって決定的ないくつかの主題にもっとずっと深いところで参与するのを隠すものだったのではないかという疑問がわく。デカルトが誘いを受けとめた際に使った戦闘の比喩がもつアイロニカルな響き。そしてまずは「悪書」の著者を治安機関に直接委ねる必要があることの指摘をデカルトがするに至った際の論争的で皮肉な態度を楽しむような素振り、次いでその著作のなかに反論を掲載するように著者本人に強いようという提案。これらすべてがそうした疑問を信じさせる根拠であり得る(45)。それにもかかわらず、矛盾も残っており、それがデカルト思想の発展における正確な論点を特定しているがゆえに、この光に照らしてこそその矛盾も説明されるべきである。実際にも、たとえデカルトが、自由思想がルネサンス世界の危機を鋭く指摘したことを受け入れ、当時の人間が生きている状況の根本的な分離状態の承認を受け入れたとしても、それでもかれはこうした状況を問題として設定したのである。すなわち、かれの思想のその後の持続的な全発展は、こうした分離状態の否定的条件の特定に向けられることになるのだが、「世界観の」再建の肯定的条件の特定にも向けられることになる。したがって、デカルトは自由思想が状況を告発するのを受け入れ、それゆえ一六三〇年頃のデカルトは、右で説明したような意味で自由思想家だったのである。時代情況《コンジュントゥーラ》がその時点でかれに作用し、全面的に規定された仕方でかれの思想を特徴づけるのである。しかしながら、デカルトは、まずは自然発生的に、次いでま

すます自覚的に、そしてついには決定的に、こうした分離状態の固定化を受け入れることを拒否し、それを最終的なものと見なすことを拒否するのだ[46]。それはなぜかというと、永遠真理創造説を通じて記述された分離状態において人文主義のノスタルジアが、自由思想家たちのあいだでは生じなかったのとは違って、希望へと再び開かれていくことを望んだからである。そのような希望を抱けるのは、仮に形而上学の地平であらゆる必然性が取り去られ、あらゆる普遍的合致が否定され、そして人間が万物の根本的偶然性により宙づりにされているのだとしても、それでもなお、神は自由の心象、産出の心象として、さらにはそれ以外の地平の自由を示唆し促すものとしてこの世界を支配するからである。自由な存在というのは、たとえ認識不可能なもののうちに移転されようと、そのうちに固定されようと、生起するのだ。言い換えれば、このきわめて深刻な危機の瞬間にも、分離状態にある自由な存在が実在することは明らかである。危機がもっとも深刻なところでこそ、神の力の反響ももっとも大きくなるのである[47]。

したがって、自由思想家《リベルタン》デカルトということになる。自由思想《リベルティニスム》の意識の両方の契機がかれのうちにはある。すなわち、ルネサンスの危機についての自覚とその時代の自由へのノスタルジアである。この二つの契機は、自由思想家たちの場合と同様に、デカルトにおいても分離している。今は一六二〇年代という時代情況において、この時代情況だけがデカルト思想の突然の変化をわたしたちに説明できるのである。しかし、この二つの契機のあいだの緊張は、デカルトの場合にいっそう強かったのであり、希望は現にあり、循環の再開の可能性は実現が待たれていた。その後のさらなる歩みの長い労苦がここで予見されている。結局のところ問題は、二元論の地平を決定的に獲得することへの新しいつながりを再提起することになるだろう。

三

分離状態《セパラツィオーネ》。すなわち、分裂した世界の両極のあいだの根本的緊張。新しい現実――反省により構成される世界、ルネサンスの理想が放棄された世界――の自覚と〔ルネサンスへの〕強烈なノスタルジアとがつくり出す激しいせめぎあい。注意しておくべきなのは、こうした分離状態の内部で今や緊張は無力なものとなるということだ。新しい状況を時代情況《コンジュントゥーラ》として認めることのうちには、その状況をのりこえることができないことの自覚もあるのだ。一六三〇年代初頭は、デカルト思想の発展においては〔世界観〕再建の仮説を出すのが不可能であることについて批判的に沈思する時期である。デカルトの一定の護教論的な博識やこの問題に関するかれの信仰上の来歴が示唆するものやそこから推測できるものがどうであれ、人文主義の展望がこの世界の脱実在化により純粋かつ単純に反転するだけでは、再建の展望を構築することができない。それは〔人文主義の展望の〕転換であり否定ではあるが、それ以上のものではないのだ！[48] 分裂した諸契機は、この世界の再建の可能性を再始動させるような〔主客の〕適正な関係を見出すことができない。それどころか懐疑論の思考は、自然世界の脱実在化のみならず、とりわけ人間世界の価値の切り下げへと進む。すべてが議論の俎上に載せられ、内側から空洞化する。この世界からあらゆる法律的形式が取り去られる。すなわち、神の法と人定法は、分裂した両項――唯一の実在する関係――をいまだに結びつけている神秘主義的な直観によって（あるいは実証主義的な容認によって）以外には、いかなる基礎も失う。「ところで、法律が信用されているのは、それが正義だからではなくて、それが法律だからである。そこに、法律のもつ権威の不思議な根拠がある」[49]。真なるものは疑

わしい。宗教が妥当するのは、信仰においてだけである。言い換えるならば、信仰がない場合に宗教が妥当するとすれば、それは個人的ないし集団的な効用のためだ。「立法者は、おそらく処罰を恐れるがゆえに悪事をなすことを表向きは控えるような悪人たちが、しかも露見しないのであれば悪事を控えないであろう悪人たちがこの世には存在するのだということを理解したとき、次のような確信を抱いたのだ。すなわち、神聖なる自然はもっとも内密な事がらをもすべてお見通しであること、隠された犯罪さえも発見することができること、そしてそうした犯罪に対しては、たとえ現世においてではなくとも少なくとも地獄において復讐の神によって処罰がくだること、さらには処罰がそれにより必ずくだされるということである」[50]。というのも人は、実際には生きていかねばならないからである。かくして、あらゆる真理基準のこのような崩壊に基づいて、〔それでも〕生を可能にする実用的で経験的な諸テーマへの言及が生じる。「懐疑論は、通用している規範の理念としての力を蝕むが、その事実的な妥当性をむしろ強化する」[51]。疑いもなく明らかであるのは、こうして現実との接触が不可能であるなら、見かけ上は実用的な論理へのこうした信頼によって、新しい学知に固有で、その発生過程で実定的に位置づけられる諸要素が形成されていく、ということだ[52]。しかし、気をつけねばならない。こうした立場を絶対的なものと受けとめ、懐疑論をもっぱら再建的なものとのみ性格規定することは、結果のいくつかを原因の総体と取り違えることであり、そこ、すなわち危機の規定性においては、懐疑論が深刻な方向喪失の契機であり、時代の危機を構成する要素——そのもの——であることを忘れているのだ。実用的基準に身を委ねるということは、この時代では〔世界観を〕再建することではなく、生き延びることなのである。真理の全体性を肯定するという人文主義の希望を身近に感じた人間たちにとって、それ以外に何があり得ただろうか。革命への意志に奮い立たせられていた人間たちにとって。すでに見たように——そ

して今やわたしたちはいっそう力強くこのことを理解するのだが——政治の世界でも懐疑論は、再建の契機としてではなく不可避的なものを示すために登場する。絶対主義は、革命の可能性を全面的に信じていた人間たちが追い求めることのできる代替的選択肢が存在しないことを踏まえて生まれたのである[53]。

しかし、まだしばらくは自然学の分野の話にとどめよう。例を挙げて見ていこう。この段階でのデカルトの自然思想はいかに形成されるのか。とても深刻な危機に直面しているというこの自らの現況において、デカルトは自然学の面でいかに——そしてどの程度——歩みを進めることに成功するのか。さて、わたしたちは危機の形而上学的地平が構成される諸テーマを見たわけだが、それらの諸テーマは自然学の展望にも見てとれる。そのことがとりわけ留意されるべきなのである。そこでは当初から自然の統一性と必然性を称揚するようなあらゆる観念への決定的打撃があることがわかる。すなわち、その批判は何よりもスコラ学の質の理論に向けられている。「地球上にある個々の物体に関してわたしが説明しようとしたのは、これら物体のさまざまな性質だけです。実体形相についてそこで何か論じようというわけではないのです。つまり、推論に実験を付け足しながら、時が経つにつれて人々がそれらすべてについて知ることができるように十分な道を切り開く努力をしようというわけです」[54]。実体形相を〔自らの説明から〕排除することへの道、スコラ的自然学の質的原理を機械論的原理で取って替えることへの道は、こうして切り開かれた。その帰結がどのようなものかは明らかである。物理的自然世界は、中世やルネサンス期の〔哲学における〕表象作用が付与してきたような、あの内的な実在性やあの固有の必然性といったものを剥ぎ取られるのだ。たとえ真理観それ自体に対してデカルトが加えた批判的操作ほどに根本的《ラディカーレ》=急進的ではないとしても、この〔スコラ的自然学に対する〕批判的操作もそれと相似的であり隣り合わせなのである。すなわち、永遠真理は神が創造したものであるのに対して、この自然学上の真

理は、認識の実用的基準すなわち人間が生産したものである。

かれのこの立場が反スコラ学的であることは、もはや言うまでもない。しかし強調するべきなのは、こうした批判的操作が反ルネサンス的でもあるということ、それもとりわけそうなのだということである。デカルトの議論においては、現実世界の質〔的性格〕の破壊は、人文主義と若きデカルトの目指していたものの双方が登場するに際して等しく前提としていた、理性と宇宙の関係についての全般的観念への、激しい批判を導き出した。主体と客体の実在的な合致がここでは批判されている。この世界は主体から分離されているのだ。この世界は、人間が投影されたものとして、また人間と連続したものとして機能することの可能性から分離されているのであり、人間の欲望を根づかせること、人間の大地と支配権を構成することの可能性から分離されているのである。むしろこの世界は、障害物、制限として形成される。人間の力能《ポテンツァ》がこの世界を前にして倒れたのである。

ところが――これが状況を特徴づける第二の契機なのだが――こうした分離状態《セパラツィオーネ》にある両項のあいだには関係がなければならない。この時期のデカルトの仕事を他のすべての著作から区別しているのは、この関係をつきとめんとするやみくもな努力である。その関係があるに違いないと。かれはそれを揺らぐことのない決意をもって探究する。これは、次のようなことを知る者の苦いけれど避けることのできない課題なのである。すなわち、あの実用的な参照点――今のところ所有されているのはそれだけなのだが――が、結局のところ、この企てを実現するには不十分であろうということを知っている者の。「わたしには、それ〔天体に関する研究〕は人間の知性が及ぶ範囲を通り越している学知のように思われます。とはいうものの、わたしは控えるということを知らず、このような学知に関わっていては時間を失うだけだとわかっているのに、これを夢見ずにはいられないのです」。[55] 分裂したこの世界に対する関

係のこうした探究の要請は、どれほど強調しても足りないだろう。したがって、他でもない、この探究においてこそ、すなわちこの探究が体現している歴史世界へのこうした苦しみに満ちた参与にこそ、デカルトの議論とかれの貢献の独創性があるのだ。それこそ現実問題の独創的解決であり、真なる判断を確立するために実在する世界を分解するための力づくの試みなのだ。まさにこのような強度、このような分離状態にこそ、デカルトのイデオロギーの始まりがある！

したがって、こうした前提を踏まえれば、とても密度の濃い研究の日々を送っていた三十年代初頭のデカルトの自然思想が発展する様子を見てとることができる。実在するものには必然性が欠如しているという自覚は十全なものであり、したがって自然学の地平を再建しようという要求には非常に強いものがあった。しかし、この操作を基礎づけるための実用的な主題の設定はまったく不十分であり、――そのことも気づかれていた。だからこそ不確実さと曖昧さが持続したのだ。すなわち、再建の根本的な核心を構成するはずの技術的‐実用的な機械論は、つねに危機のうちにあった。当時の直近の自然主義的なルネサンスの経験を受け入れることによる脱線には気づいていない。さらには、スコラ学の息吹を残す目的論への再転落が非常にくっきりとした仕方で浮き彫りになっている。[56]これは、それほど驚くべきことではない。これらすべては、再建の仕事を支えるには実用的基準が無力であることの表徴でありその帰結なのである。適切な基準が不在である限り、伝統文化の諸項目に軽率にも一時的に身を委ねることが繰り返されるのだ。

とても密度の濃い研究の日々、と先にわたしが述べたこの歳月とは、三十年前後のことである。この時期には、『光論』[57]、『人間論』[58]、そして『気象学』と『屈折光学』[59]との主要部分が練りあげられた。これらの仕事はすべて、デカルトがオランダに滞在を始めてから最初の数カ月、分離状態をめぐる新たな形

而上学の有り様の大枠をつかんだ後に展開された(60)。しかも、形而上学のこうした有り様の衝撃をうけてこそ、探究に向けた取り組みがなされたのだった。「ここで光について論じるにあたり、最初に注意しておきたいことは、わたしたちが光についてもつ感覚《サンチマン》、すなわちわたしたちの眼を通してわたしたちの表象《イマジナシオン》のうちに光について形成される観念と、わたしたちのうちにこの感覚を生じる対象のなかにあるもの、すなわち炎や太陽のなかにあって光という名で呼ばれるものとのあいだには、違いがあり得るということである。なぜなら、普通であれば人はみな、わたしたちが思考のうちにもつ観念はそれを生じる対象と完全に似ていると信じる。しかし、わたしたちにそれを保証してくれる理由はわたしには見当たらないからだ。逆に、多くの経験からしてわたしたちがそれを疑わざるを得ないことにわたしは注目しているのだ」(61)。

しかしながら、対象についての感覚とそうした感覚を生み出す対象との差異の定義は、質に対する根本的な批判の一側面であるに過ぎない。それは入門的で初歩的な側面である。したがって分析は、分離をこの世界にもちこむことにより展開する。質に対する激しい批判は根本的《ラディカーレ》＝急進的であり、その批判は「アリストテレス自然学における運動に由来する」「本来的な場所」のスコラ学的で複雑な理論装置だけではなく、ルネサンス期の、確固とした基盤をもった運動概念それ自体をも標的にして、〈運動体〔*mobile*〕と運動〔*mouvement*〕〉を区別したうえで、運動それ自体からあらゆる内的な力能《ポテンツァ》を取り除いた。こうして無限個の運動からなる世界という表象、すなわち運動の永久の持続のための純粋幾何学的な場所〔だけ〕が残る。「宇宙《モンド》には永久に持続する無限に多くの異なる運動があると思う」(62)。真空の否定は、こうした運動観と実在観の帰結――であると同時に前提条件――である(63)。したがって、この理論のスコラ学的起源を探そうとするのは無益である(64)。ここでは真空の否認は、この世界の質的十全性の称賛に由来

するものではない。いやそれどころか、真空というものには実在性が欠如しているということに関係しているのであり、純粋幾何学的な、思考された限りでの充満〔を宇宙のうちに認めること〕なのである。

こうした点に基づいてひとつの新しい世界の〈寓話（*fable*）〉が展開する。(65) すなわち、世界の形成について頭のなかで紡ぎ出された歴史《ストーリア》＝物語が。こうして宇宙論は天地創造論になる――とはいえ、それは純粋に思考された限りでのものである。スコラ学の伝統から〔デカルトが『世界論』第六章冒頭で〕皮肉を込めて借りてきた〔概念である〕「想像上の空間」において、神は無際限に延長する「充満」を創造する。「わたしたちの想像力が届き得るいかなる方向にももはや空虚な場所が何ら知覚されないほど多くの物質がわたしたちのまわりにはある」。(66) これこそ真の延長体である。元素や質といったものを含まず、完全に堅固で、無際限に分割可能な、純粋な延長である。さて、この〔物質で〕充満した宇宙に生じる差異はすべて、諸部分が〔神の〕創造行為から受けとる運動の多様性にのみ由来する。運動のこの多様性は、自然法則に拡張される。「〔神が設定した〕法則さえあれば、この混沌とした状態のもろもろの部分はおのずから解きほぐされ、そして、整然とした秩序に配置されることで完成しつくされた世界《モンド》の形をとるのであって、その世界のうちには光だけでなく実際のこの世界に現れる他のすべてのものを――一般的なものも特殊なものも――見ることができるだろう」。(67)

〈寓話〉の話をもうこれ以上続ける必要はない。寓話が物理的自然世界における分離状態をどれほど完全に実現し、実用的かつ技術的な目的からただ機能するだけの世界についての表象をいかに規定するかということを観察すれば十分だろう。デカルトが同じ時期にもっぱら技術的な問題について研究していたのは偶然ではない。すなわち、それは一六二九年のこと、『屈折光学』の第十講「レンズをカットする仕方について」である。(68) したがって、この世界の真理とは何かと問われるとしたら、その答えは、定

義上、真理はないとなるしかない。この世界は、単に実用的な仮説に支えられているに過ぎない。これにより、この時代におけるかれの議論の到達地点のもっとも徴候的でもっとも劇的な逆説がここで検証される。すなわち、この仮説が一貫性のあるものであればあるほど、それだけますますこの企ての発展はデカルトにとり不十分なものに見えてくる。――結局のところ、かれには自然学の再建に人間的な意味を与え、この再建を人間状況の定義に結びつけたいという非常に強い緊張がつねにある。したがって、実用的基準の不十分さと、何か他の再建の展望の不在によってわたしたちが先ほど脱線と呼んだものがここに見てとれる。すなわち、あたかも旧い立場に逆説的に身を委ねながらも知覚された世界を革新しようとする試みのように、伝統により受け入れられた旧い立場への脱線である。これは、脱線であっても選択ではない。それどころか、それというのも、スコラ学的で人文主義的な伝統のこうした要素が自然学の新しい枠組みに介入してくる場合には、いつも曖昧さをはらんでいるからである。デカルトはそうした要素を再度取りあげると同時に拒絶してもいる。

こうしてデカルトは、『光論』〔つまり『世界論』〕で自然の諸元素〔つまり火、空気、土〕についてのスコラ学の理論を単純化しつつであれ再提示する。[69] すなわち、そのわずか数頁前に主張される物質の単一性と直接かつあからさまに矛盾する理論なのである。もちろんデカルトは個々の元素についての捉え方に批判を加え、機械論的な仮説の枠組みによって再定義することを意図している。すなわち、火、空気、土は、多かれ少なかれ微細な物質から組成されており、この微細さは、それ自体が運動なのである。[70] しかしそれならば、どうしてこれらの元素を優先するのか。どうして〔アリストテレス自然学における運動に由来する〕本来的な場所の表徴や追憶を、こっそりとはいえ、再び持ち出すのか。[71] こうした曖昧さが生じるのは、純粋幾何学に基づく世界観のリズムを支えることの無能力によるもの、あの消え去ろうと

する世界の不耐性〔insofferenza〕によるものである[72]。

『人間論』におけるスコラ学的な主題への回帰は、よりいっそう広い拡張を示している。この回帰は、スコラ学的目的論の復活を通じて、人間世界に、或る意味を与えんとする試みである。魂は、身体のうちに侵入しながら、感覚と情念からなるメカニズムを完成させるものとして示されることになる。興味深いことにも、魂が目的論的構造をしたものとして登場するのは、情念すなわち痛みの分析と同時なのである。「まず、神経の髄を構成している細い糸が、あまりに強い力で引かれて切れ、それが結びついていた部分から離れた結果、機械全体の構造が何らかの点で完全さを欠くに至った場合、その細い糸が脳のうちに引き起こす運動は、魂に痛みの感覚《サンチマン》を抱かせる原因となるだろう。魂にとっては、その居場所がそのまま保存されることが大切なのである」[73]。したがって、ここでノスタルジアは分離状態にある実在と衝突する。痛みとは、両方の表徴なのだ。しかしまた、〔説明方法としての〕擬人化の響きのあまりしない別の箇所でも、やはり目的論への言及がなされている。それはとりわけ、感覚と情念の関係の場合がそうである[74]。これは、探究の主導線からすれば、それと矛盾する要素なのか。もちろんそうだ。しかし、深刻な危機の表徴でもある。

同じことは『気象学』でも起きている。この著作は――三つある試論のうちでも――スコラ学の追想と新しい自然学のモデルとが共存すると同時に敵対する様子がもっとも強く現れている作品である[75]。たとえば、『気象学』の第二講と第七講を見てみよう。研究素材の伝統的な体系化がはらむ曖昧さとともに、機械論的な説明が〔アリストテレス自然学における運動に由来する〕本来的な場所の理論へと持続的に流れ込む様子が見てとれる[76]。さらにまた、正当にもデカルトがその方法論の卓抜さ[77]ゆえに模範的だと見なすことになる第八講「虹について」でも、分析の機械論的動機の称賛に――ここでは研究された現

象の技術的再現可能性が指摘されている[78]――結局のところ、考察された現象に固有の自然秩序への幻想と、そうした現象に内的な目的論的性格が随伴しているのだ[79]。

実用的地平を超えて進む包括的な意味の探究において、研究の過程で、デカルトがスコラ学の追想に効果的ではあるが矛盾を引き起こす仕方で身を委ねているあいだも、かれが向かったルネサンス期の自然哲学の諸テーマと枠組みはとても強いものであり続けた。もちろん、そうした諸テーマと枠組みをかれは同じように曖昧な仕方で受け入れると同時に拒絶したのである！　ところが、この世界の諸根拠の機械論的な連鎖の内部に絶対的で必然的な基礎を見出したいという欲望がそれだけ強くなるのだ！　かれがこうした危険を警戒することを強いられた時期[80]が存在した。「そこで（……）知っていただきたいのは、ここで自然という言葉によって、わたしが何かの女神や何か別の種類の架空の力のことを言っているのではないということである」[81]。かれがこのような断りを強いられたのは、〈寓話〉がわたしたちに提示するこの世界が、〈運動体と運動〉の二元論とともに神性に関するあらゆる二元論をもすべて消し去るかに思われるほどの実質を、この世界のうちに含まれる運動量の総体の点で、そしてまた、そのうちに隠されている〔、物体がつねに現在の運動状態を保とうとする〕慣性という性質の強度の点でもそなえているからである。連続創造説――プラトン以来の伝統による――は、ここではいまだ〔その登場をうかがって〕リハーサルに取り組んでいるかのようである。〈寓話〉は、繰り返しになるが、ルネサンスの伝統における無数の〈劇場〉のひとつで上演されるのが精一杯である。――すなわち「わたしの『世界論』という寓話」[82]、つまり〔世界を〕所有しようという欲望であり、その再建は先延ばしである！『人間論』においても自然主義の誘惑は非常に強いものがある。ほとんど太陽の形而上学[83]に近い形態における火という元素の特権視から、生気論のさまざまな定式に至るまで。――自然主義的生気論とほと

んど両隣にして、それ自身の原理にそって〔*iuxta sua propria principia*〕[84]行なわれる自然の解明への接近である。さらには若い頃の諸テーマの再登場。たとえば、自然幾何学[85]、〈驚嘆すべき学知〉というテーマ設定[86]、自然学と形而上学の無区別[87]などである。同じことは、『気象学』についても[88]、また『屈折光学』の少なくとも第一講と第二講についても言うことができる[89]。『屈折光学』の同所では——機械論的説明が大いに優越しているその横で——この世界の自己理解という形而上学上の要請が姿を現す。

　したがって、完結したひとつの意味を、すなわち自然学的探究の包括的な人間的意義を発見するという試みにおいて、デカルトが伝統的定式にこのように苦しげに回帰するということが文献的に裏づけられる。しかしながら、こうした伝統への回帰は、何も解決しない。デカルトもそのことを十分自覚している。実際にも、こうした事態の推移の裏には自然学的提案と形而上学的展望の非同一性がなおもあるのだ。形而上学的に分離状態にあるこの世界は、自然学によって統一されはしなかった。それぞれの探究は別々の地平で展開されるのであり、時にはまったく対立しているようにも見える。デカルトは、自然学《フィジコ》の仕事を始めるためには形而上学《メタフィジコ》の仕事を放棄しなければならない。——すなわち、「すでに着手していたものを中断しなければならなかった」[90]のである。自然学の側にしても、分離状態が何らかの仕方で埋め戻されない限り、自然学自らの歩みにひとつの完結した意味が新たに与えられない限り、そして「この秩序の認識」に新たにたどり着かない限り、自らの方法において厳密であることができなかった。「この秩序の認識は」——とメルセンヌに宛てて書いている——「人間が物質的な事がらについて手に入れることのできるもっとも高度でもっとも完成された学問の鍵にして基礎です。というのも、この方法によるならば、地球上のあらゆる物体のさまざまな形〔formes〕と本質をア・プリオリに知ることができるわけですが、それなしではア・ポステリオリに、つまり［この物体がもたらした］結果か

ら推測することで満足しなければならないからです」。[91]逃走は不可能だった。前方にも後方にも。独断論に向かうこともスコラ学ないし人文主義の伝統に向かうことも。「こういうこと〔雲や風などの気象〕についてこれ以上論ずる必要はないと思う。というのは、この論文〔『気象学』〕で述べたことをすべて理解した人々は、もうこれからは雲のなかに、容易に原因が理解できないようなもの、驚嘆を引き起こすようなものを何も見出さないと思われるからだ」。[92]したがって解決策がもしあるとしたら、それは次の要素を考慮に入れることで生まれたに違いない。すなわち、形而上学的なこの分離状態、および学知を生み出すこの新しいやり方である。

それでは、いかなる条件のもとでならこの危機に固有の解決へと到達することが可能となるのか。

四

さて、まず何よりもこの危機の特異性が解明されなければならなかった。危機は、一六三〇年頃の学知上の苦悩の前提として登場した。――これは、所与にして未解決の危機だった。今やこの危機ののりこえへの示唆は、その危機の意味を深めることによってのみ、その危機に苦しみ抜くことによってのみ、そしてその危機が形成されたことによる緊張をさらに高めることによってのみ、つまり、こうしたやり方によってのみ、見出すことが可能であるように思われた。歴史的な地平から投げかけられ、ここで取りあげたような意味の幅をすべて伴った危機の文脈は、哲学の地平においては、永遠真理創造説により示された。すなわち、この世界、真理それ自体さえも形而上学的には儚《プレカリエタ》いものであるということが。し

たがって、状況はこうだ。形而上学に立脚している限りでの危機は解消できないということ。唯一開かれている可能性は、実用的、技術的なものに身を委ねること。──つまり、生きていこうとする意志である。それにしても、これらすべては、何によって引き起こされたものなのか。哲学の地平で、この問いは次のような切迫感をもって再提示される。この危機の特異性はどのようなものなのか。その危機の始まりはいかなるものなのか。

デカルト思想の発展において大きな歴史的帰結と重要性をもつ或るエピソードがここで生じる。ガリレオの有罪判決である。デカルトの思考は、この事件をめぐって旋回する。かれのこの時期の批判的再考の形而上学的基層の全体は、歴史と直接に対峙することになり、この世紀にとっての時代情況的な危機の意義を模範的な仕方で表現したガリレオ事件との関連で明らかとなる。したがって、デカルト思想は歴史化し、劇的なものとなり、深化した。それまで続いてきた曖昧さが解消されたのは偶然ではない。──それは、この危機がのりこえられたからではなく、新たな危機の強度と向き合って、その解消不可能性についての不断の自覚に基づくことで、あの曖昧さがもはや存続できなくなったからである。

とはいえ、問題全体を逐一見てみよう。デカルトは、一六三二年の夏、たとえ多分に曖昧なままであるとはいえ、地動説をめぐる神学上の論争と対峙して、まだ自慢げな態度を維持していた。「あなたともにわたしは、この著者を哀れに思います。かれは、地球が不動であることを証明するために占星術を根拠に使っているからです。とはいえ、〔占星術という〕この思いつきを信仰箇条にしようと欲していた人々が、この思いつきを確固なものとするためのより強力な根拠をまったく欠いていたということに考えをめぐらせるなら、わたしの哀れみはさらに深まるのです」[93]。そして自分の仕事を続けている。「わたしの論考はほとんど完成しています」[94]。デカルトは、一六三三年十一月、たまたまガリレオの有罪判

決について知るところとなった。二週間の熟考ののち、ローマ教会の態度と反対の立場をとらないようにするために、自らの『世界論』の出版を取りやめる決心をした。

「実際わたしは、年始の贈り物として自分の『世界論』をお送りしようと思っていたのです。ほんの二週間前までは、そのときまでにすべての清書が終らなかったとしても、少なくともその一部はお送りしようとずっと決めていました。しかし、申し上げますが、昨年イタリアでガリレイの『世界の体系』が刊行されたと耳にしたように思われたので、ライデンとアムステルダムでこの本がないか最近になって問い合わせたところ、刊行されたことは刊行されたのだが、刊行と同時にその全部数がローマで燃やされ、著者に何らかの罰金が科せられたと知らせてきたのです。わたしはこのことにすっかり驚いて、自分の書いたものをすべて燃やすか、あるいは少なくとも誰の目にも触れないようにしようとほとんど決めてしまったくらいなのです。というのも、イタリア人であり、伝え聞くところでは教皇に良く思われてもいたかれが罪を犯したとすれば、それは考えるに、地動説を樹立しようとしたからに他ならないでしょう。もちろん、かつて幾人かの枢機卿によって地動説は否認されたということをわたしはよくわかっています。しかしその後、それは公然と、しかもローマにおいてさえ、教えられているということを噂で聞いたように思っていたのです。そこで打ち明けますが、もし地動説が間違いなら、わたしの哲学の全基礎もまた間違いということになるでしょう。というのも、地動説はこれらの基礎によって明白に証明されるからです。そして、この説は拙論のすべての部分と密接に結びついており、もしそれをそこから引き離すならば、残りは欠陥だらけになってしまうほどなのです。しかし、カトリック教会が是認しない言葉が少しでも見出されるような言説がわたしのこの口から発せられるということは、わたしの望むところでは決してありませんので、本意をゆがめて出版するよりは、出版を取りやめたいと思い

ます」。[95]
この決断は、一六三四年の二月と四月にも繰り返されたし、[96] 取り消されることはなかった。[97] ところがデカルトは、コペルニクスの地動説の正しさを確信していた。また、神学的に見て、カトリックの公会議による承認を欠いたヴァチカンの決定の妥当性は疑わしいということにも気づいていた。さらには、学知の世界は――どの国でも、しかもとりわけフランスとオランダの地で――コペルニクスの地動説の正しさを支持していたし、ローマ教会の姿勢からはっきりと距離を取っていた。[98] ならばどうしてデカルトは、地動説弾劾を事実上受け入れる結論を出したのか。その理由はかれ自身が示唆しているように思われる。
「わたしはそれほど自分の思想に愛着を覚えているわけではないので、そういう抗弁を用いてまでこれを主張する道をとりたいとは思いません。そして、平穏のうちに生き、「よく身を隠した者こそ、よく生きた者である」という文言を自分の箴言として始めたこの生活を続けていきたいというわたしの希望から言えば、本を書くのにかかった時間と労力は無駄遣いだったと不快に思うよりは、本を通じて知りたくもない人と知り合いになってしまうのではないかという心配から解放されるほうが自分としては悦ばしいことなのです」。[99] しかし、こんな動機説明に説得力があるのか。
　分析の枠組みを広げなくてはならない。というのも、わたしたちはここで、あの危機の決定的な核心に触れているからである。実際にもデカルトがローマ教会の重苦しい決定をこのときに受け入れたのは、あまりに安易に繰り返されている実践的な理由のためだけではなく、むしろ哲学的、学知的な理由のためであるように思われる。後者の理由に前者の理由がついてきたのだ。というのも、これまでかれが『世界論』で再建してきたこの世界の枠組みが実際には不十分だったからだ。『世界論』は学知的な必要

性に基づいておらず、それは、わたしたちが見た通り、むしろ技術の地平における実践的なものに依拠しているのである。この対立の時期におけるデカルトの発見は、実践的なものに依拠することではあの危機をのりこえるには不十分であることは言うまでもなく、解決の糸口にさえもならないということであった。それどころかそうした態度は〔目的とは〕まったく矛盾する動機であり、それ自体が危機の産物だということである。これは実践的なものに依拠することの他律《エテロノミーア》である。というのも、そんなやり方では革新の希望が生まれないからというだけではなく、そうしたやり方のために実際には敗北を余儀なくされるからである。「よく身を隠した者こそ、よく生きた者である」、これが今や実践の地平では唯一可能な解決策であり、学知上の解答の諸観点が欠けているような状況では、それに見合った唯一の選択肢なのだ。したがって、デカルトから見れば問題は、ガリレオが間違っていたか正しかったかではなかった。問題は、この世界で真理はいかに生き延びることができるのか、すなわち、かの処世訓を強調するような実際上のやりとりをいかに認識するのか、である。[100] しかし、今や——わたしたちが見た通り、デカルトはそのことに苦しんでいた——真理はこの世界を生き延びることができない。というのも、真理を生き延びさせるための力《フォルツァ》が欠けているからであり、革新への人文主義の希望が必要とした関係がもはや存在せず、逆転してしまったからである。もちろん、この世界で真理を生き残らせる可能性は存在していた。デカルトの記憶は、かれが生きた人文主義の経験へと直接に向かっていく。かれもガリレオのようにこの世界を見てきたのだ。人間にとって直ちに理解可能な神の法則の驚くべき展開、ミクロコスモスとマクロコスモスの同質性、実践的希望が根づく自然学の体系。したがって、当時この実践的希望は直接に革命的なものであり、自らの力に自信をもち、自らの勝利を見据えることに満足していた。自由の記憶、自らの英雄的発展の記憶である。[101] 今やそうではない。この歴史上の自由の再沸騰は、自ら

の発展のうちに自らの矛盾を見出した。市民階級《ブルジョアジー》の革命のドラマこそがこのとき、規定されるのだ。すなわち自由の発展が――市民階級の目に――他律的発展となるときに。自由な人間の力《フォルツァ》は、歴史的に実現した自由の陥穽に足を取られる。理性は、自らの対立物を自らのうちに破壊不可能なものとして見出すならば、それを理解《コンプレンデレ》＝包含する[102]。自由の発展の内的な劇的性格のこうした自覚は、デカルトに見出せるように、その時代にも全般的に見てとれるのだ。自由についての人文主義的記憶と、自由の矛盾に満ちた発展についてのとても苦い自覚とが、おそらくコルネイユにおいて、明快さと危機のもっとも高い点にまで到達している。というのも、我《われ》の魔術的な力量が現実と衝突するとき、また自由の発展の自生的な直接無媒介性が自己自身へと退却することを強いられるとき、自由の発展の枠組み全体が、主体の悲劇的な不遜《ヒュブリス》――個人というものの出現に伴う究極の非合理的衝動――と自由によっては貫入することのできない不透明な世界とのあいだの解消不可能な葛藤のうちへと解体するからである[103]。

　したがって、今や真理はこの世界で生きることができない。デカルトは、ガリレオ弾劾について熟考したことで真理の歴史的な儚さ〔precarietà storica〕についての考察を深めることになる。真理の偶然性は、形而上学の地平から人間界に降りてくる。自由がルネサンス期に敗北したことの意味がすべて明らかとなる。それでどうなったのか。「よく身を隠した者こそ、よく生きた者である」、またもやデカルトは、自由思想家になるのだ！[104]「感覚から精神を引き離す」こと、すなわち世俗内苦行の態度によって毎日を刷新すること。おそらくガリレオが有罪を宣告されたのは正しかったのだろう。というのも、かれは形而上学の妥当性の今や貧弱化した現実的地平に自らを託したのであり、この地平の実践的妥当性を見出すことを望んだのであるから。ところが、このように実践的なものを当てにすることはもはや無批判に受け入れられることではなかった。今や、実践的に生きる〈通俗〔*vulgaire*〕〉から解放されるこ

とが命令となる！[105]というのも、このとき危機は、そのあらゆる歴史的な根本性＝急進性の姿をして現れたからである。すなわち、この世界は〈狡知〔*malin*〕〉として、真理の転倒として姿を現し、この世界に真理の営みを望まない或るひとつの力《ポテーレ》についての〈寓話〔*fable*〕〉として現れるからである。[106]したがって、分離状態という歴史的構造について評定することは、それまでデカルトの哲学的自覚に欠けていた特異性をそれに付与するに至るテーマなのである。ここで哲学は、言葉の十全な意味で時代情況の哲学となり、分離状態としての実在の定義に、転倒されたものとしてのこの世界の定義に、言い換えれば〈狡知〉に魔術的かつ寓話的に支配されたものとしてのこの世界の定義になる。

かくしてデカルトは、〈狡知〉という表象を通じてルネサンスの記憶を批判することにより、かれが生きている危機の根本性＝急進性を発見するだけではない。その危機の必然性をも発見し、それにより進行中の危機の解消不可能性をも発見するのだ。歴史についての意識は、再び形而上学の命題となる。それはちょうど、それ以前に、永遠真理創造説を支えてきた形而上学的仮説が歴史へと開かれたのと同じである。歴史を形而上学へと転換すること、また自由の実現過程が直面した歴史的危機についての自覚を通じてルネサンス期の形而上学世界を切断すること、これこそ、時代情況におけるデカルト哲学の基本的な諸テーマなのである。すなわち、歴史的不連続が形而上学的不連続へと実体化するのだ。デカルトはこうした抽象の領域に歴史的経験が有する重みをもちこむのだ。それゆえ、分離状態、〈狡知〉の形而上学的な力能《ポテンツァ》、これらは決定的なものとされるだろうし、どのような場合でも取り去られることはできないだろう。[107]もちろん、時代情況が推移するにつれて、懐疑は、そして二元論の絶望的な強調も、それら自身は和らぐことができるだろう。少なくともそれらがこの時点で体現している逆説的で極端な定式――さらに特殊な文学的形象――の面では。しかし、それらが消えてなくなることはないだろう。

というのも、デカルト形而上学の世界は、二元論的緊張がその極限的な表現において体現されることを通してこそ、決定的に形成されていったのだから[108]。デカルトの二元論的な主張は、もっと後の諸著作に再登場する際には、或るときはその主張が示す本来の強度を薄めた類似のものの響きを伝え、——或るときはこの世界の統一的再構成のための単なる道具的な機能を意味し、また或るときは宗教的伝統に対する日和見主義的なオマージュとさえ見紛うものとなる[109]。ところが、よく見てみれば、この緊張の緩和はつねに外見的なものであり、〔思想への〕時代情況の露呈の意味もデカルト思想の形而上学的構造の内部から除去されてはいないのである。

そこでわたしたちとしては再度、危機の露呈の歴史的契機としての、そして危機の評価づけの最大限の強調の歴史的契機としての時代情況の契機の重要性を指摘しよう。言わば分離状態の形而上学的な実体化の動因としての時代情況の契機の重要性を。時代情況の衝撃力こそが、まさにデカルトの地平の変化を規定したのであり、その方向性を決めたのである。率直に言えば、懐疑というテーマは、それ以前の時期のデカルトにすでに存在する一要素であった[110]。ソクラテスの懐疑、すなわちわたしは何も知らないということを知っているというのは、知識の革新に向けての、真理の深化に向けての跳躍台である[111]。しかし、そうであるならば、ソクラテス的な懐疑という仮定には何が起きたのか。あるいはお望みならばこう言い換えよう、ソクラテスの問いへの強烈な思弁的信頼はどこにいったのか。このとき、デカルト思想の歴史的な時代情況において、人間は懐疑を生きておらず、むしろ人間が懐疑によって生かされ、狡知によって圧倒されているのだ[112]。キリスト教の伝統全体は、ソクラテスの見地を十分に定義して、そのより受け入れやすいアウグスティヌス的な形態において引き継いできたわけだが——アウグスティヌス思想は最終的にはソクラテスの見地を人文主義の希望にまで高めるだろう——、伝統それ自体は、た

しかにデカルトの議論のうちに取り込まれているものの、根本から転倒されているのである。[113] 他方では、新教徒〔ヤポコ・アコンチオ〕の批判的能力と懐疑、使徒としての緊張感（その後それらは希望となるとはいえ）が、〔この時期のデカルトの〕どこにあるというのか。[114] さらには、懐疑を通じて信仰へと達するべリュールの教えがどれほど解体してしまっていることか！[115] 別の言い方をすれば、これは理性の不確かな歩みに対抗して人間の実践能力を称揚する懐疑論の洗練された姿勢なのだ！[116] ようするに、これらすべては、おそらくはデカルトの思想形成に影響を与えたさまざまな文化的要素なのであるが、しかしまたデカルトの思想形成は、自らが受け入れ解釈した危機の強度のなかで、そうした文化的諸要素を実質的に修正し造形し直したのである。

初めの問いに戻ろう。ようするに、デカルトが直面した危機の特異性とは――わたしたちはようやくその問いに答えることができるのだが――その危機の根本性＝急進性、すなわちこの問題を形而上学的に解決することが不可能であることを絶望的に確信したことにあるのだ。このとき、市民《ブルジョア》革命の破産の歴史的実質が哲学における分離状態という形態へと姿を変え、固定化されたのだ。しかし、それでも人は生きなければならない！「よく身を隠した者こそ、よく生きた者である」、自由思想家はそのように説く。けれどもこの言葉は、一日には当てはまっても一生には役立たない。人はこの一生を生きなければならないのだ。この言葉を説いているのは、自らの社会的台頭の基礎を労働に、すなわち蓄積された富におく市民階級《ブルジョアジー》である。かれは今や自らの敗北をしっかりと認めることができるし、この世界を所有するという希望から自分が分離されていることを、すなわち全体性という人文主義の企ての虚しさを知ることができる。それでも生きなければならないのだ。かれがこの生を強いられるのは市民階級としてなのだ。もしこの分離状態が形而上学的なものであり、自由の革命的衝動によっては解消不可能なもの

であるということが本当だとしても、それでも人はこうした分離状態を生きなければならない。分離状態のなかで再建を目指すのか。市民階級の力量《ヴィルトゥ》は、〈狡知〉の力能《ポテンツァ》の幻影のなかから、その分離状態にどんな世界を見出すのだろうか。どんな場所を占めることができるのだろうか。もちろん、すべてが破壊されたわけではない。市民階級には、自らの社会的存在の形態が残されている――方法的に結合されたマニュファクチュア型の存在が。ついこのあいだまで方法に付随していたのが、真理を獲得することだった。すなわち、実在のさまざまな結合の仕方を、宇宙の構造を解読すること、宇宙を構造化することとしての方法である。しかし今となっては方法など何の役に立つのか。何はともあれ、市民階級という確実な社会的存在からなる真理のあの破片を手にするために、神秘化されているもののヴェールのなかに方法が裂け目を生み出すのだろうか。しかり、生み出さなければならない。

『精神指導の規則』から『方法序説』まで、方法はその都度、形式と実質を変える。方法が転換するのだ――間違いなく。というのも、『精神指導の規則』ではこの世界は持続したものであり、方法はその順序にしたがう。『精神指導の規則』では方法とは自由のことであり、この世界を所有することだからだ。これに対して『方法序説』における方法は、〈狡知〉の力能《ポテンツァ》の発展によって規定され、かつそれによって組織化されたあの二律背反と関わりをもつからだ[117]。もしこの二つの著作の連続性について論じたいとしても、それはデカルトの単なる伝記上の連続性であるに過ぎない[118]。すなわち、〔デカルトの〕心理面での緊張であり、〔かれの〕個人史の流れのなかで生じた転回についての評価だけなのである。デカルトが自らの『方法序説』の題名をルネサンス期の伝統から採用したということもあり得ることだ[119]――とはいえ、実際には題名だけである。というのも、このとき、この新しい世界に人文主義者は存在し得ず、人文主義者が存在できる諸条件は消失してしまったのであるから。

ガリレオは存在できない。それゆえ、デカルトが個人的な危機と集団的な危機を明記したことの直近の原因としてガリレオの有罪宣告を認めたことは、方便ではないのだ。実際にも、ガリレオが〈狡知〉に敗北したことは、きわめて深刻なひとつの表徴なのであり、これはどれだけ強調しても足りないことだろう。〈狡知〉は、ガリレオもろとも革命の幻想、人文主義の希望を一掃してしまう。デカルトはこうしたことをすべて心に留めながら、敗北を認めつつも希望を諦めることを拒否したのである。生き延びる必要があるのだ。たとえ革命が終焉したとしても、陣地戦が始まるのだ。

五

『方法序説』は、ひとつの時代の作品である。もっとも辛くもっとも特徴的な時代情況のもとで表明された、ひとつの時代についての判断である。そして個人により苦しみとともに受けとめられながら集団的でもあるひとつの危機、集団的に意味をもったひとつの危機の記録であると同時にその危機への反応である。この観点からすると、その叙述形式は模範的である。俗語で書かれた『方法序説』は、「ひとつの物語《イストワール》、あるいはもしお望みなら（……）、ひとつの寓話」[120]を語っており、言い換えるならば、主体的な経験をひとつの時代の分析の横糸〔trama〕として提示し、そこから出発し仮説の道を通り、ひとつの方法とひとつの形而上学を例示する。この叙述のスタイルはモンテーニュにこそ関連づけられねばならない。それは時代の包括的推移についての反省、しかも「自分の生活の記録《イストワール》」[121]により濾過された反省であり――ひとつの時代の危機の諸原因がそれぞれ個別にたどり直されることによって――その原

因を確かめ、その肯定的な昇華をめざした、[122] そのひとつの時代の危機についての反省なのである。そして実際にも、『序説』執筆の着想がモンテーニュに由来した[123]ということは、実にありそうなことに思われる。とはいえ、その着想を支えている〔かれの〕企図そのものがそうだ、というわけではないが。というのも、モンテーニュは主体的な経験を分析の核心として堅持し、その核心において昇華を図り、〔時代の危機をめぐって〕和解の提案をしているのに対して、デカルトはむしろその提案の核心を形而上学の次元においていたからである。個人の語りを深めれば、それだけますます直接的かつ無媒介にそれは模範的なものとして提示される。――歴史的な出来事の横糸は、普遍的な意義をそなえた思弁的な核に関連づけられ、その核にそって転倒される。したがって『方法序説』は、この特権的な意味で「ひとつの物語、ひとつの寓話」なのである。今日ならば哲学的小説と呼ばれるだろう。実際にも、おそらく『方法序説』は市民的《ブルジョア》思考における最初の〈教養小説〔*Bildungsroman*〕〉なのである。[124] すなわち、形式面から見れば、デカルトの自伝的叙述は、この世界との、つまり真実だと確認すべきひとつの外的世界との問題含みの関係を主題とするものなのであり、その一方で、この関係を通して主体の問題としての性格が昇華されるのである。内容面から見れば、主体と世界との緊張は、主体の側の自覚的な自己抑制に帰結するのである。これらすべては、後にもっと綿密に検討することになろう。この論点の中心にあるのは、そしてその特異性――個人が〔自らにとって〕可能なものを発見すること、それにしたがおうとする意志をもつこと（後にこれが「現実主義的に」と形容されることになる）――を構成しているのは、その本来的な定義の意味における市民的世界の歴史的危機（それは今やこの時代には革命の否定となる）についての主体的評価づけである、ということを強調しておけば今のところは十分だろう。市民階級《ブルジョアジー》の希望が初めて登場したときから今見ている最終的な没落に至るまでの無数のルートをあらためて想い起す

必要はない。――たとえば、〔市民階級の〕企てとその実現の不可能性とのあいだに内在する危機と緊張、全体を自由に支配するという夢を育んだ後に、市民階級が社会集団として自立したことである。こうしたことは、事態の変遷の中心的契機が時代情況において把握されるに至るとき――デカルトがそうであったように――二次的なものとなる。その中心的契機においては、出来事の主要な諸要素は統一的に組織され、生成の持続と危機の激しさとが定義の絶対的な新しさにおいて、つまり、今や特徴をそなえた緊急性、ひとつの新しい時代の表徴をなすものとして現れる。

歴史的経験の実質のある復活と時代の意味全体の抽出、ようするにこれが『方法序説』なのだ。歴史は理論に先立ちつつ、理論構築を望む。理論は歴史にしたがうことを望みつつ、歴史から意味を丸ごと引き剝がすことを望む。この関係には永遠の不安定性がある。すなわち、深遠で反復される意図的な儚さ《プレカリエタ》がある。この論考の題名とその成立過程を見れば十分だろう。一六三六年三月にデカルトはメルセンヌに宛てて次のように書いた。「わたしは、四つの論考を印刷させたいと思っているのです。すべてフランス語で書かれており、題名の全体は次の通りです。〃わたしたちの本性をそのもっとも高い完成の度合いにまで高め得る普遍学〔Science universelle〕の計画。加えて『屈折光学』『気象学』『幾何学』。そこでは著者が提案する普遍学を証拠づけるために選択し得たもっとも難解な〔curieuses〕主題が、ものをまったく学んだことのない人にも理解できるように説明されている〃」[125]。これは、ベイコン的な題名であると言われた[126]。新しい学の告知である。

しかし、一六三七年の二月になると新しい題名が姿を現し、すぐにとても重要な説明がなされる。「わたしは『方法論〔*Traité de la Méthode*〕』とはせずに『方法序説〔*Discours de la Méthode*〕』としたのであり、これは「方法に関する序文《プレファス》あるいは意見《アヴィ》」と同じことです。それは、方法を教えることを意図した

のではなく、ただ方法について話すことを意図したのだということを示すためです。なぜなら、わたしが書いたところからうかがえるように、方法は理論《テオリー》によりも実践《プラティック》に存するからです」(127)。そして最終的な題名が明らかにされる。「各人の理性を正しく導き、学問において真理を探究するための方法序説」(128)。このときに念頭に置かれていたのは、ひとつの普遍学の企てだったのではなく、暫定的な状況における実践的課題を定義することだったのだ。とはいえ、このことは、その取り組みが根本的＝急進的であることを否定するものではない。ここで明らかにされた暫定的性格は、形而上学を確立するという決意と対立するものではないし、歴史的経験を主体的、実践的に濾過する営みも、存在についての論考への道を閉ざすものではなく、むしろ開くものだ。実際にも、デカルトがたどる歩みは、危機の形象を形而上学的に投影しながら、その暫定的な性格を——とはいえその意義は深いが——安定させることなのである。理論と歴史との緊張は、分析が進むにつれても静まることはなく、それどころかむしろ高まり激化するのだ。

したがって、見ての通り逆説的でアイロニカルな『方法序説』の始まりを誤読してはならない。というのも、たとえ「良識はこの世でもっとも公平に分け与えられているものである」(129)というのが真実であるとしても、結局のところ「良い精神をもっているだけでは十分でなく、大事なのはそれを良く用いることである」(130)からだ。誤読してはならないというのは、人々に良識が同じように分け与えられながらさまざまな道がたどられてさまざまな対象に適用され、その結果、混乱と誤謬に至る様を皮肉っぽく眺めるということが、実際にはひとつの悲劇的な状況を示唆しているからだ。世間を渡るために良識をうまく適用し確かな道——それがもっとも長い道かどうかはここでは問わない——を特定すること(131)は、ようするにひとつの課題を特定することなのだが、それはまた、ひとつの歴史的判断を含んでいる。それは、

分別のある個人、市民《ブルジョア》的人間の試みがここまでで破産という形で終結したということである。言い換えれば、理性の統一的理想がとうてい回復不可能な散り散りばらばらな状態へと凋落し挫折したということ、理性の理想の実現形態としての直接無媒介性が挫折したということである。デカルトが自身について語っている話それ自体がひとつの歴史的判断なのである。──それ自体が、形而上学的状況の定義づけへの、つねに革新される導入として価値をもつ。(132)デカルトは、自身の歴史について語るなかでルネサンス期の人間の挫折を例示している。かれがたどっているのは、学知の営みとこの世界の営みに喜びに満ちて自発的に参加することから、この世界からの自己の分離状態へと至る道、真実を求める幸福な放浪生活から方法の必要性の発見へと至る道、自然発生性の称賛から体系化の必要性の再認識へと至る道である。

「わたしは子供の頃から文字による学問〔人文学〕に培われてきた。しかも、この学問をもってすれば人生に役立つどんなことについても明晰で確実な知識が得られると説き聞かされていたので、これを習得したいと強くつよく望んでいた。けれども、それを修了すれば学者の一人に数えられるのが習わしとなっている学業の全課程を終えるとすぐに、わたしは意見をまったく変えてしまった」(133)。これはものごとの根幹に関わる判断である。あらゆるものを修得したのに、それらは大量の誤謬と疑念でしかなく、現実の前に張られたヴェールと間仕切りでしかなかった。──生を導くための明晰さと確実さの基礎づけではなかったのだ。デカルトが批判する学知とはどのようなものか。人文諸学であり、人文主義文化の総体である。救い出されるものは一切ない。かれの批判は、もちろんスコラ学にだけ向けられているのではない。むしろ、スコラ学はすでに昔のものとなっており、いずれにせよデカルトの判断はスコラ学についてはかなり無関心なのだ。ここでのデカルトの攻撃は、学知と世界との関係についての人文主

義的な観念に、さらには博学と諸学科に向けられた。それは、諸学科の人間的意味への異議申し立てなのである。かれは自発的に人文諸学のあのモデルに加わり、幸いなことにいくつかの学の道を歩みきった。しかし、認識の基礎の確実さはどこにあるのか。自発性やこの世界との関係の直接無媒介性が消滅するときには、〔認識の〕基礎の確実さも消滅するのだ。

ところが、人文学者の学知は、いまだに人文主義の観点から批判されている。実際にも、デカルトの最初の選択は、〔現実世界との〕直接無媒介性のより一段階高いところを目指すものだった。このことは、〔先に『方法序説』から引用した部分に後続の〕第二の展開箇所で示されており、しかもこの箇所は、人文主義の学知観のうちに全面的にとどまっているのである。

「そのようなわけで、わたしは教師たちにしたがわなくてもよい年齢になるとすぐに、文字による学問〔人文学〕の研究からまったく離れてしまった。そしてこれからは、わたし自身のうちに、あるいは世界という大きな書物のうちに見つかるかもしれない学知だけを探究しようと決心し、青春の残りをつかって次のことをした。旅行をし、あちこちの宮廷や軍隊を見学し、気質や身分の異なるさまざまな人たちと交際し、経験をいろいろと積み、運命の巡り合わせで与えられる機会をとらえて自分を試し、いたるところで、目の前に現れる事がらについて考察をめぐらし、そこから何らかの利点を引き出すことだ。というのは、一人ひとりの人間が自分について重大な関わりのあることについてなす推論では、判断を誤ればただちにその結果によって罪を受けるはずなので、現実には何の結果ももたらさない思弁について文字の学問にたずさわる学者が書斎でめぐらす推論よりも、はるかに多くの真理に出会われると思われたからだ。学者の思弁は、それらしく見せようとすればするほど、多くの才知と技巧をこらさねばならなかったはずだから、それが常識から離れていればいるほど学者が抱く虚栄心も大きくなる。そ

れ以外には何の益ももたらさないのだ。しかしわたしはと言えば、自分の行為をはっきりと見通して、確信をもってこの人生を歩むために、真と偽を区別することを学びたいという、何にもまして強い望みをいつも抱いていた」(134)。

自己自身のうちを、そして世界という大きな書物のうちを探究しようというその決断がまさに――それ自体が――人文主義的なのだ。豊かな真理と危険を伴う実践の世界が、「書斎で」学者がめぐらす事物の認識に対置されている。このように対置されるのは、この世界との関係が「より」直接的であり、その完遂の報賞――あるいは対価――を自らのうちに含むからである。このくだりにある市民階級《ブルジョアジー》の実質のある希望を読み飛ばすことはできない。このくだりを貫く革命的熱狂は、記憶との関わりにおいて燃えさかっている。

しかし、まさにここ、すなわち宇宙の支配を目指し、自由の経験の普遍的称揚を目指すこの市民《ブルジョア》的世界においてこそ、決定的な危機が炸裂するのである。「確かに、他の人々の習俗を考察するだけだったあいだは、わたしを確信させるものはほとんど見出されなかったし、そこにも、以前から哲学者たちの意見のあいだに見受けられたのと同じくらいの食い違いが認められた」(135)。したがって、これが〔本章注一三四で引用した箇所に後続の〕第三の展開である。この経験においても、論理はなく、順序がなく、意味もない。ここにおいても経験の統一は、回復不可能なばらばらの状態へと突然に変わる。わたしたちは懐疑論の危機の限界点にいるのだ。もちろん懐疑論にはいくつかの有利な点がある。それはわたしたちを幻想から、受け入れた誤謬から解放することができるし、健康に良く元気を回復させてくれる一種の入浴のようなものであり得る。しかし、どのような結果をもたらしたのか。わたしたちを孤独のまま再考させ、おそらくはわたしたちを再確立させてくれる結果をもたらしたのだ。「こうして何年かを費

やして、世界という書物のなかで学び、いくらかの経験を得ようと努めた後で、わたしは或る日、自分自身のなかでも研究し、とるべき道を選ぶために自分の精神の力をすべて傾けようと決心した」(136)。『方法序説』のこの第一部で我《われ》の孤独の発見に至る過程は、人文主義の世界の内的浸食としてあり、それゆえ「この世界を」盛り上げたり再構成したりするのではなく縮小させる一過程である。すなわちこの過程は、ノスタルジアによって、つまり人文主義の極限的な希望が破産したという経験により歴史的な観点から示される。したがって、記述された状況は最大級の緊張をはらむ状況を体現している。我の再発見は、実在性を奪われたひとつの世界を前にした抵抗の最後の拠点の発見として現れる。すなわち、この世界に統一的性格を与えていた主題が砕け散るのを目の当たりにし、危機という分散状態へと消え去ったひとつの世界を前にした抵抗の最後の拠点の発見としてである。我は、我にとり疎遠になってしまったひとつの世界を前にして、問題をはらんだ本質として現れる。以上のことを前提として、我と世界との対峙は、『方法序説』第二部においてより鋭いものとなり、危機の歴史的諸テーマを直接にまたあからさまに巻き込むようになる。この対峙は、第一部の心理的で自己専心的な叙述の地平を超えて原理的なレベルに到達する。原理的と言われるのは、二つの理由からである。第一にデカルトが、世界から我へと引き返す歩みの内容を新たに明確にし、より一般的で歴史的に意味ある仕方で特徴づけながら、その歩みを進める限りにおいてである。第二に、危機のさまざまな理由ならびに我の問題構制《プロブレマーティカ》としての出現を再確認したうえで、自らの前に立ち現れる世界の真性さの最初の形態を、或るひとつの方法の定義とその適用を通じて探すからである。これこそ、一六三〇年代初頭の学知的経験、すなわち実用的な基準の活用を通じて存在の儚さ《プレカリエタ》をのりこえる試みではなかったのか。結局のところ、このレベルが原理的と言われるのは、ここで思考が「デカルトにとり」、危機へと至る歩みを再建するのではなく、時代情

況のうちにそれ自体がすでに丸ごと投じられているからなのである。

さらに加えるなら、『方法序説』の思想は、もし危機の痕跡を刻まれたこの時代情況のうちにそれ自体おかれることがなければ、もっと別の役割を演じたことだろう。デカルトは第二部でそのことを告げている。もし時代情況のためでなかったら、我はなるほどその直接的で生産的な実在性を再発見したことだろうし、存在するものの破壊は、一個人による開放的な〈革新〔*renovatio*〕〉を目的としたことだろう。というのも「たくさんの部品から作られ、いろいろな親方の手を経てきた作品は、多くの場合、ただ一人で苦労して仕上げた作品ほどは完成されていない」[137]からである。根本から再建すること、これこそが新しい人間の事業であるはずだし、これこそがかれの希望だった。挙げられている事例はすべてルネサンス期のものである――理想の都市計画のユートピア[138]、都市国家のユートピア[139]、そしてスコラ学の問答法や教育上の知識の寄せ集めに反対して古典的な単純さを擁護する論戦[140]。しかし、そんなものは〔デカルトによれば〕不可能なのだ。その後の叙述に出てくる順応主義的で懐疑主義的な長い考察は当時の状況を再構成するのに役立つ[141]。残るは、我に――すなわち究極の還元の点、究極の防御の拠点である――再び降りていくことだけである。「わたしは、自分で自分を導いていかざるを得ないことになっていた」〔AT VI 16〕。

まさに、この敗北の痕跡を刻まれたことで、「真の方法」[142]の提案が出てくるのだ。したがってそれは、認識への普遍的な渇望を組織化することではなく、個人へと限定することであると同時に、その確認なのだ。「一人で闇のなかを歩いていく人間のように、とてもゆっくりと進み、どんなことにも細心の注意をはらおう。そうすることでほんの少ししか進めないとしても、せめて転ぶことは避けられるようにとわたしは心に決めた」[143]。『精神指導の規則』と比べると、この世界と真の関係を築くという希望が欠如

しているのだ——とはいえ、探究の枠組みをひっくり返すには、それが必要なすべてであり、それで十分なのだが。哲学の一部門としての論理学、幾何学上の分析、同時代人の代数学の不十分さを告発し[144]、その後で四つの方法論上の規則を定義することは[145]、実在性と必然性を剝ぎ取られたひとつの世界の領域内でなされるのである。〈普遍数学〉は、存在論的洞察のモデルとしてすでに〔『精神指導の規則』に〕姿を現していたが、ここでは比例についての一般的な学知の形態をとっている[146]。こうして、『方法序説』印刷の頃に——デカルトの言によれば——執筆され、方法の〔適用〕モデルとして繰り返し言及されたあの『幾何学』において、〈普遍数学〉が姿を現す[147]。また、当時書かれた『数学摘要』〔数学に関してデカルトが書き残したものの断片集〕にも姿を現すのだ[148]。魔法をかけられた世界〔mondo stregato〕とは、真の方法が残したものであり、諸物体から取り出されたさまざまな量のあいだの純粋な比例〔関係〕からなる世界、単なる延長からなる世界であり、真の内容的な理解に代わって提示された仮説である。これは、市民階級《ブルジョアジー》がルネサンス期に被った敗北がきわめて甚大だったことの痕跡が見てとれる世界であり、市民階級が自らのマニュファクチュア的生産の仮説を唱える可能性を保証しはするがその仮説を歴史的破産の虚空に吊り下げた世界なのである。

『方法序説』の第三、第五、第六部は、この枠組みから離れることはないし、デカルトの分析の進展全般の調子を変更することもない。第三部では「備えとしての〔*par provision*〕」道徳が練りあげられることで、危機状況が全面的に前提され、この企てが定義上、学知的であると同時に絶対に正しいひとつの道徳——青年時代の著述で告知されたような[149]——を基礎づけることに対置される。他方で、「備えとしての」道徳が人に諦めを説く順応主義であることを嘆いても仕方がない。その道徳は、正しく注解された通り[150]、「この方法から引き出された」ものではもちろんない。その道徳は、『方法序説』の執筆に先立

つものである。おそらく時系列的にではなく、[151]もちろん論理的にである。その道徳は、実際にも、危機の直接的な反映なのである。よく注意されたし。それはすでに危機の能動的な反映なのであり、自由思想の優柔不断と懐疑論のニヒリズムからの離脱なのであり、ようするに、何があろうとこの世界を生きるという欲望なのだ。[152]他方で、もしこの道徳が方法から演繹されたとするならば、いったいどのような射程と形態をもち得たのだろうか。実質的な基礎づけの作業は、さまざまな議論からなるいっそう厳密な論理的連鎖にそもそも対応しただろうか。そうは思えない。というのも、方法が残した、魔法をかけられたあの世界では、生きるという意志だけが結果に到達することに希望をもてたからであり、探究としての生の形式的な提起だけが意味の壊滅状態のただなかで自らを支えることができたからである。「最後にこの道徳の締めくくりとして（……）わたし自身がいま取り組んでいるこの仕事を続けていくのがいちばん良いと考えた。つまり、全生涯をかけて自分の理性を養い、自分の決めた方法にしたがって、できるだけ真理の認識において前進していくことである」。[153]

実際にも、生きていくという実用的な意志こそが、なおも、そしてそれのみが、『方法序説』の第五、第六部を支えているのだ。第五部の議論は、以前の歳月の学知的経験へとさかのぼり、――あの段階でのように――相当の曖昧さのうちにある。つまり、全般的な雰囲気は、実体形相論への批判の刷新を通じて、[154]またその批判と結びつく一連の諸テーマを通じてなされる、[155]この世界の脱実在化〔実在性の喪失〕の仮説のそれである。しかしながらそれと同時に、初期の著述に見られたルネサンス的な普遍主義に典型的な姿勢を矛盾に満ちた仕方で復活させる要素やくだりが見てとれるのである。[156]おそらくこの箇所でのように、テクストの構造が『方法序説』成立の、骨が折れるゆっくりとした、そして階層化された過程を明らかにしているところは他にないだろう。[157]

もう一点だけ指摘しておくべきは、第六部で当時の時代と自己自身の危機についての感覚がデカルトにより最大限の形で表現されていることである。今や議論はすべて歴史的なものとなり「自然の主人となる」[158]企てに基礎づけられる——この企ては長いこと切望されてきた（しかも人文主義の実質のある希望のまっただなかで）——しかしまたこの企ては、まさにそれが提示されているときに通り抜けできないことが明らかとなる。実際にも、一方でこの企ては「わたしたちの力の及ぶ限り万人の一般的幸福をはかるべしという掟」である。しかも、この企ては、「こうしてわたしたちが自然の主人にして所有者のようになる」ために、個人的、思弁的であるよりも、集団的、実践的な形——職人の仕事がなされるのとまったく同じやり方——をとる。しかも「このことは、大地のもたらす実りと地上におけるあらゆる利便さを何の苦労もなく享受させてくれる無数の技術を発明する〔invention〕のに望ましいだけではない。主として、健康を維持するためにも望ましいのである。健康は疑いもなくこの世で最上の善であり、他のあらゆる善の基礎なのだ」[159]から。わたしたちは、いまなお自らを実在的であると見なす希望に囚われた人文主義的な〈革新〉の地平を目にしているのだ。「人間の生命は、もしその機構〔*ars*〕がわたしたちに知られたなら、延長することができないなどと疑われてはならない」[160]。そしてひとつの共通の運命を集団でつくりあげることについては、「多くの人の生涯と業績を合わせながらわたしたち全員で、一人ひとりが個々になし得るよりもはるか遠いところまで進むことができる」[161]と述べている。しかし、むしろ逆にわたしたちは、探究者の孤独——駆け抜けるべき無数の経験領域を前にして——がもたらす有効性を、またそうした世俗的、学知的な課題を促進するだけの能力をもたず政治的にも不可能であるという姿を目にしているのだ。[162]まさにここで、一方で、学知的で実践的な企ての強度が濃度を高めつつまとまりを見せることと、他方で、経験が拡張し、その量が膨大なものとなり、そして「それぞれは」

何ものにも還元することが叶わなくなるとともに、〔この諸経験をもとにした実験的探究を〕組織する集団的手段が欠けていることのあいだに存する極度の緊張が、我と世界、確実性と進歩の対立を再び炸裂させるのである。現実には、智慧としての学知、この世界の制御と所有としての学知、集団の成長と革命の獲得としての学知の可能性こそがなかったのである。確かにこの要請には抑えがたいものがあるのだが、今のところこの世界には、すなわち我と現実のあいだには無際限の空隙があるのだ。この距離は、デカルトがそれをのりこえることを望めば望むほど、かれを苦しめたものだ。実際にも、どんなのりこえの試みも、必然的に終わりのない歩みとユートピア的な希望の繰り返しとのあいだをさまよった。(163)だとすれば、デカルトが直面した危機のまさにこうした極限的な諸契機にひとつの無力な希望の宣明や、デカルトが個人的に重みとして背負った敗北の集団的な宿命の自覚を――あまりにしばしばそうだったように――見出すのではなく、その代わりに肯定的な一契機を見出そう――それ自体は正しい――と望むのはなぜなのか。無際限なもの、あるいはユートピア的なものは、危機を終結させはしない。それらはむしろ危機の深刻な一契機である。確証するべきこの世界を前にして存在するのは、自らの孤独に囚われた我だけなのだ。

しかしながら、ルネサンス期の経験が全面破産したこうした状況を背にしつつ、感覚、哲学、経験からなるこの世界が内的に分離しており全面的に脱実在化して見えるとき、世界は夢となる。「わたしは、それまで自分の精神のなかに入り込んでいたものはすべて、夢にみるまぼろしと同じように真でないと仮想しようと決めた」。(164)こうした状況でこそ、我の孤独は、危機に巻き込まれながらも危機に優るものであることが明らかとなる。「わたしは考える、ゆえにわたしは在る」。存在との第一にして唯一の接点である。実在するがゆえに、疑うことのできない原理《プリンチーピオ》＝始点である。確かに我は単独だが、その孤独は

現実のものであって、夢のうちにあるのではない。「わたしは考える」の逆説は、すべてここにある。すなわち、探究の過程でなされた主体の自己限定は、還元と抵抗との劇的な瞬間であるが、それこそが唯一の肯定的瞬間となるべきである、という考えのうちに〔逆説はあるの〕である。〔さらに言えば、主体の自己限定は〕単なる抵抗ではなく、むしろ存在論的な基礎づけであり、存在への還元なのであって、可能なあらゆる仮象をその強度によって破壊することなのだ。しかしこの逆説はさらに先へと進み、特徴づけられる。もし「わたしは考える、ゆえにわたしは在る」〔という命題〕が「このようにすべてを偽と考えようとしているあいだ」[165]に生じたのだとするならば、思惟する実体として自己を性格規定することは、それ自体が身体の実在性の否定という逆説的な律動に基づいて展開しているのだ[166]。我は、自らを実在と定義することでこの世界の脱実在化の過程の一機能を促進する。さらに言えば、この逆説の内部から、すなわち分離状態の深刻な自覚の内部から生じるのが、認識の確からしさの検証であり、神の存在の証明なのだ。よく注意されたし、逆説から生まれるのは、完全性という観念[167]に依拠した証明だけではなく（「わたしが疑っていること、したがってわたしの存在は完全無欠ではないことに反省を加えながら（……）」[168]）、いわゆる存在論的証明[169]もそうである。この証明もそれ自体、懐疑をベースに組み立てられている。つまり、本質という観点、ならびに、完全と欠如の〔論理的に〕当然の組み合わせの観点から組み立てられているのではなく、存在とそのもう一方の片割れとしての不在という観点から組み立てられているのである。ここで始まるのは、存在の自律性すなわち「わたしは考える、ゆえにわたしは在る」〔という命題〕が発見したあの新しい存在の自律性のなかに丸ごと含まれているひとつの歩みなのだ。この思惟する本質が絶対的なものを示唆する。懐疑の根本的＝急進的性格が絶対的なものの根本的＝急進的性格へと道を開くのだ。

きちんと説明しよう。我の孤独は、たとえ危機に巻き込まれているとしても危機には還元できない何かとして姿を現すとわたしたちは述べた。確認する必要がある。危機に還元できないというのは、我の孤独がその危機とは異質であり危機から自律的で危機よりも優っているからだ。我、魂、神、ここで再び手に入れられるこの世界、これらの確実性は、この世界全体を平和に所有することや、この宇宙の英雄的な再建を保証することとは違う。危機ののりこえでもない。これらの確実性とは、むしろひとつの別の地平の、すなわち逆説的にも、また皮肉なことに、危機を深化させることを、つまり危機を決定的に受け入れることを通じて発見されたひとつの地平の最初の示唆なのだ。危機は、この世界との和解に帰結するのではなく、主体の自己限定と自律に適合したひとつの世界を提案することに帰結する。危機の引き金を引いた最初の問題、すなわちいかに存在を獲得するかという問題は、今や棚上げされる。存在からの距離、現実からの距離は、決定的で解決不可能なものとしてある。もしここで再建について語りたいのであれば、存在についての特殊な定義づけによる意味においてでなければならない。すなわち、存在を絶対的なものとしてではなく、主体による本質的な自己限定がもたらす特殊な形式に関係したものとして捉えるのである。「わたしは考える」は、分離状態を除去するのではなく、それどころか分離状態を深め、形而上学的に決定的なものとして扱う。したがって、幸福なルネサンス期の存在との断絶は、まさに『方法序説』において明らかにされ、達成される。三十年代の歴史的な時代情況は、ここに決定的な体系化を見出すのだ。『方法序説』は、この観点からすればまさしくひとつのブルジョア小説である。皮肉にも〔『方法序説』が〕デカルトの青年時代の革命的経験から距離を取ったのは、孤独、敗北、主体の自己限定の確立に基づいてこの世界を再建することを「現実主義的に」受け入れるためだ[170]。それゆえ『序説』は、学知すなわちこの世界を再建する人間の学知を生み出す可能性の再構築なのでは

ない。むしろ、この世界を実際に所有することとしての学知の不可能性の特定なのである。しかしまた、それと同時に、『序説』は、別のひとつの世界の企てであり、支配の——時期尚早ではあるが力強い——希望を再構築する（それは遠くにあるが不可能ではない）うえでの基礎として、我を独占的に価値づけたのである。

第3章

政治学なのか、あるいは分別のあるイデオロギーなのか

というのも、下働きの職人たちは、新しい作品に取り組むことなど力に余ると感じているために、古い作品を繕うことだけに専念するものですが、わたしはそういう連中の仲間にはなりたくないからです（AT X 509）。

一

デカルト哲学は「機械論の歴史における形而上学的偶発事」(1)を構成していると言われてきた。『方法序説』におけるさまざまな結論を想起すれば、この定義を受け入れようという気になるかもしれない。つまり、極限的な二元論、純粋な比例関係からなる魔法をかけられた世界、延長へと還元された宇宙であり、それらには思惟実体として登場する我《われ》が偶発的な形で対置されているに過ぎない――その我の登場は、世界と具体的に関係するときの諸条件を規定することができていないのだ。無際限に伸びる距離はどの方向にも定まっていない。思惟は、あの月面のように荒涼とした世界に向かって広がっていくが、その世界を理解しないし、所有もしない。すでに検討したように(2)『幾何学』において、魔法をかけられた世界というイメージがこのうえもなく鮮明に現れている。これは偶然ではないのだが、『幾何学』は、

『方法序説』当時の〔かれの〕学知的分析の水準を明らかにしている――そして、逆説的にもと言わねばならないだろうが、『幾何学』は、同じ時期に定式化されるが偶然的なものであることがわかる〔『方法序説』の〕あの形而上学的な第四部とのもっとも鮮明な対立を、すなわち全体的な枠組みにおける純粋な矛盾の表徴を露呈している。知性が幾何学的世界に広げる理由〔つまり根拠〕の順序〔からなる秩序〕は、ここでは、実際、まったく形式的なものである。想像力が知性作用を排除するように、数学の地平が形而上学の地平を排除する。[3] なるほど、数学的な諸根拠の秩序の妥当性が神の誠実さ〔神は人間を欺かないということ〕に基づくというのは正しい。しかし、この秩序がそのように根拠づけられるのは一回限りのことであって、それは、まさに形而上学的な偶発事にして、諸根拠の展開へと広がることのあり得ない基礎づけなのである。それどころか、この基礎づけは諸根拠を超越する土台であることがわかる。しかも、これら諸根拠に関係づけられる可能性をいっさいもたない土台である。〔ようするに〕分離状態がこの世界の形式なのだ。学知が自然界に関して構想した機械論的な秩序を超えて、我の偶然性がいかなる媒介もなしにその姿を現す。[4]

『方法序説』の他のいくつかの結論に注意すれば、その枠組みが明確になる――そして形而上学の契機が偶然に現れたという性格がさらに深化するように思われる。実際にも、道徳や政治といった根本的に意義深く重要なテーマが、ただちに人間との関連を有するような意味づけとは無縁の機械論的世界の魔法をかけられた雰囲気そのもののなかで展開するように思われる。たとえば、『方法序説』の第三部とそこで定められている暫定的な道徳の諸規則を今一度考えてみよう。その順応主義的で追随的な外観を強調することは――さしあたり――あまり重要ではない。もっと重要なことは、その原理的性格、本質的な形式主義を明らかにすることである。

「第一の格律は、わたしの国の法律と習慣にしたがうことだった。それも神のめぐみによって子供の頃から教えをうけた宗教を変わることなく守り続け、また他のどんなことでも、わたしが一緒に暮らしていかなければならないような人々のなかでもいちばん良識のある人たちみんなに実践のうえでひろく受け入れられる、いちばん穏健で、いちばん行き過ぎから遠い意見にしたがって、自分の舵をとりながら、そうするということだった」。[5]「わたしの第二の格律は、行動にあたってできるだけしっかりした断固とした態度をとること、どんなに疑わしい意見でも、いったんそれに決めたときには、立派に保証されたものであった場合に劣らず、変わらぬ一貫した気持ちでその意見にしたがうということだった」。[6]「わたしの第三の格律は、運命に打ち勝つよりはむしろ自分に打ち勝つこと、世間の秩序を変えるよりもわたしの欲望を変えることにいつも努力するということだった。また一般的に言えば、わたしたちの力でそっくり扱いきれるものは、わたしたちの考え以外に何もないと信じる習慣をつけることだった。そうすれば、わたしたちの外にあるものに関して最善をつくしたうえは、うまくいきそこねるものは何でもわたしたちにとってどうしても不可能だということになる」。[7]

ここでは、世界について価値づけを行ないながら理解するなどということはなされず、あらゆる内容が捨象され、「人間のくだす」決断の形式面での特徴が強調される。確かにこの形式主義は、暫定的なものでありたいと望むほど、それだけいっそう曖昧なものになる。しかし、本当に暫定的なのか。少なくともこれは、代案を求めようとしなかったがゆえに急進化した「暫定性」である。実際、思惟する我が形而上学的に確固な実質をそなえてひとたび登場すると、それ以外のいかなる道も明示されない。思惟する我の登場は、倫理規則に介入したりそれを変更したりすることを——今のところ——拒むことで、純粋かつ単純に倫理規則と対立する。そしてこのことだけでは、本書でこれまで何度も指摘してきたこ

とにもかかわらず、道徳問題のこうした設定が、政治的なものであり、さらに、市民階級《ブルジョアジー》が敗北を被り、当面は何らかの代替案を提示することが不可能であるという事態に由来する緊急の要請に応答する必要性から生じたことなのである（これについては、規則が戦術面に特化した所見で満たされていることが特徴的である）[8]、と論ずるには不十分である。以上のことがすべて、この道徳の暫定性を緩和するどころか、いっそう徹底するに至るのである——とりわけ、本書が書き記してきた歴史的状況が市民階級の自律性とその伸長を望まぬ抑圧装置との社会的対抗関係によってまさに特徴づけられていたことを思い出すならば。そこに暫定的道徳の特殊性、すなわちその形而上学的本質の土台があるのだ。

議論が道徳的なものからはっきりと政治的なものになると、分離状態という性格がさらに強調される。というのも、たとえ個人が何らかのやり方で存在に影響を与えるような道徳的選択をしなければならないとしても、今やそれ自体、魔法にかけられたものとして、つまり、我の前に立ち現れるもうひとつの真なる自然として登場するあの社会的で政治的な世界においては、個人がそうしなければならない度合いは弱まるからである。我にとっては、世界一般と対峙しているときよりも、［その世界から］分離しているときのほうが、障害となるものは少ないのである。暫定的な道徳の諸規則においてすでに見られた態度、すなわち世界の秩序を変えないこと、もっとも穏健な思想を受け入れ、これにしたがうこと、そうしたことが強調される。別の選択肢が現実的には不可能だという感覚がいっそう強まるのだ。準則は事実の判断を受け入れ、この判断は主体に対して、自然界において発見された厳密さを政治の世界において真似る傾向をもったひとつの分離状態について示すのである。デカルトは、政治の世界を絶対主義の用語で記述している。主権者の至高の意志は、その荘厳さのもと不可知なものとされ、法律を制定する権能《カパチタ》は端的にその恣意的判断に依拠するのである（王《ロワ》が欲するところ、そのように法《ロワ》が欲す）[9]。主権者の意

志は束縛するものなので、わたしたちは、この意志に縛られたあらゆる社会的義務に服従せざるを得ない。[10] 自然界と政治の世界の類比《アナロジー》がこの段階では全面的なものなので、この二つの次元はつねに交換可能なものとして、つまり隠喩の形式のもとで示されている。[11] 他方で、主権者の恣意的意志に支えられる政治の世界の内実である、人間的意義を除去されたあの空虚な現実に、何を対置すべきなのか。もし本当に個人が孤独を通じてのみ自らの真の実在を発見するのだとするならば、対置するべきものなど何もない。世界を取り囲み世界を形成するような、個人に由来する自由の自発的表現は、ここではすべて除去されている。〈慣習〔*usage*〕〉だけが歴史を作り、この〈慣習〉とその法文化は、主権者の専決的な考察の対象となり、かつ、主権者の直接的な責務の何であるかを示す。[12]〈ポリティーク派〔*politiques*〕〉の学知というテーマが、この段階のデカルトの仕事においてたえず繰り返し追求された。どれほどデカルトが〈ポリティーク派〉の議論からその術語だけでなくそのイデオロギー的参照点をも受け入れているのかを証明するには、すこしの比較で十分だろう。[13] わたしたちは、デカルトが楽観的で開かれた自然法的概念を表明しているように見える主張に出くわす場合でさえ、瞞されてはいけない。言葉の綾として正義を持ち出すことは、〈ポリティーク派〉の習慣においては構成された権力《ポテーレ・コスティトウイート》〔すなわち国家〕を正当化することであり、政治における価値とは形式的要素に他ならないこと、暴動や反乱に対する秩序維持のことだと言明することである。適法性《レガリタ》――今日なら正義の代わりにそう言うであろう――とは、無秩序への対抗のことである。[14]

デカルトが法的ないし法－哲学的性質の見解を表明している文章に注目するならば、デカルトの政治思想から受ける印象が裏づけられる。実際にも、かれがかつて行なった[15]法律研究の素朴な記憶であることらの主張、あるいは〈法服貴族〉という職業の――職業を通じた社会的階級上昇の――思い出を反芻

するこれらの主張は、脇においておこう。「わたしはよく心得ていた（中略）法学や医学その他の学知は、それを学ぶ人々に名誉と富をもたらすということ［を］」[16]。わたしたちは、デカルトが法的経験の考察をよりいっそう深めているところであれ、ようするに〈ポリティーク派〉の含意により表現されるあの痛切な悲観主義そのものを見出すのだ。法＝権利は、社会的な「ゲームの規則」として、さらには、単なる横暴としてではないにしても、戦術的策略とレトリックとして理解されており[17]、それ自体が人間的真理のないひとつの社会的世界、分離状態にある世界、恣意的な動きをする諸関係からなる世界を前提としている。唯一の保障とは、法律の遵守と施行の形式的価値である[18]。たとえデカルトがその思想の最終段階において人間的により重要で新たな定式化[19]を試みる場合でも、読者は秩序の形式的価値、参照の最終地平としての〈ポリティーク派〉が求める消極的保障をつねに見出すことになるだろう。

秩序への執着、〈ポリティーク派〉の言説だ。だから『方法序説』に残る社会的地平についての一概念は、自然界のビジョンと同じくらいに否定的であり――言わば、奪われ、脱実在化しているのだ。そうなると『方法序説』における我の登場は、形而上学的には単に偶発的だったのだろうか。おそらくはそうなのかもしれない。しかし、偶発的という性格によってこのような我の登場が無効であると考えるべきではないし、ましてや状況が探究の主題の深まりに対して閉じていたと見なすべきでもない[20]。というのも、初めはおそらく心理学的に重要ではなかったがそれでもやはり本質的であったこの観点からこそ、デカルト思想の内的不均衡――この不均衡を問いに付すこと《プロブレマティッザツィオーネ》からしか新たな総合《シンテジ》［sintesi］は生じ得なかったのだ――が拡大するからである。徐々にではあれ魔法をかけられた世界の不十分さがますます痛感されるようになり、我と世界の対置は、時代の危機により強要された問題への解答をうまく提示

できない静的なものに思われてきた。この不十分さが、社会哲学の地平におけるのと同じくらい明確に自然哲学の地平においても明らかにされた。しかし、障害を取り除けるようにするために、脱実在化した存在の次元が最大級の強度をもって論証される場としてのあの科学的研究にデカルトの思想が回帰することが必要だったのだ。

ときは一六三八年、デカルトは、フェルマや、パリに新たに登場した数学者たちの集団との激しい論争に巻き込まれる。[21] 最初の論題は『屈折光学』であるが、すぐに論争は自然界の数学的認識に関するデカルトの基礎づけ全体を対象とするようになる。[22] パリの数学者たちが叩いたのは──純粋に計算の問題と、論争上のたくさんの弁解を指摘した点でとくにロベルヴァルが目立っていたのだが(いずれにせよ、デカルトにとってかれらはすべて「真理をまったく求めない、悪意に満ちた精神の持ち主である」[23] とされた)、それらを別にすれば──、デカルト幾何学に見られる形而上学的残滓、すなわちデカルト幾何学にたえず浮上してくる幻想でありルネサンスの記憶である。わたしたちは実際に、幾何学的証明を試みるデカルトの思考が──つねに一刻を争うあの哲学的調停の必要性にまさに応えるべく──どれほどの厳密さを欠くことがあるか、また異質な出自の立場の繰り返しにどれほどとどまっていたのかを検討した。[24] したがってデカルトへの〔これら数学者たちの〕批判は、説明の必要性を強調するものとなる。すなわち、デカルト的な幾何学主義〔すべてを幾何学の形式や方法に還元しようとする理論〕の掘り下げの必要性や世界の脱実在的形象のいっそう十全な領有の必要性よりも、率直に言えば支持不可能な口実や留保のすべてからこの形象を解放することの必要性が強調されるのだ。そして、これこそが実際に生じたことなのである。わたしたちは、パリの数学者たちとの論争は、それ以前とそれ以後からなると言うことができるだろう。実際にこの「それ以前」と「それ以後」というのは、デカルトの次のような悲鳴のうちに確

認できるのである。「しかし、自然学に依拠する主題において幾何学的論証をわたしに要求するなどということは、わたしに実現不可能なことを無理強いするようなものです」[25]。デカルトは、単なる幾何学化には還元できない自然学的地平が、形而上学的土台にいくつかの点でまだ立脚していると相変わらず考えている。これは、デカルトの思考上の根本傾向に矛盾する姿勢だろうか。確かにその通りだ。本人もそのことをすぐに認める。なぜなら、「わたしの全自然学は、幾何学以外の何ものでもない」[26]と述べているから。つまりこれが、パリの数学者たちとの論争の結果である。すなわち、これらの批判に価値があったから生じた結果というよりも（とはいえ、いくつかの事例では批判は的を射ていた）、デカルトが批判に対して苛立っていたことから生じた結果なのであり、パリの数学者たちが適切な代替案を表明したからというよりも、デカルトの思考が自らを進展させる必要があったことから生じた結果なのである。しかし、ついにここで、幾何学的世界観を相変わらず鈍化させていた一連の曖昧な諸要素が取り除かれることで、〔世界を幾何学的に捉えようとする〕思索における停滞のあらゆる可能性が揺さぶられ、またこのことと対比的に、哲学的思考のほうは、この思索に形を与えるさまざまな要求と傾向に直面するのを余儀なくされるのである――もはや近道を通るといった仕方ではなく、厳密な仕方で。この契機においてのみ、デカルト的な幾何学主義によって魔法をかけられた世界は――敵対者たちとの論争の刺戟のもとで――その姿をきわめて明確に現すのだが、こうして主観的にも危機に陥ることになる。世界が脱実在化すればするほど、「わたしは考える」の孤独な現出という、実在との唯一の接点、この接点との緊張がますます耐えがたいものになる。デカルトが自然学の幾何学への還元を宣言する書簡のなかで、神の存在証明についてのラテン語で書かれた新たな一論考の告知が現れるのは偶然ではない[27]。『省察』に向けた仕事の開始である。かの緊張は耐えがたいほどのものだったので、重大な問題を自己に課すこ

とから逃げ出すためのいかなる口実も弁解も不可能であった。この危機は大変に深刻なものだったので、不可避的な最終解決へと至る。「しかし、お願いですから、幾何学について、もうわたしに何も期待なさらないでください。ご承知の通り、わたしは以前からもうそれをしたくないと訴えてきましたし、正直に申し上げて、終りにすることができると思うのです」[28]。この危機は、ただ形而上学によってのみ、すなわちそのときまで偶然のものと思われていたあの契機を深化することによってのみ、のりこえることができる。おそらく世界との真の関係を確立することが可能となるのである[29]。

自然界に関する研究の分野で、幾何学についてのイメージが――あらゆる遅滞から解放されるにしたがって――危機に陥り、『方法序説』以来残っている分裂が解決されねばならなくなるのに対して、このような自覚は、デカルトと政治世界との関係のなかにも同様に現前することになる。この問題の歴史的具体性は、議論されている諸問題の抽象的形式の背後にあるが、それが姿を現すのにさほど時間はからない。それに、ひょっとしてデカルトとパリの数学者たちとの論争は、〔デカルトの〕政治経験にとって何がしかの意味で重要なものではなかったか。少なくとも――デカルトが強調した通り[30]――かれの対話的論争者たちの社会的地位の高さも含めて、この論争の公的な姿を、それが学知の公的機能や、それゆえこの公的機能のうちに識別可能なさまざまな政治的オプションのなかの選択に影響を与える限りで考察するならば。しかし、このように間接的な参照事項の他にも、今のところ幾何学的に描写されてきた限りでの魔法をかけられた世界は、直接的に重要な政治的様相を呈しているという事実が残っている。この事実は、市民社会と国家とのあいだの危機のもっとも激しい契機、最大の分離状態、もっとも深い二元論的亀裂の契機を示している。絶対主義国家は、まさに機械的に作動するもうひとつの自然なのであり、主権者の行為の、荘厳な不可知性に基礎づけられる純粋な適法性《レガリタ》なのである。それならば、

市民社会とそこで自己を表現する市民階級はどうなるのか――敗北しながらもその存在を能動的に主張することを強いられる市民階級は。わたしたちが確信できるのは、かれらの抑えつけることのできない存在と自律性を除いて何もない。しかし、この固定的な二元論、この静止した対立関係はいつまで可能なのか。幾何学的世界の危機、我を取りまいている偶発性から我が解放される過程は、ここでもまた覚醒することができなかった。ここでも他のところと同様に、我-世界の関係の結合が台頭した――おそらく最大限の緊急性を伴って、もちろん社会的な生の人間的意味の定義に向かって絶望的に駆り立てられながら。『方法序説』以来残った我の形而上学的偶発性がのりこえられなければならなかった。

二

必要なのは、我《われ》〔と世界〕の分離状態を克服すること、人間と世界を関係づけ直すこと、突発的な形而上学的出来事の偶然性を取り除くことである。しかし、どうすればこの要求を実現できるのか。既存の準拠枠が不十分だとの自覚により規定された不満や不安をどのようにすれば和らげることができるのか。

わたしたちは、デカルト思想の発展におけるひとつの決定的な転換点にいる。我と世界との対立の自然発生性が組織化へと姿を変えねばならず、孤立化の圧力――および不確実性――が除去されねばならない。しかし、デカルトが生きている世界は、時代の諸問題に対して全般的な答えをすでに出していた。この世界は、総合的な選択――その選択は自然主義および人文主義に反対している点では否定的であり、

自己充足的価値としての平穏に賛成している点では肯定的である――をするに際しては、根本的=急進的《ラディカーレ》な二元論を受け入れ、機械論の自然哲学および政治哲学へとその二元論を組織化した。したがって、のりこえのための諸条件を検討しないどころか、のりこえのあらゆる理念を嫌悪しさえする。デカルトが生きているあの〈法服貴族〉の世界――かれが遠く離れてさえ、亡命の地オランダにおいてさえ共有していた世界――は、かれが自由思想家《リベルタン》たちによる代替案を拒否しこれと格闘したとき以来、自らのイデオロギーのなかにあの二元論を固定化したのだ。今やこの世界は、この二元論を市民階級の物質的成長の要求に積極的にしたがわせようと努めるが、この二元論を粉砕し、超克し、これに異議申し立てしようとはけっしてしないのである。機械論者たちが自由思想家たちを攻撃するのは、市民階級の自由な発展の地平を奪還するためではなく、すべての者に、現実主義的な危機意識を課し、分離した存在における困難で骨の折れる歩みを課すためである。「政治家は、人間を形而上学的に抽象されたものとして見なさない。むしろ、市民生活のさまざまな任務のうちで人間について考察する」(31)。

他方で、反自由思想家《リベルタン》キャンペーンが一六二〇年代前半に展開され、ヴァニーニやテオフィル・ド・ヴィヨーがその犠牲者となり、イエズス会士のガラスやミニモ会士のメルセンヌがその討伐の「英雄」となるのだが、実際には、このキャンペーンは護教論的というよりもずっと政治的な帰結をもたらしたのだ。まさにこのキャンペーンは、高等法務官と国王権力との同盟を通じて、この歴史的ブロックを強化し、市民《ブルジョア》教養層からあらゆる政治的代替案の可能性を摘み取るために展開された。すぐに魔女狩り(32)に形を変えたひとつの煽動が、ヴァニーニとテオフィルの殉教を利用して、政治体制構築の完遂が必要だとの一般的な意識を押しつける(33)。そのスローガンは、人文主義の理想の名のもとになされる絶対主義への抵抗を除去せよというだけでなく、この体制を能動的に支持せよ、そしてこの体制を正当でありこの

時代にふさわしいものとして価値づけよというものだった。いまだ漠然とではあるが自然主義的で汎神論的であった初期の自由思想《リベルティニスム》は、危険思想だとするイデオロギー的烙印を押される。(34) もしその後も自由思想家としての生き方を続けたいと望むのであれば、それは――わたしたちが見た通り――逃亡生活の態度へと姿を変えるか、限定されたきわめて小さな集まりの共有財産になるしかない。これとは反対に、機械論的二元論は、国家のイデオロギーになる。市民階級の革命的過去のノスタルジアではもはやなく、むしろ敗北的情勢への同意であり、分離状態と市民階級の危機に絶対主義を適合させること――つまり絶対主義の構造的適合である。すなわち、破壊されてしまった幸福な状態へのノスタルジアはもういらない、むしろ今は平穏無事な生活の保障、平和な暮らしを送ることの実定性《ポジティヴィタ》＝肯定性が大事な時代となったのである。

ひょっとしてデカルトは、このイデオロギーに異議申し立てをし、それに改良主義的なひとつの希望を対置することを望んだのか。すなわち、分離状態が克服され、それとともにルネサンス期市民階級の革命的で充実した生への渇望がかれらの基本的諸価値によって刷新される地平を再獲得したいと望んだのか。これは、デカルトの次の言明を想起すれば、逆説的な問いである。「わたしは、あの掻き回し好きで落ち着きのない気質を容認することができない。このような連中は、生まれからいっても、運命の巡り合わせからいっても、公事をつかさどることを求められていないのに、いつも何かしら新しい改革を、頭《イデー》のなかで考えることをやめられないのだ」。(35) しかし他方でこれは、非常に重い伝統の影響を明らかにする言明でもある。全面的な混乱で部分的な欠陥を修正することはできない。それはモンテーニュが忠告しているように、病人を死でもって癒そうとするようなやり方であった。(36) アンリ四世の死〔一六一〇年〕の後、或る人々が抱いていた刷新の希望を打ち砕くあの最後のフランス身分制議会〔つま

り「三部会」のことで、一六一四年を最後に一七八九年まで開催されなかった」において、〈第三身分〔Tiers État〕〉は、次のように宣言する。「王に対して、そして神によって確立された至上権に対して数年前より、これらを妨碍し転覆しようと只管《ひたすら》に画策する反逆的な精神の持ち主が標榜する有害な学説《ドクトリン》の流布を押し止めるために、王はその身分制議会に、以下のことを不可侵にして公知の、王国の基本法とする決定をくだすよう要請する。つまり、王はその王冠を神のみから戴くことで、その身分において至上であると認められるように、王国から王という身分を剝奪し、また、その臣民が王に対して示すべき忠誠と服従を、いかなる要因または名分であれ、免じたり赦したりするよう、その王国に強制する権利をもったいかなる権力《ピュイサンス》も、教会と世俗の区別を問わず、この地上には存在しないこと。すべての臣民は、いかなる資格であれ身分であれ、神の御言葉に合致したものとして、この法を神聖かつ正実なものと見なすこと」。[37]デカルトの昔からの友人であり、十七世紀的な新たな生き方の唱道者の一人であるゲ・ド・バルザックは、ためらうことなく次のような大声を上げる（何度も言っていることなのかもしれないが）。「若輩の友人がわたしたちと同じ年月を生きたからといって、世界を改革したいと望む連中について、わたしたちよりも好意的な意見をもつことにはならないだろう。かれがすべての時代について歴史書を繙くならば、改革を望むこの熱意は、昔からの混乱に終止符を打つというより、新たな混乱を引き起こすこと必至だとわかるだろう（後略）」、「共和制の信奉者とは、ものごとの可能性を超えたところへ想像力を羽ばたかせる連中のことである」。[38]そして、デカルトが『方法序説』を構想していたのと同じ頃、リシュリューは〈ポリティーク派＝政治家〔*politiques*〕〉の学知を自らの『政治遺訓〔*Testament politique*〕』にまとめていた。この書は、ルネサンス的なあらゆる希望に対する無情な有罪宣告であり、政治秩序の必要性と新たな安定性の礼賛である。[39]

状況かくの如し。だとすれば、何をなすべきか。デカルトは、状況を全面的に受け入れることなどできず、望みもしない。『方法序説』から、そしてその後の労苦と議論から、のりこえの地平を発見する要求が不可避なものとして飛び出してくる。確かに、デカルト自身も権力構造のなかにいた[40]。すなわち、ルネサンスの危機から脱出したあの新しい安定的秩序のなかにいた。かれがそうしたのは、それが家族の決まり事[41]だったからであり、政治的であれ[42]社会的であれ[43]文化的であれ[44]、大変強い一体感とともにそこにいたからなのである。デカルトの伝記が、当時の伝説の土台として即座に形成されることになるのは偶然ではない。攻囲された都市の城壁のもと、まさにラ・ロシェルでこそ、デカルトの使命《ヴォカツィオーネ》がベリュールの前で明らかになったのだ[45]！　という具合に。機械論は、この時代の伝説ではないにせよ、この時代にもっともふさわしい表現であり、構成された権力《ポテーレ・コスティトゥイート》の真の公定哲学である。それにもかかわらず、デカルトは機械論に還元されることを望まず、またそれは不可能であるのだ。

確かにデカルトは、機械論の自然哲学の発展のすぐ後を追いかける。メルセンヌとの長期にわたる手紙のやりとりの習慣は、一人の孤独な人間が対話者を求めたということだけでなく、きわめて限定された人脈との出会いの場、新たな公認哲学の場、機械論の創設者たちの場の存在を示しているのでもある。かくしてデカルトは、この世紀の――もっとも深淵なもののうちの――いくつかの要求に対する機械論の回答を評価することができた。たとえば方法の要求、ならびに権威に立脚した原理の批判を、アリストテレス派の質的自然学の批判と運動の科学としての新自然学の基礎を、そして、あらゆる領域における新自然学の諸原理の厳密な――実験の幅広い能力と結びついた――展開を評価することができたのだ。しかし、これらのことはすべて、どこへ向かっているのか。たとえば、メルセンヌが一六三四年に出版し、メルセンヌの「方法序説」[46]を構成する一群の著述を考えてみよう。一方で読者は、権威に立脚した

原理に対する攻撃、スコラ的伝統と自然主義が学知をそこへと追いやった〈欺瞞〔*déception*〕〉の告発（と積極的な曲解）を見出すのであり、さらには学知の独占的基準として、論証上の理性的原理の称賛を見出すのである。他方で、現実の再構成に関する方法的図式が位置づけられる地平は、完全に形式的である。数学ならびに学知一般は可能的なものについてであり、それらはあらゆる形而上学的な連結から、あるいはまた、論証的自然学のさまざまな図式へと結びつけられることから全面的に切り離されている。メルセンヌの観念は、いかなる普遍的地平も構成せず、それどころか経験を構成する機能であるにすぎない。メルセンヌのこの主張は、まったくもって「経験主義の方法序説」、すなわち本質を存在レベルへと平準化することである。[47]そして機械論のもう一人の偉大な論者ガッサンディが作り上げた学知上の計画についても同じことが言える。かれの思想において〈破壊的部分〔*pars destruens*〕〉（懐疑論的な動機で用いられれば、アリストテレス哲学にも、〔ロバート・〕フラッドの自然主義にも、〔ハーバート・オブ・〕チャーベリーの唯心論に対しても、同じくらい効果的に発動する力をもっていることがわかる）と再構築的部分（経験論の新たな理論）とが継起し、それぞれが緊密に結びつき並存しているので、懐疑論はここで新しき学知の文字通りの父親となり、経験論はあらゆる普遍主義的主張に対する懐疑論的不信によってつねに制御されていることがわかる。[48]しかし実際は、深刻な不安定性がつねに機械論哲学のなかに存在する。そうであるのは、機械論哲学が懐疑論との結合において生じ、したがって、断絶の契機として、つまり、ルネサンス的自然主義の崩壊に際してその向こうを張るものとして自らのことを提示する限りにおいてである。しかしながらガッサンディは、この自然主義について、近代のあらゆる問題構制《プロブレマーティカ》の発生源としてのノスタルジアを感じている。機械論はこのノスタルジアに苦しむと同時にそれを拒否する。このノスタルジアを拒絶するのと同じくらいにこれに苦しむのだ。しかもこれ見よがしにそうする。機械論の著作

家たちの作品において、批判的で破壊的な部分は、再構成的な部分を大いに凌駕し、かれらの仕事は基本的には学的営為の提案というよりも哲学的批判という仕事にとどまっている。[49] おうおうにして曖昧なところのある自然哲学上の展望を、科学的な実験のための輝かしい能力と結びつけてしまうルネサンス期の著作家たちとは、何と異なっていることか！ 学知と実験の統一的再組織化の（しばしばここで言及される）ベイコンの希望そのものとも、何と異なっていることか！

　機械論においては人文主義の希望の挫折の契機が支配的であったこと、かつ、この機械論は、自覚的に受け入れられた救いがたい分離状態の帰結に適応してきたこと、そのことを示しているのは、これら著者たちの倫理的・政治的理論である。自然主義的表象を政治的次元へと単純に置き換えるというこの過程は、デカルトにおいてすでに見受けられたことだが——とはいえ不安定で、曖昧で、そしてとくに主体的には不十分な仕方であれ——、ここでは全面的に作用している。自然法則が自然界にあり、不可知の秩序が神による基礎づけのなかにあるように（「王の権力《プヴォワール》とは、不可侵にして、神性によって秩序づけられ、その摂理がなす主要な作品であり、その手仕事のなかでも傑作であり、崇高なる主の鮮明な写像であり、そしてその計り知れない偉大さに比せられるものである」）、もし道徳法則が社会的世界のなかにあるならば、道徳法則に異議申し立てをしたり、あるいはこれを破棄したりすることはけっしてできない。社会秩序は、全体として神によって保証され、その保証はすぐさま現存秩序の弁護、その文脈に即して行動することへの加担に変わる。メルセンヌはそうだった。[50] ガッサンディも同様で、すでにかれは社会秩序を個人から権威への法＝権利の委譲として、委譲や放棄を通じたこれら法＝権利の確証として概念化していた。[51] この点を強調しておくことが必要である。というのも、ヘゲモニー的で普及した——その根本性《ラディカリタ》＝急進性において極限的に重要な概念の核心を本当にかれが体現しているからである。言わば社

会契約の価値は、権力契約によって、すなわち秩序と権威という諸価値が法＝権利よりも優先的に出現することによって確証される。それは、法的な主権概念がすでに次のように述べていることを述べるための、よりダイナミックな別のやり方である。すなわち「主権とは、幾何学における点以上に分割できるものではもはやない」(52)。それは、とりわけ市民階級が主権の共有の要求を断念したこと、したがって市民社会としての市民階級が超越的で〔自分たちから〕切り離された主権によるその法＝権利の保障を期待すると述べるためのひとつの方法である(53)。したがって、もっとも極端な二元論は、分析が展開される理論領域を特徴づけるために介入する。

ルネサンス期の経験を襲った危機へと立ち戻ることで、この態度の本来の理由を思い起こそうとする必要はない。その理由はすべて、もはや明白なはずだからである。むしろ――危機の過酷な衝撃にもかかわらず――これらの機械論哲学がそれでも表現し得るこの積極的契機を強調することのほうが良い。すなわち、分離状態においてではあれ国家の形態を合理化する試みであり、国家を有効に作動する機械として、つまり機械的なものとして見なす方向に向かうことである(54)。そこには、社会的存在の市民的《ブルジョア》形式の優位《ヘゲモニー》についてのそれとない自覚が見てとれる。市民的《ブルジョア》形式の社会的存在〔すなわち市民階級《ブルジョアジー》〕は、かつてはもっと力強いものであったかもしれないが、今や孤立を強いられており、しかしここでは、敗北のうちにあっても、それでも自らの生産様式と存在様式を、分離状態にある国家に押しつけることのできるものとしてある(55)。学知のうちに既出の宗教戦争における危機の劇的経験は、今や、敗北のうちにあっても市民階級が果たすべき、抑えがたい社会的役割についての直視により、部分的にではあれ償われるのだ。十七世紀のこの時期かくも頻繁に見られた(56)ボダン的立場の復権と革新、すなわち、絶対主義の――それ以外の選択肢がないなかでの――受け入れは、ようするに市民階級《ブルジョアジー》が社会的なヘゲモニー勢

力として存在することの強調を伴っている。しかし、この階級は分裂している。社会的存在〔の大きさ〕と政治支配力〔の小ささ〕との開きを縮めることができないでいるのだ。これが機械論の政治的教えであり、自由思想家《リベルタン》たちの逃避的態度とは確かに随分と離れてはいるが、結局のところ二元論の問題を批判的に提示できるにはほど遠い。機械論は、自らに課された次の二重の課題に代替案を見出すことがない。すなわち、自律的な世界観の主張を貫くこと、そして宇宙の統一的再構成のあらゆる展望の欠如を自覚することである。

まさにここで、デカルトは機械論と対立する。それはデカルト思想がこの時期に――すなわち『方法序説』の経験の臨界点において――現実のさまざまな敵対的契機のあいだの結合を再構築するひとつの道を示し得るからではなく、『方法序説』において定義されたような、我‐世界の関係が味わう緊張が、機械論の超克を望み、また求めるからである。他方で、機械論の定式化の結果はどのようなものであろうか。現実のかくも弁証法的に定義された二つの契機を連結することのこのような拒否がいつまで続き得るのだろうか。デカルトは、この種の機械論的な二元論の不安定性《プレカリエタ》をよく見ていた。形式的理性の単なる教条主義へと解消されてしまうか、あるいは盲目的な経験論に解消されてしまうか、結果として示されるこうした傾向がかれの目の前で展開されたのである。

デカルトは、友人のシヨン[57]に第一の道を見出した。すなわち、神秘主義的な傾向をもったプラトニズムの革新であり、二元論を神の秩序において実体化する――ということは結局のところ権威を実体化するという道である。ようするにそれは、問題をこの観点から消去することだ![58] それが確かめられるのはシヨンだけではない。たとえもはや哲学的弁神論の問題としてではなく禁欲主義的・宗教的な問題としてであれ、我‐世界の対立の劇的性格を消去しようとする試み――すなわち、神の探求を歴史のうち

において（ひとたび教会の教導職の媒介がなくなるや）、個人的な救いのための道をあらためて整備し、〈キリストによる救い〔*salus Christiana*〕〉の個人的性格を人文主義者たちが発見する際に取りこぼしてしまった不安を鎮静することで、確証しようとする試み――は、この世紀の護教論的文化全体に固有のものに見える。しかし、この護教論的文化においてこそ、この緊張は、真理において休息し、神と出会うために自分自身を放棄するという信仰絶対主義的な独断論のなかで再び癒されることを望んでいる。救いの問題は不安として経験されることはなく、全面的に信仰へと、神秘主義的経験を信じて自らを委ねることへと押しやられる[59]。人文主義の経験の敗北の自覚がその解消のために不安に満ちた緊張を強いていたとするならば、機械論的二元論がこの緊張を極端な仕方で固定化していたとするならば、そしてもしそれらすべてが宗教的経験のなかで再提起されていたとするならば、今や信仰絶対論がすべてを解消する。しかし、世界は相変わらず引き裂かれており、良心は落ち着かず、護教論は足りていない[60]。

他方で、機械論的二元論は単なる経験論へと、あるいは端的に〔*tout court*〕感覚論へと解消され得る。その足取りはもっと慎重である。しばしば、二元論をこのように経験論にあるいは感覚論に解消しても、そのことは、強烈な神秘主義のさまざまな構えという覆いのもとでなされる（と同時に、この解消によってこの構えは堅固なものとなる）[61]。しかし結局のところ、発展の筋道はまた別のものとなる。すなわち経験において確実性を探究することであり、また特権的証言者としての感覚を信頼することである。理論的領域においても、また倫理的領域においても、このような感覚論による規定がいたるところで見受けられ、その後見人がエピクロスであると認定される[62]。デカルトはそこに感覚論の象徴そのもの、すなわち機械論的二元論の不安定なバランスの感覚論的切断の象徴そのものを見てとっている[63]。理論的領域においても、と先に述べた。すなわち理論的領域では、宇宙を形而上学的に再構成する試みは、或る程度

曖昧にではあるが——ということは、それなりの規定を伴って——、スコラ学的経験論の限界、脱実在化した新たな機械論的世界像の限界にまで達している。(64) しかし、とくに倫理学においてこそ、二元論を解消しようとする経験論的な試みがなされている。どのような結果が出たのだろうか。倫理的経験の評定に関わる自由思想家《リベルタン》的な形式が刷新され、機械論がしっかりと保持していたあの差異が消去されたのである。実質的な基礎づけの希望を欠いた、単なる存在についての倫理である。つまり、その定義上、一切の超克が認められない分離状態における適正さ、従順さ、適切さの倫理である。(65)

確かに機械論は、その基本的な思潮において、二元論のこれら対立しあう解消策に抵抗している。そうでなければならない。機械論は、構成された秩序に高度に統合された社会の公定哲学であり、自らの教えのこの他律的帰結に哲学的誤謬というより背信を見出すからだ。しかしそれ自身、さまざまな攻撃の重みを痛感しないわけにはいかない。状況はこのように厳しいものでありそれ以外ではないのであって、この状況に対して他の選択肢はないという機械論の雄々しい意識は——抵抗し、強固なものになろうとする試みにおいて——言わば、美しくなるはずだ。すなわち、自らが定義する現在の陰鬱なイメージをより容認しやすいやり方で描き出すはずだ。始められた道筋からそれようとすることなく、前方へ飛躍しようと努めるのだ。この点において、フランス上級文化(66)のマニエリスム的で学術的な様式が——その目的のために——帯びる機能的役割を強調すること、そして文芸理論や市民的実践としての古典主義の特殊な性質を強調することができるかもしれない。(67) しかしそれは重要ではない。むしろ、機械論の哲学運動にいっそう直接的に参加したのち、批判が積み重ねられまた怪しげな実践が繰り返されたことで、その内的限界を認識し機械論の不安定性《プレカリエタ》を丸ごと痛感した者がどのように抵抗しているのかを検討しよう。すなわちデカルトは、対話の相手メルセンヌがもつ典型的な反応を特定できていた。「メルセ

ンヌは〕弁神論の地平で神による積極的な媒介を通じて我と世界との関係を再建することはできないとますます鋭く感じていたので、秩序を称賛するという実証的な態度を取るしかない。すなわち、下手をすれば堕落してしまう世界におけるコミュニケーションと生き残りを保証することができる唯一の慣習的制度の固定性を称賛することしかできない。それが不十分であるとしても、わたしたちが当てにできるのは、この形式的地平の達成だけである。すなわち、学者、国民、宗教者たちがあまねく共存しているユートピアにこそ、最終的にメルセンヌはその危機を関連づけた。[68] 自由思想家《リベルタン》の不毛な夢想に対立したからこそ生まれた世界認識の能力が、痛ましくも決定的に断念されるのだ！　ユートピアにおいては合理的な希望――すなわち理性の不満――が非合理的な忠義に結合する。平和は、理性がここで機械論的二元論に加えて求める現実的な欲望である。世界を服従させ平和の礎となるような英雄とは、神話上の人物であり、理性の神秘的要求としての激しい非合理性、すなわち合理性の実質的な断念をあらわにする。[69] 極端な二元論ともっとも一貫したリアリズムの厳格な規律を義務づける、〈世紀の堕落〔*corruption du siècle*〕〉についての絶望的な自覚は、人間の王国という人文主義の表象を享受してきた人々にとっては不十分である。まさにこうして、哲学者のみならず〈政治家＝ポリティーク派〔*politique*〕〉も、実存的意識のこの範囲内でユートピア的希望にすがっているのである。[70]

そういうわけで、デカルトの前には、機械論的思考の発展と危機の全構図が広がっているのだ。デカルトは、自らの哲学が『方法序説』によって表現された段階にとどまっていたときでさえも、自分の哲学の破産そのものの形態を、こうした展望の破産という結果のうちに直視することができていた。したがって、この歴史的自覚に基づいて、人間と世界との関係の結び目をほどく必要性が説明される。しかし、どのような意味においてか。というのも、機械論が二元論へと腐朽するということがまったく正し

いのならば、何か新しいものを産み出すためだとしても、ルネサンス期の普遍主義へのノスタルジアを今さら再び掻き立てることなどできないことは明白であるからだ。進むべき道は別なのである。すなわち、二元論を保存しつつ否定することによって、内側から二元論を破裂させることである。我《われ》が英雄として世界を所有することを再び企てるのではなく、この概念の形而上学的射程を延長することで、『方法序説』からの残滓である我の形而上学的偶然性を止揚することである。

デカルトのこの道のりがどのように曲がりくねっていくかを検討しよう。しかし、すぐに思い浮かぶ疑問は、この検討はすべてが問題を解決する代わりにこれを回避することではないのかということである。そうかもしれない。しかし、もっとよく見てみよう。唯一確実なことは、我−世界関係を直接的に弁証法化するという旧来の道を進むことをデカルトが拒んでいるということである。デカルトは、旧来の道がアリストテレス派の自然主義的形而上学において破産し、ルネサンスの普遍的形而上学においては矛盾した結果へと反転し、最終的に機械論の二元論的実体化へと無力化するのを見ていた。実際、この観点からすれば、同時代的な経験をデカルトが拒むときの激しさについては、その時代と比べて、デカルトはわたしたちに「生物学的突然変異の結果のように」[71]自らを示している！

だとするならば、復古の廉でデカルトを告発することほど間違っていることはない。とくにガッサンディ[72]の著述のなかには、自分の時代から立ち遅れているという非難がデカルトに常套句のごとく何度も向けられているのが見てとれる。[73]しかし実際には、デカルトは機械論成立の理由を認識していたので、それに従属することを拒んだのだ。というのも、二元論が除去できなければ、その止揚への緊張もまた除去できないことを知っていたからである。二元論の敗北と再生を主張しながら、二元論の止揚の緊張を同時に主張することは、矛盾しているであろうか。確かに矛盾している。しかし、デカルト思想の特

殊性は、この矛盾から生じているのだ。二元論が深化すればするほど止揚への緊張も組織化されるのである。分裂という最初の状況を忘れているか忘れさせることを望むユートピア的理想化においてではなく、操作的に、方法論的に。すなわち、たとえ分裂状態にあってもこの世界を制御し、所有すること。これは矛盾ではあるが、現実的な矛盾なのだ！

忘れないようにしよう。哲学の後ろには歴史がある。市民階級の——今の話で言えば——歴史がある。すなわち、市民階級の人文主義的革命の歴史、十六世紀におけるその敗北の歴史がある。一六二〇年代の時代情況《コンジュントゥーラ》があり、これが或る時代の精神に残した劇的な含蓄がある。敗北し政治権力から引き離されているとしても、やはり実在し成長するひとつの社会階級がある。陣地戦を強いられるが、それでも自らの登場の不可避性を自覚しているのだ。よく見てみれば、この姿は、階級としての市民階級の歴史的定義の基本的要素を見事に体現している。すなわち、革命的でありこの世界を所有する能力からは永遠に切り離されながらも、それでもやはり統一性を奪還する永続的で無際限な企てとしての存在に固定されている階級である。このような状況のなかでデカルト思想は確立するのだ。その意義と普遍性は、おそらくそれによって構成されている。

三

問題は、形而上学上のペア、すなわち存在と本質である。即座に浮かび上がる本質に関する問題は、まさしく本質は存在と対立しつつこれを所有しなければならないというものである。存在は歴史的であ

り、持続しており、分離状態を超える。本質は、自らが分離状態のなかにあることを認めた。今や本質は分離状態を問いに付し《プロブレマティッザ》、存在との関係を見出そうとする。それは、どのような関係なのか。またどのような形態においてか。

同一性の関係ではない。この観点からすれば『省察』は、「わたしが『方法序説』第四部で何を書いたのかを明らかにする」[74]という目的に実際にしたがっている。『省察』の出発点となるのは、分離状態という形而上学的現実の状況であり、その時代情況《コンジュントゥーラ》において現れてくる際の激しさ全体において評価されるような分離の状態である。論述の次元だけが変わる。『方法序説』において問題は、「事物の真理そのものに関する次元においてではなく、〔中略〕わたしの知得に関する次元においてのみ」[75]取り扱われていた。したがって、第一省察（「疑いを差しはさみ得るものについて」）は、集合的記憶の次元と歴史的事象の次元が個人的記憶の次元に取って代わることとなる分離状態というテーマの一種の要約となろう。また第一省察は、直接無媒介的な存在のこの形態を問題の焦点とする《プロブレマティッザーレ》ために、わたしたちを個としてではなく類として構成する歴史的な記憶の経験からなるあの身体に食い込み、そこに入り込むことになるであろう[76]。危機の状況は、その状況を否定する者に対して何度も繰り返し主張され、現実的状況として再体験され、その状況を危機として理解しない者にはその結果をもって対立する。我《われ》と世界の同一性という希望や、世界における真理を直接に所有するという幻想や渇望を繰り返す者に危機の状況が対置される。したがってデカルトは、感覚的認識の批判という伝統的モチーフにさほど興味をもっていない。むしろデカルトが批判しているのは、主客関係における直接無媒介性の一般的形態としての感覚世界全体である[77]。これは夢の世界である！　それはおそらく所有という、完全な客観的同一性という革命的な夢であるが、しかし、自壊した夢、まったくの欺瞞であることがあばかれた夢なのだ。すなわちそれは、

実現不可能な希望を維持し、敗北した企てを繰り返すようなものである。しかしながら緊急事態や危機の切迫についての厳しい自覚は抑圧されがちであり、批判は抑えこまれやすい。デカルトは、想起しなければならない、想起し続けなければならないと繰り返し述べる。すなわち「しかしながら、これは骨の折れる企てであって、或る種の無精のためにわたしは普段の生活の習慣へと引き戻されてしまう。それは、たまたま眠りのなかで想像上の自由を楽しんでいた囚われ人が、その後、自分は眠っている〔自分の自由は夢なのではないか〕と疑い始めるときに、呼び覚まされるのを怖がって、快い幻想とともにゆっくりと目を閉じるのと変わらないのである。このようにしてわたしは、自分から古い意見のほうに逆戻りして、目を覚ますのを懼《おそ》れるわけだが、それは、穏やかな眠りの後に続く骨の折れる目覚めのときを、何らかの光のなかではなくて、いましがた提起されたさまざまな難問の解きがたい闇のなかでこれからは過ごさなければならないのではないかと思ってのことである」[78]。したがって〔ここに見られるのは〕欺かれることへの誘惑であり、それは、状況のなかで自らを認識する義務と対立する。世俗的関係における直接無媒介性のなかに確実性はなく、その創造者に抗って展開される自由の他律性だけがある。わたしは欺瞞から解放され、ルネサンス期の希望から脱却し、夢からもらう「快い幻想」を拒否しなければならない。自由思想家《リベルタン》の誘惑からわたし自身を解放しなければならないのだ[79]。

しかし、自由思想家の精神に対して歴史的に有効な批判、すなわち機械論による批判は、どれほど妥当なのか。我－世界関係の直接性という夢がすたれてしまえば、もっとも完全な学知の手続きを信頼することにどれほどの確実性があるのか。「もっとも一般的でもっとも単純な」もの以外は扱わないこれらの学知にどれほどの確実性があるのか。もし感覚世界が本物でないのなら、脱実在化したこの第二の世界がそうならない保証があるだろうか。デカルト的反省の順序は、学知の発展史の順序にしたがい、

自然主義的宇宙観の危機への応答にその起源を見出す。それと同時に、その宇宙観の不確実性〔precarietà〕、すなわち存在の空虚に悲劇的に吊るされたその有り様も見てとる。学知の企て、すなわち抽象的な企て、すなわち形式的な企ては、現実性をもたない。その真理はひとつの地平である。その内容が現実的であることを保証するのはどのようなものか。ときおりわたしは形式的地平において欺かれる。「或る悪しき霊が〔いて〕、このうえない力能と狡智をもったその霊が、自身のすべての才覚を傾けてわたしを欺こうとしてきている」[80]とされるのは、このときではないのか。ここでの逆説は、感覚の直接無媒介的な真理を斥けるこの現在の世界について記述し、かつこれを叩くものだが、それは、学知の自己正当化について不十分な仮説を立てるという代価を払ってのことなのだ[81]。自己正当化をしない世界、直接無媒介性の批判、媒介された関係。しかし、媒介の真理性を保証するのは何か。ひょっとしてその保証は、〈欺き手〔*deceptor*〕〉自身に、すなわち法の形成を自らの排他的な権限《ポテーレ》とするマキァヴェッリ的な君主に委ねられるのだろうか。言い換えるならば、分裂状態は、危機を政治的に媒介すれば収まるものだと思い込んでいるのか。デカルトは、幻想すなわち新たな機械論的幻想（それが自然主義への批判として示されるとはいえ）に対して、自由思想家《リベルタン》たちの諸根拠を一瞬だけ受け入れる。つまり、機械論に対抗すべく、自由思想家的アンチテーゼの根本性《ラディカリタ》＝急進性を全面的に再提示するのだ。「わたしはそこで、真理の源泉である最善の神ではなく、或る悪しき霊が〔いて〕、このうえない力能と狡智をもったその霊が、自身のすべての才覚を傾けてわたしを欺こうとしてきている、と想定することにしよう。天、空気、地、色、形、音、ならびに外界のすべては夢の悪戯《いらずら》に他ならず、これらの夢によってわたしの軽信に罠をかけていると考えることにしよう。わたし自身を、手も目も、肉も、血も、いかなる感覚ももたない者、しかし、これらすべてをもっていると間違って考えている者、と見なすことにしよう。わたし

は、この省察のうちに身を持して、あくまで踏みとどまることにしよう。実際そのようにして、何か真なるものを認識することがわたしの能力の及ばぬことであるとしても、しかし、せめてわたしのうちにあるこのこと、つまり、偽なるものに同意することのないように、この欺き手が、いかに力能があろうと狡智に長けていようと、わたしに何かを押しつけることができないように、断乎とした精神でもって用心することにしよう」[82]。たとえ勝利の希望(すなわち主体を現実へと関係づけるという希望)がないとしても、異議を唱えることが必要である。すなわち、「断乎として」わたしは〈欺き手〉に抵抗するだろう。ここで議論は自由思想家たちの絶望的反抗の起源をたどりなおす。

したがって第一省察は、或る状況を記述し、ひとつの確信を表現している。その状況は、『方法序説』が後に残したものと同一である。すなわち、世界を前にした主体の孤立化と精神集中であり、機械論を自由思想《リベルティニスム》と同様に巻き込み、時代の全体を特徴づけていた絶対的な分離状態の記述である。我－世界関係は同一性の関係ではけっしてあり得ないという確信である。しかし、そうだとすると、いかにしてこの状況から脱出できるのか。「あれほど大きな疑いのうちに、もはやそれを忘れ去ることはできず、それでいてどうやって解決すればよいのかもわからないほどの疑いのうちに、わたしは昨日の省察によって投げ落とされた。あたかも渦巻く深みにいきなり引きこまれたかのように、わたしは動転してしまい、水底に足をつけることも、水面に浮びあがることもできないのである」[83]。しかし、この第二省察の冒頭において、すなわち過ぎ去った経験全体が要約され、逆説的に急進化されたとき、『省察』が本当に始まる。ここでは世界との関係の要求が肯定的となる。しかし、その関係は同一性の関係ではないとわたしたちも、デカルトも知っている。どのような道を進むのか。

『省察』のテクスト構成の変遷[84]全体は、この問いの反復の歴史である。わたしは、克服しがたい二元論

わたしは、分離された現実の一方の極であること、すなわちこのわたしの分離された主体においてあることを強いられている。わたしは、このような自律性を受け入れるよう駆り立てられているのと同じように、このような孤立化に慣れることを強いられるのだ。デカルトは、『方法序説』を思い起こしながら、この道筋をわたしたちに示してみせる。「さて、しかしながら、どんな外的な事物も、わたしたちの魂の指導にしたがう場合のみ、わたしたちの支配下にあり、またわたしたちの思惟以外のものは、わたしたちの支配下にないことが全く正しいのです。その事をはっきりと考えてみれば、そのことに同意を渋ることのできる人はいないとわたしには思われます。それでもやはり、この点を信じることに慣れなければならないし、そのためには長いあいだの練習と頻繁に省察を繰り返すことが必要だと申しました。というのも、わたしたちのさまざまな欲求や情念がその反対のことをたえず命ずるからです。また、わたしたちが小さい頃から何度も経験してきたように、泣いたり、命令したりしながら、わたしたちは乳母に言うことを聞かせ、欲しかったものを手に入れて、また世界はわたしたちのためだけに作られたと、すべてのものはわたしたちに返却されるものだといつの間にか信じ込んでいるからです。その点で、生まれつき恵まれて高貴な人々は、間違える機会がもっとも多いのです。またよく見受けられるように、このような人々こそ、巡り合わせの悪さにもっとも耐えられません。しかし、正しい理性を自分に命ずるものを信じ、さまざまな自然的欲求が自分に説得するさまざまな憶見から自分を守ることに慣れることほど、哲学者にとってふさわしい活動はまったくないと、わたしには思われます」(85)。これに続く何年かのあいだに省察は深められた。まさに省察の過程、つまり省察の習慣化こそ、自己が自己と激しく触れあうことなのである(「わたしは、わたしのなかで経験されることだけに気を配る〔*ad id tantum attendo*

quod in me experior〕」)[86]。こうした内面化の過程――これは敗北の果実であり、危機の産物であり、孤立化の強制でもあるのだが――は、存在との積極的な接触の可能性を提示する。「「わたしは在る、わたしは存在する」というこの言明は、わたしによって言表され、あるいは精神によって抱懐されるそのたびごとに、必然的に真である〔*Ego sum, ego existo, quoties a me profertur, vel mente concipitur, necessario esse verum.*〕」[87]。我の存在についてのこのような理解＝不安《アップレンスィオーネ》〔apprensione〕は、真たらざるを得ない。したがって内面化の過程は、敗北の果実、危機の産物としてある。確かにそうだ。しかしこれは、我の存在の発見ではない。すなわち、我の存在の発見は、懐疑において生ずるが懐疑から生ずるのではなく、また危機と孤立化に先だつ。それは、存在論的に確実である。縮小できぬ突発的な事態である。ひとつの時代の危機を表示する懐疑のメカニズムのなかにある、悪意をもった霊に反抗することである。人が存在する限りにおいて欺かれるままにすることを拒否する党派的反抗、存在を肯定する反抗である。「それでも、かれ〔つまり欺瞞者〕がわたしを欺いているなら、わたしがすでに存在していることは疑い得ないのであって、かれはできる限りわたしを欺くがよく、しかし、わたしが何ものかであると考えているあいだは、かれはわたしを何ものでもないようにすることはけっしてできないだろう」[88]。

わたしは疑う、わたしは在る。これらの命題の結合の仕方は、連言であると同時に選言、推断であると同時に対当である[89]。しかしとりわけ対当である。デカルトは、まさにこの対当を再考することによって、第二省察において問題解決の試みの基礎を最終的に、つまり直接に示すのである。存在する我は懐疑と対立するだけでなく、懐疑によって壊滅させ得るものすべてと、悪意ある霊が世界と一体になろうとするあらゆる可能性と対立するのである。身体を超えて〈精神〔*mens*〕〉が突然出現することは、懐疑の行使によって規定されるが、「心身の」区別という操作であるだけでなく、感覚がもたらす希望と

しての、想像力の可能性としての身体に向けられている——そしてそれは、世界との全面的な接触を実際に断念することである。したがって対立の深化を通じて我の存在が性格づけられ、そうされることで決定的に成立するのだ。我の存在について最初になされる〔その本質上の〕定義づけは、〔世界の〕拒絶によるものであり、この本質についていっそう探りを入れることは、〔この我というものの〕存在に対立するもの、そうなり得るものすべてを、攻撃的に否定することである。「思惟することはどうか。ここにわたしは発見する、思惟がそれであると。これのみはわたしから引き剝がされ得ない〔*Cogitare ? Hic invenio: cogitatio est; hæc sola a me divelli nequit.*〕」[90]。思惟のみが、熱せられた蜜蠟のように世界に服従しないですみ、思惟のみが再発見されたこの存在の性格を本質の観点で規定する。わたしの存在のうちのそれ以外のどの表徴も条件づけられており、また「悪しき、このうえない力能と狡智をもった〔*malignus, summe potens et callidus*〕」君主によって条件づけられることが可能である。思惟のみがわたしの漠然とした存在を無条件に性格づけ、いかなる具現化も歴史的・物質的にわたしの漠然とした存在に刻印され受け入れるべきものとされる前に、わたしの漠然とした存在を思惟の自律性のなかに位置づける。精神は、知性の抽象作用によって身体と区別されるのではなく、事象的なレベルで異なるがゆえに、区別されたものとして認識されるのである[91]。

　存在から本質への移行という、『省察』のこの強力な第二の一撃こそ、『省察』の歴史的次元の性格規定を深めるのである。というのも、このようにして、思惟する実在としての人間の突然の出現が——思惟の人文主義的な含意全体において再提起されるからであり（「しかし、それではわたしとは何であるか。思惟する事物《もの》である。これはどういうことか。すなわち、疑い、知解し、肯定し、否定し、意志し、意志せず、また想像し、感覚する事物である」）[92]、したがってまた、人文主義的な人間の定義の十全な強度における人

間の突然の出現が再提起される（「しかし人間とは何か〔*Sed quid est homo ?*〕」）からである。[93] ノスタルジアが解き放たれ、ノスタルジアの対象が現前する。確かに、人間を存在において新たに創設することは、いまだ効果を発揮しておらず、その定義は分離状態にとどまり、存在の総体的な地平に関して言えば還元主義的なままである。[94] しかしながら、本質と存在の、我と世界の全面的同一性と、存在の一義的で普遍的な叙述があり得ないとしても、それでもこの人間の新たな創設が表しているのは、出発のための強固な土台、あとは開始されることを待つだけの発展の豊かなポテンシャルである。というのも、ここで、いまだ分離状態にあるとはいえ、存在が獲得され、本質と存在の突然の出現の強度は無限になるからである。存在するためには自分自身以外の何ものも求めないことにおいて、本質は自らを実体として認識する。そして本質は定義上、思惟実体としてそれが産出的実在として、すでにそれ自身においてしっかりと強化され、固定され、破壊不可能なものとなって世界に立ち向かう緊張として示される。[95]

ここで立ち止まって、問うてみよう。『方法序説』が残した我のイメージと比較してデカルト思想がここでどれくらい進んだのか。論述の順序が変更されたことは疑いがない。しかし、より根本的な修正もなされておらず順序だけなのか。デカルトが望んだと言われているように修正がほどこされたのは論述の順序だけなのか。デカルトが望んだと言われているように修正がほどこされたのは論述のり、それはどんな場合でも過小評価されてはならない。——その修正とは、新たなきわめて強い緊張となり、ここでは我の存在論的な出現に由来しているのである。しかしそれが本当だとすれば、すなわち個体性〔個人〕の突然の出現の強調の足りなさがここで消失したことが本当だとすれば、『方法序説』に比べて『省察』は、或る新たな準拠枠を提供していることになる。前者において我‐世界の二元論は、世界との関係についての（厳密ではあるがそれだけに展開がない）機械論の展望しか示唆していなかった。これに対して後者では、〔我と世界の〕同一性というルネサンス期の世界像との切断という点では変わら

ないものの、二元論のうち主体の側の極が一種の礼賛を受け、我‐世界の分離状態の限界からあふれ出している。機械論の地平がのりこえられ、人文主義へのノスタルジアの抑えがたい再浮上から切断されている。この窓からわたしが見る世界は、もはや無ではない――「帽子と衣服の他に〔わたしには何が見えているのか〕、その下には自動機械が潜んでいるかもしれない〔。〕しかしわたしはそれが人間であると判断している」[96]。新たな舞台が個体性〔個人〕の存在の歴史的ドラマに対して開かれたのか。階級としての市民階級の――分離状態にあるとはいえ――激烈な自然発生性と自己認識なのか。形而上学においてて市民階級の存在の代替があらわになったのに対して、ここ『省察』においてはその代替が批判的判断に服する。

すでに第三省察において、この道が規定され始める。我があふれ出すと先に述べた。しかし、どこへ向けてあふれ出すのか。世界は閉じられており、二元論はのりこえられない状況である。では、この行き止まりを迂回すべきか。世界へと橋をかけることによってではなく、言わば自己自身の内部において高所から世界を見ることができるほどに自己を高めることによって、世界を再び獲得するということなのか。個体性〔個人〕が自ら存在論的に突然に出現したことを理解した際の強度によって、この道を歩むように促され、それ以外のどんな道も排除されるのだ[97]。個体性〔個人〕は、自らが分裂することにより自らを認識したのち、この分裂を本質的な契機と見なすことによってのみ、自己の先へと進むことができる。存在は、自らを本質と認識したのち、思惟の内的産出力を激化させることによってのみ、自らを投影することができる。今や問題は、この世界にはわたししかいないのではなく、存在する何か別のものがあること、いやそれどころか、世界の存在が全面的に信用され得、世界に関する認識は本当のものであり得ること、こうしたことどもの明証性の観点から定式化される。わたしたちはすでに、〔世界

の〕現実性と真理性の証明に至るために進むべき道を知っている。あらためて言うが、それは、個人であることが何であるかをさらに検討することである。世界の現実性と真理性は、我のそれの普遍的な投影以外にあり得ない。そしてここで考察中の問題がその名称を変え、神の存在証明というあの伝統的名称を引き継ぐときでさえ、その実質は変わらない。つまり進むべき道は同一のままである。したがって分離状態と産出力は、この両者を結びつけている結び目のなかで、論証過程における根源的な役割を果たすことになるだろう。両者は、まず対照的な仕方で、次いで一緒になって、定義づけのプロセスを進め、そしてこのプロセスを深いところで特徴づけるのである。

両者がまずは対照的な仕方で、と先に述べた。完全性の観念は、個体性〔個人〕のなかにあり、その存在論的な理解《アップレンスィオーネ》＝不安の構成要素としてあるのだが、分離状態という苦しみの自覚としてもまたあるとはいえ、あらゆる観念は個体性のうちにおいてこの自覚に耐え忍んでいるのだが。〔いずれにせよ〕この弁証法的関係においてこそ、完全性の観念の神学的投影の要請は位置づけられる。というのも完全性は、思惟する主体における観念としてあるがゆえに、自らを〔この思惟する主体という〕個体性の存在のうちには限定し得ない産出的存在者のことを意味するからである。〔「わたしは在る、わたしは存在する」という〕存在の肯定において発見済みの要諦が、ここでいっそう詳らかにされる。存在はまず、主体における生得性としてその姿を明らかにする。資格付与的であるのと同じくらいに生得的であるもの、つまり、資格付与するからこそ、生得的なのである。ついで観念的な複合体として、すなわち、本質つまり思惟の〔何であるかの〕明確な提示および定義づけとしてその姿を明らかにする。「〔観念が〕「対象的に在る」」というのは、〔あれこれの〕対象が知性のうちに通常そのように在るその仕方で知性のうちに在ること以外は意味しないのです。（中略）「知性のうちに対象的に在る」というのは、知性の作用を対象

という仕方で限定することではなく、知性にとっての対象が通常そのように在るその仕方で知性のうちに在ることを意味するでしょう」[98]。しかし存在はまさにそのようなものとして――産出の基盤、思惟する存在論的実在として――その姿を明らかにするがゆえに、のりこえの過程を作動させる。それは自らが制限されることを認めないし、完全性は自らが不完全であることを認めない。「ところで、今や自然の光によって明らかであるが、作動的で全体的な原因のうちには、少なくともこの原因の結果のうちにあるのと、同じだけの実在性《もの》がなければならない。というのも、結果は原因からでなくて一体どこから自分の実在性を得ることができるだろうか。そして原因は、すでに実在性をもっているのでなければ、いかにしてそれを結果に与えることができるだろうか」[99]。ここでの因果論的なプロセスの律動は、「その」伝統〔的な理解〕と比較するなら、完全に反転したものとなっている。因果論的なプロセスは、ここでは機械論的な連結ではなく、産出の基盤となる。これは、真理の基礎づけとその保証の探究なのか。確かにそうだが、それは真理が、自らを展開させる主体の産出力である限りにおいてそうなのである。完全性の存在をその下から支える《ヒユポスタシス》ことは、すなわち、強固なものとなった絶対的完全性としての神の存在を肯定することは、同時に、存在――それは確実であるが、限定され分離されている――と、本質――無限の産出力、観念、そして思惟することを本性とするものと特徴づけられる――とのあいだに、かの展開が要請されたときに見出される矛盾の帰結なのである。

「したがって上述のことからして、神は必然的に存在すると結論せねばならない。〔原文改行〕というのも、なるほど実体の観念がわたしのうちにあるのは、わたしが実体であるというそのことによるのだが、だからといって、無限の実体の観念〔について〕は、わたしが有限であるからには、実際に無限であるような何らかの実体から出来するのでない限り、あり得ないことだろうから。また、わたしが無限

なものを知得するのは、真なる観念を介してではなく、ちょうど静止と闇を、運動と光の否定によって知得するように、ただ有限なものの否定によってであると考えてはならない。というのも反対に、無限な実体においては、有限な実体においてよりもいっそう多くの実在性があり、したがって無限なものの知得が有限なものの知得よりも、言い換えるなら神の知得がわたし自身〔について〕の知得よりも、或る意味で先行してわたしのうちにあることを、わたしは明らかに知解するからである。なぜなら、わたしが疑い、欲していること、つまり何ものかがわたしに欠けており、わたしはおよそ完全というわけではないことを、それとの比較によってわたしの欠陥を認めるところの、いっそう完全な存在のいかなる観念もわたしのうちにないとしたら、知解する〔ことはできる〕だろうか」[100]。

しかし、〔さきに言及した〕プロセスを規定する存在という条件と本質というそれの二つは、神の存在証明を――対比を通じて――起動させた後で、両者とも神の概念の定義に貢献しているということも指摘された。実際のところ、第三省察が発見することで定義する神とは、どのようなものであるのか。どのようなものであれ、それは確かに分離状態にある神である。デカルトは神のことを、可能態と現実態の関係として、個体性〔個人〕を絶対性の形式において――つまり神において――現実化することに行き着くような自己改善の過程として証明する可能性を明示的に排除している。「これに対して神は、その完全性に何も付加され得ないほど、現勢的に無限であるとわたしは判断している。そして最後に、観念の思念的な存在は、本来的に言えば無である、単なる潜勢的な存在から生じ得るのではなく、ただ単に現勢的すなわち形相的な存在のみから生じ得るとわたしは知得しているのである」[101]。そしてかれは、個体的存在の分離的出現のうちに、絶対的存在〔神〕へとこの個体的存在が溶け込むことを妨げるような、存在論的な不十分さを特定することで、かの方途の排除の論証とする。「もしわたしが〔神によっ

ててはなく」自分によって存在するなら、わたしは疑うことも、願望することもなく、およそ何かがわたしに欠けているということも、ありはしないだろう。というのも、それについて何らかの観念がわたしのうちにあるところの完全性のすべてを、わたしは自分に与えたことだろうし、実際そのようにしてわたしそれ自体が神である〔ということになってしまう〕ことだろうから」[102]。

我－世界関係のうちに分離状態が見出されると、今やそれは伸張し、我－神関係のうちに確立すると言えるだろう。というのも、我の状況、歴史的状況は、いずれにせよ、最終的には弁証法化し得ないものだからである。これこそが、デカルト思想がその極度の特殊性に達する瞬間である。我－神関係においてよりもむしろ神そのものにおいてこそ、分離状態が固定する。実際にも、神は、わたしのさまざまな思考の、思惟としてのわたしの存在の保証者であって、わたしが世界を所有する能力《カパチタ》の保証者なのではない。「残すところはただ、わたしがその観念をいかなる仕方で神から受け取ったかを吟味することだけである。というのは、わたしはそれを感覚から汲みとったのではないし、感覚的な事物《もの》が、感覚の外部器官に現れる、あるいは現れているように思われるとき、感覚的な事物の観念がふつうそうであるように、不意にわたしにやって来たのでもない。またそれはわたしによって作られたのでもない。なぜなら、その観念からは何かを取り去ることも、それに何かを付け加えることもできないことは明らかだからである。したがって残すところは、この観念がわたしに生得的であるということであって、それはあたかもわたし自身の観念がわたしに生得的であるのと同じである」[103]。

したがって神は、世界のなかではなくわたしのなかにある。すなわち、「あたかも自分の作品に刻まれた製作者のしるしであるかのように」わたしのなかにある。このことはすでに論じたところである。デカルトは、我の形而上学的偶発性をのりこえることで、世界からの分離を転倒させ取り除こうとして

いるのではない。そのようなことは、我の定義が分離された存在の定義として開示される限り、あり得ない。逆にこののりこえは垂直的であり、我から神へと達する。しかしデカルトは、この神をどのようにしてわたしたちに示すのか。それが何と、学知の可能性や、世界の産出的所有の可能性としてではないのだ！　デカルトの神は、分離された個体の完全性の投影であり希望である。[104] ノスタルジアである希望、古くからあるが活力のある経験の反響である。また同時に、或る危機の総体を背負った希望である。それが学知の可能性でないとすれば、他の何ものであろうか。

「真なる神の観想によって、その他の事物《もの》の認識に行き着くための或る道が見えてきているように思われる」[105]。デカルトの答えは、もはや逆説的なものではなく、意志がわたしたちを世界認識へと導くだろうというものである。意志がわたしたちを導くのは、神の保証が、我の存在の真理、我の神話の投影に属する――世界の真理に属するのではなくて――からである。神は、理性が、我の真理が発する「自然の光」を明らかにし、世界認識の道を歩むことができると語る。しかし、それと同時に神が明らかにしているのは、存在の観点から見た我の真理の特徴、すなわち我の世界からの分離である。神は、世界についてわたしたちに何も語らない。というのも、それは人間の地平であり、世界の地平ではないからである。かくして世界は、我の真理が試される場となろう。世界は、真理の問題となる、すなわち保証されるのではなく、危険に、試練に晒される真理の問題なのである。「つまりわたしにおいては、神の観念、すなわちこのうえなく完全な存在の、実在的で積極的な観念だけでなく、言わば無の観念、すなわちすべての完全性からこのうえなくかけ離れているものの、何らかの消極的な観念も顕在していること、そしてわたしは言わば神と無との中間者、つまりこのうえない存在と非存在との中間者として設定されており、わたしがこのうえない存在によって創造された限りは、わたしを誤らしめ、もしくは過誤に引

き入れるものは何もわたしのうちにはないが、しかしわたしはまた何らかの仕方で無すなわち非存在者にも与っている限りは、つまりわたし自身はこのうえない存在ではなく、きわめて多くのものが欠けている限りは、わたしが誤るからといって驚くには当たらないということに気づくのである」[106]。したがって、保証される真理は、分離状態にある我の真理だけである。これに対して、世界の真理の問題は、とくに世界の誤謬性の問題である。すなわち、我の真理の所有者としてのわたしに負っているものと、世界から分離されたものとしてのわたしが所有していないものとのあいだの緊張の問題である。「というのも、過誤は純粋な否定ではなく欠如、すなわちわたしのうちに何らかの仕方であるべき認識が欠けていることだからである」[107]。

とはいうものの、意志が世界認識の獲得に向かうにあたって、わたしたちに与えられているのは、純粋に否定的な条件だけである。意志の企ての積極的な動機づけ――意志それ自体のなかにのみ存し、その直接的原因である動機づけ――はまだ与えられていないし、あるいは示唆されるにとどまっている。しかしながら、我がこの積極的な原因として作用することとの基礎は、やはり我の過程ならびにその限界のうちにおかれている。というのも、意志はまさにいまだに、〔我の場合と〕同様のあの本質と存在とのあいだの緊張としてあり、この緊張は、〔両者のあいだに〕和解が生ずるかもしれないという考えに局限されることとも、また、目的論的な自己正当化に向けられることもなく、むしろ世界に主体が出現することとの効果的な検証に開かれているからである[108]。このようにして、意志は、神それ自体を語るもうひとつの形象であり、またそれが原因として作用することは、我の本質的絶対性のそれのことである。意志は、これを世界に向け放つことで完全性との関係を危険に晒す神のことなのである。「ひとり意志つまり裁断力の自由だけは、それ以上に大きな何ものの観念もわたしには把捉できないほどに大きいものである

ことを、わたしは自身のうちで経験している。したがって、わたしが神の或る像と似姿を担っていると知解しているのは、特にこの意志を拠り所としてである。というのは、確かに意志は神においては、意志に結びついて意志をいっそう強固にし有効にする認識と力能の点でも、またそれはいっそう多くのものに及ぶのだから対象の点でも、わたしにおけるよりも比較にならぬほど大きいにしても、しかし、それ自身において形相的にかつ［それだけを切り離し］抽《ひ》き出して見られるなら、意志は［わたしにおけるよりも神において］より大きいとは思われないからである。というのも意志は、われわれが同じひとつのことをしたりしなかったりできる（言い換えるなら、肯定あるいは否定すること、追求あるいは忌避することができる）という点にのみ存しているからでる。あるいはむしろ、われわれに知性によって示されるものを、肯定あるいは否定する際に、言うなら追求あるいは忌避する際に、われわれは何ら外からの力によることなくそうするように決定されていると感得するように、われわれは自らを赴かせる、という点にのみ存するからである」。(109) ここで市民階級の存在は、危機を通じて自己を認識し自己を解放して、自らの絶対性をイデオロギー的に肯定するまでに至り、再び世界と——誤謬と呼ばれるその外的性格とともに——対峙する。意志を通じてイデオロギーを、すなわち自らの神学的な基体《ヒュポスタシス》を実現しようとする。しかしまた世界の側は、まだ君主が支配しているのだ！　確かに、我の形而上学な掘り下げは、わたしたちに世界を獲得可能なものとして示し、わたしたちは神の存在証明によって世界を獲得されたものとして表象し、意志はこの表象において強化された。ところがしかし、世界はあいかわらず君主が支配しており、このことを忘却できない。その忘却は、誤謬に陥ることを意味する——知性に意志を、存在に本質を、分離状態に形而上学の出現を対応させることのない自由思想家《リベルタン》的誤謬に陥ることを意味するのだ。「それではわたしの過誤はどこから生じるのであろうか。すなわちそれは、意志は知性よりも

いっそう広い射程をもっているのだから、わたしが意志を知性と同じ限界内に引き留めないで、わたしが知解していないものにまで押し及ぼすという、ただこのひとつのことからである。そうしたものに対して意志は非決定的なので、容易に真と善から逸れ、かくしてわたしは誤り、罪を犯すのである」。(110) 意志のこのような確固たる統制においては、リスクを冒さねばならない——リスクを避けることは、世界との連関をもてないという機械論の不能性に再び陥ることを意味する(111)——、というのも、このリスクを冒すことで、世界における神性が証明されるからである。

それでもやはり、証明することは還元することを意味しない。第四省察において主体〔主観〕と世界との関係の両極端の観点が定められたとすれば、第五省察において思惟は再び主体〔主観〕へと引きこもり、尊大な跳躍により我に関する存在論的反省に再び退却する。それはあたかも、このように人文主義的に神と無とに参与するあの意志が、このように英雄的に世界へと向け放たれたあの意志が、実際に世界において作用して効果を発揮したいなどと思い込んでしまうあらゆる見当違いを除去するためになされるかのようである。しかしそうではない。理性と意志の尊厳の総体は、それ自身において、すなわちその基礎づけにおいて十全に見られるべきものである。世界は、我から神へと至る過程を通じて〔世界を〕獲得するという企てによってのみ〔実際に〕獲得することが可能なのである。世界の征服は世界に実在性を与えず、我の実在性と、我の投影としての神性の実在性を表現するだけである。我と世界との関係はその一貫性を、観念の秩序のうちに示し、存在の秩序のうちに示すのではない。あるいはより正確に言うと、存在の秩序は観念の秩序に浸透して濾過されることを唯一の理由として、かの一貫性は存在の秩序のうちに示される。それはやらなければならないことであり、実際にそうなっているという話ではない。もし世界が一定の現実〔実在〕性をもとうとするなら、主体によって全面的に再構築され

なければならないだろう。世界は、わたしたちによって所有されるような実在ではなく、産出されるべき実在なのである。所有することは、真の意志による地平のうえに立つことよりも先に来るのだ。したがって分析の全重量を思惟の産出力へ引き戻さなければならない。

こうして第五省察「物質的な事物《もの》の本質について。そして今いちど神について、神は存在するということ」は、再び、物質的世界の存在に関する問題で始まり、すぐさま〔神の〕存在論的証明――我の存在について理解《アップレンスイオーネ》＝不安をもつことの、そして我を自律的・産出的本質と見なすことの、もっとも根源的な例証であると同時に、もっとも厳密な探索であるもの――に入り込む。「ところで、いまわたしが或る事物《もの》の観念をわたしの思惟から取り出し得るということだけから、その事物に属しているとわたしが明晰判明に知得するもののすべてが、実際にこの事物に属していることが帰結するなら、そこからまた神の存在を証明するための立論が得られるのではないか」[112]。物質的な事物《もの》の本質に関する議論の素描が〔神の〕存在論的証明の議論の導入のように、それに先立っているということは、このうえなく特徴的である。というのも、ここで問題は、意志が世界へと乗り出した後では、我がそうなった本質的条件、すなわち主体の実体としての思惟の産出力を再びそれとなく示すことだからである。このようにして、第五省察は第四省察が惹起するかもしれない反駁を先取りしている。すなわち、もし意志があえて世界に乗り出しながらも世界を所有しないのならば、あるいは世界を我のうちで再構成することによってのみ世界を所有するのであれば、この展開は、一方にはまったく非産出的な認識過程、他方には自身へと向かう思惟の悪循環、そのどちらかにたどり着くのではないかという反駁を先取りしている。この反駁[113]をする人に対する答弁においてデカルトは、我の存在についてもたれる理解《アップレンスイオーネ》＝不安に関して掘り下げることと、世界をこの理解《アップレンスイオーネ》＝不安へと解消することの正当性を繰り返すにすぎず、神それ自体の存在につ

いてもたれる理解《アップレンスィオーネ》＝不安《アップレンスィオーネ》のモデルを再提案している。すなわち思惟の産出力は即かつ対自的であり、垂直的に展開する。思惟は、存在と本質の完全で産出的な回路であり、自らの完成においてでなければなだめられない無限の力である。

一休みしよう。デカルトは、〔神の〕存在論的証明(114)を導入することで、我の形而上学的な企ての、思惟実体の、その自律性の、それらすべてが内包する内容の限界に達した。しかし、わたしたちが決して忘れてならないのは、この存在が分離状態にある存在だということである。それが唯一可能な理《アップレンスィオーネ》解《アップレンスィオーネ》なのである。ついにデカルトが、本質と存在の同一性の決定的な形象を特定し、その形象を思惟において現前する絶対として固定化するに至るとしても、また、機械論の地平の無際限な次元に、産出的な無限のイメージ(115)がこうして取って代わるとしても、それはすべて、観念において、イデオロギーの地平において生きているのである。機械論の無際限は我‐世界関係に関連し、デカルトの無限は我‐神関係に関連する(116)。それは神話として、すなわち外的世界――その真理は実効的に検証すべきものであるが――の実在性への観念的希望として繰り広げられる。第六省察(117)はこの問題をめぐって全面的な展開を見せる。魂と肉体の――分離のみならず――合一の問題は最終的には解決されないので、当初から の分裂状況は同一性の観点では解消され得ないが、しかしいずれにせよ、存在論的関係の強度は、我が自らの確実な立場を定義するのに十分なものである(118)。

四

本質と存在、その唯一の出会いの場であり、ただひとつの統一的基盤である主体。この主体を、すなわちその本質と存在の形式を神へと投影すること。存在一般から、そして何よりも神からほとばしり出る、無限の産出的衝動。外的で脱実在化した世界、そして否定し再生産することによってのみ獲得され得る世界。そして知性によって抑えられながらも、すでにこうした努力へと差し向けられている意志。これが『省察』の提出する光景である。そして、それがもっている政治的意味はただちに明らかになる。すなわち、絶対主義の魔法をかけられた世界に立ち向かうものとしての、能動的で自立的な主体の特徴づけ。自らが属する階級の本質を絶対的な自律の形態のうちに投影する、この分離された存在の産出形式。世界を政治的に所有することの不可能性、そして今は魔法をかけられたままのこの世界を現実的なものに作り直すことの不可能性。しかしまた〔その不可能性の自覚は〕、この〔市民《ブルジョア》〕階級の生産的で社会的、文化的なヘゲモニーが、世界を再構成する能力を絶対的な媒介のうちに見出すだろうという希望――抑えられながらも弱まることのない確信――を伴っている。[119] つまり分離の限界についての現実主義的な自覚とともに、自分たちの階級の絶対性を確信する市民《ブルジョア》の産出力〔生産力〕の自律性こそがここでの問題なのだ。機械論者の絶対主義への屈従も自由思想家《リベルタン》の無益で孤独な夢想も斥けられる。デカルトには、市民《ブルジョア》革命に対する人文主義的な称揚の再主張が見出されるのである。つまりそれは、敗北の記憶に順応する術を知り、かつ、市民階級の成長の無際限に長い過程において、自らの階級の無限の潜在能力の拡大可能性を据える、焼けつくようなノスタルジアである。

賢明な読者は『省察』に以上のことをすべて見出すだろう。ところで、このデカルトの著作の政治的価値を明確にするかのように、このときこの著作をめぐって、デカルトと機械論的政治学の最大の論者ホッブズとのあいだに重要な論争が開始される。それはあたかもひとつの対旋律のようにして、両者の対比によってデカルトの論旨の基本的構想をより良く照らしだす。

両者の関係は直接的な論争になればなるほど、厳しく批判的なものになった。[120]「イギリス人」は一六四〇年十二月のデカルトの手紙に現れる。[121]ただちに両者の論争が開始される。最初は暗示的なものであったが、[122]光学に関する手紙のやり取りのあと、[123]ついには反論と答弁に至り、[124]辛辣で激しい断絶に行き着くことになる。[125]一六四三年に『市民論《デ・キーウェ》』を手にしたデカルトは、手紙の宛先であるイエズス会士に似つかわしい厳しく悪意ある次のような判断をくだす。

「『市民論』という書物について申し上げられることは、わたしが判断するに、その著者はわたしの『省察』に対して三番目の反論を書いた著者と同一人物だということ、そして、この人物は、形而上学と自然学よりも道徳論が得意だということ、しかしながら、道徳に関するかれの指針《プランシップ》にも格律《マキシム》にもわたしはまったく賛同できないということのみです。この人物によれば、あらゆる人間は悪意を抱いていると想定されるようですし、あるいはまた、人間は悪意を抱くに十分な理由をもっているようなのですが、そうであればこそ、かれが道徳に関して主張する指針と格律はいずれもきわめて邪悪であり、かつきわめて危険なものであると言えます。『市民論』の著者が目指すところは、王制《モナルシー》を支持するために執筆するということですが、かれが云々する格律よりも有徳で堅固なそれを用意したほうが、その目的はかれ以上に巧く手堅く果たせただろうと思われます。さらにかれは、ローマ教会とその宗教についてひどく悪く書いているわけですが、いったいどのようにしたら検閲から免れ得るのか、もしかれが何らかの強

力な後ろ盾にとりわけ恃むということがないとしたら、わたしには皆目見当もつきません」[126]。

他方のホッブズはと言えば、オランダで『市民論』の第二版を準備していたソルビエールに、すかさず次のように伝えた。「付け加えるなら、もしデカルトが、わたしの本（この本であれ他のであれ）が公刊されるためにこのようなことがなされているのだと思ったり怪しんだりしているなら、かれは出版を妨碍するつもりであることは確かだと思う。そのようなことがかれにできるとすればだが」[127]。こうして衝突は激しくしかも継続的なものとなった[128]。とは言うものの、確かに多くのテーマ——不一致の核心部分——をめぐって論争は拡がり発展したが、それで両者の猛烈な意気込みと互いの強い敵意をうまく説明できるわけでもない。そのときそのときの論争におけるモチーフの背後で、デカルトとホッブズの両者は、哲学的で形而上学的な深い断絶を徐々に経験することになる[129]。それは文化的、政治的な意見の実質的な相違をもたらす視点の根本的な断絶である。そのため自然学的論争のテーマについて解明することが、図らずも両者の哲学的論争の深化の可能性を開く他なくなったのだ。

デカルトとホッブズが一六四〇年から一六四一年にかけて——メルセンヌを介して——やり取りした手紙[130]における議論のそもそものきっかけは、かなり奇妙なものである。というのも、ホッブズが主張するのは——そしてデカルトが否定するのは——ホッブズの〈うちなる精気〔*spiritus internus*〕〉の観念がデカルトの〈微細物質〔*materia subtilis*〕〉の観念と類縁であるということだったのだから[131]。両者とも二つの概念が実際よく似ているという点をめぐっては辛辣な論争を交わしたにもかかわらず、真の違いの理由にはわずかしか、あるいは副次的にしか言及しなかったという事実に、この奇妙さがよく現れている。だがかれらの概念が、その外延の大部分においてよく似ていることを確認するのは容易いことなのだ。つまりどちらの概念も、運動は純粋な機械的接触の観点から見て生じ得るものだとする連続的な地

平を規定するためのものなのである。この主題をめぐる論争は、苛立った両者[132]が互いを突き上げている通り、「理性ではなく意志に」由来するように思われる。したがって論争は、好奇心の対象となるに過ぎないものであろう。[133]だがこれら二つの概念は、その含意全体を通じて、ほどなく分離することになる。この根本的な断絶の告知は、論争の両当事者にとり最初のうちは、ただ暗に含まれた形であるいは自覚的にというよりは感情的な表現によって、示されるに過ぎなかった。しかしこの断絶はやがて全体的な基盤を見出し、『省察』をめぐる議論においてその姿を現すことになるのである。ようするに、デカルトの〈微細物質〉が、純粋に思考された延長において、幾何学的図式と融合しそこに溶け込んでいく（ここからデカルトによる運動と運動の方向の区別、また反射の理論と衝突の理論の区別などが生じる）[134]のに対し、ホッブズの〈うちなる精気〉は、運動の物体的な現実総体として、すなわち幾何学的であるよりも物理的な概念として、抽象的図形ではなく直接的なものとして形成されるのである。[135]それはまた、機械論者〔ホッブズ〕の二元論の全般的基盤とデカルトの二元論のそれとの不一致がここで露呈しているということである。すなわち後者は、幾何学的に捉えられた物質を、魔法をかけられた世界と見なす。言い換えるならば、その不確実性《プレカリエタ》によって定義され、その不安定性〔instabilità〕において告発され、個体と神との形而上学的な結合によってのりこえられるべき世界としてのそれである（このことは、運動〔それ自体〕と運動の方向の区別が示している。あるいは、運動の問題においていまだ形而上学的な側面をとどめているもの――それは矛盾を含んでいるのだが――としての〈傾向性〔*inclinatio*〕〉が示している）。これに対して前者は、この機械的現実に満足しており（それどころかこの点をますます強調し、ガリレオの慣性の法則を広く解釈して、機械論を単なる運動論に転化させた）、しかも、〔もしホッブズが〕この現実に絶対的な神という拮抗関係にある項目を対置しているとしたら、かれは二元論を構成する諸要素のあいだにの

りこえられない決定的差異を置くことにより、そうしているのである。のりこえられない差異とは、論理的関係というよりは神秘主義的な関係――すなわち基礎として受け入れられた分離状態のことなのだ。したがってこの論争には――直接の偶発的な原因以外にも――この時代全体を指し示す二者択一、デカルトとかれの友人の機械論者たち――ホッブズも当初はかれらに非常に近かったことを忘れるべきではない――とのあいだに見られた二者択一が暗に存在しているのである。[136]ホッブズは、このような環境のなかで、フェルマやかれの友人たちが――ほとんどデカルト思想の形而上学的残滓への攻撃という観点で――少し前に展開した論争を評価しないわけにはいかなかったであろう。

この学知上の論争は、それが世界観の全般的相違に基づいているという認識を含意していたのであるから、[137]そのことから両者の根本的な分岐は、政治的な論点に関しても見出し得るというのは誇張だろうか。[138]

しかし、少なくともホッブズに関しては誇張ではないと思われる。というのも、まさにデカルトと論争の手紙をやりとりしていた時期に、ホッブズは主に政治に関する研究に没頭していたからである。[139]『市民論』は一六四二年に出版された。当時のホッブズにとって、デカルト主義への異議申し立ては、この世紀の政治情勢および政治的緊張の熟考と全面的にひとつになったものであった。ホッブズは、或るひとつの世界観つまり物理学的自然観のさまざまな含意を十分に自覚していた。ようするに、科学に依拠したかれの哲学は、かれの政治思想の一種の隠喩ではないか。[140]少なくとも、かれの政治思想と機械論的自然観とは、単一の学知的企ての継続のなかで生まれ発展してきたのではないか。[141]機械論がひとたび倫理－政治の段階に移行するや、さまざまな帰結をもたらし得るということを認めたいのであれば、ホッブズの機械論も、すでに『小稿〔*Short Tract*〕』によって本来の意味での政治へと自らが拡張される

傾向を示していたということもまた真実ではないのか。[142] 実際にも、ホッブズ思想の二つの幹は、因果関係がどうであれ相互に相関しながらともに成長している――もちろんこの二つの幹は、ホッブズが暮らし、デカルトが関わったフランスの知的環境との接触において見出し得るものなのだ。それというのも、まさに次のようなホッブズの逆説にこそ、フランスの機械論者たちもまた、自分たちの世界観のもっとも特徴的な主題のひとつを見出したからである。[143] すなわち、個別的で理性的で平等な諸要素〔諸個人〕からなるひとつの機械論的構築物が――そうした諸個人間の衝突が生み出すとされる破局的事態《カタストローフェ》から、競合しあう欲求する諸個人を救い出す必要性に迫られて――そうした機械論それ自体とは完全に無縁でそれに優越する一権力の観念へと飛躍するというホッブズの逆説にである。こうして市民階級という階級の本質が救済されたのだが、それは市民社会の卓越性およびその間《ブルジョアジー》‐個人的構造の卓越性を取り戻すことを通じてなされたのであり、また認識形態と生産様式――市民階級が国家に自らをそれとして受けとめるようにと望む形態であり、主権それ自体が自己組織化されるようにと望む形態である――を強調することを通じてなされたのである。しかしまた同時に、ルネサンスの理想が無残に敗北したことの重みは忘れ去られたわけではなく、それどころかこの敗北に由来する状況は、その重圧のすべてが受けとめられている。[144] 学知はこの状況を記述し、現実の重みに耐えながら、その重みを書き換える以外のことを成し得ないのである。ひとつの階級がそこから身を解き放つことのできない歴史的悲劇の記憶に、この世界への忠誠心から耐える、ノミナリズム的イメージからなるリアリズム！　ここでは本当に実在は本質に到達できないのだ。たとえ市民階級の存在形態が国家に刻印され、主権の内容をそれで偽装するとしても、主権の内容はもちろん何かもっと違った別のもの――神秘主義的で超越的な内容なのである。階級の自覚はそれにふさわしい姿をとることができない。すなわち、階級の自覚は、危機の経験を経て

危機を破壊として体験した後に、希望の欠如として把握されるのだ(145)。

さて、もし自然哲学の論題に関する対立だけではデカルトがホッブズ思想の包括的な含意を判断できるようになるのに不十分であったとしたなら、ここで『省察』をめぐる論争を付け加えることができよう。そうすることで議論における諸観点が根本から明らかになり、両者の物理的世界への取り組み方に暗に含まれていた二者択一が全面的に説明されることになる。それは、機械的自然観をめぐる不一致が脇にのけられ、今やその衝突は、哲学上の諸テーマ全般にわたって展開されるということだ。この衝突には仲裁の可能性がない。というのも、個別の対象をめぐる論争である以上に、形而上学的展望が最初から正反対だったからである。存在と本質のあいだの劇的な緊張を自らの思想の地平としていたデカルトにとり問題であったことが、ホッブズにとっては何ら省察の対象たり得なかった。〔ホッブズの第十四反論によれば〕本質は「それが存在から区別される限り、である《エスト》という語による諸々の名称の繋辞《けいじ》以外の何ものでもない。またそれゆえ、存在を欠いた本質とは、われわれの〔精神の〕虚構なのです(146)」。概念実在論に対するノミナリズムということか(147)。いやそれだけではない。ホッブズにとり「存在」が根本的に問題を構成するものではなく、デカルトにとってはそれこそが問題なのだから、断絶はさらに深いものとなり、対立の根拠は存在論的地平にまで拡がっていることが明らかとなる。ホッブズが懐疑という主題にどのように反応しているかを見れば十分であろう。「新しい考えのいとも優れた作者がそのような古くさい事がらを公にすることは、差し控えて頂きたい(148)」。〔古くさい事がらとは〕すなわち、プラトン以来哲学者たちが繰り返してきた知覚の真実性に関する明確な疑念のことである。ホッブズは、ここでデカルトの懐疑が個々の感覚に向けられているのではなく、根本的＝急進的《ラディカルメンテ》にこの世界に向けられているのだということにまったく気づいていない。この世界、すなわち直接性として登場することを欲

し、さらには生み出す自然〔能産的自然《ナトゥーラ・ナトゥランテ》〕として、そしてさらには世界を手に入れることを欲し世界を手にし得る個人の、その勝利として登場することを望むこの世界に向けて。とはいえ、ホッブズもまた危機を認識してはいた。しかしかれは危機に立ち向かうことなくこれを受け入れた。今や孤独となった本質から存在へと投げ返された必然的な緊張に耐えようとはしなかったのである。

さて、こうして本質と存在との関係は、それが虚構《フィンツィオーネ》とならないようにするためには、また、この機械論者〔ホッブズ〕の目には狂気と映る――それが反論に見られる皮肉の辛辣さの理由である[149]――緊張にまで悪化しないようにするためには、そしてホッブズの学知の枠組みにおいて実在的なものとして体系化されるようにするためには、危機が残していった縮減的な観点において生じなければならないし、そうすることによってのみ生じ得るのである。それについてホッブズが挙げる例証は造形的で悲劇的でもある。「それならば、われわれのうちには神のいかなる観念もないように思われます。しかしながら、〔たとえば〕生来の盲人は、たびたび火のそばに近づき、自分が温まるのを感じることによって、自分を温めてくれる何かがあるということを認知し、さらにその何かが火と呼ばれるのを聞いて、火というものが存在すると結論します。しかしそれにもかかわらず、かれは火の形についても色についてもそれがどのようなものであるかを認識せず、あるいはおよそ、火についての、心に顕在するいかなる観念ないし映像をもつことはないのです。同じことは人間についてもあてはまる（後略）」[150]。他方のデカルトにあっては、本質と存在との関係は、虚構《フィンツィオーネ》となる「危険」を冒しながらも、ともかくひとつの企てであることを望んでいる。すなわち、分離状態という決定的な現状を忘れることなく、人間にとり理にかなったひとつの地平を再建するような企てである。「わたしが観念という名称で解しているのは、精神によって直接に知得されるもののすべてであります」[151]。

おそらくわたしたちは、デカルト思想の核心、その歴史的意義の核心にたどり着いたのだ。デカルトが自らの時代の危機に向かって放った本質と存在の動的な関係は、ひとつの虚構となる危険を冒す、冒すことを望むものであると先に述べた。だがどのような虚構なのか。どのようなタイプの関係なのか。当初の虚構を超えて結局は同一性へと解消し得るような関係ではない。もし同一性が与えられるなら、わたしたちは、情熱的な自然主義がもたらす同一性とその破壊的な帰結からなるユートピア的平面の上に存在するか、あるいは、人間的意味を欠いた世界における、矮小化した存在からなる平面の上に、感覚によってもたらされるも不十分な同一性の平面の上に存在することになるだろう。(152)ルネサンス世界の危機に対して、機械論の世界は対案を提示することができない。というのも、両者とも学知のことを同一性へ還元して見ていたからである。しかしそれではどのような地平が開かれるのか。どのような関係があり得るのか。『省察』は再び唯一にして一義的な返答を与えている。すなわちこの〔本質と存在の〕関係とは、我《われ》の称揚、つまり、我という思考する究極の存在の称揚のことであり、我は自らを投影し、そうすることで世界を再獲得するのである。世界との関係は、我の称揚の形而上学的強度の横溢において、切断され、圧縮されることによってのみ、学知となることができるだろう。それ以外に学知は存在せず、それ以外にはただ空虚な状況の反映があるだけであり、ルネサンスの敗北がその分離状態に押し込めながらも取り去ることのなかった人間の使命《ヴォカツィオーネ》への裏切りがあるだけだ。それではデカルトのそれは学知なのか。もし機械論者たちの用語にしたがうなら、この問いに肯定的に答られないのは確かである。デカルトの学知とは実際のところ虚構であるのだから。(153)ではどのような虚構なのか。現在の主体が直面する分離状態に根拠をもった主体の虚構、しかし虚構だからといって実在的ではないとは言えない。というのも、ここから、すなわちこの分離状態から新しい世界が開けるからである。自分たちは敗北し

た、これが十七世紀の人文主義者の自覚である。しかしデカルトにはその敗北の自覚に加えて、あらゆる価値が、価値あるあらゆる存在がそこに、すなわちこの分離した存在において――今や――再び位置を占めているという否定しようのない確信があった。このことを支えとして世界が再構成される。そこからのりこえへの抑えがたい緊張が生じる。それではデカルトのそれは学知ではないのか。それは、とりわけ主体と社会的なものと歴史からなる世界に開いている点で学知ではない。さらにそれは現実の模写でもなく、分離状態にある世界の分析的な再構成でもない。ではいったい何なのか。それは虚構であり、今日ならばイデオロギーと呼ばれるだろうものである。十七世紀世界の危機からなる空間、そして時代の不信と不均衡へと、再建への希望を拡げる分別のあるイデオロギー。再び息を吹き返した人文主義のノスタルジアである。(154)

　おそらく機械論によるアンチテーゼのみが、デカルトに自らの時代の危機と根本的＝急進的《ラディカルメンテ》に手を切る力を与えたのだろう。したがって切断、孤立した作業、これがデカルトのものなのであった。

　しかしかれの思想の歴史的意義は次の点にある。デカルトは全般的な危機状況を認識しこれを自らの思考のうちに取り込み働かせた後に危機状況から離脱する一方で、おそらく実際に、現実世界の傾向のもっとも深い性格を捉えていたのである。機械論的な学知(155)の受動性にイデオロギーの生産性を上書きするにあたって、かれは時代に自らの営みの特殊性を明確にさせるに至った。その時代とはすなわち分離状態にある存在であることを余儀なくされた市民階級が、自らの本質を救い出し発展させ刻印すべき場としての世界である。しかし希望以外にどのような道があり得るか。イデオロギーの姿をとる以外にどのような希望があろうか。市民階級はルネサンスの敗北により、もはや世界を所有してはいないこと、より正確に言えば、かれらの技術が与えてくれた、その縮小され、魔法をかけられた部分しか所有して

はいないことを認める苦い挫折感。この苦い挫折感は、本質が存在になりたいという衝動を解き放つ際に前提として踏まえるべき必然性についての形而上学的な確認へと反転する。これ以外の道はすべて、市民階級がその本質を分離された存在であることを無視しているのだ。例えば機械論ではこうした状況についての正しい認識がつかまれていたが、そこには希望がなかった。デカルトは希望を再発見する術を心得ていた。ルネサンスが望んだ神話的な人間世界を再建するという希望なのか。そうではない。世界を、すなわち宇宙全体を市民階級の本質である生産的な分離状態へと導くことのみが希望なのである。重要なのは、この希望の大小を判定することではない。このようにしてひとつの形而上学がおそらくは市民階級《ブルジョア》を最終的に規定するなかで成立したことが重要なのである。

五

分別のあるイデオロギーの再建と基礎づけは──『真理の探究』(156)とともに──一六四一年頃その円環を閉じる。成熟したデカルトの論旨の根本的なテーマが、この対話に完全な形で見出される。「(前略)確固とした学知の最初の土台を据えて、自らの認識をその達し得るもっとも高いところにまで引き上げる道を残らず見つけだす」、これらのことを──とデカルトは言う──「わたしは、これらのことをこの本のなかで示し、そして、わたしたちの精神にそなわっている本当の豊かさを明るみに出そうと願うものだが、そうするにあたり、自分の生活を導くのに必要な学知のすべてを他人に恃むことなく自身のうちに見出すための、そして、その後に自分で努力を積めば、人間の理性が〔そもそも〕持つことので

きるもっとも難解な〔事がらに関する〕知識のすべてを得るための手段を、各人に明らかにしよう」。[157]『省察』の内容が通俗的な形で解きほぐされ、それがユードクス――「普通の精神の持ち主でありながら、その判断が誤った信念によって歪められておらず、また、その理性のすべてを自然のままの純粋な状態に保っている人間」[158]――と、エピステモン――学者――と、ポリアンドル――人生経験の豊富な男――、および純粋な精神をもった自由人ポリュビウス〔なお訳者の管見によれば、デカルトの『真理の探究』にこの登場人物は出てこない〕との論争の形で展開される。まさしくこの対話形式こそ、デカルトの再構成という視点を最大限に浮き彫りにしている。骨折って掘り起こされ再発見されたその視点とは、自己の内部すなわち魂の十全な営みの内部への歩みである。世界との緊張関係は――〔主体と客体との〕同一性に解消しないし、そうすることもできないので――主体の内部で反転し、そこで――分離状態のまま――深化し分節化し普遍的な理解の企てを投げかけるのである。ポリアンドル――市民階級の人間であり、おそらく〈商人〔*mercator*〕〉だろう、世界という偉大な書物を直接に知っている男――は手を取って導かれ、自分自身を再発見するところへ、言い換えるなら自己のうちに、すなわち〈コギト〔*cogito*〕〉に、何ものによっても打ち砕くことのできない新しい認識の――そして新しい力能《ポテンツァ》の――基礎を見極めるところに案内された。

『探究』のテクストがたどり着くのはここまでである。[159]

けれども『省察』の最初の展開に続くこの解説的な素描――単なる解説どころか、『省察』のいくつかの論点をさらに深め、同一性の形而上学への批判と同時に、同一性の危機が行き着いた懐疑論の立場への批判をも強めている――の傍らに、つまりこの基本的な素描と言われてきたものと並んで、『探究』をめぐって広範囲な議論を引き起こした一連の主題が現れていると言われてきた。その主題とは、文体

にまつわるものであるが、さらにはとりわけ実質的な内容にまつわるものでもあり、それがこの著作をこれまでデカルトの青年時代の仕事と位置づける理由になってきた[160]。実際にも、真理の現出の自然発生性についての議論の激しさがそうであり[161]、真なるものの単純性およびその単純性を媒介とする真なるものの現出の直接性もまたそうであり（真実を発見したからといって「わたしは（中略）、農夫が、これまで長きにわたって多くの人が探し求めるも甲斐無しだった、或る高価な宝を、運良く自分の足もとに見つけたときに与えられる以上の評判に値するわけでは決してないのである」[162]）、したがって真なるものに触れているという感覚もまたそうであるので、デカルトもかつてはそこに生き、その危機がもっとも成熟した哲学を生み出したルネサンスの宇宙像がこの書に現前し優勢になっていると思われるのである。そしてこの宇宙の定義に付け加えられた他の諸要素のうちに、隠喩的な宇宙的連鎖の感覚がある――これが根本的なことである。「というのも、人間精神の理解の範囲を超えない知識はいずれも、まことに驚嘆すべき連鎖によって結びついており、何より必然的な推論によって次から次へと導きだされ得るので、もっとも単純な知識から出発して、段階を踏みつつもっとも高度な知識にまで達する術を心得ているならば、それらの知識を見出すために、たいした腕前や才能をもっている必要はないからである」[163]。『精神指導の規則』の第四規則の敷衍なのか[164]。おそらくは『規則』への単なる言及である以上に、人文主義の経験の象徴的な宇宙全体の再現を指摘するべきなのであろう。真なるものの直接性、それを理解することの喜び、所有の普遍性における十全さの感覚。「どのような土地にも、そこで生きる人々の飢えや渇きを等しく癒すに足るだけの果実や河水があるように、どのような問題についても、認識することのできる真理というものが、健全な精神をそなえた人々の好奇心を十分に満たすに足るだけはあるのです」[165]。

それでは『探究』を若年の作であるとする位置づけは正当なのか。わたしたちにはそうは思えない[166]。

というのも、初期デカルトの経験と時には文字通りに結びつく諸要素が疑いの余地なく現れているとはいえ、『探究』の基本的な企図は『省察』の冒頭部分と同じものなのであるから。すなわち我《われ》の形而上学的な衝動の発見と、分離状態にある世界のうちでのその反転と深化。いやそれどころか、デカルトが『省察』のなかで、そしてその反論者に対する答弁のなかで展開した方向性への対案への再批判が、ここで強調されているのだ。かれが厳しく矛先を向ける相手は、普遍性の病を患う者たち、つまりは世界を所有したい者たちであり、[167]かれは懐疑と夢の主題をいっそう力強く取り上げなおしているのである。[168]もちろんそれは、その後に続く転倒を基礎づけるために、しかしまさにそれゆえにかれが生きている危機の深さをも主張するためにである。まるで『省察』に書かれているかのように〔『探究』には〕「そこはまるで淵のようなところであって、足を底につけることなどできないとわたしには思われるのです」[169]とある。そして懐疑から再び議論は存在へとのぼっていく。[170]

それにしても、こうした人文主義的な〔要素の〕強調と『省察』の歩みとの逆説的な混在をどのように説明できるのか。ここに論点がある。『探究』は、分別のあるイデオロギーについてデカルトが最終的な規定をくだす頃の著述としてあると思われると先に述べた。言い添えておくべきことは、それが最終的な帰結であればそれだけ幸福な逆説を取り戻しているということである。というのも、ここ〔『探究』〕にデカルト思想の意義と歴史的な位置が十全に見られるからである。すなわち、かれの人文主義的で市民的《ブルジョア》な起源とその危機、さらには形而上学的な転倒とデカルトの根本をなす神話のイデオロギー的再建。[171]これらは敗北が刻んだ限界のなかで生ずる。とはいえしかしその限界のなかで人文主義的人間の、再建されたノスタルジアが息づいている。では分別のあるイデオロギーとは何であるか。「他人に恃むことなく」[172]自己自身のうちに再発見された確かさ、本質である。ようするに分離状態を認めること

である。しかしこの分離状態のなかには真理が満ちている。そのことを知る者は「その国がどこか離れたところにあり、他のすべての国からまったく隔絶しているために、自分の領地の彼方には不毛の荒野と人の住めぬ山岳しかない、そのように想像している王が味わうのと同じ安らぎを味わっているのです」[173]。分離状態を生きることを強いられた市民階級の――とはいえ、危機を耐え忍んだうえで、また、この分離状態にある世界を自らのうちにおいて十全に所有しなおすことができると自らのことを示しつつ――ドラマにこれ以上ふさわしいイメージが他にあるか。そしてここにおいてこそ、〔市民階級が〕自己を世界に投げかけ、自己のうちで世界を再建するための基盤としての完全な自律が表現され、また〔市民階級によって〕享受されているのである。というのも、まさにそのようなイメージは未来に開かれているからだ。階級の自律と我の自律は、産出的でユートピア的なノスタルジアであり、全体化する企てなのである。わたしたちは自分の家を自力で再建するだろう。〔同様に〕わたしたちのこの分離状態にある真理は、わたしたちが宇宙に投影できるようになるところまでわたしたちのうちにおいて成長する。世界はわたしたちを拒絶した。しかしここにおいて、すなわち自らを産み出す我のなかで、世界は思考されるのだ。今日は思考されるだけだが明日それは再建されよう。最初の市民的《ブルジョア》人間の出現にあっては、家は巧く建設されず、基礎は不確かだった。それは破壊されねばならなかった。しかし再建されないことはないだろう。以上が分別のあるイデオロギーの〈出発点〔*terminus a quo*〕〉と〈到達点〔*terminus ad quem*〕〉である。戦術的にも自らを明確にするということは、その時代にとり有効でありたいと望むことだ。すなわち、「ポリアンドルよ、このような取り壊しという仕事に取りかかっているあいだ、わたしたちは同時に、自分たちの計画に役立つはずの土台を掘り下げ、そこを埋めるのに必要な、もっとも上質でもっとも堅固な材料を用意できるでしょう」[174]。「というのも、下働きの職人たちは、新しい作

品に取り組むことなど力に余ると感じているために、古い作品を繕うことだけに専念するものですが、わたしはそういう連中の仲間にはなりたくないからです」。[175] わたしたちがその展開を見てとり、そこから出発してきた隠喩の世界の記憶と危機の経験との劇的な関係は、遂にここに落ち着いたと言えよう。しかしながらわたしたちの興味を引くのは、その落ち着き方である。というのも機械論にあっても自由思想《リベルティニスム》にあっても、麻痺させるような危機の直接的な混乱はのりこえられていたのだから。すなわち、自由思想家《リベルタン》にとっては見入るという所作の優美さによって、機械論者にとっては現在の分離状態の形を固定して受け入れることで。これに対してデカルトは、その緊張を静めるにあたって或る活動的な地平を再構成する。作り替えられた希望は、未来における理想の実現への確信を伴っているのだ。

　こうして『真理の探究』は真理の再建となる。その形而上学的条件はすでに見てきた通りである。わたしたちはその究明の過程で『真理の探究』——確信に満ちた、活力あるカトリック教会の確固として生彩ある改革の運動と明らかに結びつき、この改革と同じように再建への激しい渇望に刺戟された著作——についてのデカルトの議論の文化的派生をもしばしば強調してきた。[176] とりわけオラトリオ会士のジビューにデカルトは「真理の探究において」[177] つねなる支えを——偶然ではなく——見出し、自分の議論のさまざまな文化的媒介者としてのかれを頼っている。[178] だがそれだけではない。デカルトのイデオロギーは、その展開のこうした段階に達して、全般的に活動的であることを欲し、自己の活力の実践的条件を確認することを欲するのだ。デカルトのイデオロギーは、時代のうちで自らを立証することを望んでいる。人文主義の若々しい意識が敗退したところに、デカルトの成熟したイデオロギーは再び無理矢理でも思惟に力試しをさせるのである。時代とのこの対決が、新たに記述された形而上学的条件のもとで、この世界の革新へのかつての人文主義の要求を更新するという、デカルト思想の最終的な局面を特

徴づけている。

　確かにイデオロギーの活動的な地平が現れたとはいえ、それはまだ非常に形式的なものに過ぎない。つまり原理を表明し、真理を探究する任務を、社会――漠然と定義された、あるいは学者の社会として定義された――に委ねたに過ぎない。「真理の探究は何より必要とされ、また、きわめて広汎なものなので、多くの人がそれに協動しなければならないでしょう。そしてこの世界には、分別をもってこれに取り組む人はわずかなわけですから、真理の探究に携わる人々は互いに慈しみあわなければならず、そして自分たちの所見と思索とを表明しながら、相互に助けあうよう努めなければならないのです」[179]。この形式的性格とその曖昧さのゆえに、確かにデカルトの要求はユートピア的にさえなる危険を冒している。「わたしは、この世界があまりに広大であるために、誠実な人になかなかお目にかかれないことを不満に思っています。ですから、誠実な人がみなひとつの都市に集まらないかと願っているのです。そうすれば、わたしは喜んで自分の隠れ家から出て行って、かれらと一緒に生活をするのですが。もちろん、かれらがわたしをその仲間に受け入れてくれればですが」[180]。したがってその要求は、世界と対決させられ、この対決を通して自らの積極的な内容を規定しなければならない。そしてこの対決から多くの困難が生まれ、多くの見直しが求められることになるだろう[181]。

　しかし以上のことを踏まえつつも、デカルトがかれの時代と階級のために発見したこの地平の――今のところは形式的なものに過ぎないとしても――その中心的役割と重要性をわたしたちは忘れてはならない。デカルトが我の内部で行なった掘り下げは、時代の社会的現実に対してなした掘り下げである。我を神学的地平にまで投影すること、それに続いて宇宙における我の本質的役割を確信すること、これらはかれが時代に託した任務であった。危機の知覚を再建という新たな自覚的主題へと反転させること

は、デカルトが応答する緊急必要事項であった。ここにおいて、デカルトの分別のあるイデオロギーが時代の政治的イデオロギーとしての重要性を見出すのだ。

こうした発展の新たな全般的条件のもとで、人文主義の危機を共有し思索した他の思想家たちがすでにたどった歩みをたどり直すのは逆説的なことではない。そのなかでもマキァヴェッリの歩みは、かれが都市の自由を襲った危機からそれでも再建の希望を引き出したがゆえに、そして政治行動の適用領域に最大の考慮を払っていたがゆえに、デカルトと並んで、いやいっそうラディカルである。(182) デカルトをマキァヴェッリ主義の信奉者と見なし得ないことはもちろんであるが、マキァヴェッリのフランスでの普及《フォルトゥーナ》＝評判の歴史がその理由をただちに物語ることができる。フランスで勝利したのは、実際には、平和の守護者にあるいは権力の非凡な悪魔的護教論者に「矮小化された」マキァヴェッリであり、自由思想家《リベルタン》で〈政治家〔*politique*〕〉の――「辛辣で細心、火のような天才〔*ingenium acre, subtile, igneum*〕」(183)――マキァヴェッリである。デカルトはこの「悲しみをもたらす〔*fait venir la tristesse*〕」マキァヴェッリしか知らない。すなわち、自らの時代の危機を認識しのりこえる著作家としてではなく、その危機がそこに識別される著作家として知っているだけである。それにもかかわらずデカルトの分別のあるイデオロギーのうちに、どれほど真のマキァヴェッリがいることか！　というのも、デカルトには――マキァヴェッリと同様に――人文主義革命の終局と市民階級の行動の再検討の必要性についての感覚があり、それが全般的なものとなっているからであり、しかしまたそうした感覚が――現今の新しい条件のもとで――〔再建という〕あの目標、あの目的へとつねに向けられているからである。言い換えるならば、人文主義の理想の終局を認定し、これを条件づきながら再提起しようとすること。それは市民階級の定義それ自体を構成する要素となる――市民階級とは、普遍的な階級でありながら、自らの普

遍性を現実的に打ち立てることができず、また許されず、世界との最初の関係において真に世界を所有するあらゆる可能性を焼き尽くしたがゆえに、イデオロギーを生きることを強いられた階級である。本質と存在は永遠に分離したままである。その本性上と歴史上、今や決定的に分離したものを絶対化する試みにおける渇望、切迫、必要性、そして敗北。日々その都度の情勢のもとで劇的な強度で刷新される逆説。デカルトの分別のあるイデオロギーは、この不確実性《プレカリエタ》への決定的な解答である。それは、どうあっても存在し発展しようとする抑えることのできない要求である。そして分別のあるイデオロギーによってこのように描かれた運命こそ、市民階級が全面的に生きることになるものなのである。

第4章　時代とイデオロギー

これらの原理の最後の、そして主要な成果は、それらを展開していくうちに、わたし自身の説かなかった真理が数多く発見され得るだろうということ、またこうして、ひとつの真理から他の真理へと段階を追っていき、時の経過とともに哲学の全体について完全な認識を獲得し、智慧の最高の段階にのぼることができるだろうということです。その証拠に、わたしたちはあらゆる技術において、最初はそれが稚拙で不完全であっても、しかし、そこには何か本当のものが含まれており、試用《エクスペリアンス》によってその効果が示されているがゆえに、実際の使用《ユザージュ》を通じて少しずつそれが改良されていくのを見ておりますが、それと同じように、哲学のうちに真なる原理が含まれる場合には、これにしたがっていくうちにいずれ他の真理に出会われるということが必ずあるものです（……）（AT IX B 18)。

一

市民階級《ブルジョアジー》の歴史意識の解釈と、市民階級のその時代における存在を特徴づける記憶内容の決定。した

がって、これがデカルトの分別のあるイデオロギーであるように思われる。このイデオロギーが形成された際のさまざまなモチーフは、その時代をすべて覆い尽くし、そして階級としての市民階級の一定の発展を覆い尽くしているように思われた。——実際のところ、世界との直接の関係性が消滅した場合にのみ、きわめて重々しい最新の時代情況《コンジュントゥーラ》がその効果を知らしめたときにのみ、ひとつの歴史的階級意識の定義が措定されるのだから。[1] 革命の挫折の意識は非常に深かったので、その意識はすぐに現実的条件の要素から市民階級の意識それ自体の特性に変質する。この点についてもすでに検討した。それでも、いくつかの選択肢が残っている。分別のあるイデオロギーは、そのなかでもっとも重要なものを——その複雑さにおいて、市民階級が存在することは否定しようがないことの宣明と敗北の強調とのあいだの肯定的な意味でのあいまいさにおいて、その時代における分離状態のなかでとともに分離状態を超えて市民階級の本質を実現するという衝動によって——表している。

　その時代に市民階級の本質を投影すること。しかし、このことは現実化しなければならず、歴史と節合されねばならない。イデオロギーは政治へ移り行かねばならない。きわめて一般的かつ形式的な観点で提示されていた——すでに検討したような——この企ては、ただちに検証されなければならなかった。時代への言及は仮説的なもののままではあり得ず、生きた経験にならねばならなかった。しかし、時代への言及は正当だったのだろうか。〔市民階級の〕本質の投影から時代を肯定的に取り戻すことは現実化し得るのか。これらの問いの第一のものは、この企ての哲学的形式自体のうちに、そしてそれに固有の困難についての意識とそれが指し示している危機についての意識のうちに暗に含まれている。しかし、哲学的地平において、この問題の解決要求と肯定的アプローチの正当性は、抑えがたいものとして認識されていた。このとき——正当性の問題から可能性の問題へ、形而上学の領域から歴史の領域へ移ると

き、ようするに第二の問いをめぐるとき——にこそ、まさにこのときにこそ、この問題は、その根本的核心において把握され、悲劇的性格を背負わされる。ここでの哲学的要求が大抵は単に歴史に関するものなのではなく歴史のなかにあるものなのであれば、ますます哲学的要求が明確な一連の出来事と議論のあいだで促され措定され発展させられるのである。実際にも、〈法服貴族の階層〔*milieu robin*〕〉それ自体のうちに顕著な諸集団が存在しており、かれらは市民階級の歴史的復権へのあらゆる希望を劇的に否定し、根本的《ラディカーレ》＝急進的な対抗手段をとった。

ここでの〔かれらの〕議論は、本質と世界との関係の成立可能性を否定することに向けられており、したがってまた、市民階級の本質の出現を否認するのではなく、またこの出現から生じる抑えがたい緊張を否認するのでもない。かれらの議論は、公認されたばかりの悲劇的関係を受容することでこれをなだめるにせよ、確信をそなえた期待のもとで誤魔化すにせよ、あらゆる平穏、そのあらゆる可能性、あらゆる試みを拒絶することに向けられているのである。これら〈法服貴族〉の諸集団は、自由思想家《リベルタン》たちと同様の強度で時代情況《コンジュントゥーラ》の危機の評価を急進化させる《ラディカリッザ》——その敗北は決定的であり、国家の絶対主義的再編がその敗北の表徴である。(2) それでもかれらは自由思想家たちとは異なり、孤立を拒み、情勢の取り返しのつかなさを耐え忍ぶしかなかった。というのも、かれらは情勢の取り返しのつかなさに対して、記憶によって更新される人文主義の神話を同じくらいの強度で対立させていたからである。そしてこの同じ展望によって、機械論者たちとは反対に、これら〈法服貴族〉の諸集団は、市民階級の存在の社会形式を展開する機会を利用して、分離状態と絶対主義を正当化することにより、情勢への順応の必要性を美徳としたり、敗北を美化したりすることを否定する。かれらはデカルトをペテン師と非難する。まさにかれら自身が、ノスタルジックな愛情でもって個体性を熱烈に称賛し、その形而上学的な絶対性と

中心性を感じ取り、そのため時代——そこでは敗北が生じ、しかしまた継続闘争《ロッタ・コンティヌア》が生じる——は、いかなる場合においても積極的な調停の場として形成されることができない。むしろ逆にこの時代は、すでに明確な衝突の場であり、この時代において唯一、刷新されるのは、窮余の対立——それはまた同時に絶望的で、不可避で、しかも要請されたものでもある——の果ての凋落と危機である[3]。デカルトの分別のある企てのなかで、この時代はイデオロギーの挑戦を受ける。他方でこの時代は、媒介の能力を欠き、革命への渇望が永遠に敗北するところ——それでもこの渇望が静まることはあり得ない——なのだ。こうした観点においてこそ、デカルトの分別のあるイデオロギーの可能性それ自体が議論されるようになるのだ[4]。

　或る厳密な議論が新たな反対の諸要素を解明しようと生じるが、よくあるようにその議論は遠回しなところがある。〔だがしかし〕その反論がすぐに異議を差し挟さむのは、デカルト自然学の或る——中心的な——論点、すなわち〔微細物質によって〕充満した宇宙という概念である。この異論は的を射ており、比較しがたいほどの効果をもっている。というのも、それはデカルト自然学の全般的含意におけるひとつのテーマに焦点を合わせているからである。デカルトがまずは個人的な会談[5]において、ついで『真空に関する新実験〔*Expériences nouvelles touchant le vide*〕』[6]を読んで、ブレーズ・パスカルの理屈を理解したとき、このパスカルが「わたし〔デカルト〕の微細物質〔説〕」[7]と論争したがるようにすぐに仕向ける。いずれにせよ初めのうちデカルトは、論争的態度を抑え、同じ問題に専心しているようによそおい、優しい忠告を授け、実験的な提案を示唆する[8]。しかしそれも長くは続かない。やがて、デカルトの本音が聞こえてくる。「真空の支持者たちがさまざまなところで自説を広め、そして、この主題に熱を上げていることについて、わたしはむしろ歓迎したいと思います。といいますのも、真理がおのずと見

出されれば、かれらは自分たちの振る舞いにそのぶんだけ恥をかかされることになるだろうからです」。[9] そしてかれは明らかに悪意と喜びをもって、パスカルが論争を挑むことになるノエル神父のあの介入を見ている。[10] 結局のところ、真空の擁護者たちによって実行されたさまざまな実験が有する、議論の余地なき価値を前にして、かれが公言するのは、これらすべての実験がかれ自身の体系と完全に両立し得るしそこに回収可能だということである。[11] しかし真空の擁護者たちは、もはやそのことを理解しないだろう。ピュイ・ド・ドーム火山で実行されたような実験を勧めたのはまさにデカルトであったことを認めようとしないだろう――特にパスカルは。すでに「数頁からなる印刷物のなかで、わたしの〔論ずる〕微細な物質について批判しようと試み」、[12] かれの友人の――そしてつねにデカルトに対立していた――ロベルヴァルの論争へと連れて行かれたのがパスカルなのであるから。

したがって、この議論におけるデカルトの立場は、はっきりとした異議申し立て、あるいはより曖昧であるがそれに相当する懐柔――パスカルの言説の重大性を無効化しようと試みるそれ――である。デカルトは、真空に関するこのような新たな主張のうちに、この主張が確かに含んでいるもの、すなわち自らの自然学に対する根源的攻撃を見てとったのだ。しかし、それだけではない。分別のあるイデオロギーの可能性自体を否定する攻撃と試みをもそこに見てとったのである。いつものように、この時代局面において学知上の論争は、さまざまな形而上学的な立場に影響を及ぼし、当時の大問題をめぐって展開される論争の隠喩として機能する。このことにすぐに気づいたのが、アルノーである――この著者はまったくぶれることなく、デカルトによる神という形而上学的テーマの検証に対して、個体性の新しい産出的な基体《ヒュポスタシス》をめぐるそれに対して、反論でもって貢献した。[13]

実際にも、かれはデカルトの『哲学の原理』に介入して次のように書いている「あなたは、自然のう

ちに真空はないということだけでなく、そのようなものはあり得ないとさえ言い張っておられる。しかしそれは、明らかに神の全能にもとるように思われます。一体どういうことでしょう。神には、樽のなかに含まれている葡萄酒を無に帰したり、何か他の物体を〔葡萄酒があった〕その場所に生み出したり、何か他の物体をして樽のなかに入れさせたりすることが不可能なのでしょうか。とはいえ、この三番目のことは〔以下のようでなければ〕少しも必然的ではありません。つまり、ひとたび葡萄酒が消滅したならば、いかなる物体も、どこかに真空というものを置き去りにしてこなければ、その場所を占めることができない。したがって、神は必然的にあらゆる物体を保存するということ、あるいは〔そのうちの〕何かを無に帰することができるのであれば、真空が与えられるということになるのです」[14]。

したがって、アルノーによる──そしてジャンセニストの一党による──真空の承認は、何よりも形而上学的な表徴、神の全能性の指標と見なされていたのである。これは、永遠真理創造に関するデカルトの主張、つまり世界における根源的な不確実性《プレカリエタ》を導く立場を思い起こさせる。しかし、世界の不確実性《プレカリエタ》と不連続性についてのこのような主張──人文主義的で自然主義的なあらゆる急進主義《エストレミズモ》を前にした論争において打ち出された──から、どのようにしてデカルトが困難を伴いつつも決定的に自らを解き放ったのか、言い換えるならば、どのようにして主体の出現という形而上学的偶発性から人間と神とのイデオロギー的連続性という地平へ移行したのかをわたしたちは見てきた。しかもその移行は、神の自由と人間の自由とのあいだの本性上のアナロジー的同一性を確定するところにまで至るのである。「誰であれ抱懐することのできる完全性のすべて、したがってわたしたちが神においてあると信じている完全性のすべて、これらを手に入れたいという各人の欲望は、限界を有さない意志を神がわたしたちに与えたということからきています。そして、とりわけわたしたちのうちにあるこの無限な意志を根拠

に、神はわたしたちをその似像にあわせて創造したと言うことができるのです」。[15] この同一性のなかで、人間本性、そしてとりわけ人間の認識が全面的に称賛されている。デカルトは、不連続に基づいて連続を再構成しようとし、ひとつの新しい世界を、すなわち分離状態にあり、それが望まれている限りで新しいが、やはり現実的であり、延長という限界のなかで全面的な強度と真理でもって構成された新しい世界を企てようとしているのだ。

「真空などというものは不可能であると認めるのが難しいのは、第一に、無はいかなる特性《プロプリエタテス》ももち得ないということをわたしたちが十分に考察しないからでしょう。そうでなければ、わたしたちによって真空と呼ばれているこの空間においてさえ、延長に相応しいもの、したがって、物体の本性に不可欠な特性のすべてがあることを見てとることで、わたしたちは、空間はどこまでも空虚であると、つまり、まったくの無であると言わないでしょうから。第二にそれは、わたしたちが神的な力能に訴えかけてしまうからでしょう。わたしたちは、この力能が無限であるということを知っていますから、抱懐《コンケプトゥス》において矛盾を含むような、つまり、わたしたちによっては抱懐され得ないような結果を、そうとは気づかずにこの力能のうちに認めてしまうのです。もちろんわたしには、いかなる事物についても、それが神によってなされ得ないとは決して言うべきではないと思われます。実際、真や善のあらゆる根拠は神の全能に依存するのですから、わたしは、神が、山が谷なしにあるように、あるいは一と二を加えて三にならないようにすることはできないとあえて申しません。ただわたしは、神はわたしに精神を、谷なしの山や、三ではない一と二の和といったものを抱懐することができないようなものとして与えたのであり、そのようなものはわたしの抱懐では矛盾を含む、と申すだけです。さらにわたしが思いますところ、どこまでも空虚であるような空間についても、延長しているような無についても、あるいは、境界づけ

られているような、もろもろの事物からなる宇宙についても同様のことが言われるでしょう。なぜならば、それを超えてわたしが延長のあることを知解《インテリゲレ》しないような世界の境界《テルミヌス》は全く想定《フィンゲレ》され得ないし、また、その空洞のなかに延長がなく、したがって物体もないほどまでに空虚な樽というものをわたしが抱懐することもできないからです。延長があるところには必ず物体もあるからです」[16]。

しかしこれとは対照的に、ジャンセニストが神の全能性の宣言を利用するその目的は、不確実性《プレカリエタ》の認識を人間世界にまで拡大すること、また人間世界をつねに満たされない緊張の場、決して終結しない闘争の場と見なすことである。言い換えるならば、危機は決して解決されず、緩和されもしなかったのであり、形而上学の現実にわたしたちを導く際の懐疑がわたしたちに示しているのは、調停の地平ではなく、わたしたちの悲劇の底知れぬ深さのみである[17]。

したがって、このような展望において、〔物質の〕充満〔した宇宙〕と真空〔の存在する宇宙〕は、世界との関係の完全に異質なモデルとしてお互いに対立している。もし、世界についての市民階級の意識のこのような発展段階において、世界との関係とは自分たちの階級の過去と未来とに関する判断でもあり、また一時的に基礎づけられた再検討と予測でもあるとすれば、わたしたちは、デカルトの改良主義的な企てや世界の再獲得というかれの希望へのジャンセニストの反対に関して、より明確な何らかの手がかりを見つけるという条件を手にすることになる。

真空。それはとりわけ、記憶による過去との特殊な関係の指標である。ルネサンスの敗北の記録としての、そして自然主義と神学が提起するのに貢献したあの魔術的世界を再構築するあらゆる可能性の根本からの否定としての、切断の関係。人文主義の発展から生じた諸結果の異他性《エテロノミーア》を自覚していることの証拠となる、人文主義に対する攻撃――ジャンセニストの思想それ自体の人文主義的な性格だけが、よ

うするに人文主義に実際に参画することで惹起された論争だけが引き起こすことのできる強度を伴って。[18]この点についてはデカルトですら同意できる——そして実際にもデカルトは、アルノー[19]との長期にわたる関係においてそのことに同意しているのである。しかし、過去とのこのようなタイプの関係から生じる直接的な結末にわたしたちが注目するならば、ここで差異の火花が散る。というのも、ジャンセニズムにとって真空は、〔市民階級の〕発展における、しかもこの発展の主体を巻き込む破裂の表徴であるから。すなわち、敗北の一時性は形而上学の一時性になり、存在の危機は本質を巻き込む。屈辱としての、形而上学の根本的不確実性《プレカリエタ》としての敗北。「人間精神を超越する事がらまでも対象に含めて論証を押し進めようとする自惚れをジャンセニストたちが糾弾するのは、愚かな理性〔*raison imbécile*〕というものを謙《へりくだ》らせるためである。そして、わたしたちの知性の限界についてデカルトが〔ジャンセニストと同じように〕留保をつけるとしても、〔しかし〕そこから非常に異なった響きがするのは疑いようもない」。[20]

確かに人文主義のノスタルジアは残り続ける——その時代を通じて残り続ける。このノスタルジアの卓越した表徴としての思惟する我《われ》が、無効にできない確実なものと同じようにジャンセニズムのうちを貫いている。しかし、この我は、出現のこのような偶発性から解放されないし、解放されることを望んでもいない。世界からの分離を受け入れ、世界の所有に相当する学知というものの不可能性を確認して、デカルトは再び神へと駆け上がった——そしてそこから、すなわち市民階級の本質のこのような産出的基体から世界を眺めたが、その目的は世界の獲得ではなく世界の包摂であった。ジャンセニスト型の過去との関係や、極度なまでの敗北感は、まさしくこのような地平の可能性を否定する。すなわち、人間性の空虚〔真空状態〕としての、人間の敗北の表徴としての時代が、個人と世界とのあいだにだけでなく、個人と神とのあいだにも広がるのだ。[21]あらゆる媒介の可能性は斥けられている。人間の、すなわち

思惟する人間の出現の形而上学的偶発性は、全体主義的《トタリターリア》である。真空は、眩暈《めまい》となり、存在の孤独で極端な肯定となる。デカルトによる危機の自覚は、この地平から実に遠く離れたところにある！　デカルトにおいては、そこから理性が起き上がり自らを解放した。ジャンセニズムにおいて、理性は侮辱されることを望んだ。まさに〈愚かな理性〉だ！　デカルトの思惟する我には「生きている人間」(22)の力と希望があり、ルネサンス的人間の構成主義〔costruttivismo〕を――分離状態においてではあれ――刷新したのに対し、ここでは人文主義の不安が、ただ拒否として、孤立状態にある破壊的な経験への信頼として、過去との切断が引き起こす眩暈のなかで生き残っていたのだ。

論争が学知の方法論へと移ると、そこで実際にもデカルトの構成主義は徐々にではあれ全面的に解放され、物質で充満した空間に関する理論に込められた深い意図を示す。「デカルト――ようするに「これは形状と運動からなっている」と言うべきなのだ。そう言えば、正しいのだ。しかし、どのような形状や運動なのかまで言い、機械を組み立ててみることは、滑稽である。というのも、それは無益で、不確実で、厄介《ペニーブル》なことだから」(23)。我という原理から出発して世界の支配を展開しつつ機械を組み立てるなどということは、このジャンセニスト〔パスカル〕にとっては滑稽なのだ。「それに、なるほどその通りだとしても、わたしたちには、あらゆる哲学が一時間の苦労に値するとは思えない」(24)。というのも〔ジャンセニストたちにとっては〕学知もまた、眩暈がするほどの真空状態の空間のうちで活動しているからで、この学知は、デカルトの企ての必然的な厳密さのうちには取り込まれ得ないものなのである。(25)学知は、根本的な敗北状況の隠喩、影響の大きな結論である。それ以外ではあり得ず、あるはずもない。(26)デカルトのほうは、世界における――不安定で馴染みのない世界における――冒険として学知の探究を形成するような方法論を構想することさえできない。デカルトの学知の地平は、感覚による直観を排除

し、幾何学的空間を算術における比例法則に従属させる。[27] それ以外のどんな可能性もデカルトをうんざりさせる。かれは一六四〇年にパスカルの才気を示すあの最初の評論（そこには成熟した思想の特徴の大部分が垣間見られるが）つまり『円錐曲線試論』[28] を受け取ったとき、荒々しく応答する。「十六歳の子供［パスカルのこと］が解こうとして苦労した」[29] 円錐曲線に関する諸問題をわたしなら見事に解明できると。この態度こそ、多かれ少なかれ抑制されてはいても、その後十年にわたり、つねに繰り返し現れるものだ。というのも、デカルトにおける理性の称賛は理性の産出的無限性を肯定するにまで至り、そして階級の本質は無限の可能性として表明され、神学的地平においてイデオロギー的に組織化されるのであるが、しかしまた、このような――個人から神への、垂直的な――関係が自らを現実に押しつけ、世界と衝突することを拒むからである。[30] むしろかれは、世界をそれ自体において再構築することを望み、我から分離された存在を絶対的であると見なす。

さて、パスカルの応答は次の通りである。「わたしはデカルトを許せない。かれは、その哲学全体のなかで、できることなら神なしですませたいと思ったはずである。しかし、世界に動きを与えるためには、神に爪弾きをしてもらわないといけなかった。その後では、もう神なんかに用はないのだ」。[31] これは誤った判断、あるいは公平さを欠いた判断だろうか。デカルト的な宇宙にとどまろうと望むならば、その通りである。しかし、パスカルが拒否しているのは、まさしくこの宇宙の完全性、充満のうちに位置づけられることである。かれにとって神が無限であるのは、そこにおいてのみ、そのなかにおいてのみ、すなわち、我が世界から分離した状態にあるところにおいてのみなのではない。この神が産出的なのは、個人に由来する思考的関係においてのみなのではない。その反対に、神のうちに凝縮する我の産出的無限性は、世界のうちで自らを証明しようとすること、時代のうちに自らを確証しようとすること

である。世界は、取り返しがつかないほどに分離しているのではなかったのか。時代は、敗北したのではなかったのか。確かにその通りである。それでも、なくてはならない世界である。真空は、記憶における過去との関係の指標となった後で、未来とのあいだで結ばれる、効力をもった関係の指標となる。愛は、人間が未来へと開かれていることの表徴、真空に宙づりにされたペニアの子〔ギリシャ神話における貧困の擬人化された女神〕である。「人間は一人でいることを好まない。それどころか、かれは愛する。そこで、愛すべきものをどこかに探すことになる。（中略）しかし人間は、自分から離れることでできてしまう大きな空虚の埋め合わせを探したところで、どんな種類の対象にも満足することができない。かれはあまりにも広大な心をもっているのだ。（後略）」[32]。真空〔空虚〕は未来の時代の特徴であり、そこでは敗北が繰り返されるであろう――したがって敗北は避けられないだろう、いやむしろ探し求められ、生きられた使命《ヴォカツィオーネ》の真実として繰り返し求められるだろう。人文主義のノスタルジアは革命の渇望として示される――あり得ない成功への希望においてではなく、証言への、闘争への致命的で神学的な強制においてである[33]。

したがって、時代への肯定的な参照は可能なのか。デカルトの分別のあるイデオロギーは、根本的な異議申し立てに直面した。敗北の自覚において、理想のノスタルジアにおいて、分別をもってそれらを媒介する試みにおいて示された代替案は、このうえなく厳しい反論にあった。その反論においても同じ要素――敗北とノスタルジア――が作用していたが、その要素は極端化され、いずれにせよ時代に再吸収され、その時代において弁証法化されるものにはなり得ないと見なされる。というのも、ジャンセニズムにとって時代は、敗北の場であり、敗北を使命としているからである。この反論の試練の場においてこそ、デカルト思想はより決定的に時代と対決する義務を感じるのである。分別のあるイデオロギー

の積極的な内容とはどのようなものか。どのようにして、その分別のあるイデオロギーは世界において検証され得るのか。「無益にして不確実なるデカルト」[34]。パスカルのこの叫びは、パスカルのものではなかったとしても、この世紀の判断であり得ただろう。

こうして問題は直接的に政治的《ポリティコ》となる。デカルトは、その友人アルノーに対して感じたように、パスカルに対してもひとつの党派性を、すなわち歴史的に規定された反対勢力を見てとる[35]。デカルトは、かれらをそのように見ないわけにはいかない。人間関係[36]や出来事[37]の織りなす布帛がかれらをそのようなものとして示しているからである。学知と形而上学をめぐる論争が引き起こした問題は発展し、そのため政治の領域でもまったく明白な形でその問題が姿を現した。いつものように時代診断は同じであり、〈法服貴族〉の自覚が同じ仕方で表現されたように、現象の分離状態と絶対主義がその十全さにおいて記録される——批判的な適切さで、しかも〈政治家〔politique〕〉の心をもって。「王を見ると、衛兵だとか鼓手だとか将校だとか、自動機械〔であるわたしたち〕を尊敬と恐怖に傾かせる、ありとあらゆるものに伴われているのが習慣《クチューム》となっているから、たまたま王が一人で従者なしでいるときでも、その顔は臣下の心に尊敬と恐怖とをひきおこす。というのも人は、王その人と、その従者たちとが、普段は一緒にいるのを見ているので、頭のなかで切り離すことがないからである。そして、世間の人々は、こうした現象がそのような習慣から生じることを知らないので、それが〔王の〕生来の力から生じると考えるのだ。（後略）」[38]。

しかし、真理が世俗的に現れることとの政治的契機を評価せよ——社会を〈狂人の病院〉[39]と見なすパスカルの極端な結論と向き合いつつ——という要求は、デカルトにとって矛盾と対決の契機であることがはっきりするだろう。社会とは、第二の自然である。パスカルが社会を悲劇的に対立するものであり、

我の出現とその危機に悲劇的に巻き込まれていると見ているとすれば、どのようにしてデカルトは社会を分別のあるイデオロギーの機能と見ることができるだろうか。

二

したがって、分別のあるイデオロギーをその時代によって検証する——この場合それは、そのイデオロギーを言わば創出することと同じだ——という試み、そのイデオロギーの実現過程を制御する試みは、デカルト思想の特徴的で決定的な要素となるし、ならねばならない。前節末尾の問いは、哲学体系の内部から生じたのであり——この問いが歴史へと開かれていく場合には——ようするに理論的なひとつのテーマなのであり、理由の秩序における必然性をそなえたひとつの移行なのであり、「真理の連鎖」においで他のものと同じくらいに本質的なひとつの環なのである。さらに言えば、先の問いは、デカルト思想の歴史的意義の表徴なのである。というのも、あの世紀の実質的な問題、すなわち個体性〔我〕のあの自然発生的な出現に形式を与える問題をつかんでいるからである。この問題は、もっとはっきり言うと、疑問の余地なく確実で直接的な市民階級《ブルジョア》の登場に効力を与え、この階級の存在を発展の企てと再結合するということなのである。ルネサンスの敗北は、社会的にはすでにヘゲモニー階級として登場していた市民階級から政治権力への参加のあらゆる可能性を剝ぎ取った。すなわち、この世界を所有する市民階級の存在形式を全体主義的《トタリターリア》な仕方で称揚するような一組織〔国家〕の姿をとって市民階級自身が登場するという自然発生性をうち固める権限《カパチタ》を剝ぎ取ったのである。デカルトが理論的に直面した問題

が、今や実践的に提示される。すなわち、自由思想家《リベルタン》と機械論者がその最大限の強度においてあの分裂《ロットゥーラ》を固定したがゆえに、両者の解決案が批判される。この時代へのジャンセニストによる異議申し立てが市民階級の本質と存在を歴史的に媒介することを実現する場所となったが、デカルトはこれと対決したことで、分別のあるイデオロギーがどれほど展望のある道なのかを示さなければならなかった。市民階級が登場した際の自然発生性が、デカルトのなかに組織化の核心を探したのであり、探さなければならなかったのである。

さて、一六四〇年代のデカルト思想の発展が示しているのは、分別のあるイデオロギーを実現するにあたり参照点の役割を果たす任務を引き受けてくれそうな人々、環境、社会集団や社会勢力を特定するという課題が、どれほど深い要求となり、どれほど持続的に反復される経験となったかということである。もちろん、それはしばしば矛盾をはらんだ態度となった。というのも、そうした態度は、デカルトの実践的判断の曖昧さや不確かさを示しているだけではなく、それよりずっと深刻な歴史的状況の曖昧さや不確かさをも反映しているからである。しかしながら、そうした態度は、デカルトの渇望をいかに示していることか！　唯一で持続的な企てと、何と有機的につながっていることか！[40]　いま、矛盾をはらんだ態度だと述べた。実際にも、デカルトは、実にさまざまな姿でわたしたちの前に現れる――そしてそのことはかれの同時代人たちに確認されている。かれは〈イエズス会の徒〔*iesuitastrum*〕〉なのか、それとも〈ヴァニーニの復讐者〉なのか。孤独な〈自然－数学者〉なのか、それとも〈宮廷人〉なのか。これらのレッテルの各々にデカルトの経験上の具体的な中身が対応しているのだ。〈イエズス会の徒〉。デカルトは、プロテスタントの牧師ヴォエティウスに普段からそう呼ばれていた。[41]また、この牧師は、デカルトが「イグナティウス・デ・ロヨラの星のもとに生まれた」[42]とも付け加えた。

デカルトは、そうした非難に応戦する際に決断をためらい、主張を変えた。すなわち、イエズス会の徒であることをもってわたしを非難できるのは、フランス国王の敵だけであると返答したのである。代々の国王自身は「かれらを聴罪司祭として選びながら、その胸のうちの最奥を述べるのを習わしとしている」[43]のだから。しかしそんな返答は、イエズス会と自分との関係を認めるということだ。どのような関係があったのか。それは昔のラ・フレーシュ学院でのイエズス会とのつきあいにまでさかのぼる師弟関係[44]のことだけではなかった。それはまた、この修道会の教養に対する高い評価や、その会のいく人かの有力な会員との交友関係により促されたものでもあるが、それだけでもない[45]。本質的なことは、その時期のデカルトが自らの主張を歴史的に実現するための具体的な支えをイエズス会に求めていたことにある[46]。デカルトは、『方法序説』の刊行に際してラ・フレーシュ学院の神父たちにこの著作を次のように紹介している。「わたしが優れた古典についてわずかなりとも知識をもっているとすれば、それはすべてあなたが所属されている修道会の方々のおかげであるのと同様に、あなたのものである果実として、そしてあなたがわたしの精神のうちにその最初の種子を蒔かれた果実として[47]」あるのだと。そして自らの教えと神学の教えとが合致することを強調し（「自然的原因について考察することで自然学においてもっとも正しいとわたしに思われた見解は、つねに、あらゆる〔他の〕見解と比べて、宗教の秘義にもっとも合致するものであった」[48]）、ついには自らの哲学がイエズス会の公的教義になり得るという希望をはっきりと表明するまでに至る。後に明らかとなるように、かれの哲学は真であるだけではなく、厳密でもあった。イエズス会の目的が政治秩序と宗教秩序の維持にあるとすれば、デカルトの新しい哲学の方法上の厳密さは、スコラ哲学の喧嘩早いほどの論争好きな姿勢をなだめ、そうした論争から異端的な帰結が生じるのを防ぐ点で、イエズス会の目的にふさわしいのである。デカルトの新哲学は、国家に有用で神学に有

益であり、安寧をもたらすものであって、かくしてイエズス会の学校教育に採用されることを期待したのである[49]。この希望は、『省察』と『哲学の原理』が刊行されてから固まったように思われる。「わたしは、シャルレ神父、ディネ神父、ブルダン神父、ならびに二人のイエズス会士から手紙を受け取りました。その手紙を読んで思ったのですが、イエズス会はわたしの側に立とうとしている」[50]。デカルトは、半信半疑のピコにそう書くまでになっていた。

デカルトがイエズス会の徒だとして、それが何だというのか。それは、イエズス会の学校教育方針についてだけではなく、かれらの政策をもデカルトが共有していたということなのか。そうは思えない。というのも、少し詳しく調べてみれば、実際のところデカルトの上記の提案は、イエズス会の勢力とその結束についての実践的‐政治的な判断にとりわけ支えられたものに見えるからである。すなわち、デカルトは、イエズス会の勢力と結束、組織とメンバーの驚くほど規律のとれた結合の仕方、その実力と権勢《ポテンツァ》に魅了されていたのである[51]。だがしかし、イエズス会の側に当惑がひろがり、さらには反論や非難がもちあがるのをデカルトが感じ取るや、かれの態度は完全に明らかとなる。かれは、その時々で戦術を変えながらこの論争を受けて立ち、一方では攻撃をはねのけつつ他方では同盟を組むことを提案することにつねに留意した。かれは論争を構える姿勢[52]から、自らの哲学をイエズス会の教育方針への代替案として示すという提案に転換するのである[53]。ついで、イエズス会の哲学を論難することを手控え、そうすることで同じ陣営にいられる可能性が排除されていないことを相手に理解させる[54]。その後は再度、直接対決の局面に入り衝突の気配を示しながらも[55]、また衝突が回避される[56]。ようするに、こうした立場の変遷のうちに、根本的に実践的なひとつの判断が、継続していることが読み取れる[57]。

しかしながら、今述べていることは、デカルトとイエズス会の関係の問題を平板化することに行き着

くことにならないか。この関係は、もっとずっと深いものであり、デカルト思想の発展と一致したものではないのか。そうした視点に立つと、デカルトの生涯と思想の内的変遷を外的原因に帰し、極端な形に歪曲することになってしまわないか[58]。実際にもわたしたちには、そうした視点がひょっとしたら解釈の歪みをもたらすような、もっぱら心理的、伝記的な解釈の一種であるかもしれないと思われる。というのも、むしろデカルトはイエズス会とのこの論争——わたしたちはこれを全面的に政治的なものだと見なす——において、自らの哲学の世俗的成功のための諸条件を整えようとしただけではなく、自らの哲学が歴史的に意義あるものであるという内的な能力を明らかにする試みを通して、自らの哲学が論理的にも完成されている可能性を確定しようとしたからである。論理的に完成されているというのも——わたしたちはこのことを広範に検証してきたわけだが——デカルト思想の発展こそが、そうした歴史との積極的《ポジティーヴォ》＝肯定的な関係を要求しているからである。かれの分別のあるイデオロギーが有効であるのかどうかは、デカルト思想の——文字通りもっとも内的な——進展それ自体にとって、きわめて決定的なことなのだ。デカルトにとり自らの哲学を世間に委ねることは、その哲学の内的妥当性の検証なのだ。世間との関係というこの本質的な性格は、新たに、しかも逆説的な形で危機的状況により明らかとなる。その危機とは、イエズス会とのつきあいが無益であったとわかったときに、デカルトの思想全体が直面するに至った事態のことである。というのも、その後デカルトは、分別のあるイデオロギーを実現するための新たな手段を探さなければならなくなり、その模索のさなかでしばしば新たに懐疑へと立ち戻らねばならないからである。歴史的検証による挫折が衝撃となり、デカルト思想の内的な流れを再検討することになったのだ。挫折の理由が、思想体系の内部に、すなわちこの世界と人間との存在論的な緊張関係の内部に求められ、そこで特定され、修正されるのである[59]。

もちろんわたしたちは、イエズス会の文化政策に影響を及ぼそうとするデカルトの期待をナイーブなものと見なすことができるし、したがって論争の重要性を副次的なものと考察するようにも仕向けられるだろう。わたしたちがここで取り上げている両者の関係の性格がこうである以上、この食い違いの理由を解明するために必要なことは、この関係の根拠を問うこと、そしてデカルトがこの目標を設定するに至った理由を見てみることである。すでに指摘したことではあるが、イエズス会の勢力と結束が主要な動機のひとつである。しかし、それ以上のものがある。すなわち、デカルトは十七世紀フランスのイエズス会の政策に改良主義的な方向への動きを見てとったのであり、しかもそれがかれの選択した方向と類似していたということである。楽観主義的な道徳、厳格とは言えない恩寵論、伝統的人文主義に見られたさまざまな特徴の一貫した展開、これらはイエズス会の思想のうちに、市民階級の立場の強化を合理的にめざす動機が際立っていたことを示している[60]。デカルトは、その点でかれらと一致していたのであり、そうした立場に分別のあるイデオロギーによる支えを与えたかったのだ。ところがまた、このイエズス会の思想の条件にこそ、デカルトの決定的な失敗の理由もあったのだ。というのも、当初の一致を除けば、双方の目的は同じではなかったし、最後は衝突しないわけにいかなかったからである。イエズス会は、修辞的な伝統を革新したり亢進させたりすること以外、人文主義へのノスタルジアを一切持ち合わせていなかったし[61]、市民階級の改良主義のテーマをかれらが受け入れたのは単なるご都合主義からくるものであり、社会の統合と同盟関係の実例としてに過ぎなかった。自由思想家《リベルタン》やジャンセニストたちに対するイエズス会の論駁とデカルトによるそれを再度思い起こせば十分だろう。両者による論駁には何と大きな違いがあることか！　デカルトにとり自由思想家やジャンセニストたちの立場は、かれ自身が糧にしていたのと同じように、人文主義についての記憶を保持したいという欲求を示しており、

その記憶の劇的な果実であり、現存する代替案だった。イエズス会にとってかれらとの関係はまったく外面的なものであり、穏健さと分別ある態度は、包摂と秩序ある社会統合のためのものであって、市民階級の世界の側からのイデオロギー的な要求を称揚するためのものではなかった。デカルトは、目的と前提のこうした実質的な不一致に徐々に気づかないわけにはいかなかった。かくしてデカルトとイエズス会との関係の歴史は、分別のあるイデオロギーのための参照と実現のこの拠点〔イエズス会〕が力になってくれないということを、デカルト自身が発見していく歴史となった。ブルダン神父との論争[62]は、分別のあるイデオロギーを適用するというデカルトの経験にとって枢要な要素をなしていたが、デカルトとイエズス会との関係がこのように実際には不可能であることの確認に終わった。すなわち分別のあるイデオロギーが、市民階級の勢力拡大以外の目的にしたがうことはすべて拒否することの確認である。

そうであるとするならば、デカルトの分別のあるイデオロギーは、自らの実現を求めて直接に市民階級へと、つまりかれの時代の革命的市民階級へと向かうことになるのか。デカルトがこの目的にしたがっていることを、すなわちかれがヴァニーニの真の弟子にして復讐者であると――この世紀に――非難する者がいた。[63]「懐疑主義を講ずる」[64]、「無神論を教え広める」[65]、「欺きつつ絶対に暴かれないように、無神論の毒を他人に盛る」。[66]これこそ、デカルトが分別のあるイデオロギーを実現するという新しい仮説を唱えたために被らねばならなかった「非常に不遜で辛辣このうえもない誹謗」である。それにしても、なぜこんな非難が浴びせられるのか。ひょっとして、デカルト哲学がその理論的宣伝によって本当にそうした主張に行き着いたからなのか。あるいはまた、デカルト哲学が提起される際に用心深さがあろうとなかろうと、市民階級の革命運動が退潮する全般的な諸条件のもとではデカルト哲学がそのように見えてしまうからなのか。

まず何よりも明らかなのは、その種の非難のうちもっとも粗野な定式に対して、デカルトは自らの哲学をすべて読むことを提案するだけで免れることができる、ということだ。この哲学は、人文主義へのノスタルジアにより示されたあらゆる顚覆的要求に対する公然たる反論なのである。人文主義の諸テーマを条件づきで強調することも提案できるかもしれない。ただしそうした諸テーマの強調は、形而上学的なノスタルジアの極端なまでの一貫性によってというよりは、歴史的な巡り合わせによって与えられるものとしてある。これこそが、自由の地オランダでヴォエティウスとの論争が展開された際の事情なのだ。さて、先に挙げた疑問点に対する正確な答えを出すには、デカルト哲学がまさにオランダの諸大学に浸透する試みがいかになされたかを見る必要がある。というのも、まさにここ、すなわち改革派の市民《ブルジョア》思想のこの砦においてこそ、衝突がはっきりと姿を現したからである。このときデカルトが頼りにしていたのが、まさにレネリ[67]でありスタンピウン[68]であり、レギウスであった。レネリ、そしてその協力者エミリウスとデカルトの関係は、言わば勝ち誇ったそれだった。デカルト哲学はここオランダの地では、「真理の探究における理性（その主人は理性だけである）を指揮すべく神がわたしたちに授けたもうた自由において」理性を称揚し、そしてその方法論上の屈曲を引き受けるものであった。人文主義の諸テーマは誇張されており、漠然としていた。これに対してスタンピウンとの関係はすでに危機的なものになっており、デカルト思想の浸透に対して、また市民階級の展望をイデオロギー的に再建するという提案に対して、この世紀が作り出した困難を示していた。スタンピウンとの関係のように、友情の育まれるのが自然科学的な諸テーマをめぐる際だけであり、デカルトの企ての包括的で形而上学的な地平にまで行き着く可能性がない場合であれば、デカルトは、たとえ衝突の機会になるとしても、形而上学の領域を全面的に取り戻すことの必要性を直視し、ときに劇的なものにさえした。それゆえ、レギウス

との長い友情および衝突の移り変わりにおいて初めて、分別のあるイデオロギーを実現する企てにおけるこの第二の選択肢の歴史的な枠組みの全体が明らかとなる。こうしてわたしたちは、デカルトとレギウスとの関係のうちに、包括的に捉えられたデカルト哲学が市民的《ブルジョア》な諸大学の文化に対していかに影響を与え、かつ、それが次のような全般的意義をもつ三つの局面のうちにいかに分節されるのかを見ることができる。デカルトの企てがそのもっとも極端な帰結において、つまりすでにその形而上学的内容によって肯定的に受け入れられた第一局面。次にデカルト哲学を公認の諸哲学に対置するだけではなく、デカルト派の人々の立場をデカルト自身の立場と対比することでかれらの立場を――論争を通じて――純化するような、議論と衝突が見られた第二局面。そしてデカルト哲学の退潮の局面、それゆえデカルト哲学について新たな検証の必要性が感じられた第三局面。したがってこの過程は、自然科学の創設に関わる受容から深化への過程だけではなく、形而上学の包括的な枠組みのそれでもあったのだ(69)。それはまた、市民階級の勢力増大の必要性に合致するように見えた或る教え〔デカルト哲学〕を熱狂的に受け入れる局面から、その内的な連関とそのもっとも内的な特質を横断し再構築する局面への移行でもある。そしてこの局面では――すでにデカルト哲学の意義は把握されている――、分別のあるイデオロギーには解釈できないと思われるさまざまな要求が問いに付され、それらが衝突させられ、そして同定化の作業が行なわれる。そしてデカルト哲学は、最終的には拒絶されるのである。

レギウスが『省察』の草稿を受けとったとき(70)、もっとも重要な諸テーマをめぐる議論が始まったのは偶然ではない。『省察』が明らかにしたのは、分別のあるイデオロギーの全帰結であり、世界解釈の機械論的な定式化と変革の形而上学的な展望とのあいだに存する、このイデオロギーの肯定的な両義性である。実質的な議論が始まったのは、デカルトとレギウスとの関係がまだ全面的には危機的にはなって

おらず、相互に敬愛の念があり、しかも第三者たちに向けては熱心な勧誘の姿勢をとっていたことに彩られていた第一局面の後になってからのことである。議論が展開された際の論点とは、この世紀の諸問題であり、形而上学的な命題はまったくそれら諸問題の象徴に過ぎなかった。それならば、分別のあるイデオロギーは、レギウスが属していたオランダの市民階級の世界においてどんな意味をもち得たのか。デカルトの企ての（たとえ戦術的には穏健だとしても）実質的には根本的《ラディカーレ》＝急進的な観点から世界の変革の問題を提起する可能性がそこにはあったのか、あるいはそれとも、オランダにおいては革命が成功しているという歴史的な外観が議論の可能性を押しとどめ、達成された均衡の安定性がその議論の理解それ自体をも禁じてしまったのか。さて、あらかじめ留意しておくべきことがあるとしたら、それはレギウスがデカルト思想を検討した際のその議論それ自体が、情勢をたとえ曖昧な形であれ開かれたものと見るレギウスの無能力を明らかにしているということである。レギウスは当時のオランダの大学と文化の雰囲気を一身に浴びていた。この雰囲気が、革命の到達した水準を決定的なものとして固定し、市民階級の要求と貴族階級の伝統とを媒介し、この革命運動を永続化することを意図した諸勢力を一掃した。ドルトレヒトの弾劾〔一六一〇年から一九年にかけて同市の大教会を議場に開催された教会会議のなかでももっとも有名な一八年から翌年の会議では、反カルヴァンのアルミニウス派が予定論に反対して一〇年に発表した宣言を論駁、論争に決着をつけた〕、オルデンバルネフェルトの殺害〔オルデンバルネフェルトはオランダ共和国宰相としてスペインと十二年休戦条約を締結するも、スペインとの交戦続行を主張した総督マウリッツ公と対立、一六一九年に処刑〕、そして〔ヴォエティウスに代表される〕カルヴァン派〔の動き〕は、他の同時代人同様レギウスにとっても取り返しのつかない条件となった。ここでも〈抜け目のない人物〔*ma-lin*〕〉は、その力《ポテンツァ》を示したのだ！(71)　若きゲ〔・ド・バルザック〕とデカルトが〈法服貴族〉の落ち着き

のなさを踏襲してオランダという自由の国を愛し始めた頃、お互いに交わしあったあのイメージとは、何という違いであることか！[72] デカルトがユトレヒト大学評議会により「アリストテレス以外の他のいかなる哲学もかれら〔つまりユトレヒト〕の教育機関《アカデミー》で教授することを明確に禁ずる規則が作られた」[73]ことに憤慨したのに対して、レギウスはそのことにかれよりもはるかに高慢な批判的認識をもって反応した。これが当時の情勢であることをかれは諦め交じりのリアリズムにより示唆しているように見える。服従することを知らない分別のあるイデオロギーは、衝突に直面して再度斥けられた。こうした情勢だからこそ、レギウスは、デカルト哲学のもっとも深い〈諸層〔paliers〕〉に加わることができなかったのである。逆説的なことだが、あの〈抜け目のない人物〉を認識と存在の歴史的構造において問いに付すことは、かれには縁のない話であった。というのも、危機――今回なら革命運動の発展の危機――の感覚が強すぎるほどにかれを襲い、そのためかれは多くの同時代人と同じように、この感覚を払いのけたからである。だからこそレギウスは、デカルトの主張において両義性〔ambiguità〕がもつ肯定的機能を叩く、叩き続けることになる。すなわちかれは魂と身体の関係を考察するにあたり、両者を厳密に区別する主張[74]と両者を同一視する立場[75]を行き来する。厳密な現象論的二元論は、全面的に削ぎ落とされた経験論的かつ感覚論的な一元論の相関物である。すなわち、この世界からの逃走とこの世界の無批判的な受容とが等価なのだ。それはあたかもこの世紀の危機の複数のテンポがここオランダの情勢において交差したかのようである。かくして読者はレギウスに二者択一の共存を見出すのだ。どちらの選択肢も〔オランダでは〕危機をのりこえ不可能な条件として受け入れながらも、よそ〔フランス〕では別々の行程を歩んできたような二者択一の共存である。すなわち、それは自由思想家精神《リベルタン》と機械論であるが、結局のところ両者とも再建の土地を相続することができない。したがって魂は一方で、人間を

「偶有的存在《エンス・ペル・アキデンス》」[76]にするものとして位置づけられるのに対して、他方で「物体的様態《モドゥム・コルポリス》」[77]であるに過ぎない。レギウスのどちらの命題にも欠けているのは、魂の産出力（生産力）についての感覚、すなわち精神的存在から世界に向けて発出する緊張についての感覚なのであり、かれは「あたかも、思惟する機能《ファキュルタス》は、それだけでは何も成し遂げることができない」と見なす——しかし「機能という名称そのものは、可能態《ポテンチア》以外の何ものも指示していない」[78]。すなわちかれは、デカルト哲学の真の歴史的重要性をつかみ損ねるような仕方でそれを解釈してしまっているのだ。

それ以外であり得たのか。このような解釈の結果から判断すれば、そうした疑問は支持し得ない。実際にも、オランダにおける権力者にして市民階級による秩序の均衡の後見人である牧師ヴォエティウスは、たとえかくも歪められた形ではあってもデカルト哲学にすでに体制転覆の兆し、無神論の危険な学派を見出していた。かれは、気の毒にも連座させられたレギウスとデカルトに対しさまざまな次元からなる反動的迫害を始めた。皮肉屋のホイヘンスがこう記したほどである。「或るとき、一人の男が軽はずみで可笑しなたとえ話をしました。神学者は豚のようだというのです。それで、一匹の豚の尻尾を引っ張ると、それ以外の豚も一緒になって騒ぎだす、と」[79]。デカルトの対応は、このうえもなく威厳に満ちており確固たるものだった[80]。分別のあるイデオロギーの形而上学的な次元を引き続き主張し、敵や友に向けたその解明に心を配った——レギウスとの決裂は、誠実に、また時機を見計らって先延ばしされたけれども[81]。そしてついに——〈論争〔*querelle*〕〉の果てに——決裂がきた。それは現象論と感覚論に抗して魂の力《ポテーレ》の復権を強く要求するものとなった[82]。人民戦争の勝利と新国家建設の成功を通じて大いなる希望が表明された土地であっても、市民階級の存在を平準化すること〔appiattimento〕に抗して、魂の力の復権を強く要求することは、市民階級の産出的〔生産者としての〕本質の復権でもあったのだ。

分別のあるイデオロギーは、歴史的条件がそれを許さない土地においても、自らを公表することを諦めることができなかった。

自らの主張の妥当性について頑固な確信をもっていたデカルトに、それ以外のどんな道があり得たというのか。もちろん、その道はわずかであり、通い慣れたものであった。かれは「自然学者」としてパリの科学者の集団と再び向き合った。この集団に分別のあるイデオロギーについての自らのモデルを熱心に提案した。しかしかれ自身、そのような試みへの期待が幻想に過ぎないことはよくわかっていた。[83]実際にも、危機の深刻さは——パリのこの〈階層〉に感じ取られた通り——相当なものであったし、他方で権力の強さと統合能力にも相当なものがあった。というのも、むしろパリの集団は「国家理性」を解釈し、自らが君主政の文化的、政治的な国家統合の要求の媒介者になることを意図した文人たちの集まりだからである。[84]そうした情勢のもとでは、機械論の決定的な制覇はデカルト思想の衝撃力によってもかすり傷ひとつ負うことがなかった。ひょっとしてジャンセニズムなら何がしかの役割を果たせたかもしれない——たとえ表徴は反対だとしても機械論という選択肢の基礎にあるものと同一のテーマをもっているがゆえに。すなわちそれは、危機についての切迫した感覚である。したがってそれは、デカルトの提起とはまったく合致しないテーマなのである。デカルトは、こうしたことすべてに気づいていたと言われてきた。パリの〈階層〉とその正統王朝主義に対するかれの姿勢は、徐々に皮肉のこもった離反と反抗の形をとるようになる。「それぞれの物体の個別的な本性を発見するのに必要な実験をすべて行なうために、枢機卿殿はその膨大な額にのぼる遺産のうち数百万をあなた〔メルセンヌのこと〕に残してくだされば良かったでしょうに。そうすれば、大いなる知識に到達できたはずで、そのことには何の疑いもありません。そして、戦争をして得られるどんな勝利よりもいっそう大きな益を人々にもた

らしてくれたでしょう」。[85]

こうした雰囲気のなかでスウェーデン女王クリスティナの宮廷に——一時的とはいえ——亡命する決意が固まる。[86]これは、分別のあるイデオロギーを適用するための道を見出すための最後の経験——少なくとも最後の希望——なのか。〈宮廷人〉の希望なのか。そうしたことがこれまで漠然と語られてきた。[87]付け加えて言うべきなのは、クリスティナの王国が直面していた社会的、文化的、政治的な大変動という情勢がそうした希望を支えることができたということである。しかしデカルトが実際にこの計画に身を乗り出したと確定するものは何もない。デカルトが起草したスウェーデン・アカデミーの計画書[89]は、かれの企てへの最初の接近としてはいつものようにうまくいったが——これとは逆に——それは君主政の政治的、文化的な要求に服従するということでもあった。実際にも、とりわけスウェーデン滞在時のデカルトの活動は、極端に〈陰鬱な〔*sombres*〕〉調子を帯びていたように見える。今やかれは、どうやら歴史がかれの分別のあるイデオロギーを拒絶しているようだという事実を受け入れた——そしてその事実に苦しんでいた——ように見える。

〔学知の〕体系化＝〔イデオロギーと階級の〕組織化〔organizzazione〕という核心をくぐり抜けること、市民階級《ブルジョア》の自然発生的登場に肯定的形態を与えること、これがかれの企てであった。しかしながら、デカルトが働きかけたグループはどれも、この企てをしりぞけた。どのグループも異なる代替案に絡め取られており、デカルトのイデオロギーの、同じくらい曖昧ではあるが効果的な準拠枠を理解することがなかった。この不成功がデカルトの企ての基礎をも巻き込まないようにするために、またかれの哲学の内的構造それ自体と一緒に倒壊してしまわないようにするためには、何が足りないのか。デカルトは、哲学を時代の法廷の前まで引っ張っていき、自らの思想の妥当性についての判断をこの法廷に委ねた。

よってこれが論点だ。すなわち、デカルト哲学はひょっとして危機に間近から触れたのではないか。

三

デカルトは、危険に満ちた退却からなるこうした情勢のもとで分別のあるイデオロギーの実現のための道を再度歩もうと試みる。それは、最後の極限的な試みだ。たとえ体系化＝組織化《オルガニッザツィオーネ》のための特別な拠点がないとしても、少なくとも自らの主張の本質的な妥当性をあてにすることくらいはできるはずだ！かくして、分別のあるイデオロギーは、自らを広める最後の可能性をストレートに公衆のあいだでの普及に委ねた。デカルトは、イデオロギーと時代を事実上ひとつに結合する最後の機会を公衆のうちに見出した。イエズス会と市民階級が、自然学者たちと宮廷人たちが理解しなかったところでも、時代精神は自らを明らかにし、公衆として、文芸上の支持者としてデカルトの提起の周囲に組織されるに違いない。一六四四年の『哲学の原理』(90)において公衆に向けられていたデカルトの訴えが、あらゆる限りの強度を伴って再び鳴り響いた。この論考の形式は教育的であり、そのことがすでに公衆に向けた訴えの性格を示している。しかしそれ以上のものがある。すなわち、体系を示す叙述の仕方は、この〔公衆向けという〕企てにふさわしい観点から再構成される。それは、公衆との討論を望み、〔公衆を〕説得できるような関係を望む分別としてのイデオロギーの勝利、ようするに公衆にとり唯一でありたいと望む一地平としてのイデオロギーの勝利なのだ。今やイデオロギーの地平がデカルトの視野において唯一のものとなったことを、同じ時期に別の箇所で書かれた一連の主張が証明している。「もうわたしは、自分の

教育《アンストリュクシオン》に役立たない学知について係《かかずら》うつもりはありません」[91]、かれはそう繰り返す。わずかに残された数学ないし自然学の〈摘要〔*excerpta*〕〉[92]は、かれのこの主張を反駁するものというよりは確証するものとして読まれ得る。

したがって、形而上学的な主張の体系的な叙述の仕方それ自体も、公衆への訴えかけの可能性に基づいて再編されている[93]。もちろん『哲学の原理』は『省察』に比べると、同じテーマを扱うのでも強調点のおき方を変えつつ、論述の形式に関してのみ新たなものとなっている。しかしその違いは何と効果的なことか！　『省察』における探究が〔自己の〕内側へと向かって展開されているとしたら、『哲学の原理』における探究は外側へと開かれている。前者においては存在論的な意味での接触の強度が求められているとしたら、後者においては〔公衆への訴えかけという〕伝達のための能力が検証されている。実際にも今やデカルトの思想は、イデオロギーを実現させ得る漸進的次元を自らのうちに取り戻している——すなわち、すでに見たように『省察』においては仄めかすこととしかされず、その前提条件が提示されたに過ぎなかった、漸進的で改良主義的なあの次元を。かくして、形而上学を通じて分別のあるイデオロギーを明瞭にする作業は、きわめて著しい効果をもたらし、いくつかの根本的な含意を引き出した。それは、とりわけ論述上のこうした修正の面で、『哲学の原理』に視点の根本的な転換をもたらす。つまり産出的動因としての無限は、イデオロギーの無際限な実現過程の基礎として提示されるのである。かつて〔『省察』において〕無限は、無際限なものの耐えがたいほどの緊張から生じ、要求と決定の矛盾に由来し、その境界を下から支えるところのもの《ヒュポスタシス》に立脚していた。それに対して今や〔『哲学の原理』では〕、無限の基礎づけは、形而上学的な実体の内部にあり、存在論的な完全さにしっかりと根づいている。言い換えるならば、もはや外的な参照軸でも、地平でも、課題でもない。ということは、市民階級

の運命の存在論的な堅固さがただちに発見され、検証の必要はもはやないのであり、むしろ実現されるのを待っており、この実現という問題を喫緊のものとして提起しているということになるのではないか。

とはいえ『哲学の原理』において、無限は無際限なものにとって実際に基礎をなしているという主張は、一般的な意義だけを有しているのではない。言い換えるならば、或る特殊な強調を——各々の論述が——もち、かつ、問題構制《プロブレマーティカ》上の特殊な緊張を示す一連の論述を通して、この主張は検証されているのである。それは、とりわけ〔神のア・プリオリな存在証明における〕存在論的な検証を〔そのア・ポステリオリな存在証明における〕因果論的な検証よりも優先することを通じてなされている。『哲学の原理』の初めの部分では次のようにある。「精神は、精神が自己のうちにもっているさまざまな観念のうちに、全知かつ全能でもっとも完全な存在者の観念がひとつあり、これはあらゆる観念よりもはるかにすぐれた観念であることを考察するとき、この観念のうちに存在を認める。しかも、精神が判明に知るところの、他のすべての事物の観念の場合のように、単に可能的で偶然的な存在を認めるのではなく、まったく必然的で永遠な存在を認めるのである。そして、たとえば、三角形の観念のなかにはその三つの角の和が二直角に等しいことが必然的に含まれている、ということを認めることから、三角形はその和が二直角に等しい三つの角をもつ、ということをまったく確信せざるを得ないと同様に、もっとも完全な存在者の観念のなかに、必然的で永遠な存在が含まれている、ということを認めることだけから、もっとも完全な存在者が存在するということを、明らかに結論しなければならないのである」[94]。このくだりによって、これに先立つ諸著作でもしばしば触れられていたデカルトの存在論主義《オントロジズモ》の最優先性は最大限の跳躍を見せるのであり、デカルトの主張の肯定的な根拠が全面的に明るみに出るのだ。

もちろん、無限なものが特権視されるからといって、〔さらには〕それが立脚するところの存在論的

基礎に由来するその産出力が特権視されるからといって——それはつまり、我の有する無限な産出力に対してその際限のない〔ようするに終わりのない〕現実化の過程を投影させることだが——、そのことが、デカルトの主張においてなおも根本的なものであり続けている分離の図式を踏み超えることはない。無限は、相変わらず分離状態におかれているのだ——ただしここでは、神話として、すなわち市民階級のノスタルジアの内容を称賛したものとして示される。本質を存在のうちに現実化する際限のない過程の次元との関係は、それ自体が現実のものではなく、言葉の十全な意味においてイデオロギー的なものであり、現実化の理念的な企てなのである。デカルトが『原理』で無際限の概念を定義して[95]、この概念を無限の十全性に対置し、この十全性に基づいて、学知と意識の無際限の過程に対し認められ得る限りの確実性を主張したとき、おそらくかれはそれによって市民階級の本質の現実化という合理的で秩序だった過程であるべきものについてもっとも適合的なイメージを見定めていた。すなわち、基礎づけのための確かな緊張、実現のための一時的《プレカリア》な緊張である。このイデオロギーの観点は、ひとつの絶対的な妥当性をもって提示され得るし、されなければならない。この観点は、この観点を無限と同一化する限界にまで導く緊張を伴っている。しかしまた、この同一化の限界には到達できないということをデカルトはよくわかっていた。認識過程の不確実さは、限界への到達によっては取り去ることができない。ここで逆説はなおも可能である。「しかしながら神に関して言えば、おそらく神は一定の限界《リミテス》を世界、数、量のうちに抱懐《コンキペレ》し、また知解《インテリゲレ》し、そして世界や数などより大きなものを何かしら知解します。そのようなわけで、これらは神にとって有限となるでしょう」[96]。

したがって、有限性という人間の条件を形而上学によって超越することは不可能なのである。ルネサンスの敗北が市民階級の登場に課した限界をのりこえることとは、この存在には不可能だということであ

る。このデカルトの主張は、何と特徴的であることか！　しかし他方では、無限のなかにしっかりと根づき、かつ、無限へと向けられた緊張にどれほど開かれていることか！　将来の数世紀にわたり市民階級の思想が追求に励む革命とは、まさにこの無限との同一化の限界をめぐるものなのであり、市民階級の思想は無際限なもののうちに無限を発見し、両者の分裂を取り去ることで自らが革命的になると信じたのであった。またそうすることで、デカルトの形而上学の創設の諸次元と特性それ自体をのりこえたと信じたのだった。[97]しかしながら、よく見てみると、ここで、すなわちデカルトのこの『原理』において（『省察』のいくつかの章においてすでに見られたように）この問題は提示されていただけではなかった。その問題の解決の道までもがすでに――詳細に、深いところで、しかもおそらくは無自覚なままに――示されていた。それはすなわち、〔無限と無際限との〕関係の基礎の深化である。それは、すでに主体の内部に無限への緊張があることを発見することなのだ。実体において無限と無際限が境を接しながら同一であるということ、しかしまた活発に同一であるということなのだ。『原理』に顔を出す「自己性〔aseità〕」という観点で実体を定義するデカルトは、〔市民階級の〕再建と新しい基礎づけのこの道を仄かしている。「「実体」という語でわたしたちが意味するところは、存在するために他のいかなるものをも必要としないという仕方で存在するものに他ならない」。[98]

わたしたちは今や、デカルトのもっとも固有の地平から外に出てしまったのか。おそらくそうなのだ。しかしまた他方で、デカルトが実体のこうしたきわめて含蓄のある概念に依拠して仕事をし、多くのものを構築したと言うこともできない。とはいうものの、この実体概念の登場、その現前に注目することが重要である。なぜならこの実体概念は、時代を征服し支配せんとするデカルトの希望が到達する極限の地点だからである。問題がこのように提示され、自らのイデオロギーが現実となる――そしてそうす

ることでこのイデオロギーをのりこえる——ことを望んだかれは、この地平を企図しないわけにはいかない。したがって、絶対的な意義をもつひとつの点、ひとつの契機、ひとつの限界がここ〔つまりこの実体概念のうち〕にはある。デカルトの思想を（一六二〇年代以来）襲い突き動かしてきた鋭い危機感が初めてやわらぎ、落ち着きを見せるのが、ここで、つまりこうした実体の定義のうちにおいてなのである。したがって、やはりここで[99]、記憶が初めて再獲得されるのは偶然ではないのだ。記憶のこの再登場は、人文主義の理想の経験の危機の表徴とノスタルジアであるだけではもはやなく、記憶が学知の内的秩序に不可欠な貢献をもたらし、その学知の構築における積極的な機能を担うということでもあるのだ。記憶は、記憶と隠喩の裂け目が顔を見せ、それがかの企てによって取り除かれるとき、再獲得される。すなわち、元来〔デカルトにあった〕希望が時代において実現され、時代において物質的に定義され得るのだ——人文主義が英雄的に登場した際にそうできたのと同じように。

しかしながら確認すべきなのは、こうした記憶の再獲得が示されるのはほんの一瞬のことであり、それがデカルト思想の図式と基本的な特徴を——その統一体において——破壊するものではない、ということである。実際にも、それは初期デカルトの人文主義的な革命への希望を革新するものではない。いやそれどころか、現実主義的な宇宙観のあらゆる形態、あらゆる形而上学的プロメテウス主義に対する論駁がここでも絶え間なく繰り返されている。この論駁が狙いに定めるところは、時代情況《コンジュントゥーラ》の危機が始まった時期に、自然を技術的に所有する企てを特定する過程で定められて以来、デカルトの主張の中心にあり続けている。あの「それは可能ではない」という批判が繰り返されるのだ。たとえ知の総体を支配するという百科全書的な企てとして、思考においては可能だとしても、歴史的には可能ではないだろう。普遍言語が実際には不可能であるように。これについてデカルトは述べる。「わたしはと言えば、

そのような言語が可能であり、この言語が基づく学知《シアンス》、それによれば、百姓でさえ現在の哲学者よりも立派に諸事物の真理について判断できるような学知が見出され得ると信じています。しかしながら、かかる言語がいつの日か〔実際に〕用いられるようになるとは期待されぬよう。それには、諸事物の秩序のうちに非常な変化がまずは必要であり、社会全体がひとつの地上の楽園にならねばならないでしょうが、そのようなことは物語の国でなければ言い出しても始まらないのです」[100]。デカルトは、百科全書的な企てがかれに提案されるときはつねに[101]、この旧い考察を絶えず繰り返したが[102]、それはかれの思想が保持することを望んだ分離の状態を「歴史」と「学知」の対置というとりわけわたしたちにはよく知られた観点で定義しようとするほどまでのものだった。「わたしは〔ジョン・ペル（John Pell）の『数学の理念』においてそうされていたのと〕ほぼ同じ仕方で、数学を二つに、つまり歴史と学知《スキエンチア》に分割しています。歴史は、すでに発見され、そして書物のうちに含まれている全てのことであると解しています。しかし学知とは、問題の全てを解決するための要領、そして自らの努力によって、人間の知能《インゲニウム》がこの学知〔数学のこと〕において発見し得る全てのものを発見するための要領のことであると解しているのです。そしてこの学知を有する者は、それほど多くのものを他の者に恃むことがなく、そしてそれゆえにまさしく本来的に「自足的な」と呼ばれるのです」[103]。

しかしながら、以上のような条件を踏まえるならば――そしてもし形而上学の媒介点がかろうじてつかみとられるに過ぎず、またそれゆえに人文主義のノスタルジアが敗北感を払いのけることができず、またそれを望みもしないとしたら――、『哲学の原理』における公衆への呼びかけが具体化したいと望んだであろうあの時代の取り戻しは、結局のところ何に依拠するのか。わたしたちはそれをすでに見た。すなわち、あのイデオロギーの無際限の進歩がもたらす緊張をいっそう強く基礎づけ確実にすることに

であり、市民階級の登場とともに生じた、無限な可能性を自覚することにである。いずれにせよ解消されることのない緊張である。この世界は、それが再建される程度に応じてしか獲得されることがない。それではこの展望は幻想なのか。この展望はイデオロギー的なものでしかないのか。もちろんそうだ。しかし、だからといってそれだけ有効ではない、ということにはならない。というのも、このデカルトの企ては、あの世紀が生み出した他のいかなる歴史的企てよりも、呼びかけの対象である公衆には実際に合致していたからである。かれの企ては、それが両義的であるほど公衆に合致していた。言い換えるならば、デカルトの企ては、市民階級の抑えることのできない現実の姿を肯定し直すと同時に、その敗北という過酷な運命を理解しながらも、しかしまたあの分離状態の内部において立ち直ろうと試みる、その程度に応じて公衆に合致していた。

　デカルトのイデオロギーの希望、公衆への呼びかけは、ここで技術への希望となる。技術への希望は、この世界の所有というかれの最初の企てとは何の関係もない。というのも今やそれは、分離状態についての意識のうちへと入りこんでいるからである。この希望は無際限な世界へと開かれているが、それでもやはり実効性がある。『哲学の原理』の第二部(104)の議論は、この世界を再構築しようとする技術的な衝動の雰囲気——深遠にして力強い、分離状態にありながらも誇りに満ちた雰囲気——のなかで全面的に展開されている。ここでは、量的自然学の諸原理は、この世界の記述がその諸原理のうちに見出し得るとする根拠のない希望に基づいて再提示されるのではもはやなく、端的に、ひとつの世界を再構築するに際してその諸原理が有益であるという理由から再提示されるのである(105)。無限なものと無際限なものとの——解きがたいが現実的な——関係の形而上学的な発見は、こうした再構築の方向で活用された(106)。このような衝動は、文字通りひとつの力《ポテーレ》を生み出す——この力は、望まれている限り分離状態にあり続け、

学知と学知の明証性には還元不可能であるが、それにもかかわらず、未来へと全面的に開かれており、獲得されるべき世界に向けてではなく、未知の土地つまり発明されるべきひとつの世界に向けて、肯定的な意味で偏っている。(107)

したがって〈発明的学知〔*Scientia inveniendi*〕〉とは、技術である。記憶、経験、作用的な緊張。すなわち生の全体が今やデカルトの企てへと固まる。職人フェリエとの苦労の多いつきあい、レンズの製作に向けた長年の努力、(108) そして技術の機能についての社会的で歴史的な観念が不明瞭にではあれすでに表明されている、ヴィル・ブレシューとの文通。「〔論文で扱われている事がらの〕大部分を設題《プロポジシオン》、問題《プロブレム》および定理《テオレム》の形式にして公刊することで、誰か他の人にその探究と観察によって増補してもらうのをわたしは勧めたいと思います。わたしは、すべての人がこうしてくれるよう期待しているのですが、それというのも、多くの人々の実験に助けられて、自然に関する事がらのなかでもっとも見事なものが発見され、また、明晰で確実、証明に基づき、そして通常教えられているものよりも有用な自然学が築かれるだろうからです」(109)。そこから、危機が技術の企てに課した多くの変遷や必然的な不連続を通じて、こうして新しい地平が形成されていく。技術のこの新しい地平は、それが提示され再提示される際の仕方それ自体において特徴づけられ、独自の意味をもつ。一連の過程が重ね合わされ、ひとつの発展へと緊密に結び合わされ、その発展がますますデカルトの提案の現在の特徴を明らかにする——すなわち、自然主義的隠喩から機械論的隠喩へ、(110) 魔術の観点から説明された機械論的隠喩から本来の機械論的隠喩へ、(111) そしてついには機械論から構成主義へと。かくして『哲学の原理』におけるデカルトの議論の決定的な意味が技術への希望の名のもとに公衆に向けた呼びかけとして理解される。(112) したがって、デカルトがこうしたテーマの結びつきに沿ってぶれることなく到達した結論の性格を強調することが重要である。そ

の性格とは、完全に人工的なひとつの世界像、そしてさらに言い添えたければ、職人的、産業的なひとつの世界像である。[113] これは、個体性〔個人〕が自らの無限な産出的力能《ポテンツァ》を無際限な形で解釈するという地平である。

この世界、これをわたしたちはすでにひとつの力《ポテーレ》だと呼んだ。すなわち拡大し再生産し、まさに世界として構成されるひとつの力《ポテーレ》である。[114] 今やわたしたちは、その性格規定を深めることができる。というのも、この力《ポテーレ》は価値の源泉でもあるからだ。[115] 実際にも、技術——無際限な分離状態のうちにあると同時に無限な可能性のうちにある技術——が、ひとつの自律的世界——現実のうちに指示対象をもつことがないような、言い換えればこの現実へと拡がり、それにより自らを正当化するような有効な仮説をもたないような世界——を構成するとしたら、やはりこの自律的世界は今や価値のあるもの、すなわち構成されるに価するものなのである。この世界の分離状態にある価値は、人間の生産能力のうちに求められるべきだ。労働のうちにか。「すべての製作者は、自分の作品の第一義的で最近接的な原因であるが、もし実にしかし、命令したり、あるいは報酬を約束したりして、作品を作るように仕向ける者たちは、もしかれらが命令しなかったら、製作者は作らなかったかもしれないのだから、偶性的で遠隔的な原因なのである」。[116] したがって、労働のうちにである。市民階級による労働とマニュファクチュアの経験がここで——デカルトが生きた時代の仰々しく美装した十七世紀様式においてさえ——その経験が引き受けることのできる限りの強度を伴って示されている。[117] 青年時代のデカルトの経験[118]においてすでに示されていた或る概念——労働は普遍数学の産物である——が再び見出され、革新され、転倒されている。すなわち普遍数学が労働の産物であると。デカルトの技術思想の本質は、マニュファクチュアに制約されているということなのか。ホイヘンスはデカルトに宛てた手紙でそのことを指摘し——デカルトの機械論の

研究を通じて――自分がますます「諸事物の解剖学に心を惹かれるようになった」[119]ことを認めた。しかしそれだけではない。ここでデカルト思想は、市民階級の本質的形式ととりわけその存在の座標〔位置取り〕を解釈することで、この階級の台頭のイデオロギー的契機として自らのことを提示しようとしている。〔市民階級の〕発展の無限性と無際限性とのあいだに、そして市民階級の本質と存在とのあいだに同一性の関係をかろうじてではあるが、取り戻そうというユートピアは、全面的に政治的《ポリティコ》なものになる。イデオロギーによる開かれた時代に市民階級による抵抗と主導権《イニツィアティーヴァ》に確実性を与える試みは、市民階級による革新に規定された希望と肯定的な意味で結びつき、「公衆」のうちに自らの現実的な支えを見出し――とりわけ、政治的企ての有効性の価値論的な保証をもたらした。

極端な試み――と言われた――とは、分別のあるイデオロギーを実現せよと公衆に向けたこの呼びかけである。ここまでわたしたちは、この試みが提起される際の特徴を見てきた。まだ問われるべきことはこうだ。これによりデカルトは、分別のあるイデオロギーの危機をのりこえたのか。提起された問題に応答することができたのか。

四

成熟期のデカルトの経験には、イデオロギーと時代との格闘の問題総体がひとつの解決を求める時期がある。この問題は、自律的に発生した。すなわち、デカルト形而上学のもっとも深く奥まったところで生じ、そしてその問題の強度は、不可能な解決を求めることで高まる。またこの問題は、ジャンセニ

ズムからの異議申し立てに直面して深まった。ジャンセニストたちは、時代のいかなる取り戻しをも禁じ、そんなことは悪魔の餌食になることだと公言していた。さらにこの問題は、無限性と無際限性とのあいだの肯定的緊張を引き受けたうえで展開された。無限性と無際限性は、我《われ》の本質と存在がそれぞれ市民階級の出現の表徴として拡張される際の両項であった。しかしながら、〔ルネサンスという〕時代を〔デカルトの〕当時に取り戻すという提案はこれで十分なのか。あるいはこれとは逆に――閾《しきい》を破るような衝動が執拗に反復されるにもかかわらず、分裂を克服しうる直観を示唆するいくつかの亀裂の発生にもかかわらず、ようするにこれらすべてのことにもかかわらず――、この分裂は結局のところ、時代のあらゆる復活を妨げるほどには深くないのか。

　或る契機《モメント》＝時期が存在する――それについて正確に特定するのは難しいのだが、とはいえ、おそらくヴォエティウスとの論争が〔デカルトのうちに〕引き起こした主観的危機[120]の内部に――、すなわち公衆への呼びかけにより分別のあるイデオロギーを一時的に媒介するという最新の試みでさえも不十分であるという自覚が痛ましくもデカルトに生じた契機《モメント》＝時期が存在する。一六二〇年代の時代情況《コンジュントゥーラ》以来、デカルトが背負ってきたあの形而上学的分裂状態は、その意義を取り戻そうという義務をかれが感じたとき、もはや全面的にのりこえられないものとして、そして心理的には対処できないものとして現れている。わたしたちは、その分裂の衝撃を感じ取って絶望に陥る寸前のデカルトを目にしている。或ることを除いては……。

　すなわち、身を委ねるという態度をとることを除いては……。信仰だけが救いである。希望はどこにあるのか。ない。信仰だけが救いである。希望には、或る種の確からしさのようなものが含まれている。とはいえ、どのような確からしさが、無限と無際限のこうした関係――それは全面的に切断されており、

かろうじてつながっていることだけが可能な、したがってユートピア的な関係である――のうちに見出されるのか。もし分別のあるイデオロギーがもちこたえることを望むなら、信仰に身を委ねなければいけない。市民階級の存在と本質が、潜在的に、かろうじて同一化しつつあるということへの信仰である！　ここで議論は文字通り「信仰の前備《プレアンブラ・フィディ》」をめぐる考察となる――たとえ提案された信仰の類型がきわめて近代的でかなり異質なものだったとしても。すなわち、市民階級の本質がもつ歴史的任務の実現への信仰である。もちろん、ここでわたしたちは、デカルトの考察の強度にもかかわらず、その見地の反転に立ち会っているのではない。それでもやはり、それはデカルトのテーマ設定の最終的な深化なのだ。信仰に身を委ねることは、もちろん部分的には自らを放棄することだ。しかしまた、個体性〔個人〕によって与えられる存在論的な豊かさとの濃密な接触でもあるのだ。しかしながら、ここでわたしたちは、分別のあるイデオロギーを実現する企ての不確実性《プレカリエタ》がもたらす新しい危機のただなかにいるのだ。

　イデオロギーを分別のある形で問いに付す《プロブレマーティカ》こととの領域でデカルトが出くわしたこの危機の帰結とその表徴は、倫理学の回帰である[121]。或る者はこの回帰に、むしろデカルト思想の頂点、すなわち理論上の決定的な発展を見出した[122]。不十分極まりない解釈だ！　かつてのデカルトは、学知にしたがう倫理学[123]の構築――このことは、学知から倫理学上のさまざまな帰結の機械論的必然性を引き出す――を試みていた。そして今や倫理学に自律性を認めることで、かれは自らの思想の限界と危機を確認するのである。したがって、これは発展ではない。危機〔批判〕的な降格なのである。倫理学への回帰は、議論が自発性に立ち戻らねばならないと認めるということだ。というのも、体系化＝組織化《オルガニッザツィオーネ》の核心の探究と公衆への呼びかけは、ともに、まったく実践不可能であることがわかったからである。市民階級の集団的な成

長という青写真が時期尚早であることが――ひとまずは――明らかとなった後では、個々人の経験との緊密な接触のもとで議論を発展させることが必要なのだ。

　その青写真が消えてしまうと言っているのではない。デカルトはここで論じられている意味での道徳について、すなわち「暫定的な《プロッヴィゾーリオ》」事がらとしてのこの一時的な《プレカリオ》道徳についてなおも論じている。決定的な倫理学を確立するという学問的で包括的な企てを生き生きとしたイメージの形で背景としてあいかわらず保持しているのだ。〔デカルトは『哲学の原理』の序文で次のように言う、〕「ここにいう道徳は、もっとも高次でもっとも完成された道徳のことであり、それ以外の学知の全てにわたる認識を前提にした、智慧の最終的な段階なのです」[124]。とはいえ、それはあくまでも背景として保持されているものに過ぎず、達成不可能な理想、もっと言えば単に統整的な〔regolativo〕理想なのである。実際、決定的な倫理学をつくり、暫定的な倫理学をのりこえることができないという自覚がますます明らかとなる。

　しかしながら、この情勢においては暫定的道徳の性格それ自体も変わるのだ。というのも、当初それが担っていた学知への予備入門的な、すなわち導入としての意味が徐々に消えたからである[125]。そしてそれとともに、倫理的行為の妥当性の基礎――初期デカルトにおいて、倫理的行為は仮説的にのみ妥当性をそなえているに過ぎず、実質的には新しい方法論的基礎づけを探究することに向かっていた――それ自体も変化する。今やむしろ倫理学の基礎は、歴史的な倫理の〔実現〕過程そのもののうちに、すなわちその規定性のうちに探し出され見出される。ここでこそ体系的な参照が消えるのであり、信仰が、すなわち個人の自発性と市民階級の自発性への信仰、近代人の活動的本性への信仰が最大級の跳躍を見せるのである[126]。

　暫定的な倫理学を確定的なものにすること、個体性〔個人〕そのもののうちに、すなわち行為の始ま

りのうちに、その価値を探すこと。したがって、これらが今や探究のたどる二つの方向性である。エリザベトとの文通において[127]、どちらの方向性においてもデカルトの足取りは確固としている。実際にも、王女の最初の質問は、行為が実際に具体化される際に意志的で倫理的な行為が考察できるような「あなた〔デカルトのこと〕の「形而上学」が定義するよりはるかに特殊な意味での魂の定義」[128]を求めるものである。デカルトの返答は、それ自体ですでに――見た目は沈黙という形をとっていても――新しい定式の全般的な意義を明らかにしている。というのも、実際デカルトはその〔ような王女の〕問題を否定しているからだ。魂が〔一人の人間において身体と合一して〕具体的な姿をとっていることは、分解しようのないひとつの事実であり、むしろその直接性やその自発性において把握され、また嘆賞されなくてはならない[129]。そうなのだ、この事実は、それ以前の形而上学的諸前提によっては説明されていない。そうした諸前提からはこの事実は斥けられ、二元論の方向に[130]、そしてその深化の方向に追いやられた。こうした〔身体と合一した魂の〕一個性の再発見は、これまで分析上の或るひとつの律動に基づいて発展してきたデカルトの提起全体をひっくり返す動きである。「精神と身体との合一に属する事がらは、知性だけによっても、想像力に助けられた知性によっても、混濁した仕方でしか知られないのですが、感覚によってきわめて明晰に知られるのです。（中略）精神と身体との合一を抱懐《コンスヴォワール》するようになるのは、生と日常の交わりだけを用いて、省察したり、想像力を働かせるものについて研究したりするのを差し控えることにおいてなのです」[131]。

この主張の尊大さは、何と人を当惑させることか[132]！　このことは明らかだろう。実際、この尊大さは自らのうちに、或る哲学の全歴史を含んでいるのだ！　危機の長い連鎖の後にこの根源的な真実が残る。すなわち、個体的存在の、実質をそなえ〔つまり身体とともにある〕、除去不可能な統一性である。与件

としての市民階級の存在はどうなったのか。それは、時代を存在のために取り戻す唯一可能な方策である。したがって、このことを認定するのは、今や信仰の行為になる。すなわち、本質と存在の関係を肯定的に時代と結びつける試みはすべて無駄であることが明らかとなったということである。残ったのは、本質と存在の直接無媒介の登場および両者の統一についてのこうした根本的な自覚である。

　そうした確認には、もっとも確実な信が伴っている。「この世において絶対的な意味で善と呼べるものは良識《ボンサンス》以外にありませんから、良識のある限り、そこから何らかの利益を引き出すことができないような悪もまたない、わたしはそう信じます」[133]。このように、この信のうちにデカルトの倫理学が再構築されている。デカルトの倫理学は——今や——自らにとり本質的でありもはや克服することのできない一時的性格《プレカリエタ》のうちに、とりあえずその基礎を見出した。したがって、たとえ一時的であるとしても、もはや「暫定的《プロッヴィゾーリア》」ではない！　というのも、そうした信の次元の内部では、道徳論はそれ自体が、人間を構成する諸情念が絡み合いながらともに成長していくことを与件として記述するものだからである。——この絡み合いは、おそらく非合理的ではあるが、信が、すなわちそうした排除不可能な基礎の再発見がわたしたちに善きものだと告げているものでもある[134]。

　デカルトがこうした新しい次元において道徳論を再構築するに際して歩む階梯は、さまざまである。そのうち二つが基本となる。実際にもデカルトは第一の段階では暫定的道徳の教えを刷新することに自らを限定し[135]、的確な判断力、決心の堅固さ、独立と自律といった手段にしたがって諸情念を理性的に活用することに賛成する結論を出している。「わたしは、情念の何から何まで軽蔑すべきだとか、さらには情念を抱くことをやめるべきだとする意見に与しません。情念を理性にしたがわせるだけで十分なのです。そのように情念が飼い馴らされているなら、時にそれは、激しいものになればなるほど益すると

ころもまた多いと言えます」。[136] しかしながら、そのすぐ後で議論は深化を見せる。道徳を規則としてではなく、この規則を作り出すことにおいて把握しようとする。デカルトの議論は、情念の絡み合いとともに育ちつつ、自らを託した情念の絡み合いのただなかで、この絡み合いを生き直そうとするのだ。『情念論』は、直接にこうした状況へと至る。[137] この著作を一読して最初の印象は、掘り下げの作品であり、意識について論じることで自足している作品だというものである。二つの道――ひとつは形而上学的‐演繹的な道、[138] もうひとつは自然学的‐帰納的な道[139]――が交差し重なりあう。この著作のうちには、概念が強度をもって見出されるが、それ以前にすでに、生きられた経験の強度があり、その強度が説明されることよりも表現されることを求めている。また、まったく電光石火のごとき論証の運びも見出されるが、論理的には相反する諸観点がつなぎ合わされており、また、制御できない二元論的状況に形而上学的な観点から非難されている事がらを結びつける信仰が読み取れる。意志は諸情念の仕組みを活用することでこれを支配下におくことができるし、諸情念の仕組みはいっさいの例外のない条件として意志に自らのことを押しつける。魂は身体に還元され、身体は魂により再び引き受けられ支配される。ひとつの絡み合いだと先に述べたが、それは論理学の視点で見るからだ。[140] しかし、この絡み合いは、その生きていくための能力においては絶対的であり、[141] 個体性〔個人〕が絶対的な形で横溢するように〔straripante〕登場する様子を表現している。[142]

　第一の情念は対象を認識する動き、すなわち〈驚き《アドミラシオン》〉[143]である。これは、意識がその内容の全体と十全に接触することであり、存在すると同時に成長することを望むひとつの衝動である。驚きは、精神の情念であり、[144] 非身体的であり、[145] 根源的である。[146] 驚きは、良識[147]と記憶[148]のあいだを行き来する……。したがって〈驚き〉こそ、本質と存在の、アクチュアルで直接無媒介の、互いに境を接した状態にある統一

の名前なのだ！　驚きとは、全面的に取り戻された人文主義のノスタルジアの呼び名なのである！　時代はこの記憶のなかで肯定されており、ここでは所有され、支配されている。分別のあるイデオロギーが苦労して向き合ったあの時代がついに再獲得される。この再獲得は高くついた。分別のあるイデオロギー自体が少なくとも議論としては、すなわち根本的な経験の編成としてはもはや存在し得ないことになった。現実的であるのは、そうした根本的な経験の内容を評定する契機、すなわち信だけである。これは、説明を与えられることのない直接無媒介的な自覚であり、さらには分離の状態を——与件として——生きながら、それでもこの状態に抗して、それ以前の状態を生きているのだ。

これこそ——〈驚き〉についてまだ語るなら——、デカルト倫理学の本当の存在論的基礎なのだ。この議論の後に、意義深くはあるが同じくらいの含蓄があるとは言い難い〔記述の〕編成と弁証法の議論が始まる。というのも、今やわたしたちが知っている通り、こうした基礎づけの契機を過ぎると、見出されるのはせいぜいのところ、仮説と、実際に生きられたさまざまな経験〔の記述〕だけだからである。むしろ〈驚き〉から離れるにしたがって、それ以外の情念はすべて抽象的になる。抽象作用の継続からなるひとつの律動が、『情念論』の目次によってわたしたちに示されているものなのである。

愛と憎しみ[149]。青年時代の人文主義の経験という根本的な下地のうちにいまだにとどまったまま最初に導入された分割。愛とは、全体の営為に参加することであり、この世界を所有することへの希望である[150]。憎しみは分離である。しかしどちらの項目も抽象的である——記憶が抽象的で遠いものであるように。根本的な経験となっているのは、人文主義のノスタルジアであり、ルネサンスが敗北したとする感覚であった。しかしながら「愛と憎しみという」どちらの項目もいまだに時代に言及してはおらず、時代はわたしたちの前に広大で際限なものとして現れていた。〈驚き〉、愛、憎しみは、いまだに潜在的な意識

の深みのうちにある。[151] それらは互いに境を接する状態にある限りで、実在的である。これは、分別のあるイデオロギーが強いられた巨大な転倒の表徴である。すなわち、かつて企てであったもの——というのもこの企ては破産したのだし、破産しないわけにはいかなかったので——を、現前しているものとして提示することである。

抽象化の第二段階、すなわち〈驚き〉の十全さからの離脱の第二段階として、欲望、喜び、悲しみがある。[152] これは、過去を時代において——今やついに——弁証法化しようとするために、直接的に勝ち誇った姿であれ敗北した姿であれ、過去へと向き直る考察である。意義のある時代とは、過去が欲望として生き直される時代のことに他ならない。それはつかの間《プレカリア》の状況である。この欲望に基づいて体系化されたのが分別のあるイデオロギーである。しかしそうなると、欲望は分別のあるイデオロギーが被ったのと同じ攻撃、同じ敗北を被る。〈驚き〉は、欲望としての時代に移動することで、解きほぐすことができないような形で喜びと悲しみのあいだに巻き込まれて終わる。これは、人文主義のノスタルジアと敗北に挟まれた市民階級の全体状況である。[153]

かくしてわたしたちは、デカルトの議論が分別のあるイデオロギーにより自らの有効性を試す時期をはっきりさせた。分別のあるイデオロギーを歴史のなかですぐさま実現し、時代を手にする可能性は挫折したのだが、この挫折は、デカルトの議論にとても深い変化をもたらした。デカルトの議論は、自らの議論における人文主義の基盤を復活させ高く掲げることになり、その基盤のうちに活力を取り戻すものとなった。ここで再び危機がデカルト思想を前へと押しやるのだ。これから新たにかれにはすべてが可能となる。時代が敗北の表徴となり動かすことのできないものであることが明らかとなったとしても大したことではない。かれの前には同じくらい動かすことのできないものとして我が登場するのだ。善

とは我の所有であり、[154] 我の産出であり、我がそうであるところのものを承認することである。ほとんど『方法序説』の諸次元への回帰であり、英雄的な無邪気さの再登場である。しかしそこにあるのは、いっそうの自覚を伴って時代と格闘した経験なのである。

五

しかしながら、分別のあるイデオロギーがその時代にすぐさま実現されることはないということ、起源へと立ち返り、十全な記憶によって再活性化されなければならないということ、これらのことは分別のあるイデオロギーがデカルトにとり仮説としての有効性をもたなくなったということを意味しはしない。たとえ歴史が外見上は分別のあるイデオロギーを斥け、組織された諸集団による支えを否定したとしても、たとえ技術の企てが克服不可能な二元論の空虚にまで及んだとしても、それでもやはり人文主義の悪魔《ダイモーン》はかれを内側へと押しやる。「（前略）人生における重大な行為に関して、それがあまりに不確かなものであって、賢慮《プリュダンス》の徳もどうすればよいのかを教えることができない場合、自らのダイモーンの勧めにしたがうことは至極当然なことである（後略）」[155]。すでに指摘したように、デカルトが主体の内側に、このように実質をもたせつつ思い切って言及することについて小論考を書いたということも考えられる。[156] 守護霊、ソクラテスのダイモーンだ。デカルト思想の到達点としての、人文主義の活力に満ちた復権をこれ以上見事に表現するイメージはおそらく他にないだろう。これこそ、分別のあるイデオロギーと時代との関係の危機が後に残したものなのだ。言い換えるならば、分別のあるイデオロギーの

——今や時代とずれているがそれでも必要な——再提起の基礎ないし条件である、記憶の取り戻しである。デカルト哲学の最後の言葉は、分別のあるイデオロギーの有効性と必要性の再要求であり、その人文主義という基礎の十全な取り戻しである。そのイデオロギーのすぐさまの歴史的な効力の発揮を禁じた諸条件にもかかわらず、そしてその諸条件に抗して。

フランス語版の『哲学の原理』の書簡体の序文を見てみよう[157]。わたしたちはそこにデカルトのこうした到達点がその最大級の強度において表現されているのを見出すだろう。デカルトは、何よりもまず分別のあるイデオロギーの根本諸要素を挙げている。これこそわたしたちが知っている枠組みである——智慧である。生を導き、健康を保ち、〈技術を発明する〔*invenire*〕〉ために必要とされる能力としての智慧である。「智慧とは、単に実生活《アフェール》における賢慮《プリュダンス》を指すばかりでなく、人間の知り得るあらゆることについての完全な認識——自分の生活を導いたり健康を保ったり、さらには、あらゆる技術を考案《アンヴァンシオン》したりするために役立つような——をも指すのです」[158]。良識と自発性への高い評価。「したがって、これまでおよそ哲学と呼ばれてきたところを学ぶことがもっとも少なかった者こそ、真の哲学をもっともよく学び得るのだと結論しなければなりません」[159]。そして知識の形而上学的で体系的な諸条件。「これらは、非物体的あるいは形而上学《メタフィジック》的な諸事物についてわたしが使用する原理のすべてですが、そこからわたしは、物体的あるいは自然学《フィジック》的な諸事物に関する原理をきわめて明晰に演繹するのです」。「ついで、これらの問題において真理を見出す習慣を或る程度は修得したうえで、真の哲学と真剣に取り組むことを始めるべきです。この哲学の第一の部分は形而上学で、認識の諸原理を含むのですが、これらの原理においては、神の主要な属性、わたしたちの魂の非物質性、そして、わたしたちのうちにある明晰で単純な概念のすべてに関する説明が与えられます。第二の部分は自然学ですが、そこでは、物質的事物に関する真の諸原理が

見出されてから、一般的な事がらとして、宇宙の全体がどのように構成されているかが検証され、ついで個別的な事がらとして、この地球の本性、および地球の周囲にごく普通に見出されるすべての物体の本性、たとえば空気、水、火、磁石、そして他のもろもろの鉱物の本性がいかなるものであるかが検証されることになります。それに続いて、やはり個別的な事がらとして、植物の本性、動物の本性、そして何より人間の本性について検証することも必要です。これはその後で、人間にとって有益な、他のもろもろの学知を見出せるようにするためです。したがって哲学のすべては一本の樹のようなものであって、その根は形而上学であり、その幹は自然学であり、この幹から出ている枝は他のもろもろの学知であり、これらは三つの主要な学知、すなわち医学、機械学、そして道徳に帰着します。ここにいう道徳は、もっとも高次でもっとも完成された道徳のことであり、それ以外の学知の全てにわたる認識を前提にした、智慧の最終的な段階なのです」[160]。まさにそうだ、デカルトはこれにこう付け加える、人類に「ひとつの集合体としての哲学」[161]を与えることができるだろうと。

しかしながら、ここにたどり着くと、すなわち智慧の理想の輝きが読者の目をくらますほどのものになったとき、デカルトは突然に方向転換をも見せる。「けれども、そのためには〔デカルトの見通しを確かなものとし、その正しさを証すためにあらゆる実験を行なうこと〕莫大な費用が必要であり、公《ピュブリック》の援助がなければわたしのような一個人には賄いきれるものではないこと、またわたしがこういう援助を期待できるはずもないこと、これらのことに鑑みて、向後はわたし個人を教え導くための研究に満足すべきだろうと思います。そして後世の人々も、わたしが後世のために尽くすうえで欠けるところが向後あったとしても、お赦しくださるだろうと信じます」[162]。とはいえこれは、諦めではない。取り払ってしまうことなどできない未来の歴史への信頼を意味しているのだ。それというのもここでは、哲学のうちに、

言い換えれば人類の基礎的で始原的な資産の取り戻しのうちに、土台が据えられているからである。このように土台が与えられているがゆえに、協働的な仕事に信頼が寄せられているのだ。「これらの原理の最後の、そして主要な成果は、それらを展開していくうちに、わたし自身の説かなかった真理が数多く発見され得るだろうということ、またこうして、ひとつの真理から他の真理へと段階を追っていき、時の経過とともに哲学の全体について完全な認識を獲得し、智慧の最高の段階にのぼることができるだろうということです。その証拠に、わたしたちはあらゆる技術において、最初はそれが稚拙で不完全であっても、しかし、そこには何か本当のものが含まれており、試用《エクスペリアンス》によってその効果が示されているがゆえに、実際の使用《ユザージュ》を通じて少しずつそれが改良されていくのを見ておりますが、それと同じように、哲学のうちに真なる原理が含まれる場合には、これにしたがっていくうちにいずれ他の真理に出会われるということが必ずあるものです（後略）」[163]。

しかしながら、デカルトにもっとも近い〈階層〉に由来する著述を、『情念論』の序文〔を部分的に構成するもの〕と捉え得るこの著述を、デカルトの返信[164]とともに再度見てみよう。そこには同じ衝動、同じ信頼が見てとれる。とはいえ、〈偉大な書簡〉の、名前を知られていない書き手がデカルトに対し「公的な事がらに関わる職務に」全面的に関わるようにと促して、この世界を協働して現実に獲得したいというベイコン的な希望へと向かうように思われたとき[165]も、再度デカルトは控えめで穏やかな考察でもってそれに答えた。わたしは雄弁家でも道徳哲学者でもなく、一介の自然学者に過ぎません、と[166]。それは言ってみれば、その実現がもはや意志にではなく必然性に委ねられているのが分別のあるイデオロギーなのだということである。

これこそ、デカルトがそれまで準備してきたがここに至って初めてわたしたちの目に明らかとなった

主題設定の深化なのである。イデオロギーは自然学として見出され、自然学はイデオロギーと見なされる。それゆえ一方で、必然性は少しも機械論的でない。すなわち市民階級が登場し自らの実現過程をふりかえる際の理念上の図式である。しかしまた他方で、分別のあるイデオロギーは自らのうちに――実際にも――自らの必然性を含んでいる。デカルトの議論は、市民階級の世界のドラマを全面的に生き抜いた後で、この世界の価値とその包括的な現実性を再提示するのに必要な展望を獲得することに成功した。したがってその歴史的な意義は全面的に、あのイデオロギーがこうした状況の必然性を理解するにつれて明らかとなる。それというのも、こうした展望のもとで、デカルトのイデオロギーは理想を現実へと溶かし込むからであり、イデオロギーの基礎を物体において再提示するからである。そのイデオロギーの基礎とは、市民階級の身体となり、歴史的に登場したという記憶の次元である。ここから、発展の企てを基礎づけ、ユートピアを支えることさえできる必然性についての意識が生まれる。すなわち、イデオロギーの基礎が無傷なものであり続ける限り、再建の個々の試みが破綻したとしても、それは害にならないとする意識がここから生まれる。[167] デカルトの哲学は、記憶を問題の焦点《プロブレマティッザツィオーネ》とすることから――と同時に記憶の部分的な廃棄から――始まったのに対して、今や記憶をイデオロギーの変遷の基礎、根本的な支持基盤と再定義することでその幕を閉じるのである。記憶の完全な回復によってである。完全な、というのは記憶の経験のうちのもっとも深い問題構制《プロブレマーティチ》上の要素さえもが実際にここで回復されているからである。ノスタルジアと敗北感からなるこの持続的な弁証法においてこそ、デカルト形而上学の内的な編成それ自体が前景化するからである。肯定の弁証法、活力に満ちていると同時に革命的な必然性――ここからは、この世界の評価づけという現実主義的な実践手段の領域においてさえ、歴史へのあらゆる受動的な従属が放逐されるのである。[168] このことが同時代人たちにとりいっそう衝撃的だったのは、

危機の情勢が人々をまさに歴史的受動性へと、価値考量的な現実主義の欠如へと誘い込んだからである(169)。

情勢に対するデカルトの代替案は、事実上ここでその意義深い歴史全体により照らし出される。したがって、デカルト以降の哲学がデカルト思想を斥けるという直接目に見える外観をもちながらもそれを超えて、かれの思想の内的構成要素のこうした編成をもとに、市民階級の確立についての哲学を基礎づけたのは偶然ではない。ライプニッツから啓蒙主義者たちまで、そしてヘーゲルまで。こうして問題は、デカルト哲学において徐々に形成されていたのと同じように、無限なものと無際限なものとが互いに境を接する形で同一であることの発見として規定される(170)。形而上学は市民《ブルジョア》階級の登場の隠喩であり続けているし、生きられた本質を再獲得せんとする企てを示唆し続け、待ち望まれたひとつの革命の実現を仄かし続けている。それゆえ形而上学は、この世界を生産様式へと、国家を社会へと、権力を市民階級へと再獲得する政治的必要性の隠喩としての姿をますます明らかにする。それはすなわち、無際限なものを認識と行為の特性として規定するというデカルトが立ち向かった問題が、さまざまな定式をとりながらもつねに、主体とその力《ポテーレ》が見せる無限で活力に満ちた現実の姿を前にしているということだ。言い換えるならば、〔無限なものと無際限なものとの〕統一はますます緊密なものとなり、歴史はますますイデオロギーの律動と、分別を保ちつつも切迫したイデオロギーの必然性の律動の姿をとる。こうした展望に基づく以外に、デカルトに始まる市民《ブルジョア》思想の歴史を読むことなどできないのだ！　こうした観点からすれば、まさにデカルトは、市民階級の意識の成長の〈父祖〔*auctor*〕〉の別名なのだ！　イデオロギーと時代とのあいだの、今やデカルトの理性により媒介された関係は、ヘゲモニー階級の力《ポテーレ》により歴史的に支配される関係へと徐々に姿を変えていくことになる。言い換えるならば、デカルト思想の政治的特質は、この階級の力において、その発展の面でもその生成の面でも全面的に明らかとなる。

もちろんデカルトには、歴史に対する理性の支配という全体主義的《トタリターリオ》な意味あい＝方向性《センソ》は見当たらない。それは勝ち誇った市民《ブルジョア》思想の最終段階に固有なものだ。それどころかデカルトには、分裂についての、すなわち市民階級の存在の特質そのものの表徴としての敗北についての鋭い知覚が目立つ。記憶が生に対して負荷をかけるということは、こうした〔歴史への市民階級の〕登場の時点での敗北の表徴である。しかし敗北は運命なのか。記憶は、〔その〕復活の可能性をすべて除去してしまうほどに、市民階級の未来を徹底的に条件づけるのか。そうした問いに対するデカルトの答えは曖昧である。無際限なものの総合《シンテジ》、活動、そして超克としての無限なものをめぐる問題の位置につねに対置されるのは、デカルトにおいては超越の意味あい＝方向性《センソ》であり、克服不可能な二元論なのである。しかしながら、デカルト思想において、市民階級の運命を劇的な運命として、また市民階級を非革命的な階級として定義するのに、これで十分なのか。「曖昧な」デカルト。それはおそらくデカルト・「ポリティコ」〔政治的なデカルト〕について与え得る最良の定義である。実際にも、市民階級《ブルジョアジー》をめぐる問題構制《プロブレマーティカ》上の位置づけにおいてデカルト・ポリティコが果たす中心的役割は、きわめて深刻な矛盾をはらんだ期間全体にわたるのである。だからこそ、かれの哲学の豊饒さは、謎に満ちたものであり続けるのだ。しかし謎に満ちているからといって、それだけ刺戟的でないわけでも閉じられているわけでもない。おそらくデカルトにおいてすでに、「理性を現在という十字架のうちのバラとして認識すること、そうすることで現在を享受すること、この理性的な洞察こそは（中略）現実との和解である」[171]のだ。あるいは、おそらくそうなり始めているのである。

訳者あとがき

本書は一九七〇年に刊行されたネグリのデカルト論の全訳である。

まず読者は巻末の注釈を見られたし。驚くべき分量である。一九七〇年代から八〇年代初頭にかけて刊行されたネグリの他の主著、たとえばレーニン論、マルクス論やスピノザ論と比較してみていただきたい。注釈の分量がまるで違う。本書の注釈ではデカルトについての先行研究がひたすら検討され批判的にコメントされて、それらにネグリの解釈が対置されている。その作業の反復がこの分量の注釈となった。なぜ注釈がこれほどまでに充実しているのか。それは本書の元となった論考が、ネグリの哲学研究者としての力量を証明するために所属先のパドヴァ大学に提出されたものだからである。審査をする師匠や先輩研究者たち全員がデカルト哲学に深く通じている訳ではないだろう。よって口頭試問で攻められる（責められる）としたら、文献の扱い方だ。デカルト哲学に関する基本文献はすべて洗い出し読み込んだうえで、自分の評価をくださなければならない。注釈の分厚さは、その作業の徹底性を示している。そしてネグリはその功績を同僚たちから承認されて、パドヴァ大学の正教員になった。文字通りの出世作、それが本書『デカルト・ポリティ

コ』なのだ。これはネグリの主著にはつねにあてはまることだが、既成の解釈に自らの斬新な読みを対置する場合にも、ネグリの手法は伝統的な文献解釈学的アプローチをとる。単なる暴論、無理強いとして斥けることができないような手強さ、説得力がネグリの哲学史解釈にはつねにある。

本書は若きプロの哲学研究者がおそらくは年長の哲学研究者たちに向けて書いた資格証明書のようなものである。したがって初学者への配慮は一切ない。読者に大きな覚悟を求める本でもある。たとえば原書の脚注（本邦訳書では巻末の注）における『デカルト著作集』への言及は「AT I 455-456」のように略号で記されている。デカルト研究者には自明のことであるが、この略号は『アダン－タヌリ版デカルト著作集』第一巻四五五－六頁を指すことになっている。しかしこれだけでは、その箇所にデカルトの何という著作や誰宛ての書簡が収められているのか、一般の読者にはわかりようがない。まるで暗号である。そこで本邦訳の注釈には細かい訳注を割注の形で組み入れた。たとえば「AT I 455-456〔最新のデカルト研究の成果によれば一六三七年十月三日付だが、ネグリが参照しているAT旧版では一六三七年十月とだけされているノエル宛書簡〕より」といった形で。これにより本書は原書よりもはるかに読みやすいものとなっている。これは訳者のひとりで、デカルトを専門とする津崎良典の手になるものである。

本書では、おもにフランスの代表的なデカルト研究者たちの著作や論稿が詳しく検討されている。エチエンヌ・ジルソン、アンリ・グイエ、フェルディナン・アルキエ、マルシャル・ゲルー、ジュヌヴィエーヴ・ロディス＝レヴィスらである。イタリア人ではル

ネサンス精神史研究者のエウジェニオ・ガレンがイタリア語版『デカルト著作集』（全二巻）の編訳者として敬意を込めて言及されている。ジャン＝マリ・ベサードやジャン＝リュック・マリオンらの諸研究が検討されていないのは、それらが本書刊行（一九七〇年）の後に出版、注目されるようになったからだろう。ネグリは、デカルト研究者以外にも、フランツ・ボルケナウ、エルンスト・カッシーラー、リュシアン・ゴルドマンらを高く評価し、その研究に依拠している。ジェルジ・ルカーチの名前が『小説の理論』の著者としてしか出てこないのは、『歴史と階級意識』の強い影響をネグリが隠したかったからなのか、あるいは同僚たちの目をごまかせない以上、あえて触れるまでもないと思ったからなのか、その理由はわからない。以下では本書に出てくるいくつかのキーワードを説明することで、本書を読む簡単な手引きとしたい。

＊

なぜデカルト・ポリティコ（Descartes politico）なのか。本書は、これまでのデカルト研究でほとんど光が当てられなかった「デカルトの政治思想」について考察する試みである。デカルトの哲学は、様々な要因により解体の危機を迎えたルネサンス期の世界観・宇宙観を、ルネサンス当時に台頭した市民階級《ブルジョアジー》（しかし絶対王政の確立過程で力を奪われ敗北した市民階級）の世界観（マニュファクチュア時代の哲学）により組み替えながら再建しようとする試みであった。市民革命の挫折を自覚し「敗北の意識」を抱え込んだ世界観再建

の試みは、絶対王政と新旧キリスト教勢力からなる権力ブロックとの正面対決を回避し「いちばん穏健な意見に従う」ことを自らの「備えとしての（＝暫定）道徳」とする（『方法序説』）迂回的な路線・戦術にならざるを得ない。政治について語らないことこそが、デカルトの政治的（ポリティコ）な態度だとする逆説的な事態の指摘がそこにはある。

ただし、ネグリはデカルトを「仮面をつけた哲学者」とする伝統的な解釈とは距離を取る。デカルトは、自らの政治思想「分別のあるイデオロギー」の実現のためにイエズス会に接近したとき自らの政治的姿勢を隠してはいなかった、デカルトは十分に〈政治家《ポリティコ》〉だったのだと（本書第四章第二節参照）。

また、デカルトの時代には、フランスの内戦であるユグノー戦争（一五六二–九八）や、ヨーロッパ全土を巻き込んだ三十年戦争（一六一八–四八）に見られるカトリックとプロテスタント（ユグノー）との宗教対立を統治（国益）の観点から調停し、新旧両派の利害や世界観の対立を超越する政治の論理を押し出した宰相リシュリューや政治思想家ジャン・ボダンらの〈ポリティーク派〉がいた。そうしたネットワークとの思想的つながりにもネグリは光を当てている（本書第三章第二節）。本書は、〈ポリティーク派〉としてのデカルトに着目しているわけだ。このように、「ポリティコ」というイタリア語の形容詞には多様な意味が重ねられている。

「分離状態（separazione）」は、ルネサンス（人文主義）の世界観が崩壊した後に、安定した主観–客観関係が想定できなくなり、両極の対応関係が方法論的基礎づけなしには期待できなくなった事態を指す言葉だと思われるので、「分離状態」と訳した。ネグリは、文

脈によっては「分裂（scissione）」という言葉も使うが、同じ意味で使っていると思われる。

「時代情況（congiuntura）」は、おそらくアルチュセールの「状況＝コンジョンクチュール（conjoncture）」を流用しているのであろう。だが、これにネグリは「景気循環」や「景気後退」の意味合いをも含めたり、さらには「危機（crisi）」との関連を強く押し出したりもしているので、「時代情況」という少し大げさな訳語を当ててみた。同じような言葉に「situazione」があるが、こちらは「情勢」とか「状況」と訳した。

「魔法をかけられた世界（mondo stregato）」とは何か。ルネサンス期の世界観・宇宙観の危機の背景には、資本主義の発展がもたらす技術の進歩と実用化により神話的・魔術的な自然観が解体したこと、そして世俗的・技術的な自然観が確立したことが挙げられる。つまり、資本主義というシステムの確立が人間の世界観・宇宙観の変容をもたらし、その内容を規定するという意味で、意識の物象化・物化の過程が進行した。その意味で近代形而上学は資本主義の物象化の論理が浸透したイデオロギーでもあるとするルカーチの物象化論＝階級意識論をネグリは踏襲している。図式的に言えば、ルカーチが『歴史と階級意識』においてカント哲学に対して行なった分析と批判、ルカーチ学派のゴルドマンが『カントにおける人間・共同体・世界』においてカント哲学に対して、また『隠れたる神』においてパスカルとラシーヌの作品に対して行なった分析と批判を、デカルト哲学に即して行なったのがネグリの本書である。

「魔法をかけられた世界」とは、マルクス『資本論』の第三巻で展開されている「三位一体の範式」の章（第四八章）に出てくる言葉でもある。その章で「ムッシュー資本とマダ

ム土地」が出てくる箇所の「die verzauberte, verkehrte und auf den Kopf gestellte Welt」が想定されているのであろう（実際、『資本論』のその箇所のイタリア語訳を見ると「il mondo stregato, deformato e capovolto」とある）。少し長くなるが『資本論』から引用しよう。「資本－利潤、またはより適切には資本－利子、土地－地代、労働－労賃では、すなわち価値および富一般の諸成分とその諸源泉との関係としてのこの経済的三位一体では、資本主義的生産様式の神秘化、社会的諸関係の物化〔die Verdinglichung〕、物質的生産諸関係とその歴史的社会的規定性との直接的合生〔das unmittelbare Zusammenwachsen〕が完成されている。それは魔法にかけられ転倒され逆立ちした世界であって、そこではムッシュー・ル・カピタルとマダム・ラ・テル〔資本氏と土地夫人〕が社会的な登場人物として、また同時に直接にはただの物として、怪しい振舞をするのである。このようなまちがった外観と欺瞞、このような、富のいろいろな社会的要素の相互間の独立化と骨化、このような、物の人格化と生産関係の物化、このような日常生活の宗教、およそこのようなものを解消させたということは、古典派経済学の大きな功績である。〔……〕それにもかかわらず、古典派経済学の代弁者たちの最良のものでさえも、ブルジョア的立場からはやむをえないことながら、自分たちが批判的に解消させた外観の世界にやはりまだ多かれ少なかれとらわれており、したがって、みな多かれ少なかれ不徹底や中途はんぱや解決できない矛盾におちいっている」（マルクス『資本論』岡崎次郎訳、国民文庫、第八巻、三五五－六頁。強調の傍点と原語の挿入は中村）。マルクスのこの議論は機構としての資本主義社会が成立し経済学における思考の物象化が完成した様を批判的に描いたものであり、当時のネグリが強く影響

されていたであろうルカーチも『歴史と階級意識』でこの定式を引用している（ルカーチ『歴史と階級意識』所収「物象化とプロレタリアートの意識」、未來社版三一－二頁、白水社版一八〇頁）。資本主義というシステムによる物象化が完成され、経済学という学知の内部にまで資本主義の価値論および世界観の仮象が浸透した世界、これをネグリはルネサンス期にまでさかのぼって読み込み、そうした物象化の完成した世界を「魔法をかけられた世界」と呼んで、デカルトが対峙した世界観解体の「時代情況」に重ね合わせる。人種やジェンダーや世代を超えて普遍的に妥当する認識を求めるというその普遍主義的な姿勢こそ、その時代の「挫折した市民階級」に典型的な階級意識なのである、と。デカルト哲学に映り込んだこの階級意識をネグリは「分別のあるイデオロギー」と呼ぶのだ。

「分別のあるイデオロギー（ragionevole ideologia）」とは、ネグリがデカルトの政治思想を指すのに使う言葉である。この「ragionevole」という形容詞は、「合理的な」や「妥当な」など多義的な言葉だが、ここでは「理性（ragione）」とのつながり、さらにはデカルトが『方法序説』のなかで打ち出した「当座に備え」た道徳の第一の格律との関連を想起したい。前者については本書第二章注一〇二における「理性」の多義性についての指摘を、また後者については「極端からはもっとも遠い、いちばん穏健な意見に従って自分を導いていく」というデカルトの選択（『方法序説』谷川多佳子訳、岩波文庫、三四－五頁）を念頭に置いて、訳者はこの「分別のあるイデオロギー」という訳語を選んだ。デカルト哲学が当時のきわめて錯綜した文脈においてもった政治的含意、これをネグリは「分別のあるイデオロギー」と呼んでいる。

「ノスタルジア（nostalgia）」は、ルネサンス世界についてのデカルトの「記憶」を論じる際にセットになって出てくることが多いので、そのまま「ノスタルジア」とした。ネガティブな意味で「残滓」と訳すほうがふさわしい文脈もあるが、訳し分けるときりがないので、すべて「ノスタルジア」で通した。文脈上、違和感がある場合は「残滓」と読み替えると良いかもしれない。

日本のデカルト研究は、近年になり『デカルト全書簡集』、『ユトレヒト紛争書簡集』、『デカルト医学論集』、『デカルト数学・自然学論集』など、本邦初訳の文献が新たに登場したこともあり、さらなる活性化の兆しを見せている。そのさなかに本書『デカルト・ポリティコ』の邦訳が刊行されることは、大きな意義があるに違いない。デカルトの形而上学を政治的存在論として読むネグリのアプローチは、本書が刊行された約五十年前、問題提起という意味で相当に挑発的だっただろう。そしてそれは今日でもほとんど変わらないのではないかと思われる。充実した巻末の注は、ぶ厚いデカルト研究史を通覧するガイドとして読むこともできる。ネグリはマイケル・ハートという良き対話者と出会うことで、二十一世紀に入り『〈帝国〉』『マルチチュード』『コモンウェルス』などを相次いで刊行し、現代思想と政治闘争・社会運動をリードする活躍を見せるようになったが、ネグリのそうしたアイデアの萌芽はすでに一九七〇年代の諸著作のなかに見られるものがほとんどだ。本書『デカルト・ポリティコ』にそうした萌芽を探すのも一興であろう。本書がもたらすいくつものインパクトを読者も受けとめられたい。

＊

訳出に当たり、本文のなかのネグリの地の文は中村が担い、本文のなかのデカルト等からの引用文と脚注（本書では巻末に配した）は津崎が担当するという分担があり、中村はイタリア語版を、津崎が主に英訳版を、また適宜イタリア語版とスペイン語訳版を参照したが、訳文は、原稿提出後の意見交換やゲラ校正の段階での相互のチェックを通じてお互いの意見が浸透したものになった。したがって、本邦訳書の訳文に関しては、中村、津崎が共同で責任を負うものである。また訳出作業の際に気づいたネグリ原典の明らかな誤植等はすべて訂正したが、その旨を逐一断ることはしなかった。

本書を訳す企画が始まったのは、何年前のことだったろうか。おそらく二〇一一年三月の東日本大震災よりは前だったはずだ。本書を訳す仕事を中村が引き受けるきっかけを作ってくださったのは上村忠男先生である。上村先生からデカルト研究者の谷川多佳子先生を紹介いただき、谷川先生が共訳者の津崎良典を紹介してくださった。お二人には深くお礼を申し上げる。それにもかかわらず結果的にずいぶんと刊行が遅れたのはひとえに訳者のひとり、中村の力量不足（デカルト哲学及びその周辺の思想の理解の浅さ）と怠慢のためである。一言だけ言い訳をさせていただけるなら、学術書（とりわけ思想や哲学書）の翻訳は、機械の操作マニュアルの翻訳とはわけが違い、その著者の思想や「霊」を活字にまで降ろすための「イタコ」のような技術が求められる。訳者がネグリの本を訳すのはこれで三冊目だが、本書がとびぬけて困難な作業であった。ネグリの放った言葉がわたしの

なかに入ってくる感覚が当初はまるでなかった。冒頭で述べた「初学者への配慮のなさ」も大きな理由のひとつだが、それ以上に、働き盛りのネグリの、学知への衝動がほとばしっているかのような文体に振り回されたことが大きいように思う（ネグリは本書を三十代半ばから後半頃に書いている）。

「あとがき」で訳者が共訳者にお詫びをするというのもかっこうの悪い話だが、津崎良典のパリ研究滞在の仕上げの時期に本書の校正作業を強いることになってしまったのは、本当に申し訳のないことだった。また、中村が訳しあぐねた部分にも的確なアドヴァイスを出すなど、多大な貢献をしてもらった。お礼の言葉が見つからない。編集を担当された青土社の西館一郎さんには、長すぎる忍耐を強いることになり、お詫びのしようもない。西館さんが粘り強く見守りながらも、ここぞというときに果断な意思決定をくだしたことにより、本書は刊行までたどりついた。深くお礼を申し上げる。この企画を見捨てなかった青土社に対しても同じことが言える。「難産の子はよく育つ」という格言の通りに本書が読書人や研究者に暖かく迎え入れられることを願っている。

二〇一九年三月

訳者を代表して　中村勝己